Wortarten bestimmen

Nomen, Pronomen, Adjektiv, Präposition
▶ S. 178–192, 266–269

Adverb ▶ S. 199, 269

Verb (Tempora: Zeitformen) ▶ S. 182–183, 267–268
Aktiv und Passiv des Verbs ▶ S. 184–186, 268

Satzglieder erkennen

Satzglieder sind Bausteine in einem Satz, z. B.:

Subjekt, Prädikat, Objekt ▶ S. 193, 270

adverbiale Bestimmungen (Adverbiale) ▶ S. 199, 271

Attribut (Teil eines Satzglieds) ▶ S. 198, 271

Satzreihe und Satzgefüge

Satzreihe: Hauptsatz + Hauptsatz ▶ S. 194, 271

Satzgefüge: Hauptsatz + Nebensatz ▶ S. 194, 271

Nebensätze unterscheiden

Relativsatz ▶ S. 197, 272

Adverbialsätze ▶ S. 200–203, 272–273

Subjekt- und Objektsätze ▶ S. 195–196, 271–272

Zeichensetzung

Das Komma zwischen Sätzen ▶ S. 194, 233–234, 274

Das Komma in Aufzählungen ▶ S. 232, 272

Das Komma vor *das* oder *dass* ▶ S. 235–236, 274

Groß- oder Kleinschreibung?

Nomen und nominalisierte Wörter
▶ S. 224–227, 277

Getrennt- oder Zusammenschreibung?

Nomen + Verb ▶ S. 229, 277

Verb + Verb ▶ S. 229, 277

Nomen + Nomen ▶ S. 228, 277

Verbindungen mit Adjektiven ▶ S. 228, 277

Deutschbuch

Differenzierende Ausgabe

Sprach- und Lesebuch

7

Herausgegeben von
Markus Langner, Bernd Schurf und
Andrea Wagener

Erarbeitet von
Alexandra Biegler,
Julie Chatzistamatiou,
Friedrich Dick,
Marianna Ernst,
Agnes Fulde,
Hans-Joachim Gauggel,
Frauke Hoffmann,
Andrea Mevissen,
Deborah Mohr,
Frank Schneider,
Anna Ulrike Schütte und
Mechthild Stüber

Cornelsen

Redaktion: Thorsten Feldbusch
Bildrecherche: Gabi Sprickerhof

Coverfoto: Thomas Schulz, Teupitz

Illustrationen:
Friederike Ablang, Berlin: S. 153–156, 158, 159, 213, 220, 222, 233, 235
Thomas Binder, Magdeburg: S. 185, 187, 201
Volkhart Binder, Berlin: S. 148, 160, 181, 215, 219, 221, 223, 225, 230, 232, 234, 236
Miriam Elze, Hamburg: S. 30, 33, 64, 70, 141, 249, 254
Michael Fleischmann, Wien: S. 111–113, 116–118, 120–123, 127, 129–130
Susanne Kuhlendahl, Tönisvorst: S. 75–81, 83, 85–87
Peter Menne, Potsdam: Vorsätze
Ulrike Selders, Köln: S. 13, 14, 22–24, 55, 56, 57, 170
Sulu Trüstedt, Berlin: S. 91, 93–95, 97, 98, 100, 102, 106, 108, 109
Christa Unzner, Den Haag: S. 157

Gesamtgestaltung und technische Umsetzung: werkstatt für gebrauchsgrafik, Berlin

www.cornelsen.de

1. Auflage, 5. Druck 2024

Alle Drucke dieser Auflage sind inhaltlich unverändert
und können im Unterricht nebeneinander verwendet werden.

Druck und Bindung: Livonia Print, Riga

ISBN 978-3-06-062633-5 (Schülerbuch)
ISBN 978-3-06-060379-4 (E-Book)

PEFC zertifiziert
Dieses Produkt stammt aus nachhaltig
bewirtschafteten Wäldern und kontrollierten
Quellen.

PEFC
PEFC/12-31-006   www.pefc.de

Euer Deutschbuch auf einen Blick

Das Buch ist in **vier Kompetenzbereiche** aufgeteilt.
Ihr erkennt sie an den Farben:

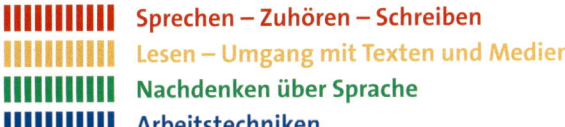

||||||||||| Sprechen – Zuhören – Schreiben
||||||||||| Lesen – Umgang mit Texten und Medien
||||||||||| Nachdenken über Sprache
||||||||||| Arbeitstechniken

Jedes **Kapitel** besteht aus **drei Teilen:**

1 Hauptkompetenzbereich

Hier wird das Thema des Kapitels erarbeitet, z. B. in Kapitel 4 „Beschreiben".

 4.1 Personen, Gegenstände und Vorgänge beschreiben

2 Verknüpfung mit einem zweiten Kompetenzbereich

Das Kapitelthema wird mit einem anderen Kompetenzbereich verbunden und vertiefend geübt, z. B.:

 4.2 Literarische Beschreibungen lesen und verstehen

3 Klassenarbeitstraining oder Projekt

Hier überprüft ihr das Gelernte anhand einer Beispielklassenarbeit und einer Checkliste oder ihr erhaltet Anregungen für ein Projekt, z. B.:

 4.3 Fit in …! – Eine Person beschreiben

Das **Orientierungswissen** findet ihr in den blauen Kästen mit den

Bezeichnungen Information und Methode .

Auf den blauen Seiten am Ende des Buches (▶ S. 255–282) könnt ihr das Orientierungswissen aller Kapitel noch einmal nachschlagen.

Folgende **Kennzeichnungen** werdet ihr im Buch entdecken:

- 👥 Partnerarbeit
- 👥 Gruppenarbeit
- 🖥 Arbeiten mit dem Computer
- 4 Zusatzaufgabe

Die **Punkte** sagen euch etwas über die Schwierigkeit der Aufgabe:

- ●○○ Diese Aufgaben geben euch Starthilfen oder schlagen euch verschiedene Lösungen vor.
- ●●○ Diese Aufgaben sind schwieriger zu lösen als die Aufgaben mit einem Punkt.
- ●●● Diese Aufgaben verlangen, dass ihr sie möglichst selbstständig bearbeitet.

Inhaltsverzeichnis

Erzählen
Tagebuch, innerer Monolog: sich in andere hineinversetzen können

Leseförderung
Gelesenes weiterempfehlen; Lesetechniken verbessern

fiktionale Texte
Jugendroman: Thema, Problemgehalt, Konflikte, Aufbau, Handlungsführung, Erzählweise kennen lernen; Inhalte wiedergeben; Figuren charakterisieren

fiktionale Texte
Kalendergeschichten: Merkmale der Gattung erkennen; Texte zusammenfassen, Inhalte wiedergeben; Thema, Problemgehalt, Konflikte, Aufbau, Handlungsführung, Erzählweise kennen lernen; sich in Figuren hineinversetzen; Texte weiterschreiben

Informieren
Inhalte angeben: indirekte Rede

Leseförderung
Lesetechniken verbessern; schwierige Wörter erlesen lernen

7

Lesen – Umgang mit Texten und Medien

Auf Leben und Tod – Balladen erkennen, vortragen und umtexten   111

fiktionale Texte
Gedichte (Balladen): Merkmale der Gattung erkennen; motivgleiche Balladen gegenüberstellen; Zusammenhänge von Aussagen, Formenelementen und Sprache an unterschiedlichen Gedichten erfahren (z. B. Rhythmus, Metrum, Bauplan)

Sprechanlässe
lyrische Texte adressatengerecht und intentionsgemäß vortragen, Wirkung reflektieren

Erzählen/auditive Medien
Texte verfremden: Übertragung in andere Textformen; szenisch-dialogisches Schreiben: Entwurf einer Hörszene; sich mit den „Spiel"-Figuren auseinandersetzen

Gesehen, gekauft? – Werbung untersuchen und gestalten   163

Presse/Printmedien
werbende Texte unterscheiden;
Texte mit visuellen Elementen verbinden; sprachliche und medienspezifische Auffälligkeiten (Aufmachung und Inhalte, Text, Bild, Sprachebene, Wortschatz)

Auditive und audiovisuelle Medien
Werbung/Werbespots; Werbesprache, Fachtermini, Aufbau, Wirkungen, akustisches Szenario;
ein „Drehbuch" für einen Werbespot verfassen; Besonderheiten der „Sprache" des Films erfahren

Sprachbetrachtung und Grammatik
mit Fremdwörtern umgehen können: Reflexion über den Gebrauch

Grammatiktraining – Wortarten, Sätze und Satzglieder   177

Sprachbetrachtung und Grammatik
Grundkenntnisse über das Sprachsystem vervollständigen und den Sprachgebrauch weiter verbessern; Wortarten benennen und richtig gebrauchen: Verb (Zeitformen, Aktiv und Passiv), Adverb, Adjektiv, Pronomen, Präpositionen, Konjunktionen;
Satzarten erkennen und bestimmen: Haupt- und Gliedsätze;
Satzglieder bestimmen und benennen

Rechtschreibung und Zeichensetzung
Großschreibung und Kleinschreibung; Zeichensetzung bei Gliedsätzen und bestimmten Konjunktionen beherrschen

12 Rechtschreibstrategien erarbeiten – Rechtschreibung erforschen 213

Rechtschreibung und Zeichensetzung
Prinzipen der Wortbildung für die Sicherung der Wörter nutzbar machen; Wortschatzerweiterung: schreibhäufige Wörter selbstständig sichern, Fehlerwörter markieren und Fehlerursachen finden: Lösungshilfen/Funktion: *dass* und *das* auf Grund ihrer grammatischen Funktionen unterscheiden und richtig schreiben können; Wörter aus ihren Bestandteilen zusammensetzen; Fehleranalysen: Fehlerwörter bestimmten Problembereichen zuordnen (Dehnung, schwierige Konsonantenschreibungen, Groß- oder Kleischreibung); Zeichensetzung bei Aufzählungen, Gliedsätzen und bestimmten Konjunktionen beherrschen; Grundregeln der Zusammen- und Getrenntschreibung

13

Computer und Kommunikationstechniken
vorhandene Kenntnisse anwenden und neue Techniken einbeziehen können

nichtfiktionale Texte
gezielt Informationen entnehmen;
verschiedene Darbietungsformen unterscheiden und bewerten können;
gelernte Erschließungsmethoden anwenden

Sprechanlässe
zielgerichtet Informationen für ein Referat (Kurzvortrag) besorgen;
einen Sachverhalt mit eigenen Worten wiedergeben;
ein Referat sinnvoll gliedern;
das Verständnis abstützende Visualisierungen planen;
Umgang mit technischen Hilfsmitteln üben

Appellieren
interessengeleitet auffordern, dabei das soziale und emotionale Verhältnis zum Adressaten berücksichtigen;
sich für eine zweckmäßige „Darstellungsform" entscheiden

Orientierungswissen 255

1 Wer bin ich? – In Rollen sprechen

1 Ein Junge stellt sich vor, das wäre sein Schatten. Erläutert, was in ihm vorgehen könnte.

2 **a** Beschreibt euch selbst. Schreibt folgende Satzanfänge weiter:

Mir gefällt an mir ...   *Das mache ich gern: ...*   *Ich kann gut ...*

Mir gefällt nicht an mir ...   *Das mache ich nicht gern: ...*   *Nicht so gut kann ich ...*

Mir fällt es leicht, ...   *Mir fällt es schwer, ...*   *Gern wäre ich ...*

    b Beschreibt eure Lernpartnerin oder euren Lernpartner in positiver Weise. Ergänzt:

Mir gefällt an ihr/ihm ...   *Ihr/Ihm fällt es nicht schwer, ...*

Ihr/Ihm fällt es leicht, ...   *Sie/Er kann gut ...*

Das macht sie/er gern: ...

3 **a** Vergleicht eure Ergebnisse zu 2 a und b.

    b Beschreiben euch andere nicht so wie ihr euch selbst? Überlegt, wie es dazu kommt.

In diesem Kapitel ...

– versetzt ihr euch in unterschiedliche Rollen des Alltags,

– betrachtet ihr Situationen aus verschiedenen Blickwinkeln,

– unterscheidet ihr Jugend- und Standardsprache voneinander.

13

1.1 Zicken und Freaks – Rollen untersuchen und spielen

Terence Blacker

boy2girl

In dem Jugendbuch „boy2girl" bringt der 13-jährige Sam das ruhige Familienleben seines Cousins Matthew Burton durcheinander. In dieser Familie lebt Sam nach dem Tod seiner Mutter.
Matthew, meist Matt genannt, ist gleich alt wie Sam, doch beide sind sehr unterschiedliche Typen. In dem folgenden Textausschnitt geht es um Matts Schulfreundinnen Charley Johnson, Elena Griffiths und Zia Khan. Charley und Zia lassen sich über ihre Mädchenclique aus. Sie erzählen auch, was sie von der „Bunkerbande" halten, also den Jungen Matt, Jake und Tyrone.

Charley Johnson: Wir Zicken, wir halten zusammen. Als wir noch in der Grundschule waren, gab es eine unausgesprochene Regel. Wer sich mit einer von uns anlegte, bekam es mit uns allen zu tun. [5]

Elena Griffiths, Zia Khan und Charley Johnson. Wir waren wie drei verschiedene Seiten einer allumfassenden Persönlichkeit. Einzeln waren wir nichts Besonderes. Zusammen waren wir unschlagbar. [10]

Elena war hübsch, dünn, ein bisschen schräg, ein bisschen zu sehr auf diesen ganzen Promi-Kram versessen, also nicht wirklich vollkommen normal.

Zia stammt aus einer großen, erfolgreichen [15] asiatischen Familie. Irgendwann hatte sie gelernt, dass Schweigen, also die Ich-bin-ein-kleines-Mäuschen-Nummer, eine prima Methode war, seinen Kopf durchzusetzen, viel besser als

das Getöse, das Elena und ich veranstalteten. [20] Empfindsamkeit, Charme und eine Begabung fürs Gitarrespielen – da ist es doch nicht weiter erstaunlich, dass Zia bei den Lehrern immer den ersten Platz unter den Lieblingsschülern einnimmt, oder? Und hinter dieser unschuldi [25] gen Fassade vermutet niemand die wahre Ms Khan – die ist nämlich raffiniert, wild und gefährlich. Ich beneide sie um ihren Charme. Ich bin dafür wohl zu groß, zu laut. Andererseits bin ich bis jetzt noch in jeder Klasse die [30] Beste gewesen – was brauche ich Charme, wenn ich Köpfchen habe? [...]

Zia Khan: In jenem Sommer hat Elena gegen unsere goldene Regel verstoßen. Die betrifft den Umgang mit Jungs. [35]

Als wir etwa neun waren, kamen wir zu dem Schluss, dass Jungs reine Zeitverschwendung sind. Unsere Feinde waren ein trauriges Trio, das sich (das habe ich mir nicht ausgedacht, ehrlich!) die „Bunkerbande" nannte. Sie haben [40] uns geärgert und wir haben uns bei jeder sich bietenden Gelegenheit gerächt. Das war nicht schwer – es waren schließlich Jungs.

Als die Bunkerbande – Jake, Tyrone und Matt – anfing, uns zu beschimpfen, nahmen wir ein [45] fach eines ihrer Lieblingswörter, verwandelten es in ein Kompliment und schon hatten wir einen Namen für unsere Clique: die „Zicken". Es lief alles ganz wunderbar mit uns dreien, bis Elena auf diesen Mark Kramer, den Liebesgott [50] der Oberstufe, abfahren musste.

1
a Charakterisieren heißt, die Eigenart oder das Wesen einer Person zu beschreiben.
Wählt eine Figur aus: Wie charakterisiert Charley ihre Freundinnen Elena oder Zia oder sich selbst?
b Was wirft Zia ihrer Freundin Elena vor?

2
a Die drei Freundinnen nennen ihre Clique die „Zicken". Erläutert, wie es dazu kam.
b Erklärt, was man mit diesem Wort normalerweise ausdrückt.

3 Charley beschreibt, dass Zia in der Schule bewusst die Rolle der „kleinen Maus" spielt (vgl. Z. 17 f.).
Hinter dieser Maske sei sie aber „wild und gefährlich" (Z. 27 f.).
Spielt nach, wie ihr euch Zias Verhalten in der Schule und in der Clique vorstellt.
Tipp: Ihr könnt dazu eine Situation erfinden, z. B.: Matt hätte Zia in der Klasse beleidigt.

Raul Liebinger
13 Jahre alt
Schüler mit Schwierigkeiten
in Mathe und Physik
Hobbys: Schwimmen,
Fußball, Skaten

Karin Weppert
Polizistin
21 Jahre alt
verheiratet
1 Hund
Hobby: Jazztanz

4 Stellt eine der beiden Rollen in unterschiedlichen Situationen vor. Wählt Aufgabe a oder b.

●●● **a** Beschreibt, wie die Personen sprechen, sich verhalten und sich kleiden könnten:
A in der Familie, **B** in der Schule/bei der Arbeit, **C** bei ihrem Hobby.

●○○ **b** Beantwortet folgende Fragen. Nutzt den Wortspeicher.
- Wie verhält sich die von euch ausgewählte Person zu Hause?
- Wie ändert sich ihr Verhalten: in der Schule, bei der Arbeit oder bei ihrem Hobby?
- Welche Kleidung trägt sie in den genannten unterschiedlichen Situationen?
- Wie spricht sie in verschiedenen Situationen?

schlank   ungepflegt   belesen   sportlich   gern zu Späßen aufgelegt   athletisch
streng   gepflegtes Äußeres   unauffälliges Aussehen   aufmerksam   ernstes Auftreten
bequeme Kleidung   meist mit Turnschuhen bekleidet   redet oft dazwischen
trägt Uniform   liebevoll   klar und deutlich

5 Erstellt von einer bekannten Person, die ihr mögt, einen Steckbrief.
Notiert eure Rollenerwartungen an diese Person in unterschiedlichen Situationen.

Information   Eine Person – verschiedene Rollen

- **Rollen** sind **nicht angeboren,** sondern man übernimmt sie unter dem Einfluss der Umwelt
(Eltern, Mitschüler, Lehrer, Clique, …).
- Jeder von uns spielt **unterschiedliche Rollen je nach Situation,** z. B.:
In der Schule ist man Schüler oder Schülerin, im Elternhaus Sohn oder Tochter und im Sport-
verein vielleicht sicherer Torwart oder gelenkige Turnerin.
- Je nach Situation kann sich die Rolle **von einem Moment auf den anderen** ändern:
So spielt man z. B. bei den Freunden in der Pause eine ganz andere Rolle als im folgenden
Mathematik- oder Musikunterricht.
- Meist ist die Rolle abhängig von dem, was die anderen von einem erwarten. Das können z. B.
bestimmte Verhaltens- und Sprechweisen oder auch Kleidungsstile sein, die die Freunde in der
Clique oder die Erwachsenen gern sehen und hören wollen. Man spricht von **Rollenerwartungen.**

In eine andere Rolle schlüpfen

Terence Blacker

boy2girl

Mit seinen Freunden denkt sich Matt für seinen Cousin Sam eine Mutprobe aus: Sam soll sich während der ersten Woche in der für ihn neuen Schule als Mädchen verkleiden – „Boy to Girl" – vom Jungen zum Mädchen. Sie legen ihm die Mädchenkleider vor. Wie wird Sam reagieren?

„Aber … ich bin Sam Lopez." Er lachte, als läge ein fürchterliches Missverständnis vor.

„Tut mir leid, Sam Lopez wird nicht in Mädchenkleidern rumlaufen – für niemanden. Auf keinen Fall."

„Schön." Jake kniete sich hin, sammelte die Sachen ein und stopfte sie zurück in die Tüte.

„Du hattest deine Chance. Wir sind davon ausgegangen, dass Sam Lopez ein Typ ist, der alles draufhat. Ich vermute, dass wir falsch informiert wurden."

„Hört doch mal, Jungs, seid vernünftig. Würde einer von euch so eine Nummer durchziehen?"

„Nee." Ich [Matt] lächelte. „Aber andererseits: Wir müssen auch nicht."

Sam überlegte einen Moment. Dann murmelte er: „Das könnt ihr vergessen, ihr Freaks", und ging schnell zur Tür. Wir hörten ihn die Treppe raufstapfen und die Tür von Tyrones Bad zuknallen.

1 Stellt euch vor, man würde von euch als Jungen verlangen, ein Mädchen zu sein, oder ihr seid ein Mädchen und solltet in die Rolle eines Jungen schlüpfen. Wie reagiert ihr?
Für Profis: Bezieht den Text in eure Begründung mit ein.

2 Untersucht, wie die Jungen von sich bzw. Sam reden. Wählt Aufgabe a oder b.
a Sam spricht in Zeile 3 von sich nicht in der Ich-Form. Er redet in der 3. Person.
Sprecht den Satz nach. Wiederholt ihn dann, indem ihr „ich" anstatt „Sam Lopez" sagt.
Vergleicht in Partnerarbeit die Wirkung.
b Sam spricht in Zeile 3 von sich nicht in der Ich-Form, sondern in der 3. Person.
In Zeile 9 greift Jake diese Redeweise auf. Vergleicht die jeweiligen Absichten, z. B.:
Sam will zeigen, dass er selbst … So reden oft … in einem Film. Jake aber … Stolz …
c Sam sagt zuletzt: „Das könnt ihr vergessen, ihr Freaks" (Z.17). Was würdet ihr sagen?

3 **a** Bildet in der Klasse zwei gleich große Gruppen: Eine Gruppe ist „Sam", eine „Jake".
b Beschreibt zunächst in Einzelarbeit eure Rollenerwartung an eure Figur:
   – Wie sieht der Junge eurer Meinung nach aus? Welche Kleidung trägt er am liebsten?
   – Wie verhält er sich in der Clique?
c Sucht euch einen Partner mit derselben Figur.
   Einigt euch auf eine bestimmte Rollenerwartung und stellt sie der Klasse vor.
d Stellt euch vor, eine Mädchenclique würde von einem Mädchen verlangen, einen Jungen zu spielen. Wie würdet ihr nun die Fragen aus Aufgabe 3 b beantworten?

4 Spielt den Textabschnitt im Rollenspiel mit Jungen- oder Mädchenfiguren nach.
Beachtet die von euch formulierten Rollenerwartungen.

Sam nimmt die Mutprobe (▶ S. 16) doch noch an und schlüpft in Mädchenkleider.
Und so wird „er/sie" von den Mitschülern wahrgenommen, als sie „ihn/sie" zum ersten Mal sehen.

Matthew: Wir kamen ein paar Minuten zu spät. Der Hof war bereits leer. Wir rannten zur Aula, schoben die Tür auf […]. Als wir den langen Weg durch den Mittelgang zu den letzten freien Plätzen in der ersten Reihe zurücklegten, hatte ich das Gefühl, die Luft knisterte vor Spannung. Ich schaute nach links und sah, wie Sam hierhin und dorthin lächelte, als gehörte er zur königlichen Familie. Es gab keinen Zweifel – die Verkleidungsaktion war ihm nicht im Mindesten peinlich, er genoss es, im Mittelpunkt der Aufmerksamkeit zu stehen.

Zia: Ob ich sie bemerkt habe? Wie hätte irgendwer sie übersehen können? Sie lief durch die Aula, als gehörte ihr.

Charley: Sie kaute Kaugummi. Das fiel mir als Erstes auf. Die Lehrer der Bradbury-Hill-Schule waren nicht besonders streng, aber das Kaugummi-Verbot setzten alle durch, als wären Kaugummis Drogen oder so was. Und da kommt diese Neue am ersten Schultag des Jahres in die Aula und kaut Kaugummi. Wenn das kein Zeichen von Charakter ist!

Elena: Ich sah Matthew durch die Reihen gehen […]. Dann sah ich das blonde Mädchen vor ihnen herschreiten, cool wie sonst was. Dann dachte ich nur noch – und wer ist die?

Mark Kramer: Eine heiße Nummer. Alle Typen haben geguckt und die meisten haben so ziemlich dasselbe gedacht. Na, was haben wir denn hier?

5 Die Jugendlichen nehmen Sam jeweils auf ihre Weise wahr.
  a Sucht euch eine Figur aus und beschreibt, wie sie Sam wahrnimmt, z. B.:
    – *Matthew vergleicht … mit dem Auftreten … Er betont, dass …*
    – *Elena sieht Sam erst … Er wirkt auf sie …*
  b Vergleicht eure Antworten. Benennt Gemeinsamkeiten.

6 Stellt euch vor, ihr seid eine Figur in dieser Geschichte und habt Sams Auftritt gesehen. Beschreibt, wie ihr Sam wahrgenommen habt. Wählt Aufgabe a oder b.
●●● a Erfindet eine Figur mit Alter und Namen, die zu dieser Situation passt, z. B.:
    der Mathelehrer, die Schulleiterin, ein jüngerer Schüler, der Hausmeister, …
    Schreibt auf, wie die Figur Sam in dieser Rolle sieht.
●○○ b Sucht euch eine Beschreibung der folgenden Figuren aus.
    Schreibt sie ab und ergänzt die gekennzeichneten Lücken durch passende Ideen.
  c Lest eure Rollenbeschreibungen vor.

Mrs Cartwright (Schulleiterin, 44 Jahre): „Typisch! Schon am ersten Tag zu spät!", dachte ich, als ich dieses ungepflegte Jungentrio aus der siebten Klasse den Gang ? sah. „Doch wer ist das?" ? Sie passte so gar nicht zu den drei anderen, denn sie wirkte ? . Ihre Haare hatte sie ? .

Kevin (13 Jahre): Gelangweilt schaute ich nach links, wo mir dieser Blondschopf entgegenleuchtete. Sofort richtete ich mich auf, um sie ? . Als sie ? drehte und mir in die Augen blickte, ? .

Teste dich!

Jeder von uns erlebt in der Familie, in der Schule oder in der Freizeit ganz unterschiedliche ❓ . Je nachdem, wie diese aussieht, verhalten wir uns so oder auch ganz anders. Wir spielen z. B. in der Familie als Sohn oder als ❓ eine ganz andere ❓ als beim Sport oder in der Clique. Unser Umfeld, also z. B. die Eltern, Lehrer, Verwandten, Freunde und Freundinnen, aber auch Nachbarn oder Sporttrainer, hat einen großen ❓ auf unser Verhalten.
Wenn wir andere Personen ❓ , dann haben wir meist recht genaue Vorstellungen davon, wie diese Person ihre „Rolle" spielen soll. Das betrifft vor allem ihre Kleidung, ihr Verhalten und ihre Sprechweise. Wir haben also an die Rolle der Person bestimmte ❓ .
Erfüllt die Person diese, dann verhält sie sich in unseren Augen ❓ und normal.
Tut sie dies nicht, empfinden wir ihr Verhalten als falsch oder als nicht normal.

> Erwartungen
> Einfluss   Rolle
> beobachten
> Situationen

1 **a** Ergänze den Lückentext sinnvoll mit Hilfe des nebenstehenden Wortspeichers.
Notiere die eingesetzten Wörter untereinander in dein Heft.
Achtung: Im Wortspeicher fehlen zwei Wörter, die von dir einzusetzen sind.

b Vergleiche deine Lösungen mit einem Lernpartner.
Tipp: Die Anfangsbuchstaben der von euch eingesetzten Wörter ergeben ein Lösungswort.
Dieses Wort bezeichnet eine bestimmte Schülerrolle, die oft verschieden bewertet wird.

2 Beschäftigt euch in Partnerarbeit näher mit dem Lösungswort aus Aufgabe 1.
a Der Erste erläutert, warum und in welchen Situationen er gern in dieser Rolle wäre.
b Der Zweite begründet, warum und in welchen Situationen er diese Rolle nicht gerne hätte.

Rollen				Situationen
Frau Kemal	**Herr Neuner**	**Lars Lehmann**	**Jenny Braun**	auf der
48 Jahre alt	62 Jahre alt	14 Jahre alt	13 Jahre alt	Schuldisco
Biologielehrerin	Direktor	kurze rötliche	blondes langes	
redet viel	spricht langsam	Haare	Haar	bei einem
trägt gern auf-	und deutlich	schüchtern	keck bis frech	Streit auf
fällig bunte	elegant gekleidet,	unauffällige	grelle Stimme	dem Pausen-
Kleidung	meist mit Anzug	Kleidung	mag Jeans	hof

3 Spiel:
a Bildet Kleingruppen.
b Zwei aus der Gruppe suchen sich ohne Wissen der anderen je einen Steckbrief und eine der beiden Situation aus.
c Führt spontan zu Situation und Rollen ein kurzes Rollenspiel auf.
Die anderen Gruppenmitglieder raten, welche Rollen und welche Situation ihr spielt.
d Wechselt anschließend das Paar, das vorspielt. Nun raten die anderen.
Tipp: Ihr könnt euch auch eigene Steckbriefe und Situationen ausdenken, vorspielen und raten lassen.

1.2 „Ich schwör, Alter!" – Sprachebenen unterscheiden

Jugendsprache übersetzen

1 In der Zeitschrift „Der Spiegel" erschien 1984 dieser Cartoon.

a Lest die Sprechblasen mit verteilten Rollen.

b Versteht ihr, was die Figuren sagen? Klärt gemeinsam euch unbekannte Begriffe.

c Diskutiert: Wie findet ihr es, wenn Erwachsene so wie die Eltern im Cartoon sprechen?

2 Um einen Text besser verständlich zu machen, kann man nach Wörtern suchen, die eine ähnliche Bedeutung wie die im Text haben. Solche Wörter nennt man **Synonyme**.

a Findet im Heft für die Wörter „Macker" und „etwas schnallen" weitere Synonyme, z. B.:

Typ — Macker — Alter — Junge

blicken — etwas schnallen — kapieren — checken

b Zeichnet je einen Begriffsstern für „Tussi" und „motzen". Ergänzt ähnliche Wörter.

c Welche Begriffe verwendet ihr selbst in welchen Situationen, welche nicht?

3 Auf die Frage „Wie findet ihr das?" könnt ihr mit „gut" oder „schlecht" antworten. Ihr könnt eure Antworten aber auch noch steigern.

a Übertragt die folgende Skala von – 5 bis + 5 in euer Heft.

– 5	– 4	– 3	– 2	– 1	0	+ 1	+ 2	+ 3	+ 4	+ 5
...	...	mies	...	...	in Ordnung	gut	toll	...	...	...

b Tragt in Partnerarbeit an der passenden Stelle der Skala ein:
- auf der Plusseite weitere Begriffe für „gut",
- auf der Minusseite Begriffe, die eine gegensätzliche Bedeutung haben (**Antonyme**).

Information	**Wörter mit gleicher und gegensätzlicher Bedeutung**

- **Synonyme** nennt man Wörter mit (fast) gleicher Bedeutung, z. B.: *sagen ≈ reden, sprechen, ...*
- **Antonyme** sind Wörter mit gegensätzlicher Bedeutung, z. B.: *groß ↔ klein, stark ↔ schwach.*

A Bernd, der King, ist echt down. Diese Typen aus der 7 b dissen ihn voll.

B Du kannst mir ja eine Kurznachricht senden, wenn du dich wieder wohler fühlst.

4 a Ordnet in Partnerarbeit zu:
   Welche der markierten Wörter gehören für euch zu einer Sprache, die
   – eher von Jugendlichen untereinander oder
   – eher mit und von Erwachsenen gesprochen wird (Standardsprache).
b Erfindet für die beiden Sätze passende Rollen (▶ S. 15) und Situationen.
c Übersetzt die Sätze:
   – so, wie ihr sie untereinander sagen würdet,
   – so, wie ihr sie mit einem bestimmten Erwachsenen austauschen würdet.

5 Manche Begriffe der so genannten Jugendsprache (▶ Information, S. 22) kommen aus anderen Sprachen, v. a. aus dem Englischen, z. B.:
cool, chillen, crazy, Loser, Fun, Connections.
Welche Bedeutung haben diese Begriffe im Englischen? Wählt Aufgabe a/b oder c/d.
●●○ a Schlagt drei Wörter in einem Englischwörterbuch nach oder schaut im Internet.
   b Formuliert Sätze, in denen ihr die Begriffe verwenden würdet, z. B.:
   Das ist cool!
●●● c Prüft die englischen Bedeutungen in einem Wörterbuch oder im Internet.
   d Vergleicht die Bedeutungen miteinander. Passen sie zusammen?

6 Kennt ihr jugendsprachliche Ausdrücke aus anderen Sprachen? Nennt sie.

checken   geflasht sein   Achselmoped   pogen   mega   krass
fett   yo man   Popelstopper

7 Findet weitere Merkmale der Jugendsprache heraus.
a Übersetzt gemeinsam die Beispielwörter in der Sprechblase so, dass sie auch jeder Erwachsene verstehen würde.
b Übertragt die folgende Tabelle ins Heft und ordnet die Beispielwörter zu.
   Ihr könnt auch Wörter aus den bisherigen Aufgaben und eigene Beispiele hinzufügen.

aus dem **Englischen** (Anglizismus):	...
Wortverstärker/Übertreibung:	*krass, ...*
lustige **Wortneubildung** (Neologismus):	...

Kurze Mitteilungen verstehen: Chatten, Simsen, …

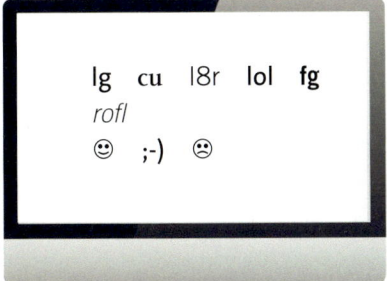

> lg   cu   l8r   lol   fg
> *rofl*
> ☺   ;-)   ☹

> **Ali02:** Ey, Nena, biste on?
> **Nena:** Ali02 @ on!!! Was geht ab, Alda?
> **Ali02:** *seufz*

1 Wer E-Mails und SMS schreibt oder chattet, verwendet oft Abkürzungen und Sonderzeichen.
   a Was bedeuten die Abkürzungen und Sonderzeichen auf dem linken Bildschirm?
   b Kennt und verwendet ihr weitere Abkürzungen und Sonderzeichen? Stellt sie vor.

2 Warum greift man insbesondere für E-Mails, SMS oder beim Chat auf Abkürzungen zurück?
   Entscheidet, welches der folgenden Argumente für euch am überzeugendsten ist:
   A Man verwendet Abkürzungen, weil das alle so machen.
   B Man verwendet Abkürzungen, weil das Zeit und Geld spart.
   C Man verwendet Abkürzungen, weil das einfach besser klingt.

3 **a** Versteht ihr, was sich die beiden Jugendlichen Ali02 und Nena mitteilen wollen?
      Übersetzt ihren Chat in eine Sprache, die ihr z. B. im Schulunterricht sprecht.
   b Setzt in Partnerarbeit den Chat der beiden fort. Schreibt ins Heft.
      Tipp: Verwendet die Abkürzungen aus Aufgabe 1 und Jugendsprache von S. 19–20.

Begrüßungsrituale beschreiben und spielen

1 **a** Welche Begrüßungen kennt ihr? Beschreibt, in welchen Situationen sie üblich sind.
   b Spielt sie pantomimisch, d. h. ohne Worte, nach.

2 Kennt ihr weitere Begrüßungsformen, z. B. aus anderen Ländern?
   Beschreibt sie oder stellt sie pantomimisch dar.

sich ganz fest die Hände drücken   sich einen Kuss auf die Stirn geben
sich Wange an Wange begrüßen   sich voreinander verneigen   sich umarmen
sich auf die Schulter klopfen   die rechte Hand zackig zur Schläfe führen
erst die Fäuste aneinander, dann die Handflächen, zuletzt die Zeigefinger in die Höhe

3
a Überlegt euch in Partnerarbeit zu einer der Begrüßungen Personen und eine mögliche Situation.
b Verfasst zu zweit einen Begrüßungsdialog, der zu den Personen und der Situation passt.
Tipp: Ihr könnt entweder eigene und die jugendsprachlichen Ausdrücke von S. 19 verwenden oder die Personen so wie z. B. im Schulunterricht reden lassen.

> **Erika:** Ey, Alter! Hab dich voll vermisst.
> **Ahmet:** Echt krass, dich wiederzusehen ...

> **Erika:** Ahmet! Endlich! Ich habe dich vermisst.
> **Ahmet:** Grüß dich, Erika. Ich dich auch ...

c Spielt eure Dialoge in der Klasse vor und begründet eure jeweilige Wortwahl.

4 Bildet Gruppen und erfindet gemeinsam eure eigene Jugendsprache.
a Einigt euch auf eine Situation und bestimmt dafür die Rollen.
b Schreibt einen Dialog mit euren selbst erfundenen Ausdrücken.
Tipp: Einige Merkmale von Jugendsprache findet ihr in der Information.
c Spielt eure Dialoge der Klasse vor. Die anderen der Klasse erraten, worum es darin geht.

Information   **Sprachebenen unterscheiden**

In einer Sprache lassen sich in der Regel **verschiedene Sprachebenen** unterscheiden.
Je nach **Rolle** (▶ S. 15) **und Situation** kann man zwischen den Ebenen wechseln, z. B.:
■ **Die Standardsprache** (Hochsprache, Schriftsprache) wird z. B. im Schulunterricht und ganz besonders in den Fernsehnachrichten gesprochen.
■ **Die Jugendsprache** setzt sich dagegen bewusst ab. Sie enthält Wörter, die von der Standardsprache abweichen und in **Abgrenzung von den Erwachsenen** gesprochen werden.
Nicht jeder Jugendliche verwendet stets dieselben jugendsprachlichen Ausdrücke.
Es lassen sich aber bestimmte **Merkmale** feststellen:
– Viele Wörter stammen aus dem **Englischen,** z. B.: *cool, chillen, Burner, ...*
– Es wird oft mit Hilfe von **Wortverstärkern** übertrieben, z. B: *Das ist megageil und voll fett.*
– Manche Wörter sind **neu,** bildhaft und oft lustig, z. B.: *Milchtanker = Kuh.*
■ **Jugendsprachliche Äußerungen** werden auch gern für **E-Mails, SMS** oder **Chats** eingesetzt.
Außerdem werden **Abkürzungen und Sonderzeichen** verwendet, z. B.:
„*cu*" für das englische *„see you"* oder *:-)* (☺) für *lächeln/lachen.*
Auf diese Weise lässt sich schnell viel ausdrücken.

Üben: Jugendsprache und Standardsprache unterscheiden

A Du wirkst fröhlich und unkompliziert. An deiner Seite ist das Leben easy und soft und diese positive Sicht der Welt strahlt auch auf andere ab. Ob Fremde oder Kumpel: Du hast für jeden ein Lächeln, jokst gerne herum und wirkst immer freundlich und aufgeschlossen. In schwierigen Situationen bist du taff und laberst nicht lange herum.

C Mal Fun-Girl, mal Zicke, mal Tussi – du zeigst viele Seiten von dir. In der Clique oder wenn deine BF dabei ist, fühlst du deine Power und bist echt oberlässig. Allein bist du relativ uncool und hast ab und zu einen Hänger. Zur Info: Zu einem echten Super-Girl fehlt dir noch ein bisschen dein eigenes Standing. Daran solltest du mal arbeiten.

B Bei dir weiß jede Freundin, woran sie ist! Wer dich zu seinen Freundinnen zählt, der weiß, dass Ehrlichkeit großgeschrieben wird. Du bist einfach in Ordnung. Du weißt zur richtigen Zeit mit guten Argumenten deinen Standpunkt zu vertreten und hasst nichts mehr als Ungerechtigkeiten und falsche, hinterlistige Spiele!

1 Unterscheidet in den Texten A, B, C die Sprachebenen.
●●● Ordnet sie den Sprachebenen zu. ▷ Eine Hilfe zu Aufgabe 1 findet ihr auf Seite 24.

2 Nathalie hat eine Neuigkeit erfahren, die ihr sehr gefällt. Sie sagt: „Das ist ja cool!"
●●● Findet Synonyme (▶ S. 19) für „cool" aus der Jugendsprache und aus der Standardsprache.
Listet sie im Heft jeweils so auf: ▷ Hilfe zu 2, Seite 24

	Jugendsprache	Standardsprache
Das ist ja cool =	*abgefahren.*	*schön.*
	...	...

3 Stellt euch vor, eure Oma versteht die markierten
●●● Wörter in den folgenden Sätzen nicht.
Erklärt sie ihr in der Standardsprache.
A Gregory und Ivo haben sich gestern gefetzt.
B Lina ist total zugetackert.
C Birkan fährt auf Lisa ab. ▷Hilfe zu 3, Seite 24

4 Für das Leben und Lernen in der Schule gibt es einige jugendsprachliche Ausdrücke. Notiert diejenigen,
●●● die ihr kennt, oder erfindet neue Wörter, z. B.: *Bildungsschuppen, ablosen,* ... ▷ Hilfe zu 4, Seite 24

5 Stellt eine Hitliste der Wörter aus der Jugendsprache zusammen, die ihr selbst häufig und gerne verwendet.

●○○ **Aufgabe 1 mit Hilfe**

Unterscheidet in den Texten A, B, C die Sprachebenen. Ordnet so:
1 = Jugendsprache, 2 = Standard- und Jugendsprache, 3 = Standardsprache.

●○○ **Aufgabe 2 mit Hilfe**

Nathalie hat eine Neuigkeit erfahren, die ihr sehr gefällt. Sie sagt: „Das ist ja cool!"
Bildet mit Hilfe der folgenden Silbenschlange Synonyme (▶ S. 19) für „cool".
Listet die Wörter mit ähnlicher Bedeutung im Heft so auf:

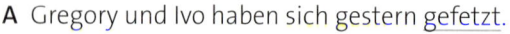

	Jugendsprache	Standardsprache
Das ist ja ...	*abgefahren.*	*schön.*
	...	...

●○○ **Aufgabe 3 mit Hilfe**

Stellt euch vor, eure Oma versteht die markierten Wörter in den
folgenden Sätzen nicht. Sucht aus dem Wortspeicher die richtigen
Wörter oder Wortgruppen aus der Standardsprache heraus.
Formuliert mit diesen Wörtern die Sätze so um, dass eure Oma sie
versteht.

A Gregory und Ivo haben sich gestern <u>gefetzt</u>.

B Lina ist total <u>zugetackert</u>.

C Birkan <u>fährt auf</u> Lisa <u>ab</u>.

> sich küssen   betrunken   jemanden nett finden   verschlossen   sich streiten
> auf dem Fahrrad mitnehmen   trägt Körperschmuck   störrisch

●○○ **Aufgabe 4 mit Hilfe**

Für das Leben und Lernen in der Schule gibt es einige jugendsprachliche Ausdrücke.
Findet in Partnerarbeit zu mindestens 5 der folgenden Begriffe einen jugendsprachlichen Ausdruck,
z. B.: *Schule = Bildungsschuppen.*

> Schule   Lehrer   Schüler   Hausaufgaben   Noten   Zeugnis   Radiergummi   Stift
> Taschenrechner   Klassenbester   Mitschüler   Mitschülerin   Ärger   viel reden
> einfache/schwierige Arbeit   etwas (nicht) verstehen   versagen   schummeln   faul
> fleißig   schlau   dumm

1.3 Projekt – Rollenspiele durchführen

Der Stuhl der Verwandlung

Situation: Julian hat zum Geburtstag ein neues, teures Handy von seinen Großeltern geschenkt bekommen. Er telefoniert mit jemandem.

Rolle: Dunja Klavic
12 Jahre
lange dunkle Haare
sportlich gekleidet
lustig
in Julians Klasse
bei allen beliebt

Rolle: Frau Wagner
46 Jahre
elegant gekleidet
Julians Englischlehrerin
streng
für ihre Vokabeltests
gefürchtet

Rolle: Julius Michler
75 Jahre
groß
kaum Haare
Brille
gehbehindert
Julians Großvater
mag seinen Enkel sehr

1 Bereitet ein Rollenspiel vor:
a Alle in der Klasse nehmen ein leeres Kärtchen oder eine halbe, herausgelöste Heftseite.
b Erstellt eine eigene Rollenkarte. Ihr seid dieser „Jemand", mit dem Julian telefoniert.
  Notiert stichpunktartig den Namen eurer Figur, ihr Aussehen und ihr Verhältnis zu Julian.
  Tipp: Ihr könnt euch an den bereits fertigen Rollenkarten orientieren.
c Sammelt eure Rollenkarten in einem Gefäß oder in einer Mütze und mischt sie.
d Alle ziehen mit geschlossenen Augen jeweils eine Rollenkarte.
e Überlegt, wie ihr euch die Rolle vorstellt und welche Erwartungen ihr an sie habt, z. B.:
  – Wie verhält sich die Figur grundsätzlich?
  – Wie tritt sie in der Regel auf?
  – Welche Sprache spricht sie auf welche Weise?

2 Führt das Rollenspiel mit der Rollenkarte durch, die ihr gezogen habt:
a Stellt in die Mitte eures Klassenraums oder vor die Tafel einen leeren Stuhl.
b Alle setzen sich nacheinander auf den Stuhl, um zu spielen.
  Tipp: Legt eine Reihenfolge fest, z. B. nach Geburtstagen oder dem Klassenbuch.
c Spielt auf dem Stuhl eure Rollen. Ihr dürft aber nur drei Sätze sprechen, und zwar:
  1. Satz: eine typische Begrüßung und euer Rollenname, z. B.: *„Guten Tag, hier spricht ..."*
  2. Satz: eine für eure Rolle typische Meinung zum Thema „Handy".
  3. Satz: etwas, das eure Figur noch zu Julian sagen könnte.
d Die anderen raten, was für eine Rolle ihr wohl gespielt habt.

Rollen in Konfliktsituationen erproben

Situation: Lilli versteckt Annikas neue Jacke in einer der Jungentoiletten. Mutlu beobachtet, wie Lilli das Jungen-WC verlässt. Als Finn die Jacke in der Pause entdeckt, zeigt er sie lachend seinen Freunden. Annika hört das und geht auf ihn zu. Sie ergreift Finns Schulranzen und wirft diesen die Treppe hinunter. Dabei geht Finns Taschenrechner kaputt.

Rolle: Annika
12 Jahre
dunkles, langes Haar
groß
trägt Markenkleidung
ist leicht aus der Ruhe zu bringen
wird wütend, als sie das von ihrer neuen Jacke hört

Rolle: Mutlu
14 Jahre
schwarze Haare
sportlich gekleidet
muskulös
ehrlich, ruhig und gelassen
redet sonst nicht viel, will aber
seine Beobachtung mitteilen

Rolle: Lilli
12 Jahre
dunkelblond
normal gekleidet
schnell ärgerlich
ist genervt von der „Angeberin" Annika
und neidisch auf deren neue Jacke

Rolle: Finn
12 Jahre
blond
klein
bequeme Kleidung
zu Späßen aufgelegt
macht sich über Annikas Jacke im WC lustig,
doch seine Stimmung kippt schlagartig

 3

a Bildet Vierergruppen.
b Lest die Situation und die Rollenkarten. Verteilt die Rollen.
c Überlegt euch eine zur Rolle passende Sprache.
  Verfasst gemeinsam einen Dialog zur Situation. Wie könnte der Konflikt gelöst werden?
d Spielt eure Dialoge den anderen Gruppen vor.
e Die anderen beobachten das Spiel mit Hilfe des folgenden Feedback-Bogens.
  Danach geben sie der jeweiligen Spielgruppe Rückmeldung.
f Begründet, wer die beste Idee für die Lösung des Konflikts gefunden hat.

Feedback-Bogen: Passt zur Rolle, …
- wie sie reagiert?
- was sie sagt?
- wie sie spricht (Lautstärke, Tonfall, Sprechtempo, Sprechpausen)?
- wie ihr Gesichtsausdruck (Mimik) ist?
- wie ihre Körperhaltung (Gestik) ist?

Schreibwörter				▶ S. 282
die Clique	die Situation	der Charakter	die Begrüßung	gepflegt
die Rolle	der Einfluss	charakterisieren	wahrnehmen	störrisch

2 Sich fair verhalten –
Strittige Themen diskutieren

1 Eine Klasse sucht für ihre Projektwoche zum Thema „Fairness" ein geeignetes Bild für ihr Veranstaltungsplakat.
  a Begründet, ob ihr das Bild oben auswählen würdet.
  b Habt ihr andere Ideen für ein Bild? Erläutert die Idee.

2 Sammelt Beispiele aus eurer Schule, zu denen der Begriff „Fairness" passt, z. B.: *Einen neuen Mitschüler willkommen heißen, die Klasse aufräumen, ...* Erläutert, warum eure Beispiele zu dem Begriff passen.

3 Nennt Beispiele außerhalb der Schule, auf die der Begriff „Fairness" passt. Ihr könnt auch Beispiele aus anderen Ländern beschreiben.

In diesem Kapitel ...

– beschäftigt ihr euch mit der Frage, was faires Handeln bedeutet,
– übt ihr, eure Meinung in Diskussionen sachlich und überzeugend zu begründen,
– lernt ihr, euch auf die Meinung anderer zu beziehen und Gegenargumente zu entkräften,
– trainiert ihr, einen Standpunkt mündlich und schriftlich mit Argumenten und Beispielen zu begründen.

2.1 Fair sein – Diskutieren und argumentieren

Thema „Pflichten" – Ein Gespräch untersuchen

Ben *(stürzt in das Zimmer seiner Schwester Lisa):* Warst du mit Bobby draußen?

Lisa *(am Computer):* Äh, ja, natürlich.

Ben: Und warum springt Bobby mich dann so-
5 fort an?

Lisa: Bin noch nicht dazu gekommen. Du siehst ja, dass ich zu tun habe.

Ben: Eh, Lisa, du hast es versprochen. Das ist nicht fair. Gehst du jetzt mal mit Bobby?

10 **Lisa:** Geh du doch! Ich war schon gestern mit ihm im Wald.

Ben: Lisa, du bist heute dran, weil ich dafür einkaufen war.

Lisa: Nun blas dich mal nicht so auf, Brüder-
chen. Unsere Eltern merken doch eh nicht, ob 15
Bobby draußen war.

Ben: Aber Bobby ...

Lisa: Mensch, schnallst du es nicht? Ich habe keine Zeit. Geh doch selbst mit ihm raus.

Ben: Ich kann nicht mit ihm rausgehen, weil 20
ich jetzt überhaupt keine Zeit mehr habe. Ich muss zum Beispiel für die Englischarbeit morgen üben.

Lisa: Was interessiert mich deine Englischarbeit? Hunde gehen doch viel lieber mit Jungs 25
raus.

1 a Lest den Dialog zwischen Lisa und Ben mit verteilten Rollen.
   b Beschreibt: Worüber streiten die beiden?
   c Äußert euren spontanen Eindruck: Wer ist im Recht? Begründet.

2 a Wie stellt ihr euch Bens Gesichtsausdruck vor, wie Lisas?
   Ordnet Ben und Lisa je eines der folgenden Fotos zu.

   b Überlegt, welche Körperhaltung Lisa und Ben im Gespräch einnehmen.
   Baut zu zweit ein Standbild, in dem ihr die Körperhaltung der beiden darstellt.
   c Die Betrachter beschreiben das Standbild, z.B.: *Lisa verschränkt die Arme. Das passt, denn sie ...*

3 Untersucht, wie Lisa und Ben argumentieren. Wählt Aufgabe a oder b.
● ○ ○ a Notiert: Welchen Standpunkt vertritt Ben?
   Welche drei Begründungen nennt er? Wo nennt er ein Beispiel?
● ● ● b Notiert: Welchen Standpunkt vertritt Lisa? Welche Begründungen nennt sie?
   Erläutert, welche Begründung für euch besonders unsachlich ist.

4
a Lest den Wörterbucheintrag zu „Fairness".
Was erfahrt ihr alles über den Begriff?
Ich erfahre, dass der Begriff aus dem …
Das Wort gibt es als Nomen und als …

b Listet auf eurer Schultafel oder im Heft auf:
Für welche der folgenden Handlungen gilt …?
Das hat (nichts) mit Fairness zu tun.
Tipp: Ordnet auch eigene Beispiele ein.

fair *(engl., Adjektiv)* ehrlich, gerecht, anständig, den Regeln entsprechend

Fair|ness *die (engl.)* gerechtes, anständiges Handeln gegenüber anderen Menschen, den Regeln entsprechendes Verhalten (z. B. im Sport): *Das ist ein Gebot der Fairness*

Das hat mit Fairness zu tun	*Das hat nichts mit Fairness zu tun*
– …	*– …*

pünktlich sein   ehrgeizig sein   teilen   Schwächeren helfen   ausreden lassen
zuverlässig sein   sich entschuldigen   lauter als andere reden   das letzte Wort haben
nicht lügen   in Diskussionen sachlich bleiben   niemanden beleidigen
Erwachsene grüßen   keinen Abfall auf den Schulhof werfen

c Besprecht eure Zuordnungen in der Klasse.

5 Betrachtet erneut Lisas und Bens Gespräch (▶ S. 28). Bearbeitet Aufgabe a oder b.
a Erläutert an Beispielen. Warum verhält Lisa sich nicht fair? Ergänzt:
– *Lisa verhält sich nicht verantwortungsvoll, denn …*
– *Lisa sagt nicht immer die Wahrheit, denn …*
b Nennt alle Punkte der linken Spalte eurer Liste aus Aufgabe 4, die Lisa nicht erfüllt.
Begründet eure Zuordnung.

6 Schreibt das Gespräch um.
Ben soll seine Schwester Lisa überzeugen, wie versprochen mit dem Hund rauszugehen.

Information	**Überzeugend argumentieren**

Argumentieren heißt, man versucht **Meinungen, Bitten, Wünsche, Forderungen** oder
Behauptungen überzeugend zu **begründen,** z. B.:

1. Meinung	*Ich bin dafür, dass …*
2. Begründung (Argument)	*, denn …*
3. Beispiel zur Veranschaulichung	*Zum Beispiel …*

Eine Argumentation ist **sachlich und überzeugend,** wenn sie:
■ niemanden beleidigt,
■ die Meinung, Bitte usw. durch nachvollziehbare Begründungen (z. B. Tatsachen) stützt,
■ anschauliche Beispiele anführt.

Thema „Lügen" – Schwierige Entscheidungen begründen

Ursula Wölfel

Lügen

Ein Kind kommt von der Schule nach Hause.
Die Eltern fragen nach der Rechenarbeit. Hat
der Lehrer sie heute zurückgegeben?
Sie haben mit dem Kind gelernt, nun möchten
5 sie wissen, ob es eine gute Arbeit geschrieben
hat.
Der Lehrer hat die Arbeit noch nicht zurückge-
geben. Das sagt das Kind.
Hat es nicht gestern erzählt, heute sollten sie
10 die Arbeit zurückbekommen?
Sie haben die Verbesserungen gleich in der
Schule gemacht. Der Lehrer hat die Hefte wie-
der in den Schrank gelegt.
Er hat die Arbeit also doch zurückgegeben! Wa-
15 rum lügt das Kind? Hat es eine schlechte Note?
Es hat eine Drei, sagt das Kind.
Eine Drei, das ist ordentlich. Deshalb brauchte
das Kind doch nicht zu lügen?
Das Kind gibt keine Antwort.
20 Die Mutter sieht in der Schultasche nach. Sie
findet das Heft mit der Rechenarbeit. Aber das
Kind hat behauptet, der Lehrer hätte die Hefte
in den Schrank gelegt. Wieder hat es gelogen.
Das Kind will schnell sagen, dies sei nicht das
25 richtige Heft. Es will der Mutter das Heft weg-
nehmen.
Aber sie hat es schon aufgeschlagen.
„Mangelhaft", steht unter der Arbeit. Eine Fünf
hat das Kind.
30 Heute finden die Eltern das nicht schlimm. Jeder kann einmal eine schlechte Arbeit schreiben. Dass aber ihr Kind zu feige ist, die Wahrheit zu sagen, dass es zweimal gelogen hat, das
finden sie schlimm, traurig, schrecklich.
35 Das Kind hatte Angst. Es wusste nicht, dass
heute eine Fünf nicht so schlimm ist wie sonst.
Das letzte Mal hat es Ohrfeigen bekommen,
wegen der Fünf im Diktat.
Will es sich herausreden? Damit macht es alles

noch schlimmer. Die Eltern nennen das Kind 40
böse und schlecht. Zur Strafe darf es heute
nicht draußen spielen. Es muss die Aufgaben
aus der Rechenarbeit abschreiben und so oft
rechnen, bis alles richtig ist.
Das Kind sagt nichts mehr. Es rechnet. 45
Die Eltern unterhalten sich.
Heute soll ihr altes Auto verkauft werden. Eine
Frau will kommen und es ansehen. Vielleicht
nimmt sie es gleich mit.
Vor einem halben Jahr hatte der Vater einen 50
Unfall mit diesem Auto. Es wurde repariert
und frisch gespritzt. Man sieht nichts mehr
von dem Schaden.
Die Frau braucht nicht zu wissen, dass sie einen Unfallwagen bekommt. Sonst nimmt sie 55
ihn womöglich nicht. Wahrscheinlich fragt sie
gar nicht danach. Und wenn sie es doch tut,

werden sie sagen, sie solle den Wagen betrachten. Sieht er wie ein Unfallwagen aus?

60 Dass mit dem Rahmen etwas nicht stimmt, kann sie nicht sehen. Er ist nur ganz leicht verzogen. Sollte das später herauskommen, können sie sagen, sie hätten das nicht gewusst. Wenn der Mann aus der Werkstatt den Rahmen nicht nachgemessen hätte, wüssten sie

65 tatsächlich nichts davon.

Die Frau kommt früher, als sie gedacht haben. Sie hat den Wagen schon gesehen, das Garagentor stand offen. Er gefällt ihr gut. Sie freut

70 sich. Dies wird ihr erstes Auto sein.

Die Eltern bieten ihr etwas zu trinken an, und der Vater erzählt der Frau, was für einen großartigen Wagen sie von ihm bekommt. Er verkauft ihn nur, weil er einen größeren braucht.

Den Kaufvertrag hat er schon vorbereitet. Wollen sie den jetzt beide unterschreiben? 75

Vom Unfall ist nicht die Rede.

Ehe die Frau den Vertrag unterschreibt, sähe sie sich den Wagen gern noch einmal genauer an. 80

Der Vater will ihn auf die Straße fahren. Die Frau kann hier warten.

Er geht hinaus, und auch die Mutter geht für einen Augenblick aus dem Zimmer. Sie will Zigaretten holen. Das Kind bleibt mit der Frau 85 allein.

Der Frau fällt jetzt ein, dass sie noch was fragen wollte. Ist der Wagen unfallfrei? Weiß das Kind etwas darüber?

Das Kind erschrickt. Es sagt: [...] 90

1 Lest die Geschichte.

  a Stellt Vermutungen an: Warum sagt das Kind seinen Eltern nicht, dass es eine Fünf geschrieben hat?

  b Haltet ihr die Lügen des Kindes für berechtigt? Begründet.

  c Erläutert, warum das Kind erschrickt, als es von der Frau nach dem Auto gefragt wird.

2 **a** Setzt die Geschichte fort. Wie könnte das Kind antworten?

  b Begründet eure Fortsetzung. Wählt Aufgabe c oder d.

●○○ **c** Notiert ein wichtiges Argument, das für eure Fortsetzung spricht.

●●● **d** Formuliert ein mögliches Argument, das gegen eure Lösung spricht.
    Notiert auch, wie ihr auf dieses Argument gegen euch antworten könntet.

3 Diskutiert in Vierer- oder Fünfergruppen eure Ergebnisse aus Aufgabe 2.

  a Wählt in jeder Gruppe einen Gesprächsbeobachter.

  b Alle außer dem Gesprächsbeobachter lesen ihre Fortsetzung vor und begründen sie.

  c Diskutiert, ob das Kind lügen sollte oder nicht. Bezieht euch auf das zuvor Gesagte, z. B.:
    Ich bin der gleichen Meinung wie ... / Ich sehe das anders: ...

  d Der Gesprächsleiter beobachtet, ob es euch gelingt, in der Diskussion auf andere einzugehen.
    Er macht sich Notizen und gibt am Ende eine Rückmeldung an die Gruppe.

Methode	**Zustimmen oder widersprechen – Sich in Diskussionen auf andere beziehen**

Macht in einer Diskussion deutlich, auf welche Äußerung ihr euch bezieht.
Formuliert, ob ihr die Meinung unterstützt oder ob ihr widersprecht:
Zustimmung: *Ich bin der gleichen Meinung wie ... Dafür spricht auch ...*
                   Ich bin wie Felix der Meinung, dass ..., weil ...
Widerspruch: *Ich teile deine Meinung nicht, Felix. Du hast zwar Recht, dass ..., aber ...*
                   Ich möchte Felix in einem Punkt widersprechen: ...

Thema „Petzen" – Pro und kontra diskutieren

Schummeln mit dem Internet-Handy

DÜSSELDORF. Früher war es der gute, alte Spickzettel. Heute nutzen Schüler die moderne Technik, um zu schummeln. In einer Düsseldorfer Schule wurde dies acht Jugendlichen zum Verhängnis. Sie hatten in einem Erdkundetest nacheinander den Raum verlassen. Auf der Toilette suchten sie dann mit ihrem Smartphone Informationen aus dem Internet heraus und übertrugen sie in ihr Lösungsblatt.

Aufgeflogen war der Schwindel durch …

1 Lest die Zeitungsmeldung.

a Stellt Vermutungen an: Wie könnte der Schwindel aufgeflogen sein?

b Begründet: Würdet ihr die Schummler bestrafen?

Wie wäre es bei euch?

Nehmt an: Acht Schüler eurer Klasse schummeln in einer Klassenarbeit mit dem Handy.

Nur einer von euch bekommt das mit, sagt aber nichts.

Bei Rückgabe der Arbeit haben die acht Schummler die besten Noten.

Alle anderen haben sehr schlecht abgeschnitten.

Der Lehrer sagt: „Zunächst dachte ich, die Arbeit wäre zu schwer. Aber wenn acht Leute so gut abschneiden, wird sie auch gewertet."

Der eine Schüler, der weiß, dass geschummelt wurde, ist unsicher. Was soll er machen?

---

2 Vertretet nacheinander die folgenden Standpunkte. Stellt dazu drei Stühle vor die Tafel:

a Spielt einen der acht Schüler. Setzt euch auf Stuhl 1: Erklärt die Gründe für euer Schummeln.

b Spielt einen anderen Schüler der Klasse. Setzt euch auf Stuhl 2: Erklärt die Folgen für euch.

c Spielt den Schüler, der von dem Schummeln weiß. Setzt euch auf Stuhl 3:
Erklärt, warum ihr bisher nichts gesagt habt und was ihr jetzt denkt.

3 **a** Überlegt zu zweit: Was spricht dafür, die acht Mitschüler zu verraten? Was dagegen?

b Notiert eure abschließende Meinung ins Heft. Nennt dazu eure zwei wichtigsten Argumente.

Methode	**Auf Gegenargumente eingehen**

Wenn jemand deine Meinung nicht teilt, nennt er oft Gegenargumente.

Wenn du überzeugen willst, musst du auf die Gegenargumente **eingehen und** sie **entkräften**:

- **Auf ein Gegenargument eingehen:** Formuliere, was dich an dem Gegenargument überzeugt:
  Du hast natürlich Recht, wenn du sagst, dass …
- **Ein Gegenargument entkräften:** Erläutere, wieso das Gegenargument nicht ganz überzeugt:
  Aber man muss auch bedenken, dass … / Aber viel entscheidender ist doch …

4 Übt, auf Gegenargumente einzugehen und sie zu entkräften (▶ Methode, S. 32):
  a Sucht einen Partner, der zu Aufgabe 3 eine andere Meinung notiert hat,
    und einen Gesprächsbeobachter.
  b Diskutiert zu zweit eure Meinungen: *Du hast Recht ..., aber ...*
  c Der Gesprächsbeobachter achtet darauf, wer es schafft, auf Gegenargumente einzugehen.
    Anschließend gibt er eine Rückmeldung.

5 Wie denkt eure ganze Klasse über das Schummel-Problem? Führt eine Pro-und-Kontra-Diskussion
  zu der Frage durch: *Soll der Schüler dem Lehrer verraten, dass die acht Mitschüler geschummelt haben?*

Methode	**Pro-und-Kontra-Diskussionen führen und beobachten**

Teilnehmer: 1 Diskussionsleiter
  4 Teilnehmer pro
  4 Teilnehmer kontra
  Zuhörer

- **Die „Diskussion führen"**
  1 Der Diskussionsleiter nennt die Diskussionsfrage.
  2 Ein Teilnehmer pro trägt seinen Standpunkt und sein wichtigstes Argument vor.
  3 Ein Teilnehmer kontra nennt seinen Standpunkt und begründet ihn mit einem Argument.
  4 Der Diskussionsleiter nimmt abwechselnd Pro- und Kontra-Teilnehmer dran.
    Tipp: Die Teilnehmer gehen auf das ein, was die Teilnehmer der anderen Seite gesagt haben.
  5 Der Diskussionsleiter beendet nach ca. 10 Minuten die Diskussion.
- **Die „Diskussion beobachten"**
  1 Die Zuhörer beobachten die Pro- und Kontra-Teilnehmer. Sie notieren im Heft:

Teilnehmer: Name	sein Argument	sein Beispiel	auf andere eingegangen

  Tipp: Am besten konzentriert sich je ein Zuhörer auf jeweils einen Teilnehmer.
  2 Die Zuhörer sagen den Teilnehmern: 1. Das habt ihr gut gemacht, 2. Das könnt ihr verbessern.

6 Überdenkt nach der Pro-und-Kontra-Diskussion noch einmal eure Meinung.
  a Welcher Aussage stimmt ihr eher zu? Begründet.

  > **A** Auch nach einer Diskussion sollte man seine ursprüngliche Meinung verteidigen.
  > **B** Nach einer Diskussion darf man auch seine Meinung ändern.

  b Formuliert, ob ihr eure Meinung zu dem in Aufgabe 5 diskutierten Thema geändert habt, z.B.:
    Mich hat vor allem das Argument von ... überzeugt. Daher bin ich jetzt auch der Meinung, dass ...
    Zuvor meinte ich: ... An das Argument ... hatte ich gar nicht gedacht. ...

7 Schüler, die verraten, was andere gemacht haben, gelten in der Schule oft als „Petze".
  a Überlegt euch Situationen, in denen es unbedingt notwendig ist, dass jemand „petzt".
  b Schreibt eine Geschichte, in der durch „Petzen" ein Unglück verhindert wird.

Teste dich!

Jona: Mensch, Nico, jetzt kommst du schon wieder zu spät!

1 Ich finde, es wäre fair, wenn du einfach mal pünktlich kommen würdest.

5 **2** Denn jetzt ist der Bus weg und wir haben eine halbe Stunde weniger zum Schwimmen.

Nico *grinst:* **3** Das ist doch nicht so schlimm, denn auf mich wartet ihr doch gern.

Lea: Hör doch mal zu, Nico.

10 **4** Jona hat Recht: Immer zu spät zu kommen, zeigt einfach, dass wir dir eigentlich egal sind.

5 Zum Fußballtraining kommst du nie zu spät, weil dir das nämlich wichtig ist.

Nico: Auf ein paar Minuten kommt es doch gar nicht an.

15

Samira: 6 Stimmt: Normalerweise nicht, aber jetzt haben die paar Minuten dafür gesorgt, dass wir nur noch eine Stunde zum Schwimmen haben.

1 Wie sprechen Jona, Nico, Lea und Samira miteinander? Ordne den folgenden 6 Satzanfängen die richtige Fortsetzung a, b oder c zu. Notiere deine Lösungen ins Heft.

Satzanfang ...	... Fortsetzung		
1 Jona sagt seine Meinung ...	**a** in Satz 1.	**b** in Satz 2.	**c** gar nicht.
2 Jona begründet seine Meinung ...	**a** in Satz 1.	**b** in Satz 2.	**c** gar nicht.
3 Nicos Antwort 3 ist unsachlich, weil er ...	**a** so die anderen beleidigt.	**b** einfach Falsches behauptet.	**c** er gar kein Argument nennt.
4 In Satz 4 ...	**a** gibt Lea Jona Recht und ergänzt ein Argument.	**b** formuliert Lea ein Gegenargument zu Jonas Aussage.	**c** weicht Lea vom Thema ab.
5 In Satz 5 nennt Lea ...	**a** ein Argument.	**b** ein Beispiel für ihr Argument.	**c** ihre Meinung.
6 In Satz 6 formuliert Samira ...	**a** ein Beispiel für Nicos Behauptung.	**b** ein Argument für Nicos Behauptung.	**c** ein Gegenargument zu Nicos Behauptung.

2 Kontrolliere deine Lösungen mit Hilfe der nebenstehenden Tabelle. Die Großbuchstaben hinter den richtigen Antworten ergeben ein Lösungswort.

Tipp: Falls du kein sinnvolles Lösungswort findest: Wende dich an einen Mitschüler, der die Lösung hat. Suche deine Fehler und lasse dir die richtige Lösung erläutern.

1a = L	3a = H	5a = E
1b = T	3b = S	5b = N
1c = B	3c = Z	5c = V
2a = A	4a = U	6a = S
2b = Ö	4b = X	6b = K
2c = U	4c = I	6c = G

2.2 Fairness im Bus? – Schriftlich argumentieren

Einen Leserbrief untersuchen

Busfahrer fesselt Jungen an Sitz

KAMP-LINTFORT – Diese Erziehungsmaßnahme ging offensichtlich zu weit: Ein Busfahrer hatte am Freitag einen Neunjährigen an seinen Sitz gefesselt, weil dieser sich geweigert hatte, an seinem Platz zu bleiben, und unkontrolliert durch den Bus lief. Der 60-jährige Fahrer aus Nordrhein-Westfalen wurde nun fristlos entlassen.

[…] Nach eigenen Angaben hatte der Fahrer die Sicherheit in seinem Bus gewährleisten wollen und den Jungen deshalb an seinen Platz gebunden, so die Polizei. Der gefesselte Fahrgast wurde von einem anderen Schüler befreit und folgte anschließend den Anweisungen des Fahrers.

1   a Erschließt aus dem Online-Zeitungstext, was den Busfahrer zu seiner Tat bewogen hat.
     b Begründet: Was haltet ihr vom Verhalten des Busfahrers?

Die Meinung von Lesern

Ich verstehe, dass die Busbetriebe in solch einer Situation den Mann sofort fristlos entlassen. Bei näherem Nachdenken ist das aber übertrieben. Das Verhalten des Busfahrers ist doch verständlich, denn er ist in seinem Bus für die Sicherheit verantwortlich. Deshalb muss er sich durchsetzen, wenn Schüler nicht auf ihn hören. Sonst könnte ja zum Beispiel ein Unfall passieren. Ich finde, der Busfahrer sollte sich entschuldigen, und dann ist die Sache vergessen.
Wilfried Gierek, 27. 5., 14:12

2   In Leserbriefen kann man seine Meinung zu Zeitungsartikeln darstellen.
     a Untersucht, wie Wilfried Gierek in seinem Leserbrief argumentiert. Ergänzt im Heft:
       Wilfried Gierek vertritt die Meinung, dass das Verhalten des Busfahrers …
       Er führt dafür folgendes Argument an: Der Fahrer …
       Dazu nennt er folgendes Beispiel: Wenn der Fahrer nicht eingreift, könnte …
     b Ordnet euren drei Sätzen im Heft jeweils eine Farbe zu: grün = Meinung; blau = …
     c Erläutert, wie Wilfried Gierek seinen Text beginnt, z. B.:
       Zu Beginn seines … äußert Wilfried Gierek zunächst … Dann aber …
     d Begründet, ob ihr Wilfried Gierek zustimmt.

3   Widersprecht Wilfried Gierek in einem Leserbrief. Wählt Aufgabe a oder b.
●●● a Begründet euren Widerspruch. Nennt Argument und Beispiel. Beginnt z. B. so:
       Natürlich stimmt es, dass … Aber …
●○○ b Widersprecht Wilfried Girek. Ergänzt Folgendes in eurem Heft.
       Selbstverständlich muss der Busfahrer für die … sorgen.
       Aber es ist ein hohes Risiko für die Sicherheit, wenn …

Informationen und Argumente wiedergeben

Schüler schützen Schüler im Bus

Eine ganze Menge blauer Baseballmützen und
Westen werden die Berliner Verkehrsbetriebe
BVG bald kaufen können, um „Schülerbegleiter" auszustatten. 300 Anti-Gewalt-Lotsen
5 im Alter von 14 bis 20 Jahren gibt es bisher, die
vor allem im Norden Berlins und in Tempelhof
in den Bussen zur Schule und zurück mitfahren. (Zuvor erhalten sie eine Ausbildung von
100 Stunden.)

10 Christin Althaber, 19, ist von Anfang an dabei.
Anfangs, sagt die Abiturientin, seien die Schülerbegleiter von Mitschülern in den Bussen
noch verspottet worden. „Doch das hat sich
bald gelegt", sagt sie. Die Schülerbegleiter
15 schützen Mitschüler vor Mobbing oder Pöbelei-

en und verhindern, dass Fensterscheiben zer-
kratzt oder Sitze beschmiert werden. Die BVG
teilte mit, dass es auf Linien, auf denen die Lot-
sen mitfahren, weniger Zerstörung gibt.

1 Erfasst in Partnerarbeit die wichtigsten Informationen des Zeitungsartikels. Ergänzt im Heft:

2 Gebt die Argumente für das Projekt in einem
Interview wieder. Wählt Aufgabe a oder b.

●●● **a** Erfindet ein Interview mit der Schüler-
begleiterin Christin Althaber.
Klärt darin die Vorteile des „Schülerbegleiter"-Projekts
– für die Schüler im Bus und
– für die Verkehrsbetriebe.
Fragt auch, warum sie an dem Projekt teilnimmt und was genau sie im Bus tun darf.

●○○ **b** Stellt euch vor, ihr würdet als Sprecher der Ver-
kehrsbetriebe interviewt.
Schreibt eure Antworten auf die beiden folgenden
Interviewfragen der Schüler in euer Heft.

> **Schülerbegleiter in Bussen der BVG**
>
> Aufgaben: ...   Alter: ...
> Ausbildung: ...   Anzahl: ...
> Kleidung: ...

Welchen Nutzen haben Schülerinnen
und Schüler im Bus davon, dass
Schülerbegleiter mitfahren?

Welche Vorteile haben Sie als
Verkehrsbetriebe von den
Schülerbegleitern?

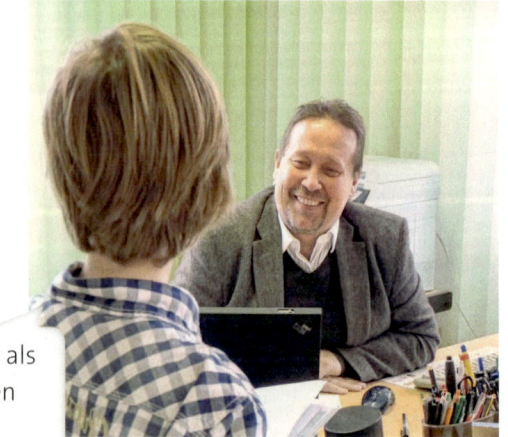

Sich engagieren: Warum?

Ioannis, 15 Jahre, ist Schülerbegleiter in einer Stadt in Nordrhein-Westfalen.
Er erklärt: „Ich finde es gut, mich als Schülerbegleiter zu engagieren, denn damit kann ich anderen helfen. Zum Beispiel wurde letztens ein kleiner Junge in einem Bus von zwei Jugendlichen ange-pöbelt. Als ich dazukam, haben die beiden schnell aufgehört. Und für mich selbst ist es auch gut, weil ich in dem Projekt viel selbstbewusster geworden bin. Ich habe beispielsweise keine Angst mehr, auch auf der Straße mal bei einem Streit dazwischenzugehen. Also: Seit einem Jahr bin ich dabei. Es ist wirklich eine gute Sache.“

3 Lest Ioannis' Erklärung und betrachtet das Plakat.
   a Ist Ioannis ein „Hingucker"?
     Begründet mit Hilfe seiner Aussagen.
   b Erschließt, wie Ioannis seinen Einsatz als Schüler-
     begleiter begründet.
     Ergänzt im Heft den folgenden Notizzettel.

> Ioannis' Standpunkt ist: Er findet es gut, ...
> Er nennt zwei Argumente für seinen Einsatz:
> – 1. ...
> – 2. ...
> Zu jedem Argument nennt er ein Beispiel:
> – zum 1. Argument: ein kleiner ...
> – zum 2. Argument: ...
> Zum Schluss fasst ...

4 Für seine Begründungen verwendet Ioannis Verknüpfungswörter (z. B. *denn, weil, da*).
   Und seine Beispiele leitet er mit Signalwörtern ein *(zum Beispiel, beispielsweise)*.
   Findet diese Wörter in Ioannis' Erklärung. Wählt Aufgabe a oder b.
●○○ **a** Schreibt mit Angabe der Zeile mindestens ein Verknüpfungswort und ein Signalwort heraus.
●●○ **b** Schreibt alle Verknüpfungs- und die Signalwörter mit Angabe der Zeile heraus.

5 Wo seid ihr „Hingucker" und helft anderen? Wofür engagiert ihr euch?
   Begründet schriftlich euren Einsatz. Nennt Argumente und Beispiele.

Methode	Argumente durch Verknüpfungswörter, Beispiele durch Signalwörter einleiten

- **Argumente** werden oft durch **Verknüpfungswörter** eingeleitet, wie: *denn, weil, da ...*;
  z. B.: *..., **denn** damit verhindere ich Gewalt.   ..., **weil** ich so anderen helfen kann.*
  Argumente in neuen Sätzen beginnen oft so: *Dafür spricht (auch) ...   Damit ...   Außerdem ...*
- **Beispiele** werden oft durch **Signalwörter** angekündigt, wie:
  *Gestern habe ich **zum Beispiel** ...   Mein Freund hat sich **beispielsweise** ...*

Eine Meinung schriftlich begründen

Schülerbegleiter auch in deiner Stadt?

In vielen Städten begleiten ältere Schüler Busse, in denen Schüler zur Schule fahren. Was hältst du von dem Projekt? Soll es auch in unserer Stadt eingeführt werden? Schreib uns deine Meinung!

1 Planen

Die Verkehrsbetriebe deines Ortes fragen auf ihrer Internetseite nach deiner Meinung zu Schülerbegleitern. Plant einen Beitrag für die Seite. Übertragt den folgenden Schreibplan ins Heft. Ergänzt Stichworte.

▷ Eine Hilfe zu Aufgabe 1 findet ihr auf Seite 39.

	Meine Stichworte
Meinung	...
Argumente	1. ... 2. ...
ein Beispiel	zu Argument Nr. ...: ...
Schluss	...

Tipp: Es reichen wenige gute Argumente. Macht sie durch Beispiele anschaulich.

2 Schreiben

Schreibt eine erste Fassung. Nutzt Verknüpfungs- und Signalwörter (▶ S. 37). Überlegt, wie euer Eintrag anfangen und wie er enden soll.

▷ Hilfe zu 2, Seite 39

3 Überarbeiten

a Prüft eure erste Fassung mit Hilfe der Checkliste.

b Lasst einen Mitschüler eure erste Fassung lesen.
Er bewertet dann eure Fassung im Heft anhand der Checkliste, z. B.:
2 und 4 ☺ = sehr gut gelungen   3 😐 = verbesserungsfähig   1 ☹ = noch nicht gelungen.

c Macht euch gegenseitig Verbesserungsvorschläge. Entscheidet, welche Vorschläge ihr nutzen wollt, und verbessert euren Text.

▷ Hilfe zu 3 c, Seite 39

Checkliste

Eine Meinung begründen

1 **Meinung:** Du formulierst in deinem Text deine Meinung deutlich und frühzeitig.

2 **Argumente:** Du nennst für deine Meinung überzeugende Argumente.

3 **Beispiel:** Du veranschaulichst mindestens ein Argument durch ein Beispiel.

4 **Schluss:** Du fasst zusammen, was du dir wünschst, oder du machst einen Vorschlag.

●○○ **Aufgabe 1 mit Hilfe: Planen**

Die Verkehrsbetriebe deines Ortes fragen auf ihrer Internetseite nach deiner Meinung zu
Schülerbegleitern. Plant einen Beitrag für die Seite.
Übertragt den folgenden Schreibplan ins Heft.
Ergänzt mit Hilfe der Sprechblasen Stichworte.

	Meine Stichworte
Meinung	...
Argumente (Begründungen)	1. ... 2. ...
ein Beispiel	zu Argument Nr. ...: ...
Schluss	...

Ich bin dafür/dagegen, dass ...

Nenne Vor- und Nachteile für:
– die fahrenden Schüler,
– die Verkehrsbetriebe,
– die Schülerbegleiter.

Beschreibe eine Situation, die ein Argument veranschaulicht.

Tipp: Es reichen wenige gute Argumente.

●○○ **Aufgabe 2 mit Hilfe: Schreiben**

Schreibt eine erste Fassung. Nutzt Verknüpfungs- und Signalwörter (▶ S. 37).
Überlegt, wie euer Eintrag anfangen und wie er enden soll. Nutzt die folgenden Formulierungen:

Meinung	Ich bin dafür/dagegen, auch in ...
Argument 1 (Begründung 1)	Denn Schülerbegleiter würden in den Bussen dafür sorgen, dass die mitfahrenden Schüler ... Denn die Sicherheit in Bussen kann nicht von Schülern ...
Beispiel	Wenn beispielsweise ..., könnten die Schülerbegleiter (nicht) ...
Argument 2 (Begründung 2)	Außerdem hätte das Projekt auch Vorteile/Nachteile für ..., weil ...
Schluss	Aus diesen Gründen wäre es aus meiner Sicht sinnvoll, dass ...

●○○ **Aufgabe 3 c mit Hilfe: Überarbeiten**

c Macht euch gegenseitig Verbesserungsvorschläge.
Entscheidet, welche Vorschläge ihr nutzen wollt, und verbessert, z. B.:

Problem	Mögliche Formulierungen
Meinung unklar	Ich bin dafür/dagegen, auch in ... Schülerbegleiter in den Bussen mitfahren zu lassen.
Beispiel fehlt	Wenn beispielsweise ein älterer Schüler einen kleineren von einem Sitz vertreibt, könnten die Schülerbegleiter (nicht) einschreiten.
nur eine Begründung	Außerdem ... auch Vorteile/Nachteile für die Verkehrsbetriebe, weil weniger ... entstehen.

2.3 Fit in ...! – Einen Forumsbeitrag schreiben

Stellt euch vor, ihr bekommt in der nächsten Klassenarbeit die folgende Aufgabe gestellt:

Aufgabe

In einer Jugendzeitschrift ist folgender Artikel erschienen.
Zu diesem Artikel hat sich in einem Internetforum eine Diskussion ergeben.
Verfasse für das Forum eine ausführliche eigene Argumentation:
– Begründe deine Meinung mit Argumenten und Beispielen.
– Gehe auch auf einen der Forumsbeiträge ein (*Luke01* oder *Starwalker*).

Immer die Wahrheit sagen?

Jeder Mensch lügt durchschnittlich mindestens zweimal am Tag. Aber niemand wird gern angelogen. Die erste Lüge des Lebens geht meistens so: „Ich war's nicht!"
Schuld abstreiten, das kann bereits ein Dreijähriger. Muss aber jeder, der nicht lügen will, unbedingt auch die ganze Wahrheit aussprechen? Wäre es nicht manchmal besser, einfach zu schweigen? Zum Beispiel wenn die früher so dünne ehemalige Nachbarin zu Besuch kommt und sagt: „Du bist aber groß geworden." Muss man dann wirklich antworten: „Und Sie ganz schön dick"?

Der Journalist Jürgen Schmieder hat 40 Tage lang nicht gelogen und stets die Wahrheit gesagt. Über seine Erfahrungen hat er ein Buch geschrieben. Am Ende hatte er mit vielen Leuten Streit.
Manche Klassen diskutieren, ob sie einen Selbstversuch machen sollen: Einen Tag lang immer die volle Wahrheit sagen. Ihr müsstet gegenüber Mitschülern, Lehrern, Freunden alles, was euch durch den Kopf geht, aussprechen. Eine gute Idee?

1 Immer die Wahrheit sagen?

von Chaostine, 2. Mai, 18:07
Im letzten Heft gab es den Artikel „Immer die Wahrheit sagen?". Die Idee, einen Wahrheitstag an der Schule einzuführen, finde ich sehr interessant. Was meint ihr dazu?

2 Re: Immer die Wahrheit sagen?

von Luke01, 2. Mai, 19:21
Einen solchen Versuch in unserer Klasse fände ich gut, denn dann würden wir wenigstens alle einmal erfahren, was die anderen wirklich von uns halten.

3 Re: Immer die Wahrheit sagen?

von Starwalker, 3. Mai, 15:08
Ich bin anderer Meinung als Luke01. Natürlich sollte niemand lügen, aber das bedeutet ja nicht, dass man alles aussprechen sollte. Im Laufe eines Schultags sind Schüler manchmal auch sehr verärgert über Lehrer. Es wäre respektlos und unfair, wenn sie dies immer sofort sagen würden.

Die Aufgabe richtig verstehen

1 Was verlangt die Aufgabe von euch? Schreibt die richtigen Buchstaben ins Heft:
Meine Aufgaben in der Klassenarbeit sind: …
Tipp: Die fünf richtigen Lösungsbuchstaben ergeben ein Lösungswort.

G Ich muss in meiner Argumentation meine Meinung begründen und Beispiele angeben.

X Den Forumsbeitrag schreibe ich so, dass vor allem meine Klassenkameraden mich verstehen.

E Ich muss meine Argumentation so verfassen, dass alle Leser des Forums sie nachvollziehen können.

N Ich kann in meinem Beitrag Informationen aus dem Artikel nutzen.

U Ich soll in meiner Argumentation auf einen der beiden abgedruckten Forumsbeiträge eingehen.

M Meine Argumentation wird anschaulich, wenn ich schreibe, wem ich gern mal die Wahrheit sagen würde.

A Ich kann Beispiele nennen, aber natürlich keine Namen. Denn der Beitrag ist ja öffentlich.

Planen

2 **a** Klärt, zu welcher Frage ihr euch eine Meinung bilden sollt. Ergänzt im Heft:
Es geht um die folgende Frage: …

b Ist es immer fair, die Wahrheit zu sagen? Sammelt im Heft Beispiele dafür und dagegen.

Hier verletzt eine Lüge die Fairness	Hier verletzt die Wahrheit die Fairness
– *einen falschen Termin für eine Klassenarbeit angeben …* *…*	– *allen Freunden und Eltern mitteilen, wer eine schlechte Arbeit …* – *…*

c Wägt ab: Was spricht für den Wahrheitstag in der Schule, was dagegen? Wie ist eure Meinung?

d Entscheidet, auf welchen Forumsbeitrag ihr eingehen wollt (*Luke01* oder *Starwalker*).

e Plant den Aufbau eurer Argumentation. Füllt die folgende Tabelle im Heft aus.
Tipp: Besser als viele Argumente sind wenige gute Argumente.

	Meine Stichworte
Meinung	*…*
Argumente	*1. …* *2. …*
ein Beispiel	*zu Argument Nr. …: …*
Eingehen auf Luke01/Starwalker	*Richtig an dem Beitrag ist: … Aber dagegen spricht: …*
Schluss	*…*

Schreiben

3 Verfasst eure Argumentation für das Forum.

Tipp: Lasst nach jeder Zeile eine Schreibzeile frei. So könnt ihr euren Text später leichter verbessern.

Methode	Eine Argumentation für ein Internetforum verfassen

1 Nennt in eurem Text **frühzeitig** eure **Meinung.**

2 Begründet eure Meinung:
- Nennt mindestens **2 Argumente (höchstens 3).**
- Nutzt **Verknüpfungen,** z.B.: *denn* oder *Dafür spricht* ...
- Veranschaulicht mindestens ein Argument durch **ein Beispiel.**
- Geht auf einen anderen Forumsbeitrag ein. Ihr könnt ihm z.B. widersprechen:
  ... *hat Recht, wenn er sagt ..., aber* ...

3 Fasst euren Standpunkt am Ende nochmals **zusammen** oder macht einen anderen **Vorschlag** (z.B. einen Kompromiss).

Tipp: Ihr wollt euch in einem Forum anmelden? Verwendet nie euren wirklichen Namen als Benutzernamen. Gebt **keine persönlichen Daten** an (Adresse, Handynummer usw.).

Überarbeiten

4 **a** Prüft eure Argumentation zunächst allein. Nutzt die Checkliste.

b Setzt euch zu zweit zusammen. Prüft eure Texte gegenseitig mit Hilfe der Checkliste.

Checkliste

Argumentieren – Einen Forumsbeitrag schreiben
- **Meinung:** Formulierst du deutlich deinen Standpunkt?
- **Argumente:** Nennst du zwei bis drei überzeugende Argumente für deine Meinung?
- **Beispiel:** Veranschaulichst du mindestens ein Argument durch ein Beispiel?
- **Auf einen anderen Forumsbeitrag eingehen:** Bist du auf einen Forumsbeitrag eingegangen? Hast du diesen Beitrag z.B. überzeugend entkräftet?
- **Schluss:** Fasst du am Ende deine Meinung zusammen? Oder machst du einen Vorschlag (z.B. Kompromiss)?
- **Rechtschreibung, Satzzeichen, Verknüpfungs- und Signalwörter:**
  Ist die Rechtschreibung fehlerfrei?
  Endet jeder Satz mit einem Satzschlusszeichen?
  Nutzt du Verknüpfungswörter für Argumente und Signalwörter für Beispiele?

c Überarbeitet eure Argumentation. Nutzt die freien Schreibzeilen.

Schreibwörter				▶ S. 282
fair	das Argument	das Forum	die Wahrheit	deshalb
die Fairness	argumentieren	sich engagieren	die Entschuldigung	außerdem

3 Blitz, Donner, Sterne und Planeten –
Berichten und Informieren

1 Das Foto zeigt ein Zelt, über dem ein Gewitter losbricht.
Habt ihr selbst schon einmal ein Gewitter im Freien erlebt? Notiert Stichworte:
– Wann geschah es?
– Wo geschah es?
– Was passierte genau?
– Welche Folgen hatte das Ereignis
  für euch oder andere?

2 Berichtet mit Hilfe eurer Stichworte
von eurem Erlebnis.

In diesem Kapitel ...

– schreibt ihr Berichte über besondere
  Ereignisse,
– entnehmt ihr Informationen aus
  Sachtexten und Schaubildern,
– verfasst ihr eigene Informationstexte
  zum Thema „Sterne und Planeten".

3.1 Schweres Unwetter – Über Ereignisse berichten

Erzählen und Berichten unterscheiden

Tom erzählt, was er bei einem Klassenfußballturnier erlebt hat:

A

Alle 7. Klassen freuten sich schon lange auf unser Klassenfußballturnier. Am Freitagmorgen ging es dann endlich los. Es war ein superheißer Tag. Kerim, Marcel und ich hatten extra für das Turnier trainiert. Doch gegen diese Mörderhitze half auch das beste Training nichts. Das erste Spiel verloren wir mit 1:2. Richtiger Mist war das!

Dazu wurde es immer heißer und wir hatten großen Durst. Deshalb machte unsere Mannschaft eine Pause auf den Bänken unter den Bäumen. Obwohl wir nun im Schatten saßen, hatten wir alle das Gefühl, dass es noch heißer geworden war. Auf einmal wurde es so windig, dass die Bäume sich unheimlich bogen. Wir wollten nicht unter den Bäumen sitzen bleiben und liefen zurück auf das Spielfeld. Da sahen wir auch die dunklen Wolken. Plötzlich donnerte es richtig laut. Im selben Moment begann der Regen in Strömen zu prasseln.

Unsere Lehrerin, Frau Schröder, rief: „Los, stellt euch bei den Fahrradständern unter!"

Wir rannten, so schnell wir nur konnten. Es goss und blitzte fürchterlich. Weil sich dort alle unterstellen wollten, wurde es ziemlich eng. Marcel bibberte: „Wenn hier ein Blitz einschlägt, dann ist es aus."

Frau Schröder beruhigte: „Die Feuerwehr kommt gleich, um uns abzuholen."

Als sie das ausrief, fiel mir auf, dass ich mein Handy auf der Bank vergessen hatte. Ich sagte es Kerim. Der sah mich nur kurz an und rannte dann einfach los. Noch bevor Frau Schröder reagieren konnte, war Kerim schon wieder zurück und hielt stolz mein Handy hoch. Im selben Augenblick hörten wir ein schrecklich lautes Krachen. Ein Baum war auf die Bank gestürzt, auf der mein Handy gelegen hatte. Kerim wurde kreidebleich und gab mir stumm mein Handy. Frau Schröder war stinksauer und zugleich erleichtert. Als wir endlich alle in den Feuerwehrautos saßen, konnte auch Kerim schon wieder lachen. Weil das Fußballturnier abgebrochen werden musste, hat uns Frau Schröder eine Überraschung versprochen.

Auch in der Zeitung wurde über den Abbruch des Klassenfußballturniers berichtet:

B

Schweres Unwetter – Zeltlager musste evakuiert werden

Köln. Schwere Gewitter zogen am Freitag, dem 15. 06., über Deutschland hinweg und richteten erhebliche Schäden an. In Nordrhein-Westfalen wurden drei Menschen durch herabfallende Äste verletzt. Auch zahlreiche Autos wurden beschädigt. In der Nähe von Köln mussten 120 Jugendliche durch die Feuerwehr in Sicherheit gebracht werden. Sie hatten an einem Fußballturnier teilgenommen. Ein Junge entkam knapp einem umstürzenden Baum. Ein Sprecher des Deutschen Wetterdienstes sagte, dass die Gewitter die schwersten der letzten fünf Jahre gewesen seien.

1
a Gebt mit eigenen Worten wieder, was Tom erlebt hat.
b Was erfahrt ihr aus dem Zeitungsbericht über das Unwetter?

2 Beide Texte auf S. 44 stellen auf unterschiedliche Weise ein Ereignis dar.
Vergleicht beide Texte. Wählt Aufgabe a oder b.

●●● **a** Beschreibt im Heft, worin sich der Bericht von Toms Erzählung unterscheidet, z. B.:
Der Bericht ist sehr ... Während der Bericht vor allem informiert, ... Im Unterschied zu ...
Nur in Toms Erzählung erfährt man, wie ...

●○○ **b** Ordnet in eurem Heft die folgenden Begriffe den beiden Texten zu:
– *Toms Erzählung: ausführlich, ...*
– *Zeitungsbericht: ...*

> allgemeine Fakten   ausführlich   eigene Meinung   informierend   knapp
> persönliche Gefühle   sachlich   spannend   Spannungsmelder   unterhaltend
> wörtliche Rede   hauptsächlich verwendete Zeitform: Präteritum

3 Beide Texte auf S. 44 verfolgen unterschiedliche Absichten.
Ordnet im Heft zu: Welche Absichten verfolgt der Bericht, welche verfolgt Toms Erzählung?

Text	...	...
Absicht	*will dem Leser ein Ereignis spannend und unterhaltsam nahebringen*	*will den Leser über ein Ereignis knapp und sachlich informieren*

4 Viele Schüler an Toms Schule fragen, warum genau das Turnier abgebrochen wurde.
Informiert über den Abbruch in einem Bericht für die Schulwebsite. Geht so vor:

a Übertragt die für einen Bericht wichtigen W-Fragen in euer Heft. Notiert die Antworten.
Tipp: Wenn ihr die Antworten nicht wisst, solltet ihr noch einmal die Texte auf S. 44 lesen.

> **Wann** geschah es? *Freitag, 15.06.*   **Wie** lief das Ereignis ab? ...
> **Wo** geschah es? ...   **Warum** passierte es? ...
> **Was** geschah? *Fußballturnier musste ...*   **Welche** Folgen hatte das Ereignis? ...
> **Wer** war beteiligt? *die 7. Klassen*

b Verfasst mit Hilfe eurer Notizen einen vollständigen Bericht mit Überschrift.
Tipp: Achtet darauf, dass ihr im Präteritum berichtet.
Am Freitag, dem 15.06., musste ... der 7. Klassen auf einem ... abgebrochen werden. ...

c Vergleicht eure Berichte. Prüft, ob ihr alle W-Fragen beantwortet habt.

Information   Einen Bericht verfassen

In einem Bericht wird **sachlich, knapp und genau** über ein **vergangenes Ereignis informiert.**
- Der **Ablauf** des Geschehens wird **vollständig** dargestellt.
- Nur **Wichtiges** wird aufgenommen. Nebensächliches lässt man weg.
- In der Regel beantwortet ein Bericht folgende **W-Fragen** in etwa dieser **Reihenfolge:**
  Wo? Wann? Was? Wer? Wie? Warum? Welche Folgen?
- Berichtet wird in der Zeitform **Präteritum** (▶ S. 182, 268).
- Wörtliche Rede, Wertungen und Gefühle lässt man weg.

Einen Bericht über einen Ausflug verfassen

Nachdem das Fußballturnier ins Wasser gefallen ist (▶ S. 44), löst die Lehrerin ihr Versprechen ein.
Sie überrascht die Klasse mit einem Ausflug zur Sternwarte. Ein Schüler macht sich in loser Reihenfolge Notizen. Sie sollen die Grundlage für einen Bericht für die Schulwebsite sein.

> – Klasse 7 a
> – Sternwarte: Gebäude, in dem man Sterne durch besondere Fernrohre beobachtet
> – Ausflug zur Sternwarte
> – nach Aachen
> – zuerst erfahren, wie eine Sternwarte funktioniert
> – vorher in der Klasse Geld eingesammelt
> – erlebten ein Naturereignis, das wir nie vergessen werden
> – als es dunkel genug war, Perseidenstrom am Himmel gesehen
> – Perseidenstrom: Sternschnuppen, die vom Himmel regnen
> – Sternschnuppen: kleine Gesteinsbrocken aus dem All, die sich stark erhitzen
>   und auf dem Weg zur Erdoberfläche verglühen
> – ein Schüler hat fast den Bus verpasst
> – letzten Freitagabend
> – sehr warmer Sommerabend
> – jeder wünschte sich etwas, sobald er eine Schnuppe sah
> – Beginn unserer Beobachtungen gegen 21:00 Uhr

1 Erklärt euch in Partnerarbeit, was die Klasse 7 a bei ihrem Ausflug erlebt hat.

Planen

2 Verfasst mit Hilfe der Notizen einen Bericht für die Schulwebsite.
Wählt Aufgabe a/b oder c/d.

●●● **a** Schreibt die W-Fragen (▶ S. 45) und die dazu passenden Notizen in der richtigen Reihenfolge in
euer Heft.

●●● **b** Welche Stichworte sind für einen knappen Bericht nebensächlich? Begründet.

●○○ **c** Ordnet in eurem Heft die folgenden Zettel den W-Fragen zu: Wann geschah es? Was geschah?
Wer war beteiligt? Warum geschah es? Welche Folgen hatte es?

> – letzten Freitagabend
> – Beginn unserer Beob-
>   achtungen gegen
>   21:00 Uhr

> Sternschnuppen: kleine
> Gesteinsbrocken aus
> dem All, die sich stark
> erhitzen und auf dem
> Weg zur Erdoberfläche
> verglühen

> – jeder wünschte sich etwas,
>   sobald er eine Schnuppe sah
> – erlebten ein Naturereignis,
>   das wir nie vergessen werden

> Klasse 7 a

> Ausflug zur Sternwarte

●○○ **d** Beantwortet mit Hilfe des Notizzettels auch die W-Fragen: Wo? Wie?

Schreiben

3 Beantwortet zu Beginn eures Berichts die W-Fragen Wann?, Wo?, Wer?, Was?:
Am letzten Freitagabend unternahm die Klasse 7a …

4 Berichtet anschließend, wie, warum und mit welchen Folgen etwas geschah.
a Ordnet im Heft die folgenden Berichtbeispiele den Schreibtipps zu, z. B.:
3 A, 1 …

Schreibtipps		Berichtbeispiele
1 Formuliert sachlich: Vermeidet persönliche Wertungen und Gefühle.	**A**	– *Unterm Sternenhimmel* – *Ein ~~total~~ spannender Ausflug*
2 Stellt Zusammenhänge zwischen den einzelnen Informationen her.	**B**	– *Am Himmel konnte man ~~plötzlich~~ einen ~~krassen~~ Perseidenstrom beobachten.* – *~~Ich denke~~, wir erlebten alle ein unvergessliches Naturereignis.*
3 Findet eine passende Überschrift.	**C**	– *Der Perseidenstrom entsteht, <u>wenn</u> Hunderte von Sternschnuppen vom Himmel regnen.* – *Der Perseidenstrom entstand, <u>weil</u> Hunderte von Sternschnuppen vom Himmel regneten.*

b Schreibt den Bericht zu Ende. Nutzt Verknüpfungswörter, z. B.:
wenn, nachdem, deshalb, da, außerdem, denn, damit, sodass, schließlich, um, als …
Tipp: Achtet darauf, dass ihr im Präteritum berichtet.

Überarbeiten

5 Überarbeitet in Partnerarbeit eure Berichte.
Nutzt die Checkliste.

Einen Bericht verfassen

Aufbau
- Habt ihr eine passende **Überschrift** formuliert?
- Habt ihr zu Beginn des Berichts die **W-Fragen** Wann?, Wo?, Wer?, Was? beantwortet?
- Ist in einer **sinnvollen Reihenfolge** beschrieben, wie und warum es passierte?
- Werden am **Schluss** des Berichtes die **Folgen** beschrieben?

Sprache
- Stehen die Sätze, in denen über Vergangenes berichtet wird, im **Präteritum?**
- Ist der Bericht **sachlich?** Sind persönliche Wertungen und Gefühle vermieden worden?
- Werden mehrere Informationen durch **Verknüpfungswörter** zusammengefasst?

Teste dich!

A Ein Bericht will seine Leser …	
… durch lustige Nebensächlichkeiten unterhalten.	A
… über ein vergangenes Ereignis informieren.	E
… von einer wichtigen Sache überzeugen.	C
… zu einem besseren Verhalten auffordern.	D
B Ein Bericht beinhaltet …	
… eigene Gefühle.	M
… persönliche Wertungen.	K
… die wichtigsten Informationen.	R
… wörtliche Rede.	L
C In einem Bericht wird der Ablauf eines vergangenen Ereignisses …	
… möglichst einfühlsam und fantasievoll dargestellt.	I
… möglichst wortreich und witzig dargestellt.	N
… möglichst vollständig und sachlich dargestellt.	T
… möglichst spannend und ausführlich dargestellt.	E
D Ein Bericht beantwortet zum Schluss die Frage nach …	
… dem Ort eines Ereignisses.	W
… dem Verlauf eines Ereignisses.	I
… dem Zeitpunkt eines Ereignisses.	H
… den Folgen eines Ereignisses.	N
E Berichtet wird …	
… ausschließlich im Perfekt.	A
… allein im Plusquamperfekt.	G
… nur im Präsens.	J
… hauptsächlich im Präteritum.	S

1 Wie müssen die Sätze A bis E richtig lauten? Schreibe in dein Heft.

 **2** a Vergleicht in Partnerarbeit eure Lösungen.
b Ordnet die Buchstaben hinter den richtigen Lösungen zu einem Lösungswort.

3.2 Unterm Sternenhimmel – Mit Hilfe von Materialien andere informieren

Stellt euch vor, ihr hättet ein Planetarium besucht. Ihr beschließt, einen eigenen Informationstext zu verfassen. Denn auch andere Schüler sollen wissen, was ein Planetarium ist und was man dort erleben kann.

Als Informationsquellen stehen euch zwei Fotos, ein Sachtext und ein Schaubild (► S. 52) zur Verfügung.

Informationen in einer Mind-Map ordnen

1 **a** Beschreibt, was auf den beiden Fotos zu sehen ist. Was fällt euch besonders auf?
Ihr könnt folgende Begriffe verwenden:

> Kuppel Turm gewölbte Leinwand Kino Sternensystem (Galaxis)
> Vorführgerät (Projektor)

b Haltet fest:
Was würde euch bei einem Besuch eines Planetariums besonders interessieren?

Licht aus, Sterne an! Ein Besuch im Planetarium

Der Sternenhimmel beeindruckt die Menschen seit Jahrtausenden. Im Planetarium kann man den Sternen ein ganzes Stück näher kommen und geheimnisvollen Phänomenen auf der Spur sein.

Ein Planetarium ist ein Gebäude mit einer riesigen Kuppel. Die Innenfläche der riesigen Kuppel dient als Projektionsfläche, ähnlich wie eine Kinoleinwand. Auf der Innenfläche der Kuppel wird mit einer besonderen Projektionsmaschine, dem Planetariumsprojektor, der Sternenhimmel naturgetreu wiedergegeben. Der große Planetariumsprojektor ist der „Hauptdarsteller" des Planetariums. Die Maschine ist 5 Meter hoch, wiegt 2,5 Tonnen und besteht aus 30000 Einzelteilen. Der Projektor bringt so mit modernster Technik über 9000 leuchtende Sterne auf die riesige Kuppel. Er ahmt den Himmel nach, und zwar zu jeder beliebigen Zeit und an jedem Ort der Erde.

Im Raum unter der Kuppel sind rund um die Projektionsmaschine drehbare Sessel aufgestellt. Das ist das so genannte Auditorium. Als Besucher des Planetariums kann man hier bequem Platz nehmen, sich zurücklehnen und nach oben zur Kuppel schauen. Über Lautsprecher erfährt man vieles über den Sternenhimmel, z.B., wie die Sternbilder heißen und wie sie entstanden sind. Damit man die Sterne besser sehen kann, wird der Raum verdunkelt. Deshalb erinnert das Planetarium ein bisschen an ein Kino – ein Sternenkino.

Die ersten Planetarien gab es bereits im 19. Jahrhundert. Als Erfinder des ersten modernen Projektionsplanetariums gilt der Physiker Walther Bauersfeld, der es 1919 im Auftrag der Firma Carl Zeiss Jena entwickelte und baute.

Das Projektionsplanetarium ist nicht mit einer Sternwarte zu verwechseln. In einer Sternwarte kann man echte Sterne durch ein Fernrohr beobachten.

In Deutschland gibt es über 100 Planetarien. Einige haben im Jahr bis zu 300000 Besucher. Die größten stehen in Hamburg, Bochum, Münster und Stuttgart. Ihre Kuppeln haben einen Durchmesser von über 20 m. Das ist fast so lang wie eine Bahn im Schwimmbad.

Im Planetarium kann man aber nicht nur einiges über den Sternenhimmel und die Sternbilder lernen, sondern es gibt richtige Shows zu verschiedenen Themen, in denen die Besucher z.B. das Weltall bestaunen oder unser Sonnensystem bereisen können. Außerdem gibt es Shows über die Erde und ihre Entstehung. Auch kann man erfahren, warum es Tag und Nacht gibt, wie die Jahreszeiten entstehen oder wie Reisen in das Weltall möglich sind.

2 Lest den Sachtext einmal durch. Besprecht in Partnerarbeit:
a Was wusstet ihr bereits über Planetarien?
b Was ist neu für euch?
c Was habt ihr noch nicht richtig verstanden?
d Worüber würdet ihr noch mehr erfahren wollen?

3 Tauscht euch in der Klasse über eure Ergebnisse und Fragen aus Aufgabe 2 aus.

4 Wörter, die in einem Text für das Thema wichtige Informationen beinhalten, nennt man Schlüsselwörter. Welche sind in diesem Sachtext für das Thema „Planetarium" wichtig? Wählt Aufgabe a oder b.
a Im Text wurden bereits einige Schlüsselwörter unterstrichen.
Lest den Text ein zweites Mal und schreibt Schlüsselwörter heraus.
Tipp: Schlüsselwörter sind häufig Nomen.

●○○ **b** Im Text wurden bereits einige Schlüsselwörter unterstrichen.
Entscheidet für die Zeilen 20 bis 31 und 47 bis 56, welche der folgenden Wörter wichtige
Schlüsselwörter sind. Notiert sie ins Heft.

> Raum unter Kuppel   drehbare Sessel   Besucher   Platz nehmen   Lautsprecher   Weltall
> Sternenhimmel   Sternbilder   richtige Shows   Themen   Sonnensystem   Tag und Nacht

c Vergleicht und begründet in der Klasse, welche Wörter ihr herausgeschrieben habt.

5 Ordnet die Informationen aus dem Text (▶ S. 50) mit einer Mind-Map.
Geht so vor:
a Übertragt die folgende Mind-Map in euer Heft.
   Tipp: Legt am besten euer Heft quer.
b Vervollständigt die Mind-Map mit Hilfe der Schlüsselwörter aus dem Text.

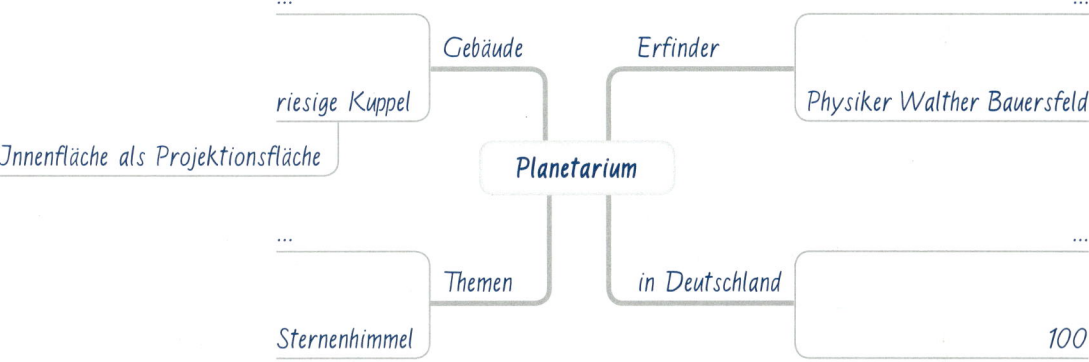

c Vergleicht in Partnerarbeit eure Mind-Maps.
   Prüft, ob ihr alle wichtigen Schlüsselwörter sinnvoll zugeordnet und verbunden habt.

6 Gebt die wichtigsten Informationen des Textes mit eigenen Worten wieder.
Nutzt eure Mind-Map.
Ihr könnt z. B. den folgenden Text ergänzen und weiterführen.
Ein Planetarium ist ..., in dem ... Es ist keine ..., denn dort kann man ... In einer riesigen Kuppel ...
Die Zuschauer können ... Das erste ... wurde entworfen von ... Insgesamt gibt es ...
Planetarien informieren beispielsweise über ...

Methode	Informationen in einer Mind-Map ordnen

Mit einer **Mind-Map** können **Informationen** aus einem Text **übersichtlich geordnet** werden.
- Schreibt das **Thema** des Textes in die Mitte eines großen Blattes Papier.
  Ihr könnt auch euer Heft quer legen. Umrahmt das Thema.
- Ordnet um das Thema **die wichtigsten Schlüsselwörter** des Textes.
  Verbindet Thema und wichtige Schlüsselwörter durch dicke Äste.
- Schreibt zu den Schlüsselwörtern die **dazugehörigen Informationen** aus dem Text.
  Zeichnet dazu dünnere Äste.

Informationen aus Schaubildern entnehmen

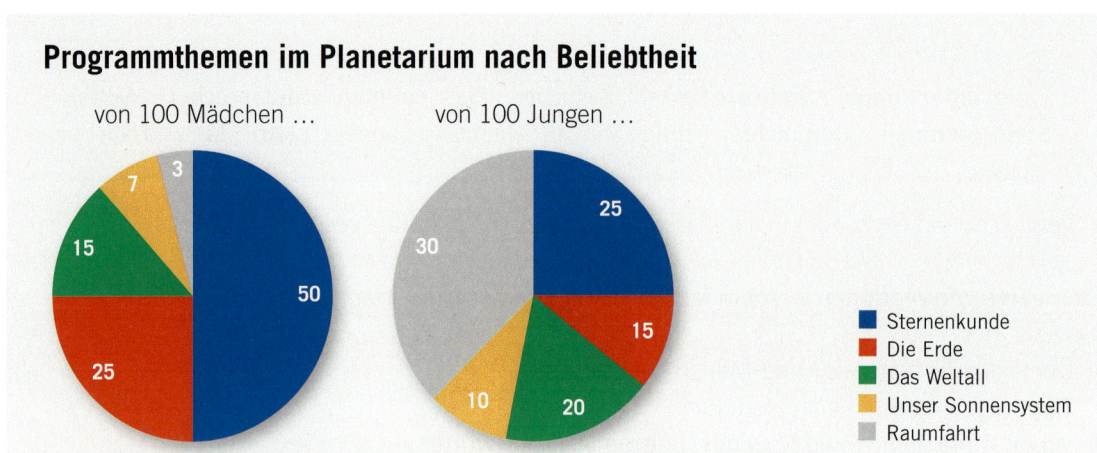

Programmthemen im Planetarium nach Beliebtheit

von 100 Mädchen …   von 100 Jungen …

Legende:
- ■ Sternenkunde
- ■ Die Erde
- ■ Das Weltall
- ■ Unser Sonnensystem
- ■ Raumfahrt

1
a Lest die Überschrift, betrachtet die Farben der beiden Kreisdiagramme und die dazugehörigen Bezeichnungen und Begriffe.
b Worum geht es in dem Schaubild? Erläutert, welche der folgenden Aussagen zutrifft.

> **A** Das Schaubild zeigt, dass Jungen lieber ins Planetarium gehen als Mädchen.
> **B** Das Schaubild zeigt, welche Programmthemen im Planetarium bei Mädchen und Jungen beliebt sind.
> **C** Das Schaubild zeigt, wie viele Jungen und Mädchen wegen des Themas „Raumfahrt" ins Planetarium gehen.
> **D** Das Schaubild zeigt, wie viele Programmthemen es überhaupt in einem Planetarium für Jungen und Mädchen gibt.

2 Die Bedeutung der Farben wird in der so genannten „Legende" rechts benannt.
Erklärt mit Hilfe der Legende, wofür die Farben in den Kreisdiagrammen stehen, z. B.:
Die Farbe Blau steht für …   Das rote Kreisstück gibt … wieder.   Orange gehört zum …

3 Vergleicht die Zahlenangaben in den Diagrammen. Notiert im Heft:
Welche Werte sind besonders auffällig (höchste/niedrigste/ähnliche/abweichende Werte)?
Am besten gefällt den Mädchen/Jungen …   Am wenigsten beliebt ist das Thema …
Im Vergleich …   Weniger Mädchen als Jungen gefällt …   Auffallend ist, dass …

4 Zieht ein Fazit: Formuliert das wichtigste Ergebnis:
Das Schaubild zeigt, dass …   Aus dem Schaubild geht hervor, …

5 Wie ist es bei euch?
a In welches der Programme eines Planetariums würdet ihr am liebsten gehen? Stimmt als Mädchen und Jungen getrennt voneinander ab. Notiert die Anzahl der Meldungen.
b Vergleicht eure Ergebnisse mit dem Schaubild. Wer geht am liebsten wohin?

Einen Informationstext verfassen

Was ist ein Planetarium?

Wer hat das Planetarium erfunden?

Über welche Themen kann man sich in einem Planetarium informieren?

Was …?

Welche Themen interessieren …?

1 Wer einen Informationstext für andere verfasst, sollte sich als Erstes fragen:
Was wollen die Leser über das Thema wohl wissen?

a Ergänzt in Partnerarbeit weitere Fragen, die ihr gern in einem Informationstext über Planetarien beantworten wollt. Schreibt ins Heft.
Tipp: Erinnert euch an eure Ergebnisse zu Aufgabe 1b, S. 49.

b Nummeriert: In welcher Reihenfolge soll euer Informationstext die Fragen beantworten?

2 Fragt euch als Zweites: Was für eine Art Text erwarten die Leser?
Begründet eure Auswahl. Ein Leser erwartet …

A … eine Liste mit bloßen Stichpunkten.
B … einen langen, kenntnisreichen Text.
C … ausgewählte Informationen zum Thema.
D … einen Bericht über ein vergangenes Ereignis.
E … eine gut verständliche Darstellung.
F … eine spannende Geschichte.
G … Antworten auf wichtige W-Fragen.
H … einen Fachtext für Spezialisten.

3 Vergleicht die folgende Information mit euren Ergebnissen der Aufgaben 1 und 2.

Information   Einen Informationstext verfassen

Ein Informationstext fasst in **knapper und** für den Leser **gut verständlicher Weise das Wichtigste** über **Gegenstände, Personen oder Sachverhalte** zusammen.

Aufbau
- Zu **Beginn** eines Informationstextes wird **das Thema** genannt, z. B.: *„Über Planetarien".*
- Danach werden in einer **sinnvollen Reihenfolge Informationen zu wichtigen W-Fragen** gegeben: Wer? Was? Wann? Wo? Wie? Warum?

Sprache
- Die Sprache eines Informationstextes ist **sachlich.** Persönliche Wertungen oder Gefühle werden vermieden.
- Ein Informationstext wird im Unterschied zu einem Bericht in der Regel im **Präsens** (▶ S. 267) verfasst, z. B.: *Ein Planetarium ist … Man sitzt im Kuppelraum …*

Planen

4 Plant einen eigenen Informationstext zum Thema „Planetarien".

Ordnet euren Fragen aus Aufgabe 1, S. 53, passende Informationen aus der Mind-Map (▶ S. 51) und aus dem Schaubild (▶ S. 52) zu, z. B.:

Tipp: Denkt daran, dass eure Leser in der Regel keine Informationen zum Thema haben.

1. Was ist ein Planetarium?	*– Gebäude mit riesiger Kuppel* *– Innenfläche als Projektionsfläche ...*
2. Wer hat das Planetarium erfunden?	*– ...*

Schreiben

5 Schreibt mit Hilfe eurer Fragen und Antworten einen zusammenhängenden Text. Orientiert euch an der Reihenfolge eurer Fragen.

a Beginnt z. B. so:

Planetarien gibt es in vielen deutschen Städten. Ein Planetarium ist ein Gebäude mit einer riesigen Kuppel ...

●●● **b** Beachtet für das Folgende diese Schreibtipps:

> – Stellt durch Verknüpfungswörter sinnvolle Zusammenhänge zwischen den einzelnen Informationen her (▶ S. 47, Aufgabe 4 b).
> – Formuliert sachlich und ohne persönliche Wertung.
> – Ihr könnt eure Leser auch direkt mit „du" oder „ihr" ansprechen, z. B.: *Ihr seht dort ...*

▷ Eine Hilfe zu Aufgabe 5 b findet ihr auf Seite 55.

6 Gebt eurem Informationstext eine zum Thema passende Überschrift. ▷ Hilfe zu 6, Seite 55
●●●

Überarbeiten

 **7** Überarbeitet in Partnerarbeit eure Texte mit Hilfe der Checkliste. ▷ Hilfe zu 7, Seite 55
●●●

Checkliste

Einen Informationstext verfassen

■ Werden alle von euch notierten **Fragen** im Informationstext **beantwortet**?

■ Nutzt ihr **Verknüpfungswörter,** um einen zusammenhängenden Text zu schreiben?

■ Hat euer Informationstext eine passende **Überschrift?**

■ Habt ihr alle **Informationen** möglichst für Schüler verständlich dargestellt und **erläutert?** (Sprecht ihr sie auch mal mit „du" oder „ihr" an?)

■ Habt ihr **sachlich** und ohne persönliche Wertung formuliert?

■ Informiert ihr in der Zeitform **Präsens** (▶ S. 267)?

Aufgabe 5 b mit Hilfe

Beachtet diese Schreibtipps:

– Stellt durch Verknüpfungswörter sinnvolle Zusammenhänge
  zwischen den einzelnen Informationen her. Nutzt den folgenden
  Wortspeicher, z. B.:

  – *Weil ein Planetarium ein Gebäude mit einer riesigen Kuppel ist, können auf
    der Innenfläche wie in einem Kino zum Beispiel Sternbilder gezeigt werden.*
  – *Mädchen interessieren sich im Planetarium vor allem für das Thema
    Sternenkunde, während Jungen am liebsten etwas über Raumfahrt
    erfahren möchten.*

  > weil   dadurch   deshalb   daher   denn   damit
  > hingegen   außerdem   zudem   wenn   um

– Formuliert sachlich und ohne persönliche Wertung, z. B.:
  *Im Planetarium kannst du ~~nur~~ über ~~langweilige~~ Dinge wie Sterne und das
  Sonnensystem etwas lernen.*
  ~~Ich finde auch, dass das Thema Sternenkunde am interessantesten ist.~~

– Ihr könnt eure Leser auch direkt mit „du" oder „ihr" ansprechen, z. B.:

  – *Im Raum unter der Kuppel kannst du dich in einen Sessel setzen und zur
    Decke schauen. Über einen Lautsprecher hörst du …*
  – *Im Raum unter der Kuppel könnt ihr euch in Sessel setzen und zur Decke schauen.
    Über einen Lautsprecher hört ihr …*

Aufgabe 6 mit Hilfe

Gebt eurem Informationstext eine zum Thema passende Überschrift.
Welche der folgenden passt am besten?

> Ein toller Ausflug zum Planetarium • Sonne, Mond und Sterne im Planetarium kennen lernen •
> Was ich im Planetarium erlebte • Wissenswertes über Planetarien

Aufgabe 7 mit Hilfe

Überarbeitet in Partnerarbeit eure Texte mit Hilfe der Checkliste.
Macht euch gegenseitig Verbesserungsvorschläge, z. B.:

Problem	Mögliche Verbesserung
zu viele Informationen in einem Satz	*Im Planetarium kannst du über die Themen …* *Außerdem kannst du etwas über … lernen.*
wichtige Information nicht näher erläutert	*Ein Planetariumsprojektor ist ein Gerät, das für Planetarien erfunden wurde. Mit Hilfe dieses Gerätes können Bilder stark vergrößert werden, um sie z. B. auf Leinwänden zu zeigen.*

3.3 Fit in …! – Einen Informationstext schreiben

Stellt euch vor, ihr bekommt in der nächsten Klassenarbeit die folgende Aufgabe gestellt:

Aufgabe
In deiner Klasse habt ihr zum Thema „Horoskope" gearbeitet. Nun sollst du die anderen Klassen durch einen Informationstext über Horoskope informieren. Gehe so vor:
1. Suche aus dem Interview und dem Schaubild die wichtigsten Informationen heraus.
2. a Schreibe auf, welche W-Fragen dein Informationstext beantworten soll.
   b Ordne den W-Fragen die passenden Informationen zu.
   c Bringe die W-Fragen und die Antworten in eine sinnvolle Reihenfolge.
3. Verfasse mit Hilfe deiner Vorarbeiten einen zusammenhängenden Informationstext.

Horoskope – Lebenshilfe oder Zeitvertreib? Fragen an einen Experten

ALINA: *Was genau ist eigentlich ein Horoskop?*
EXPERTE: In einem Horoskop werden Ereignisse in der Zukunft vorhergesagt. Dazu wird berechnet, wie Sonne, Mond und Planeten zu einem bestimmten Zeitpunkt zueinander stehen. [5]

ALINA: *Ist das nicht schwierig?*
EXPERTE: Das rechnen Computerprogramme aus. Früher aber haben Menschen noch selbst Horoskope berechnet. Und ganz früher war Sterndeuter sogar ein richtiger Beruf. [10]

ALINA: *Und wo erfährt man heute, was die Sterne für einen bereithalten?*
EXPERTE: Heute findet man am häufigsten Horoskope in Zeitungen oder Zeitschriften. Oft stehen sie weiter hinten. Meist beziehen sie sich auf einen Tag, eine Woche oder einen Monat. [15]

ALINA: *Woher wissen die Zeitungsmacher, was einem z. B. in Monat Mai passieren wird?* [20]
EXPERTE: Zeitungshoroskope richten sich nicht nach den Geburtsdaten einer einzelnen Person, sondern ganz allgemein nach den Tierkreiszeichen wie Schütze oder Löwe.

ALINA: *Wie kommt es, dass man oft das Gefühl hat, das Horoskop trifft genau zu?* [25]
EXPERTE: Man formuliert die Horoskope einfach so allgemein, dass sich ein Leser angesprochen fühlt. Das sind Ratschläge wie „Trau dir mehr zu!". Das gilt für fast jeden. [30]

ALINA: *Können Horoskope einem helfen, Entscheidungen zu treffen?*
EXPERTE: Nein, vor allem Zeitungshoroskope dienen allein der Unterhaltung und sind ein lustiger Zeitvertreib. Über die eigene Zukunft sagen sie gar nichts aus. [35]

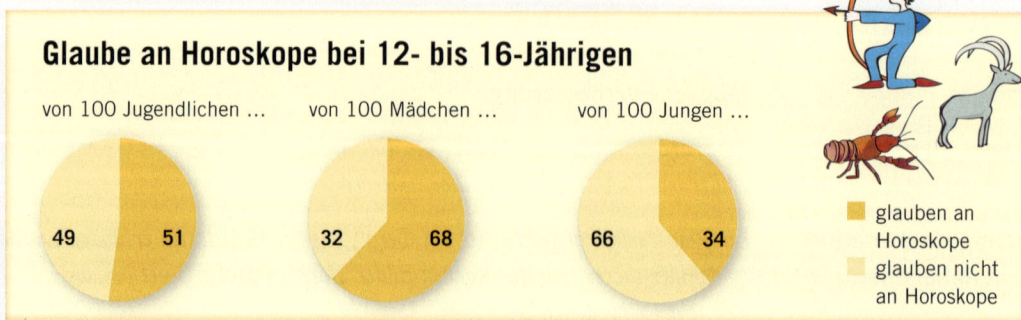

Glaube an Horoskope bei 12- bis 16-Jährigen

von 100 Jugendlichen …   49 | 51

von 100 Mädchen …   32 | 68

von 100 Jungen …   66 | 34

■ glauben an Horoskope
□ glauben nicht an Horoskope

Die Aufgabe richtig verstehen

1 Was verlangt die Aufgabe von euch?

Bringt die folgenden Arbeitsschritte in eine sinnvolle Reihenfolge. Notiert die Buchstaben.

Tipp: Richtig sortiert, ergeben die Buchstaben vor den Aussagen ein Lösungswort.

W Ich soll einen Informationstext zum Thema „Horoskope" für andere Schüler schreiben.

A Ich halte mich beim Schreiben an eine sinnvolle Reihenfolge der W-Fragen.

L Ich denke beim Schreiben daran, dass ich den Informationstext für Leser schreibe, die in der Regel keine Informationen zum Thema haben.

E Für den Informationstext suche und schreibe ich zuerst die wichtigsten Informationen aus dem Interview und dem Schaubild heraus.

L Ich formuliere eine passende Überschrift zum Thema meines Informationstextes.

L Ich notiere W-Fragen, ordne ihnen passende Informationen aus dem Interview und dem Schaubild zu und bringe Fragen und Antworten in eine sinnvolle Reihenfolge.

T Ich schreibe mit Hilfe der Informationen, die meine W-Fragen beantworten, einen zusammenhängenden Text.

Planen

2 **a** Sucht aus dem Interview „Horoskope – Lebenshilfe oder Zeitvertreib?" (▶ S. 56) die wichtigsten Informationen heraus. Erstellt dazu eine Mind-Map (▶ S. 51), z. B.:

b Worum geht es in dem Schaubild (▶ S. 56)? Vergleicht die Zahlenangaben.
Haltet kurz die wichtigsten Ergebnisse fest, z. B.:
Das Schaubild geht der Frage nach, … Insgesamt …
Am ehesten glauben … Dagegen behaupten …

3 Plant den Aufbau des Informationstextes.

  a Notiert W-Fragen und ordnet ihnen mit Hilfe eurer Mind-Map passende Antworten zu:

---

1. Was sind Horoskope? – treffen Vorhersagen über …
2. … findet man …?
3. …

---

  b Nummeriert die W-Fragen und die Antworten. Bringt sie so in eine sinnvolle Reihenfolge.

Schreiben

4 Schreibt mit Hilfe eurer Planung einen zusammenhängenden Informationstext.
Beachtet für euren Text diese Schreibtipps:

– Stellt durch Verknüpfungswörter sinnvolle Zusammenhänge zwischen den einzelnen
Informationen her, z. B.:
  – *Damit sich Leser schnell angesprochen fühlen, sind viele Horoskope in Zeitungen und Zeitschriften
  sehr allgemein formuliert.*
  – *Da Zeitungshoroskope vor allem unterhalten sollen, wollen sie auch gar nicht ...*
  – *Außerdem glauben sowieso ...*
– Formuliert sachlich und ohne persönliche Wertung, z. B.:
  *Knapp über die Hälfte von 100 befragten Jugendlichen zwischen 12 und 16 Jahren glauben an
  Horoskope ~~und ähnlichen Quatsch~~.*
– Ihr könnt eure Leser auch direkt mit „du" oder „ihr" ansprechen, z. B.:
  – *Horoskope begegnen dir am häufigsten in Zeitschriften und ...*
  – *Horoskope begegnen euch am häufigsten in Zeitschriften und ...*

5 Gebt eurem Informationstext eine zum Thema passende Überschrift, z. B.:
– *Lügen die Sterne nicht? – Mit Horoskopen richtig umgehen*
– *Horoskope als ...?*

Überarbeiten

6 **a** Prüft euren Informationstext zuerst allein. Nutzt die Checkliste.
b Tauscht dann eure Informationstexte aus. Prüft eure Texte mit Hilfe der Checkliste.
c Überarbeitet gegebenenfalls euren Informationstext.

Checkliste

Einen Informationstext verfassen
- Habe ich alle meine notierten **Fragen** mit dem Informationstext **beantwortet?**
- Nutze ich **Verknüpfungswörter,** um einen zusammenhängenden Text zu schreiben?
- Passt meine **Überschrift** zum gesamten Inhalt des Textes?
- Konnte ich alle **Informationen** für andere Schüler möglichst verständlich darstellen und
  erläutern? (Spreche ich sie auch mal mit „du" oder „ihr" an?)
- Habe ich persönliche Meinungen vermieden? Ist mein Text **sachlich** genug?
- Habe ich hauptsächlich die Zeitform **Präsens** (▶ S. 267) verwendet?

Schreibwörter		▶ S. 282
das Thema	das Planetarium	informieren
das Kreisdiagramm	das Gebäude	beobachten
der Informationstext	das Horoskop	funktionieren

4 Ein Portfolio zu China erstellen –
Beschreiben

1 Beschreibt, was ihr auf dem Foto seht. Welchen Eindruck bekommt ihr von China?

2 Was wisst ihr über das Land?
Tauscht euch darüber in der Klasse aus.

3 Schlagt im Atlas nach, wo sich China befindet. Notiert euch wichtige Informationen, z.B.: *Nachbarländer: ...*, *Hauptstadt: ..., Namen dreier großer Flüsse: ..., größtes Gebirge: ...*

In diesem Kapitel ...

– legt ihr ein Portfolio über China an,
– verfasst ihr Personen-, Gegenstands- und Vorgangsbeschreibungen,
– beschreibt und lernt ihr, wie man mit Stäbchen isst,
– lest ihr Geschichten, die in China spielen.

4 Ein Portfolio zu China erstellen – Beschreiben

4.1 Stell es dir genau so vor! – Personen, Gegenstände und Vorgänge beschreiben

Ein Portfolio anlegen

Ein Portfolio ist eine Mappe, in der ihr Materialien zu einem bestimmten Thema sammelt.

Yao Ming
Das Foto zeigt den 32-jährigen
berühmten Basketballspieler Yao
Ming in Aktion. Karriere machte
er in der amerikanischen NBA.
Er ist 2,29 m groß. Typisch für ihn sind sein
durchtrainierter Oberkörper und seine breiten
Schultern. Kurze schwarze Haare bedecken seinen
Kopf. Kinn und Wangen treten auffällig hervor.

Mein Portfolio
China beschreiben

Inhaltsverzeichnis
Karte von China	*S. 1*
Peking – die Hauptstadt	*S. 2*
1. Sehenswürdigkeiten:	
– die Chinesische Mauer	*S. 5*
– ...	*S. 7*
2. Menschen aus China	*S. 8*
– Yao Ming	*S. 9*
– ...	
3. Chinesische Gegenstände:	*S. ...*
– ...	

1 a Beschreibt die dargestellten Portfolioseiten genauer: Worüber informieren sie den Leser?
   b Bringt die Portfolioseiten in eine sinnvolle Reihenfolge. Mit welcher Seite beginnt ihr?

2 Legt euch ein eigenes Portfolio zum Thema „China beschreiben" an:
   a Gestaltet ein **Deckblatt,** das zum Thema passt.
   b Führt ein **Inhaltsverzeichnis** mit einer sinnvollen **Reihenfolge.**
      Nummeriert eure Materialien wie im Inhaltsverzeichnis von Seite 1 bis Seite ...
   c Sammelt **selbst geschriebene Texte** über China, z.B. Beschreibungen von Menschen, Gegenständen, Bildern, Vorgängen, ...
   d Sucht nach passenden **Bildern und Fotos** und klebt sie ein.
   e Fügt **Empfehlungen** zu Büchern, Musik, ... ein.
   f Notiert informative **Internetadressen,** z.B. zu: *China + Sehenswürdigkeiten, China + Religion.*
      Tipp: Wie ihr Informationen im Internet sucht und auswertet, erfahrt ihr im Kapitel 13.

Personen beschreiben

In Reiseführern oder Reiseberichten über
China findet man häufig Fotos von Menschen,
die dort leben.

1 Das Portfoliokapitel „Menschen aus China"
soll ergänzt werden.
a Notiert zu den beiden Fotos, was euch auf
den ersten Blick einfällt.
b Vergleicht eure Ergebnisse.

2 Um eine Person zu beschreiben, kann man auf folgende Körpermerkmale eingehen.
In welche Lücke gehören die Kennzeichen: Augen, Haare/Frisur?

Personen beschreiben – Körpermerkmale	Wortbeispiele
Kopf/Gesicht	*rund, länglich, ...*
Kinn/Bart	*breit, eckig, Doppelkinn, spitz, rund, ...*
Nase	*Haken-/Stups-/Boxernase, schmal, breit, ...*
?	*dunkel, rund, mandelförmig, tief liegend, vorstehend, ...*
Mund/Lippen	*voll, dick, breit, schmal, rot, blass, ...*
?	*lang, kurz geschnitten, struppig, gelockt, strähnig, ...*
Figur/Körper	*schlank, muskulös, klein, groß, dünn, zierlich, ...*
Arme/Hände	*stark, kräftig, feingliedrig, zart, ...*
Kleidung	*...*

3 **a** Zu welchem Bild oben gehört die folgende Beschreibung aus einem Reiseführer?
b Ergänzt den Lückentext in eurem Heft auch durch passende Wortbeispiele aus der Tabelle.

Vor allem früher traf man in China immer wieder auf typische Menschen wie diesen **?** Chinesen, der auf unserem Bild gerade auf einer **?** sitzt. Er hat eine **?** Figur. Sein Gesicht ist **?** und er trägt einen **?** . Er hat **?** Lippen. Lächelnd blickt er freundlich aus seinen **?** Augen. Auf seinem **?** Kopf trägt er eine gemusterte **?** . Der alte **?** ist mit einem **?** Mantel und **?** bekleidet. Mit der rechten **?** Hand umfasst er einen **?** , die **?** Hand liegt über **?** . Insgesamt wirkt er lässig und entspannt.

10

4 Untersucht, wie die Personenbeschreibung auf ▶ S. 61, Aufgabe 3, aufgebaut ist.
Bringt die folgenden Textbausteine in die richtige Reihenfolge:
Wirkung   Anlass/Zweck: typische ...   Beschreibung des Körpers von Kopf bis Fuß.

5 Beschreibt die junge Chinesin, die auf ▶ S. 61 abgebildet ist.
a Sucht treffende Begriffe für die unten ausgewählten Körpermerkmale aus.
Setzt sie in die beiden Beispielsätze in der rechten Tabellenspalte ein.
b Vergleicht Beispielsatz 1 mit Beispielsatz 2. Was wird jeweils in Satz 2 vermieden?

	tiefschwarz zugekniffen strahlend buschig geschwungen	glänzend traurig freundlich dunkel rötlich	1. Sie hat [?] Augen. Ihr Haar ist [?]. 2. Unter ihrem [?] Haar blickt sie mit [?] Augen den Betrachter an.
	kurz schlank zierlich	groß gepflegt schmutzig	1. Sie hat [?] Finger und [?] Hände. 2. Die [?] Finger ihrer [?] Hände berühren ihre Wange.
	geschwungen geöffnet breit geraden	geschlossen lächelnd schmal schmalen	1. Sie hat einen [?] Mund. Ihre Lippen sind [?]. 2. Ihre [?] Lippen formen einen [?] Mund.

c Am Ende einer Beschreibung geht man darauf ein, wie die Person auf den Betrachter wirkt.
Welche der folgenden Schülerlösungen gefällt euch am besten? Begründet.

> **A** *Die junge Frau wirkt gelangweilt und kühl.*
> **B** *Die junge Chinesin wirkt modern, anspruchsvoll und interessant.*
> **C** *Die junge Chinesin sieht klasse aus und wirkt cool.*

d Verfasst mit Hilfe eurer Vorarbeiten eine vollständige Beschreibung der jungen Frau.
Tipp: Versucht immer wieder, andere Verben für *haben* und *sein* zu verwenden.

Methode	Personen beschreiben

- **Einleitung:** Nennt zu Beginn den **Anlass und Zweck** der Beschreibung, z. B.: *Wir suchen ...*
- **Hauptteil:** Beschreibt mit treffenden Begriffen einzelne **Körpermerkmale** wie: *Kopf, Kinn, ...*
  - Haltet eine bestimmte **Reihenfolge** ein, am besten vom Kopf bis zu den Füßen.
  - Geht auch auf die **Kleidung** ein.
- **Schluss:** Hier könnt ihr schreiben, wie die Person auf euch **wirkt.**
- Eine Personenbeschreibung steht im **Präsens,** z. B.: *Sie/Er besitzt, sieht, steht, wirkt, ...*

Gegenstände beschreiben

In einem Portfolio zu China sollten auch typische chinesische Gegenstände beschrieben werden.

Glücksmünzen

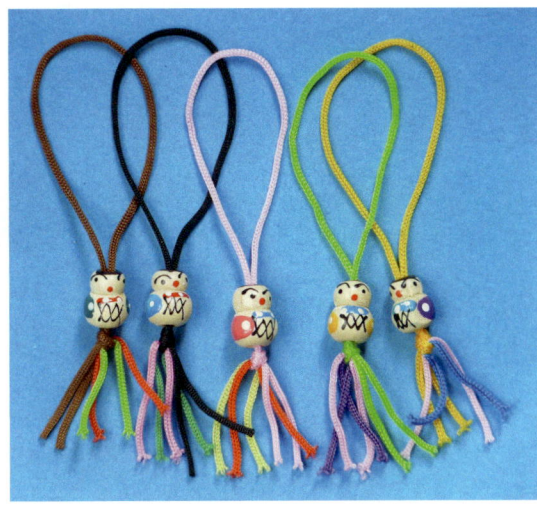

Glückspüppchen

1 Beschreibt einen der Gegenstände. Wählt Aufgabe a oder b.

●●○ **a** Beschreibt die Glücksmünzen genau. Nutzt den folgenden Notizzettel.
Ihr könnt so beginnen: *Chinesische Glücksmünzen bestehen aus … Sie sind …*

Material:	*Kupfer*
Form und Größe:	*rund, eckiges Loch in der Mitte, Größe eines 20-Cent-Stücks*
Farbe:	*…*
Besonderheiten:	*auf Vorder- und Rückseite mit chinesischen Schriftzeichen und Symbolen verziert*
Zweck:	*soll Glück und Reichtum bringen*

●●● **b** Beschreibt eines der Glückspüppchen genau.
Tipp: Orientiert euch am Notizzettel zu Aufgabe 1a.

2 Sucht Bilder von weiteren Gegenständen aus China und beschreibt sie für euer Portfolio, z. B.:
Vasen, Lampions, Fächer, Glückskekse, …

Methode   **Gegenstände beschreiben**

- Beginnt mit der **Art** des Gegenstands (z. B. *Glücksmünzen*), der **Größe**, der **Form**, dem **Hauptmaterial** und der **Hauptfarbe**, z. B.: *Sie bestehen aus Kupfer und sind so groß wie …*
- Beschreibt dann **weitere Einzelheiten** und deren **Farben, Formen** und **Materialien,** z. B.: *Durch die Münzen ist ein roter Faden gezogen worden, der zu einer Schlaufe gebunden ist.*
- Nennt zum Schluss **Besonderheiten** oder den **genauen Zweck,** z. B.: *Sie sollen Glück bringen.*
- Eine Gegenstandsbeschreibung steht im **Präsens,** z. B.: *sind, bestehen aus, weisen auf, …*

Vorgänge beschreiben

In China essen die Menschen normalerweise mit Stäbchen.

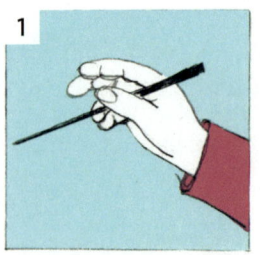
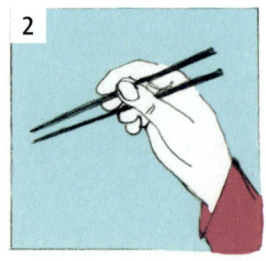
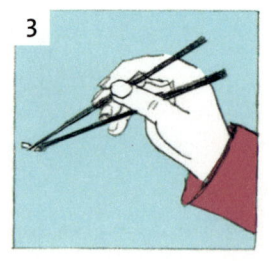
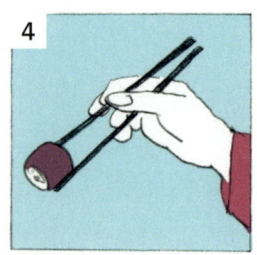

1 Seht euch die Abbildungen genau an.
Probiert mit zwei Holzstäbchen oder Buntstiften aus, wie man mit Stäbchen isst.

2 a Beschreibt in eurem Heft die vier Schritte des Vorgangs.
Nutzt die vorgegebenen Stichworte. Beginnt so: *Man benötigt zwei … Zuerst muss …*

---

1 Zuerst   Stäbchen   legen   Beuge zwischen Daumen und Zeigefinger   rechte Hand
mit dem Daumen   Stäbchen   nach innen

2 Anschließend   zweites Stäbchen zwischen   Daumenspitze   Zeige- und Mittelfinger
halten wie   Bleistift   Stäbchenspitzen   vorne   müssen berühren

3 Dann steuert man mit dem Mittelfinger   obere Stäbchen   dazu   Finger knicken
untere Stäbchen   halten   fest eingeklemmt

4 Wenn   Zeigefinger und Mittelfinger   beugen   Stäbchenspitzen
ähnlich wie mit einer Zange   Essen greifen und festklemmen

---

b Unterstreicht in eurer Beschreibung Wörter, die die Reihenfolge der
Schritte zum Ausdruck bringen.

3 a Übt das Stäbchenessen. Fotografiert die einzelnen Schritte.
b Klebt die Fotos in euer Portfolio. Ergänzt dazu eure Beschreibung.

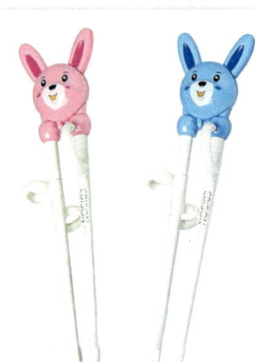

4 Chinesische Kinder lernen das Stäbchenessen mit Anfängerstäbchen
(▶ Bild). Beschreibt sie für euer Portfolio.

Methode	**Vorgänge beschreiben**

- Bei einer **Vorgangsbeschreibung** wird ein Vorgang so beschrieben, dass ihn **eine andere Person nachmachen** kann.
- Zuerst werden die **benötigten Materialien**/Gegenstände genannt, z. B.: *zwei Stäbchen, …*
- Danach sind die **Schritte** des Vorgangs sachlich, **genau** und in der **richtigen Reihenfolge** zu beschreiben: *zuerst, dann, anschließend, schließlich, zum Schluss, …*
- Eine Vorgangsbeschreibung steht im **Präsens,** z. B.: *man hält fest, klemmt ein, berührt, …*

Teste dich!

T *Vorgänge sind genau zu beschreiben.*

K *Es werden Zwischenüberschriften formuliert.*

E *Vorgangsbeschreibungen werden im Präsens verfasst.*

A *Zuerst wird etwas Wichtiges beschrieben, dann alles Unwichtige.*

S *Zu Beginn werden die benötigten Materialien genannt.*

G *Vorgangsbeschreibungen werden im Präteritum verfasst.*

T *Die Schritte sind in der richtigen Reihenfolge zu beschreiben.*

E *Es sind viele Fach- und Fremdwörter zu verwenden.*

1 Wie sollte eine gute **Vorgangsbeschreibung** aussehen?
Suche aus der Liste die richtigen Merkmale heraus.
Tipp: Die Buchstaben vor den Merkmalen ergeben ein Lösungswort.

2 Die folgende **Personenbeschreibung** wurde von drei Schülern bewertet.
Begründet euch gegenseitig: Wer von ihnen beurteilt den Text am zutreffendsten?

Der Jugendchor einer chinesischen Schule tritt bei einer deutschen Partnerschule auf. Dabei wird dieses Foto aufgenommen.
Auf dem Bild sieht man ein junges chinesisches Mädchen im Alter von ca. 12 Jahren. Wie die anderen Chormitglieder trägt es eine Bluse, einen Rock, Kniestrümpfe und eine Krawatte. Lange, glatte Haare reichen ihm über die Schultern.
Seine dunklen Augen blicken freundlich und die Lippen sind geöffnet.
Die Schülerin steht aufrecht und stemmt ihre Arme in die Hüften.
Insgesamt wirkt sie offen und zufrieden. Sie sieht aus, als würde sie freudig auf etwas warten oder schauen.

ASYA: *„Deine Personenbeschreibung gefällt mir gut. Sie berücksichtigt alle wichtigen Merkmale."*

BEN: *„Ich finde deinen Text gut. Es fehlen allerdings treffende Adjektive, z.B. hättest du Farben ergänzen können."*

CELIM: *„Deine Personenbeschreibung gefällt mir nicht. Du hast viel zu wenig über den Besuch der Schüler in Deutschland berichtet."*

4.2 China gestern und heute – Literarische Beschreibungen lesen und verstehen

Pu Yi

Ich war Kaiser von China

Pu Yi war Chinas letzter Kaiser. 1908 folgte er als Zweijähriger seinem verstorbenen Onkel auf den Thron. Pu Yi wurde zum Kaiser gekrönt und so erzogen wie alle „Söhne des Himmels". Er lebte abgeschirmt von der Außenwelt im Kaiserpalast der Verbotenen Stadt. Mit sieben Jahren sah er zum ersten Mal Gleichaltrige.

Sooft ich an meine Kindheit zurückdenke, legt sich ein Schleier von Gelb über meine Erinnerungen: Die Dachziegel waren gelb; die Sänfte war gelb; die Sesselkissen waren gelb;
5 das Futter meiner Kleider und Hüte, der Gürtel um meine Hüfte waren gelb; die Schalen und Teller, aus denen ich aß und trank, waren gelb; [...] – es gab nichts um mich, was nicht gelb war. Diese Farbe, das so genannte „Strahlende
10 Gelb", durfte nur die Kaiserliche Familie tragen und zeigte mir von klein auf, dass ich etwas Einzigartiges war [...].
Als ich zehn Jahre alt war, entschieden die Kaisergemahlinnen, dass mich meine leibliche
15 Mutter und meine Großmutter von nun an in regelmäßigen Abständen für einige Tage besuchen und dabei auch zur Gesellschaft meinen Bruder Pu Dschiä und die älteste meiner Schwestern in den Palast mitbringen sollten.
20 Der erste Besuch verlief anfangs sehr langweilig: Meine Großmutter setzte sich zu mir auf den Kang und sah mir zu, wie ich auf einem Tischchen Domino spielte; Bruder und Schwester standen steif daneben und starrten mich an. [...]
25 Schließlich kam ich auf den Gedanken, den Geschwistern meinen Palast des Geistigen Wachs-

tums zu zeigen, und als wir dort waren, fragte ich Pu Dschiä: „Was spielt ihr bei euch zu Hause?"
„Pu Dschiä kann Verstecken spielen!", gab mein Bruder, der um ein Jahr jünger war als
30 ich, respektvoll zur Antwort.
„Was? Ihr spielt Verstecken? Das spielen Wir selbst auch so gern!"
Ich war begeistert. Verstecken hatte ich zwar schon oft mit meinen Dienern gespielt, aber
35 noch nie mit Kindern, die jünger waren als ich. Wir fingen gleich an, und im Spiel verloren meine Geschwister ihre Zurückhaltung. [...] Als wir zu guter Letzt ermattet auf einen Kang kletterten, um etwas zu verschnaufen, [...] war
40 mein Blick auf das Innenfutter von Pu Dschiäs Ärmel gefallen, das von einer mir sehr vertrauten Farbe war.
„Pu Dschiä, was ist das für eine Farbe? Wer hat dir erlaubt, sie zu tragen?", fragte ich finster.
45 „Ist ... das nicht Aprikosengelb?"
„Lügner! Das ist Kaisergelb!"
„Jawohl, Majestät, zu Befehl, Majestät."
Pu Dschiä wich sogleich einen Schritt zurück und nahm Haltung an, während meine kleine
50 Schwester sich vor Schreck weinend hinter ihm aufstellte. Aber ich hatte noch nicht zu Ende gesprochen: „Das ist *Strahlendes Gelb,* du hast kein Recht, diese Farbe zu tragen!"
„Zu Befehl, Majestät."
55 Damit war mein Bruder wieder zum Untertan des Kaisers geworden. Wenn ich heute daran denke, kommt mir das lächerlich vor. Aber damals war ich von klein auf daran gewöhnt, dass mir mit „Zu Befehl, Majestät!" geantwortet
60 wurde. Seit meiner Kindheit kannte ich es nicht anders, als dass Menschen vor mir niederknieten, um mir mit Kotau zu huldigen.

1 Lest den Text zunächst leise durch und anschließend laut mit verteilten Rollen.
Ihr benötigt einen Erzähler, den Kaiser und seinen Bruder.

2 Welche Textstelle beeindruckt euch am meisten? Lest sie vor und begründet eure Auswahl.

3 Im Text sind vier Begriffe farbig markiert, die typisch für China sind.
Ordnet ihnen die passenden Erklärungen zu. Schreibt in euer Heft: *Verbotene Stadt:* ...

Eine Verbeugung, bei der man sich auf die Knie wirft und dreimal mit der Stirn den Boden berührt.	Eine etwa fünfzig Zentimeter hohe Ziegelstein-lagerstätte: Sie dient oft auch als Bettstelle und ist beheizbar.
Ein Teil des Kaiserlichen Palastes, in dem der junge Kaiser aufwächst und ausgebildet wird.	Ein Ort im Zentrum Pekings. Dort regierten die chinesischen Kaiser. Der normalen Bevölkerung war der Zutritt verboten.

4 Pu Yi spricht von sich in der ersten Person Plural.
Erläutert, weshalb er diese Form verwendet: „Das spielen Wir selbst auch so gern!" (▶ Z. 32 f.).

5 Untersucht, wie Pu Yi sich selbst und sein Leben beschreibt. Wählt Aufgabe a oder b:

●○○ **a** Beantwortet im Heft die folgenden Fragen. Gebt auch die Textzeile an:

> Wo lebt Pu Yi? • Wie alt ist er hier? • Was spielt er gern? • Wie viele Geschwister hat er?

●●● **b** Sucht Textstellen heraus, die Antworten auf die folgenden Fragen geben:

> Wie reagieren die Geschwister, als sie Pu Yi kennen lernen?
> Wie verstehen sie sich, während sie spielen?
> Was denkt Pu Yi später über den Besuch seiner Geschwister?

6 Erklärt das folgende Zitat mit Hilfe des Textes. Wie versteht ihr diesen Satz?
„Das ist *Strahlendes Gelb,* du hast kein Recht, diese Farbe zu tragen!" (▶ Z. 53 f.).

7 Nachdem Pu Dschiä seinen kaiserlichen Bruder besucht hat, beschreibt er den Tag aus seiner Sicht in seinem Tagebuch. Setzt seinen Tagebucheintrag fort:
Heute habe ich meinen Bruder zum ersten Mal kennen gelernt. Obwohl er nur ein Jahr älter ist, kam er mir zuerst sehr erwachsen vor ...

8 Wählt für euer Portfolio Aufgabe a oder b.
   a Lest den ersten Textabschnitt (▶ Z. 1–12) noch einmal durch und zeichnet Pu Yi in seiner Umgebung. Beachtet die vielen Gelbtöne.
   b Recherchiert im Internet (▶ Kap. 13) über das Leben des Kaisers in der Verbotenen Stadt.

Carolin Philipps

Weiße Blüten im Gelben Fluss

Die als Baby von deutschen Eltern adoptierte Chi-
nesin Lea recherchiert für die Schülerzeitung zum
Thema „China". Dabei erfährt sie viel über das
Land und auch über sich selbst.

Verzweifelt wirbelte Lea mit den Armen in der
Luft herum, um den Aufprall abzumildern.
Trotzdem schlug sie ziemlich hart auf dem
gestampften Lehmboden auf. Hilfreiche Hän-
5 de streckten sich ihr entgegen. Dabei lag sie
doch nur im nachgebauten Grab des ersten
chinesischen Kaisers, mitten zwischen den
berühmten Tonsoldaten, der Hauptattraktion
der großen Museumsausstellung. Mit wackli-
10 gen Knien stand sie auf. Neben ihr erhoben
sich die 1,80 m großen Figuren der Terrakotta[1]-
Armee in voller Kriegsausrüstung. Lea kam
sich mit ihren 1,52 m noch kleiner vor als sonst
schon. [...] Jede Figur hatte einen anderen Ge-
15 sichtsausdruck. Sie kletterte auf allen vieren
nach oben. [...]
Da sie im Auftrag der Schülerzeitung einen Artikel über diese Ausstellung schreiben sollte,
würde das einen tollen Aufhänger geben. Sie
20 holte aus ihrem Rucksack ihren Schreibblock
und einen Bleistift und stellte sich dicht vor
eine der riesigen Tafeln, die die Geschichte der
Figuren erzählten. [...]
Es ging um den ersten chinesischen Kaiser Shi
25 Huang Di, der von 259 bis 210 v. Chr. gelebt
hatte und als Erster die vielen Einzelstaaten zu
einem riesigen Reich einte. Jedes Kind in China kennt seinen Namen und die vielen Geschichten, die aus seinem Leben erzählen. Er
30 begann kurz nach seiner Thronbesteigung mit
dem Bau einer gigantischen Grabanlage. Und
da er nicht wusste, was ihn nach dem Tod er-
wartete, ließ er eine über 8000 Mann starke
Terrakotta-Armee erschaffen, die ihn im Jen-
35 seits beschützen sollte. [...]
Mit ihrem Notizblock in der Hand wanderte
Lea von Vitrine zu Vitrine. In einem Raum des

Museums zeigte ein Film Bilder von der Fund-
stelle in China. [...]
Das Grab des chinesischen Kaisers lag südlich 40
des Flusses Wei, eine gute Flugstunde von der
chinesischen Hauptstadt Beijing, die man in
Europa Peking nannte, entfernt. Beijing, wo
sie vor 16 Jahren geboren wurde. Das war aber
schon alles, was sie über ihr Leben in China 45
wusste. In welcher Straße, in welchem Kran-
kenhaus sie geboren wurde, niemand kannte
die Einzelheiten. Wie waren ihre Eltern gestor-
ben? Hatte sie Geschwister? Sie wusste es
nicht. Und es gab niemanden, den sie fragen 50
konnte. Fest stand nur, dass sie in einem Wai-
senhaus am Rande der Stadt gelebt hatte, bis
sie von Hanne und Jost Kaufmann adoptiert
wurde und nach Deutschland kam. Lea Kaufmann. Hatte sie jemals einen chinesischen 55
Namen gehabt? Lea wusste es nicht und ihre
Adoptiveltern auch nicht.
Lea musste lachen, wenn sie an die vielen ver-
blüfften Gesichter dachte, die ihr Name in Zusammenhang mit ihrem asiatischen Äußeren 60
schon ausgelöst hatte. Egal wo sie aufgerufen
wurde, jeder schaute erstaunt, wenn sich he-
rausstellte, dass zu dem deutschen Namen ein
Mädchen mit schwarzen Haaren und Mandel-

---

1 Terrakotta: ein Gegenstand aus rötlichem Ton

65 augen gehörte. Noch erstaunter waren alle, wenn Lea redete: Ohne zu stocken, sprudelten die deutschen Worte aus ihr heraus, akzentfrei mit einem Wortschatz, der größer war als bei den meisten Gleichaltrigen.

70 Chinesisch dagegen konnte sie weder sprechen noch verstehen und schon gar nicht lesen oder schreiben. [...]

Lea kannte niemanden in China. Sie wusste, dass ihre richtigen Eltern tot waren und Hanne und Jost sie adoptiert hatten. Zu Hause spra- 75 chen sie Deutsch. So weigerte Lea sich, die merkwürdigen Zeichen der fremden Sprache zu lernen, und ihre Eltern gaben den Versuch ziemlich schnell auf.

1 Worum geht es in dem Text?
Begründet: Welche der folgenden Aussagen fasst den Text am besten zusammen?

> **A** Es geht um die Geschichte der Terrakotta-Armee und des chinesischen Mädchens Lea, die in Peking aufgewachsen ist und nun in Deutschland lebt.
> **B** Es geht um Leas Reise nach China, die sie zur Grabstätte der Terrakotta-Armee führt.
> **C** Es geht um Leas Besuch einer Ausstellung über die berühmte Terrakotta-Armee und ihre Gedanken über die eigene chinesische Herkunft.

2 Notiert, was ihr gern über den Textauszug hinaus erfahren möchtet.

3 Wie kann man sich als Leser Lea oder eine der Tonfiguren vorstellen? Wählt Aufgabe a/b oder c/d.
●●○ **a** Wie wird Lea im Text beschrieben?
Notiert mit Hilfe des Textes Informationen zu:
Name: ..., Alter: ..., Größe: ..., Herkunft: ..., Familie/Eltern: ...
b Verbessert mit Hilfe eurer Informationen die folgende Personenbeschreibung zu Lea.
Beendet anschließend die Beschreibung.

> *Lea Kaufmann ist 13 Jahre alt und so groß wie eine Tonfigur. Sie ist in Leverkusen geboren und hat blonde Haare. Sie spricht akzentfrei Chinesisch. Als Kind ...*

●●● **c** Fertigt für die Terrakotta-Soldaten eine Gegenstandsbeschreibung an.
Notiert mit Hilfe des Textes Informationen zu:
Form: ..., Größe: ..., Material: ..., Farbe: ..., Eigenschaften: ..., Bedeutung: ...
d Setzt die folgende Gegenstandsbeschreibung mit Hilfe des Bildes und eurer Informationen aus dem Text fort:
Der erste chinesische Kaiser Shi Huang Di ließ sich eine Armee aus Terrakotta-Soldaten bauen, die ihn ... Die Soldaten sind ...

4 Wählt für euer Portfolio eine der folgenden Aufgaben aus:
a Schreibt Leas Artikel für die Schülerzeitung.
Berichtet über die Ausstellung, die sie besucht hat, und ihre Erlebnisse.
b Wie könnte die Geschichte von Lea weitergehen?
Verfasst eine Fortsetzung.

Eine literarische Figur beschreiben

Carolin Philipps

Weiße Blüten im Gelben Fluss (Fortsetzung)

Werden die anderen Mitglieder der Schülerzeitung Leas Artikel veröffentlichen?

Auf der Redaktionssitzung nach dem Unterricht stellte jeder seinen Artikel kurz vor und die Gruppe entschied danach, was genommen wurde. Von Leas Seidenstraßenbericht waren
5 alle begeistert, alle bis auf Luca. „Wir haben so viel über das alte China gebracht", sagte er. „Das hängt doch allen allmählich sonst wo raus. Wir sollten mal was über das moderne China machen." Für einen Moment herrschte
10 Schweigen.
Dann meinte Niko: „Luca hat Recht. In China boomt es überall. Jeder reißt sich darum, dort zu investieren. Seit die mit ihren Reformen angefangen haben, kann jedes Wirtschafts-
15 unternehmen das Geschäft seines Lebens machen."
„Die haben doch jetzt sogar 'ne Atombombe", meinte Svenja. „Und im Tischtennis sind die richtig gut."
20 „In der nächsten Ausgabe können wir ja etwas darüber machen. Aber jetzt haben wir nichts über das moderne China." Lea war sauer auf Luca.
„Haben wir doch!" Luca hielt ihr ein eng be-
25 schriebenes DIN-A4-Blatt hin.
„Die Ein-Kind-Familie in China", las Lea laut die Überschrift vor. „Glaubst du, das ist interessanter als die Seidenstraße?"

„Ist es. Gib her!" Er riss ihr das Blatt aus der Hand und begann vorzulesen:
30 „Seit 1979 dürfen in China die Familien nur ein Kind haben. Da die meisten Chinesen sich aus traditionellen Gründen einen Jungen wünschen, gibt es vor allem auf dem Land Probleme. Dort wird ein Junge als Nachfolger für
35 die Übernahme der kleinen Bauernhöfe gebraucht. Ist also das erste Kind ein Mädchen, wird es getötet, im Fluss ertränkt oder lebendig begraben. Jährlich sterben so [...] Neugeborene, alles Mädchen."
40 Luca hörte auf zu lesen und schaute sich in der Runde seiner Zuhörer um. Niemand sagte etwas. Entsetzt, ungläubig starrten sie ihn an. Lea erholte sich als Erste von dem Schock des Gehörten.
45 „Wo hast du das her? Das ist doch eine Lüge. Und du willst sauber recherchiert haben?"
[...] „Alles bewiesen. Du kannst es ja selber nachlesen."
Natürlich waren alle dafür, Lucas Artikel zu
50 bringen. „Das wird die Sensation", meinte Boris und schlug sich begeistert auf die Knie. „Wie kannst du nur an Sensationen denken?", fauchte Anja wütend. „Die armen Babys." [...]
Lea packte ihren Artikel über die Seidenstraße
55 ein, für den sich niemand mehr interessierte.

[...] Und wenn Luca das alles nur erfunden hatte? [...] In der Suchmaschine *Google* gab sie den Begriff „Ein-Kind-Familie" ein und drückte auf
60 „Suchen".

Nun werden wir ja sehen, ob du gelogen hast, Luca! 20 Sekunden später starrte Lea erstaunt auf das Ergebnis der Suche im Web: einige Hundert Einträge. Anscheinend hatte alle
65 Welt davon gewusst, alle bis auf sie. [...] Mit 1,2 Milliarden Chinesen, was 20 % der Weltbevölkerung ausmachte, war China das bevölkerungsreichste Land der Erde. Statistiker hatten ausgerechnet, dass bei gleich bleibender Ge-
70 burten- und Sterberate Chinas Bevölkerung im Jahr 2047 bei 2 Milliarden läge. Ernährt werden könnten aber nur 1 Milliarde. Schon bei 1,5 Milliarden drohte Not und Verarmung, bei 2 Milliarden gäbe es einen Kampf ums

Überleben. [...] Wenn jede Familie nur noch 75 ein Kind haben durfte, kam man dem Ziel, Ernährung, Wohnung und Ausbildung für alle, ein gutes Stück näher. So weit, so klug, dachte Lea. Die Ein-Kind-Politik [...] machte Sinn. Was nützen viele Kinder, wenn sie dann vor Hunger 80 sterben müssen? [...] Als Lea nach zwei Stunden ihre Internetrecherche beendete, hatte sie eine Menge Neues über Chinas Familienpolitik gelernt. Aber warum man deshalb neugeborene Mädchen töten musste, verstand sie 85 immer noch nicht. Falls das tatsächlich wahr war, wofür sie bis jetzt keine Angaben gefunden hatte.

Es gab nur Lucas Reportage. War ihm zuzutrauen, dass er die Fakten verfälscht hatte, nur 90 um ihr eins auszuwischen?

---

1 Lest den Textauszug.
Welche Informationen über China sind neu für euch? Worüber möchtet ihr mehr erfahren?

2 Ein genauer Blick auf Leas Reaktionen verrät einiges über ihre Gefühle.
●●● **a** Wie wirkt Lea auf euch? Notiert im Heft Beschreibungen zu den folgenden Textstellen.
b Sucht weitere Textstellen zu Leas Reaktionen
heraus und notiert ihre Wirkung. ▷ Eine Hilfe zu Aufgabe 2 findet ihr auf Seite 72.

„Von Leas Seidenstraßenbericht waren alle begeistert."	→ *Z. 4 f.: Lea fühlt sich stolz.*
„Lea war sauer auf Luca."	→ *Z. 22 f.: ...*
„Glaubst du, das ist interessanter als die Seidenstraße?'"	→ *7 27 f.: ...*
„Niemand sagte etwas. Entsetzt, ungläubig starrten sie ..."	→ *Z. 42 f.: ...*
„Lea erholte sich als Erste von dem Schock des Gehörten."	→ *Z. 44 f.: ...*

3 Zwei Schüler überlegen, was sie in dem Textauszug Neues über Lea erfahren.
●●● Eine ihrer Aussagen stimmt.
Begründet, welche Aussage richtig und welche falsch ist. ▷ Hilfe zu 3, Seite 72

Karim: Lea zeigt sich als eine aufgeschlossene Person. Obwohl sie kritisiert wird, zieht sie sich nicht beleidigt zurück.

Josi: Lea wirkt wie eine Außenseiterin. Sie geht gar nicht auf die Einwände und Beiträge der anderen ein.

4 Erläutert: Warum reagiert Lea so betroffen auf die „Ein-Kind-Politik" in China?
●●● **Tipp:** Bedenkt auch, dass Lea ein chinesisches Adoptivkind ist. ▷ Hilfe zu 4, Seite 72

● ○ ○   **Aufgabe 2 mit Hilfe**

Ein genauer Blick auf Leas Reaktionen verrät einiges über ihre Gefühle.
Wie wirkt Lea auf euch? Wählt passende Beschreibungen aus dem Wortspeicher aus.
Ergänzt die rechte Spalte im Heft.

~~stolz~~   verärgert   erfreut   verunsichert   entsetzt   beleidigt   irritiert   nachdenklich erstaunt   aufgewühlt

„Von Leas Seidenstraßenbericht waren alle begeistert."	→ Z. 4 f.: Lea fühlt sich stolz.
„Lea war sauer auf Luca."	→ Z. 22 f.: Lea wirkt ...
„‚Glaubst du, das ist interessanter als die Seidenstraße?'"	→ Z. 27 f.: ...
„Niemand sagte etwas. Entsetzt, ungläubig starrten sie ..."	→ Z. 42 f.: ...
„Lea erholte sich als Erste von dem Schock des Gehörten."	→ Z. 44 f.: ...
„‚Das ist doch eine Lüge. Und du willst sauber recherchiert haben?'"	→ Z. 46 f: ...
„Anscheinend hatte alle Welt davon gewusst, alle bis auf sie."	→ Z. 64 f.: ...

● ○ ○   **Aufgabe 3 mit Hilfe**

Zwei Schüler überlegen, was sie in dem Textauszug Neues über Lea erfahren.
Nur eine ihrer Aussagen stimmt:
Ordnet die Begründungen (A, B, C, D) den Sprechblasen richtig zu:
Karim = ..., Josi = ...

Karim: Lea zeigt sich als eine aufgeschlossene Person. Obwohl sie kritisiert wird, zieht sie sich nicht beleidigt zurück.

Josi: Lea wirkt wie eine Außenseiterin. Sie geht gar nicht auf die Einwände und Beiträge der anderen ein.

A   Karims Aussage trifft zu, weil Lea die Sitzung durchhält und ihren Beitrag zurückstellt.
B   Karims Aussage trifft nicht zu, da Lea beleidigt den Raum verlässt.
C   Josis Aussage trifft zu, weil Lea nicht mehr mit den anderen spricht.
D   Josis Aussage trifft nicht zu, da Lea sich mit ihren Mitschülern gut versteht.

● ○ ○   **Aufgabe 4 mit Hilfe**

Erläutert: Warum reagiert Lea so betroffen auf die „Ein-Kind-Politik" in China?
Wählt in Partnerarbeit die für euch passende Aussage aus.

..., weil sie selbst ein chinesisches Mädchen ist.
..., weil sie darüber nachdenken könnte, ob sie vielleicht selbst getötet worden wäre.
..., weil sie nicht weiß, ob sie noch Geschwister hat.
..., weil sie es schrecklich findet, dass Kinder getötet werden.

4.3 Fit in …! – Eine Person beschreiben

Stellt euch vor, ihr bekommt in der nächsten Klassenarbeit die folgende Aufgabe gestellt.

Aufgabe
Du warst in einer Ausstellung zum Thema „Kindheit in China".
Dort hat dich der letzte Kaiser Chinas besonders beeindruckt. Beschreibe das Bild des Kaisers Pu Yi für dein Portfolio.

Pu Yi mit etwa 4 Jahren

Die Aufgabe richtig verstehen

1 Was müsst ihr tun, um die Aufgabe zu lösen? Wählt für die einzelnen Aussagen A bis D die passenden Begriffe aus. Schreibt die richtigen Aussagen ins Heft.

A Ich soll eine **sehr kurze/ausführliche** Beschreibung der Person Pu Yi anfertigen.
B Ich soll den **ersten/letzten** Kaiser von China beschreiben.
C Ich muss **das Foto genau betrachten/über den Kaiser recherchieren.**
D Ich soll **einen Brief/einen Informationstext** verfassen.

Planen

2 a Nehmt euch genügend Zeit, um das Bild Pu Yis in Ruhe zu betrachten.
Legt einen Notizzettel an, auf dem ihr eure Beobachtungen notiert, z. B.:

> 1. Allgemeine Angaben:
>   Geschlecht: …   Alter: …   Größe ca.: …
>
> 2. Bei genauerem Hinsehen fällt mir auf:
>   – Kopf/Gesicht: kindlich, rundlich, …   – Mund/Lippen: voll, …
>   – Kinn: zart, …   – Kleidung: dunkelblaue Jacke mit
>   – Nase: flach, nach unten breit, …   Stehkragen, …
>   – Blick/Augen: ängstlicher Blick, unsicher, mandelförmig, …   – Wirkung: wie eine Puppe, …

b Legt fest, in welcher Reihenfolge ihr die Personenbeschreibung verfassen wollt.

Wirkung   Beschreibung von Kopf bis Fuß   Anlass/Zweck der Beschreibung

73

Schreiben

 3

a Prüft, ob in der folgenden Beschreibung Pu Yis die Tipps umgesetzt wurden.

b Korrigiert und vervollständigt die Personenbeschreibung in eurem Heft.

Gestern waren wir mit unserer Klasse in der Ausstellung „Kindheit in China". Dort hat mich ein Foto des letzten Kaisers von China besonders beeindruckt.	**Tipp:** In der Einleitung soll der Anlass/Zweck der Beschreibung benannt werden.
Seine Beine werden von … bedeckt. *Das Bild zeigt den letzten Kaiser von China als Kleinkind.* *Der kleine Kopf des Herrschers zeigt …* *Eine weiße Mütze mit dunklem Band …* *Der Junge trägt …* *Die schwarzen Augen …* *Der Kaiser ist ungefähr … groß und sieht …*	**Tipp:** Im Hauptteil wird die Person genau beschrieben. Beschreibe entweder von oben nach unten oder gehe vom Gesamteindruck hin zu den Einzelheiten.
Insgesamt scheint der Junge … *Er sieht … aus.* *Auf mich wirkt das Bild des jungen Kaisers …*	**Tipp:** Zum Schluss formuliert man, wie die Person auf einen wirkt.

Überarbeiten

 4

a Lest euch in Partnerarbeit eure Beschreibungen vor.

b Gebt euch mit Hilfe der Checkliste Tipps, wie ihr eure Texte weiter überarbeiten könnt.

c Prüft zum Schluss eure Rechtschreibung und Zeichensetzung.

Checkliste

Personen beschreiben – Ich habe darauf geachtet, …

- in der **Einleitung** den **Anlass**, den **Zweck** der Beschreibung zu nennen,
- im **Hauptteil Körpermerkmale** und die **Kleidung** genau zu erfassen,
- eine sinnvolle **Reihenfolge** einzuhalten, z. B. vom Kopf bis zu den Füßen,
- zum **Schluss** festzuhalten, wie die **Person** auf mich als Betrachter **wirkt,**
- das **Präsens** zu verwenden,
- **treffende Adjektive** einzusetzen und
- über *haben* und *sein* hinaus auch andere Verben zu verwenden.

Schreibwörter				▶ S. 282
die Person	die Haare	die Verzierung	eckig	mandelförmig
die Lippen	die Stupsnase	der Kaiser	oval	sympathisch
die Essstäbchen	der Glücksbringer	die Materialien	die Chinesin	die Rückseite
die Vorderseite	die Frisur	der Körper	die Kleidung	chinesisch
strähnig	länglich	zierlich	typisch	

„Löcher" –
Einen Jugendroman lesen und verstehen

1 **a** Das Bild stellt eine wichtige Szene aus Louis Sachars Roman „Löcher" dar.
Beschreibt das Bild.
Tipp: Hebt hervor, was euch besonders auffällt oder was euch wundert.

b Stellt mit Hilfe des Bildes Vermutungen an, worum es in dem Roman gehen könnte.
Arbeitet zu zweit.

2 Erklärt, was ihr von einem guten Jugendroman erwartet.
– Welche Figuren und Schauplätze
  interessieren euch?
– Welches Jugendbuch könnt ihr
  empfehlen?

In diesem Kapitel ...

– lernt ihr einen spannenden Jugendroman kennen,
– beschäftigt ihr euch mit den Hauptfiguren und dem Schauplatz,
– stellt ihr selbst Jugendbücher vor,
– gestaltet ihr eigene Texte zu Roman-
  auszügen.

5.1 „Du hast jeden Tag ein Loch zu graben" – Schauplatz, Figuren und Handlung untersuchen

Louis Sachar

Kapitel 4 – Stanleys Ankunft im Camp[1]

Der amerikanische Jugendliche Stanley Yelnats wird unschuldig wegen eines Schuhdiebstahls verurteilt. Zur Strafe muss er in eine Besserungsanstalt: das „Camp Green Lake". Es liegt in einem ausgetrockneten See in der Wüste. Bei seiner Ankunft wird Stanley von einem der Aufseher, Mr. Sir, empfangen.

Stanley musste sich vor Mr. Sir ausziehen, der kontrollieren wollte, ob er auch nichts versteckte. Dann bekam er ein Handtuch und zwei Garnituren[2] Kleidung. Jede bestand aus einem
5 orangeroten Overall mit langen Ärmeln, einem orangeroten T-Shirt und gelben Socken. Stanley war nicht sicher, ob die Socken von Anfang an gelb gewesen waren.
Außerdem bekam er noch weiße Turnschuhe,
10 eine orangerote Kappe und eine Trinkflasche aus schwerem Plastik, die leider leer war. An die Kappe war hinten ein Stoffstreifen angenäht, der den Nacken schützen sollte.
Stanley zog sich wieder an. Die Kleidung roch
15 nach Waschpulver.
Mr. Sir erklärte ihm, er solle die eine Garnitur immer zur Arbeit tragen und die andere in der Freizeit. Alle drei Tage sei große Wäsche, da werde jeweils seine Arbeitskleidung gewa-
20 schen. Dann werde die zweite Garnitur zur Arbeitskleidung und für die Freizeit gebe es frische Sachen.
„Du hast jeden Tag ein Loch zu graben, auch samstags und sonntags. Jedes Loch muss fünf
25 Fuß[3] tief sein und auch einen Durchmesser von fünf Fuß haben. Deine Schaufel ist gleichzeitig dein Maßstab. Frühstück gibt es um halb fünf."
Stanley sah wohl überrascht aus, denn Mr. Sir

schickte noch die Erklärung hinterher, dass sie 30 deswegen so früh anfingen, damit sie nicht in der heißesten Zeit des Tages arbeiten müssten. „Einen Babysitter hast du hier nicht", fügte er hinzu. „Je länger du brauchst zum Graben, desto länger bist du halt draußen in der Sonne. 35 Wenn du beim Graben irgendetwas Interessantes findest, dann musst du es mir oder einem der anderen Betreuer zeigen. Wenn du mit der Arbeit fertig bist, hast du den Rest des Tages zur freien Verfügung." 40
Stanley nickte, um zu zeigen, dass er verstanden hatte.
„Das hier ist kein Lager für Pfadfinderinnen", betonte Mr. Sir noch einmal.
Er durchsuchte Stanleys Rucksack und erlaub- 45 te ihm, ihn zu behalten. Dann ging er mit Stanley hinaus in die glühende Sonne.

---

1 Kapiteltitel jeweils von der Deutschbuch-Redaktion

2 Garnitur: Kleidungsstücke, die zusammengehören

3 Fuß: engl. Maßeinheit, 1 Fuß = 0,3048 m

1 **a** Stellt euch vor, ihr hättet Stanley ins Lager begleitet.
Was würdet ihr über das Lager, die Kleidung, Mr. Sir und Stanleys Aufgabe denken?
b Vergleicht Ort und Geschehen mit euren Vermutungen zum Inhalt (▶ Aufgabe 1b, S. 75).
Was überrascht euch? Was habt ihr so oder ähnlich erwartet?

2 Der Roman spielt an einem für die Handlung wichtigen Schauplatz, einem Wüstencamp.
Wie lebt es sich im Camp? Ergänzt im Heft die Tabelle:

Aufgabe/Pflicht	Tagesablauf	Umgang mit den Jugendlichen	Klima draußen
jeden Tag ein Loch ...	...	...	...
...	*je länger man zum Graben braucht, desto ...*	...	...
...	...	*Stanleys Rucksack ...*	...

Tipp: Beachtet folgende Abschnitte: Aufgabe/Pflicht, Z. 16–28, 36–38; Tagesablauf, Z. 27–40;
Umgang mit den Jugendlichen, Z. 1–13, 45–47; Klima draußen, Z. 30–35, 46–47.

3 Im Camp muss jeder Jugendliche eine bestimmte Kleidung anziehen
(vgl. Z. 3–13). Wie muss sich der Leser diese vorstellen?
Wählt Aufgabe a oder b.
●●● **a** Zeichnet ins Heft ein Bild von Stanley in Lagerkleidung und
beschriftet es.
●○○ **b** Listet im Heft auf, was zu Stanleys Lagerkleidung gehört:
Handtuch, 2 orangerote Overalls (Arbeitsanzüge) mit ..., 2 ...
c Warum gibt es im Camp diese Lagerkleidung? Stellt Vermutungen
dazu an.

4 Der Schauplatz und die Bedingungen im Camp wirken auch auf den Leser.
Sie erzeugen eine bestimmte Vorstellung und Stimmung (▶ Atmosphäre, S. 80).
Begründet, welche Stimmung im Textausschnitt vorherrscht:

| frei | entspannt | gemütlich | streng | bedrückend | demütigend |

5 Beschreibt, wie ihr euch an Stanleys Stelle fühlen würdet:
Was fändet ihr schrecklich? Was wäre erträglich? Was wäre vielleicht sogar in Ordnung?

6 Begründet, wie es mit Stanley wahrscheinlich weitergeht: A, B, oder C?

A Stanley freundet sich mit einem anderen Jungen im Camp an. Sie laufen später weg.
B Mr. Sir hat Mitleid mit Stanley und sorgt dafür, dass er das Camp früher verlassen kann.
C Stanley findet beim Graben etwas Interessantes und beschließt zu bleiben.

Louis Sachar

Kapitel 5 – Die anderen Jungen im Camp

Kurz nach seiner Ankunft im Camp Green Lake lernt Stanley einige der anderen Camp-Insassen kennen. Viele der Jungen tragen Spitznamen, z. B. „X-Ray" (englisch für „Röntgenstrahl") oder „Zero" (englisch für „Null").

Es gab sechs große graue Zelte und auf jedem stand ein schwarzer Buchstabe: A, B, C, D, E oder F. Die ersten fünf Zelte waren für die Camp-Insassen. Die Betreuer schliefen in Zelt
5 F. Stanley wurde in Zelt D geschickt. Sein Betreuer hieß Mr. Pendanski. [...]
Zwei Jungen, jeder mit einer Schaufel, kamen über das Gelände. Mr. Pendanski rief sie: „Rex! Alan! Kommt bitte her und sagt Stanley Guten
10 Tag. Er ist neu in eurer Mannschaft."
Die Jungen warfen einen müden Blick auf Stanley.
Der Schweiß lief ihnen hinunter, und ihre Gesichter waren so dreckig, dass Stanley erst auf
15 den zweiten Blick merkte, dass der eine weiß und der andere schwarz war.
„Was ist denn mit Kotztüte?", fragte der schwarze Junge.
„Lewis liegt noch auf der Krankenstation", sagte
20 Mr. Pendanski. „Er kommt nicht mehr zurück."
Er forderte die Jungen auf, Stanley die Hand zu geben und sich vorzustellen – „wie Gentlemen".
„Hi", brummte der weiße Junge.
25 „Das ist Alan", sagte Mr. Pendanski.
„Ich heiß nicht Alan", sagte der Junge. „Ich bin Torpedo. Und der da ist X-Ray."
„Hey", sagte X-Ray. Er grinste und schüttelte Stanley die Hand. Er trug eine Brille, die so
30 dreckig war, dass Stanley sich fragte, wie er damit überhaupt etwas sehen konnte.
Mr. Pendanski schickte Alan zum Aufenthaltsraum, die anderen Jungen holen, damit er sie Stanley vorstellen konnte. Dann ging er mit
35 Stanley ins Zelt. [...]
Torpedo kam mit vier anderen Jungen zurück.

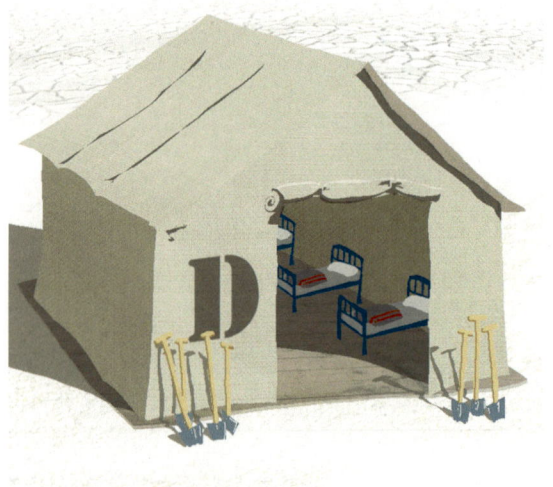

Die ersten drei wurden von Mr. Pendanski als José, Theodore und Ricky vorgestellt. Selbst nannten sie sich Magnet, Deo und Zickzack.
„Alle haben sie hier ihre Spitznamen", erklärte 40 Mr. Pendanski. „Ich selbst nenne euch allerdings lieber bei den Namen, die eure Eltern euch gegeben haben – denselben Namen, unter denen ihr auch in der Gesellschaft leben werdet, wenn ihr dereinst als nützliche und 45 arbeitsame Mitglieder in ihren Schoß zurückkehrt."
„Das ist kein Spitzname", verbesserte X-Ray Mr. Pendanski und klopfte gegen sein Brillengestell. „Mit meinem Röntgenblick sehe ich in 50 Sie hinein, Mom[1]. Sie haben ein dickes, fettes, großes Herz."
Der letzte Junge hatte entweder keinen richtigen Namen oder er hatte keinen Spitznamen. Sowohl Mr. Pendanski als auch X-Ray nannten 55 ihn Zero.
„Willst du wissen, warum er Zero heißt?", frag-

---

1 Mom: englisch für Mama, Mutti

te Mr. Pendanski lächelnd und rüttelte Zero spielerisch an der Schulter. „Weil in seinem Kopf absolut nichts drin ist – zero!"
Zero schwieg.
„Und das hier ist Mom!", sagte einer der Jungen.

Mr. Pendanski lächelte ihn an. „Wenn es euch hilft, Theodore, dann sagt ruhig weiter Mom zu mir." [...] Mr. Pendanski verließ das Zelt, und bald darauf folgten ihm die anderen Jungen, ihre Handtücher und die Ersatzkleidung unter dem Arm. [...]

1 Tragt den Text mit verteilten Rollen vor.
Ihr braucht einen Erzähler, Mr. Pendanski, Torpedo, X-Ray, Stanley.
Tipp: Klärt zuvor, wer an welcher Stelle spricht.

2 Neben Stanley ist X-Ray eine der Hauptfiguren im Roman. Wie stellt ihr ihn euch vor?
Wählt Aufgabe a oder b.

a Ordnet im Heft die Stichworte auf dem Notizzettel folgenden Begriffen zu:
Aussehen, Verhalten/Eigenschaften, Lebensumstände, Verhältnis zu anderen.

b Die folgende Beschreibung von X-Ray hat Lücken.
Ergänzt den Text sinnvoll mit Hilfe des Wortspeichers. Schreibt ins Heft.

Rex, genannt [?], ist ein Junge mit [?] Haut. Er trägt eine [?]. Zurzeit lebt er in der Besserungsanstalt [?]. Dort wohnt er in [?].
X-Ray ist [?], denn er gibt Stanley zum Gruß die Hand. Außerdem ist er selbstbewusst und gut gelaunt. Das erkennt man daran, dass er [?]. Gleichzeitig ist er [?]. So behauptet er, er habe einen Röntgenblick. Manchmal ist er auch ein bisschen [?], denn er sagt zu seinem Betreuer, Mr. Pendanski: „Sie haben ein dickes, fettes, großes Herz."
Dass er an anderen [?] ist, sieht man daran, dass er sich nach seinem Mitgefangenen Kotztüte erkundigt.

frech   X-Ray
interessiert
freundlich   Brille
schwarzer
witzig   grinst
Camp Green Lake
Zelt D

3 Wenn ihr wie in Aufgabe 2 eine Figur in ihrer Eigenart näher beschreibt, dann charakterisiert ihr sie. Fertigt wie in Aufgabe 2 a oder b eine Charakteristik für Mr. Pendanski oder Zero an.

Die Handlung zusammenfassen

1 Prüft, wie gut ihr den Romanauszug auf S. 78–79 gelesen habt.
Bringt die Bilder in die richtige Reihenfolge. Notiert im Heft die Buchstaben.
Tipp: Die richtige Bildreihenfolge ergibt ein Wort, das im Text eine Rolle spielt.

2 Fasst die Handlung mit eigenen Worten zusammen. Wählt Aufgabe a oder b.

a Schreibt zwei bis drei Sätze zu den folgenden Abschnitten:

1. Z. 1–6   **2.** Z. 7–35   **3.** Z. 36–52   **4.** Z. 53–69

1. Stanley wird in das ... der sechs Zelte geschickt, die es auf dem Camp mit den Buchstaben ... gibt.
Mr. Pendanski ...

2. ...

Tipp: Nutzt die Informationen auf den Bildern zu Aufgabe 1. Schreibt im Präsens.

b In der folgenden Zusammenfassung stimmt die Reihenfolge nicht.
Übertragt die Abschnitte in der richtigen Abfolge in euer Heft.

> *Torpedo holt die vier anderen Jungen von Zelt D. Die ersten drei nennen sich Magnet, Deo und*
> *Zickzack. Mr. Pendanski nennt sie aber lieber bei ihren richtigen Namen.*
> *Im Camp Green Lake gibt es sechs Zelte (A bis F). Stanley kommt in Zelt D. Sein Betreuer heißt*
> *Mr. Pendanski.*
> *Den letzten Jungen aus Zelt D nennt man nur Zero. Mr. Pendanski sagt, er heiße so, weil er nichts*
> *im Kopf habe. Die Jungen haben Mr. Pendanski den Spitznamen „Mom" gegeben.*
> *Zwei Jungen kommen müde, verschwitzt und dreckig vom Graben zurück und begrüßen Stanley.*
> *Sie heißen Alan und Rex, wollen aber Torpedo und X-Ray genannt werden. Torpedo soll die anderen*
> *holen.*

Information   Schauplatz und Atmosphäre beachten, Figuren charakterisieren

- Die **Handlung** in einem Roman spielt an bestimmten **Schauplätzen/Orten.**
  Diese verraten häufig etwas über die **Atmosphäre,** also die **Stimmung** in dem Roman, z. B.:
  Eine heiße und weite Wüste kann eine bedrückende und einsame Stimmung hervorrufen.
- Die Personen in einem Roman nennt man **Figuren,** die wichtigste heißt **Hauptfigur.**
- Beschreibt man eine **Figur in ihrer Eigenart** näher, dann charakterisiert man sie.
  Zu einer **Charakteristik** gehören insbesondere folgende Punkte:
  Aussehen, Verhalten/Eigenschaften, Lebensumstände, Verhältnis zu anderen Figuren.
- Charakteristiken und Textzusammenfassungen verfasst man im **Präsens** (▶ S. 267).

Teste dich!

Louis Sachar

Kapitel 11 – Stanley und X-Ray

Jeder der Jungen würde beim Graben gern etwas Interessantes finden. Denn dann hat man den Rest des Tages frei. Stanley entdeckt bereits in seinem zweiten Loch ein Fossil, das ist die Versteinerung eines Lebewesens. Aber als er das Fossil Mr. Pendanski zeigt, sagt dieser, dass die Camp-Leitung solche Funde nicht interessieren würden. Stanley ist enttäuscht ...

I Stanley ging zu seinem Loch zurück. Es war einfach nicht fair. Mr. Pendanski hatte selber gesagt, dass sein Fossil interessant sei. Er rammte die Schaufel in den Boden und holte eine neue Ladung Erde hoch.

S Nach einer Weile merkte er, dass X-Ray neben ihm stand und ihm zusah.
„He, Höhlenmensch, ich muss dich mal kurz sprechen", sagte X-Ray.
Stanley legte die Schaufel aus der Hand und kam aus seinem Loch.

„Hör mal", sagte X-Ray, „wenn du noch mal was findest, dann gibst du es mir, verstanden?"

F Stanley wusste nicht richtig, was er sagen sollte. X-Ray war eindeutig der Anführer in der Gruppe, und Stanley hatte keine Lust, es sich mit ihm zu verderben.

S „Du bist doch neu hier, stimmt's?", sagte X-Ray. „Ich bin schon fast ein Jahr hier. Ich hab noch nie etwas gefunden. Ich kann nämlich nicht besonders gut sehen. [...] Was ich damit sagen will", fuhr X-Ray fort, „ist dies: Wieso solltest du einen freien Tag bekommen, wo du doch erst ein paar Tage hier bist? Wenn hier jemand einen freien Tag kriegt, dann doch wohl ich. Ist doch nur gerecht, oder?"

L „Vermutlich", stimmte Stanley ihm zu.

O X-Ray lächelte. „Du bist ein braver Junge, Höhlenmensch."

---

1 Ordne die mit einem Buchstaben markierten Textstellen den folgenden Aussagen zu.
Notiere die Buchstaben ins Heft: *1 = Buchstabe ...,   2 = Buchstabe, ...   3 = ...*
Tipp: Richtig zugeordnet, ergibt sich ein Lösungswort, das im Kapitel eine Rolle spielt.

> **1** Stanley ist unsicher. Er will es X-Ray als Anführer recht machen.
> **2** X-Ray ist freundlich zu Stanley, behandelt ihn aber gleichzeitig ein wenig von oben herab.
> **3** X-Ray ist selbstsicher. Er beobachtet Stanley und gibt ihm Anweisungen.
> **4** X-Ray gibt zwar eine Schwäche zu, zeigt damit aber keine Unterlegenheit.
> **5** Stanley kann Ungerechtigkeiten nicht leiden.
> **6** Stanley fühlt sich X-Ray gegenüber unterlegen und gibt klein bei.

2 **a** Schreibe eine kurze Charakteristik zu Stanley.
Nutze für sein Aussehen das Bild oben. Beachte auch die Auszüge auf den Seiten zuvor.
b Prüfe deinen Text mit einem Partner.
Tipp: Orientiert euch an der Charakteristik zu Aufgabe 2 b, S. 79, und an der Information auf S. 80.

Ein Buch vorstellen

Vielleicht seid ihr neugierig geworden und lest den ganzen Roman „Löcher". Wer von euch will ihn der Klasse vorstellen? Wer möchte einen anderen spannenden Roman präsentieren?

1 Bringt die folgenden Stichworte für eine Buchvorstellung in eine sinnvolle Reihenfolge. Ihr könnt auch Stichworte ergänzen oder streichen. Arbeitet zu zweit im Heft.

beste Stelle   Autor/-in   Preis   Titel   Warum dieses Buch?   Was gefällt/was nicht? Hauptfiguren   Seitenzahl   Inhalt   Bilder   mögliche Auszeichnungen/Preise eigene Meinung   Erscheinungsjahr   Umschlagbild   geschenkt/empfohlen bekommen

2 a Übertragt folgende Karteikarten auf eigene. Ergänzt die Stichworte für euer Buch.
   b Überlegt, ob ihre weitere Punkte mitteilen wollt. Notiert sie.

> Ich stelle euch den Roman ... (Titel) vor.
> Er wurde von ... (Autor/-in) verfasst und im Jahr ... veröffentlicht.
> ...

> Die Hauptfiguren sind ... (Namen, Infos).
> Die Handlung spielt in ... (Ort/e).
> Es geht um ... (Handlung/Inhalt).

> Ich lese euch jetzt eine Textstelle vor: ...
> Ich habe sie ausgewählt, weil ...
> Kurz vorher passiert ... (Handlungszusammenhang).

> Besonders gefallen hat mir ...
> Nicht so gut fand ich ...
> Empfehlen würde ich das Buch ... (geeignete Leser: Geschlecht, Alter ...).

3 Übt in Partnerarbeit eure Buchvorstellung. Beachtet die Methode.

Methode	**Ein Buch vorstellen**

Der **Vortrag** (die **Präsentation**) sollte nicht länger als 10 Minuten dauern.
Arbeitet am besten mit **Karteikarten,** auf denen ihr wichtige Stichworte notiert:
- Gebt **Informationen** zu Titel, Buch (Textsorte, Verlag, Erscheinungsjahr, Seitenzahl, Preis, Auszeichnungen, ...), Autor/-in, anderen Büchern der Autorin/des Autors, ...
- Nennt das **Thema** und fasst die **Handlung** mit den wichtigsten **Figuren** zusammen.
  Tipp: Überlegt, ob ihr das Ende erzählen oder die Spannung erhalten wollt.
- Lest eine **Lieblingsstelle** vor. Das kann eine spannende, lustige oder traurige Stelle sein.
  Tipp: Die Stelle sollte nicht länger als eine Seite sein. Übt den Lesevortrag (▶ S. 115).
- Begründet eure **Meinung** zu dem Buch: Was gefällt euch an ihm, was weniger?
- Findet **Bilder** oder **Gegenstände,** die zum Buch passen. Das macht den Vortrag anschaulicher.

5.2 „Was habe ich heute erlebt!" – Figuren verstehen lernen

Einen inneren Monolog verfassen

Louis Sachar

Kapitel 14/15 – Graben für die Chefin

Stanley gelingt ein richtiger Fund. Es ist ein Gold-
röhrchen, in dessen Boden die Buchstaben „KB"
eingeritzt sind. Stanley gibt es wie versprochen
X-Ray. Der zeigt es am nächsten Tag Mr. Pendanski,
der sofort die Chefin holt …

Mr. Pendanski kletterte aus dem Führerhaus. Auf der Beifahrerseite stieg eine große Frau mit roten Haaren aus. Da Stanley unten in seiner Grube stand, schien sie ihm noch größer, als sie eigentlich war. Sie trug einen schwarzen Cowboyhut und schwarze Cowboystiefel, die mit türkisen Steinen besetzt waren. Die Ärmel ihrer Hemdbluse waren aufgerollt, und Stanley sah, dass ihre Arme, ebenso wie ihr Gesicht, voller Sommersprossen waren. Sie ging direkt auf X-Ray zu.

„War das hier, wo du es gefunden hast?"

„Ja[1], Ma'am."[2]

„Gut gemacht. Dafür bekommst du eine Belohnung."

Sie wandte sich an Mr. Pendanski. „Fahren Sie X-Ray zurück zum Camp. Lassen Sie ihn doppelt so lange duschen wie sonst und geben Sie ihm saubere Sachen zum Anziehen." [...]

X-Ray stieg zu Mr. Pendanski in den Wagen. Als sie losfuhren, lehnte er sich aus dem Fenster und winkte.

„Zero", sagte die Chefin, „ich will, dass du X-Rays Loch übernimmst." Sie schien zu wissen, dass Zero am schnellsten graben konnte.

„Deo und Torpedo, ihr grabt da weiter, wo ihr angefangen habt. Aber ihr bekommt jeder einen Helfer. Zickzack, du hilfst Deo. Magnet hilft Torpedo. Höhlenmensch, du arbeitest mit Zero zusammen. Die Erde wird immer zweimal bewegt. Zero gräbt das Loch und der Höhlenmensch schaufelt die Erde anschließend vorsichtig in einen Schubkarren. Genauso machen es Zickzack und Deo, Magnet und Torpedo. Wir wollen nichts übersehen. Wenn einer von euch etwas findet, bekommt ihr beide den Rest des Tages frei und dürft doppelt so lange duschen." [...]

Den Rest des Tages blieb die Chefin an Ort und Stelle, zusammen mit Mr. Pendanski und Mr. Sir, der nach einer Weile ebenfalls aufgetaucht war. [...] Die Chefin sorgte dafür, dass in Gruppe D niemand Durst zu haben brauchte.

Die Jungen gruben, bis jedes Loch gut sechs Fuß tief und sechs Fuß breit war. Aber es war immer noch besser, zu zweit sechs Fuß tief zu graben als allein fünf Fuß tief.

„Nun gut, für heute soll's genug sein", sagte die Chefin. „Ich habe so lange gewartet, da kann ich auch noch bis morgen warten." [...]

---

1 X-Rays Aussage stimmt nicht. Stanley hatte das Röhrchen an einer anderen Stelle gefunden.

2 Ma'am: umgangssprachliche Abkürzung für die weibliche Anrede „Madam"

---

1 Erläutert, welchen Eindruck die Chefin auf euch macht.

2 Versucht, euch in Stanley hineinzuversetzen, nachdem X-Ray das Goldröhrchen übergeben hat. Wie fühlt sich Stanley? Begründet eure Wahl.

> Stanley ist: enttäuscht   aufgeregt   wütend   froh   nervös   neidisch   traurig

3 Überlegt, welche Gedanken Stanley ab Z. 20 zu X-Ray durch den Kopf gehen könnten. Verfasst dazu einen inneren Monolog (▶ Methode). Wählt Aufgabe a oder b.

●●● **a** Formuliert Stanleys Gedanken. Ihr könnt den Wortspeicher nutzen, z. B.:
X-Ray, der gemeine Hund! Jetzt bekommt er einen Tag frei, obwohl ich das Röhrchen gefunden habe. Das ist wirklich nicht fair. Wieso ...

> X-Ray: Tag frei   dreist   ich Röhrchen gefunden   X-Ray: lügt Chefin ins Gesicht, falsche Stelle
> winkt fröhlich   nicht fair   Betrüger   X-Ray: gemeiner Hund   ich kein Glück?
> Und wenn ich ...? Nein ...   ... – so   so gerne ...!   so lange duschen, wie ich will

●○○ **b** Bringt folgende Sätze in eine sinnvolle Reihenfolge. Schreibt den Text ins Heft.

> Und wenn ich ...? Nein, das geht nicht.

> Das ist wirklich nicht fair.

> Der ist ganz schön dreist.

> Ich hätte den Tag auch gut gebrauchen können.

> Und er lügt der Chefin einfach ins Gesicht.

> So gerne wäre ich mit Mr. Pendanski zurückgefahren und hätte mal schön lange geduscht.

> Und X-Ray winkt noch fröhlich.

> So ein Mist.

> An der Stelle hat das Ding ja gar nicht gelegen.

> X-Ray, der gemeine Hund, bekommt einen Tag frei, obwohl ich das Röhrchen gefunden habe.

4 Formuliert mindestens drei Fragen, die sich Stanley zu der Grabungsaktion der Chefin stellen könnte. Folgende Ideen können euch helfen:

> Röhrchen: „KB"?   Chefin?   Suche?
> gewartet?

Methode   Einen inneren Monolog verfassen

Ein **innerer Monolog** ist ein stummes Selbstgespräch einer Figur, z. B. in einer angespannten Situation.

Da ihr **als Leser** nur erfahrt, was der Erzähler euch wissen lässt, empfindet ihr oft das Geschehen auf eure Weise nach. Ihr fühlt mit einer Figur und denkt ihre möglichen Gedanken.

Schreibt ihr diese Gedanken z. B. als inneren Monolog auf, könnt ihr euch besser darüber austauschen, **wie ihr eine Figur und ihre Situation versteht.** Verwendet für innere Monologe:

- die **Ich-Form** und das **Präsens,** z. B.: *Ich möchte jetzt so gern selbst frei haben!*
- **Ausrufe** und **Fragen,** z. B.: *Das ist gemein! Wieso habe ich kein Glück?*
- **Wiederholungen** als Verstärkung, z. B.: *Das ist unfair, unfair, unfair!*
- **Gedankensprünge,** z. B.: *Und wenn ich ... Nein, das kann ich nicht.*
- **Umgangssprache,** die zur Textvorlage passt, z. B.: *... der gemeine Hund!*

Einen Tagebucheintrag verfassen

Louis Sachar

Kapitel 30 – Zeros Flucht

Stanley freundet sich mit Zero an. Sie haben ein Abkommen: Stanley bringt Zero, der Analphabet ist, abends das Lesen bei. Dafür gräbt Zero tagsüber einen Teil von Stanleys Loch. Das passt jedoch den anderen Jungen im Camp nicht und es gibt eine Prügelei. Die Chefin kommt hinzu und stellt die Jungen zur Rede. Sie testet Zero, ob er bereits lesen kann.

„Erzähl mir, was du gestern gelernt hast", sagte die Chefin. „Daran wirst du dich doch erinnern!" Zero schwieg.

Mr. Pendanski lachte. Er hob eine Schaufel auf
5 und sagte: „Geradeso gut könnte man versuchen, dieser Schaufel Lesen und Schreiben beizubringen! Die hat noch mehr Grips als Zero."

„Wörter, die auf *-at* enden", sagte Zero.

„Wörter, die auf *-at* enden", wiederholte die
10 Chefin. „Nun gut, dann sag mir mal, welches Wort ich jetzt buchstabiere: c – a – t?"

Zero blickte unsicher umher.

Stanley wusste, dass Zero die Frage beantworten konnte. Er mochte nur grundsätzlich keine
15 Fragen beantworten.

„Cat", sagte Zero.

Mr. Pendanski klatschte in die Hände. „Bravo! Bravo! Der Junge ist ein Genie!"

„Und f – a – t?", fragte die Chefin.
20 Zero dachte einen Moment lang nach.

„Eff", flüsterte Zero. „Eff – at. Fat!"

„Und was ist mit h – a – t?"

Dass der Buchstabe h allein „eitsch" ausgesprochen wird, hatte Stanley ihm noch nicht
25 beigebracht.

Zero überlegte angestrengt, flüsterte leise „eitsch" vor sich hin und sagte dann: „Chat." Alle Betreuer lachten.

„Habe ich's nicht gleich gesagt? Er ist ein Genie!", sagte Mr. Pendanski. „Er ist so blöd, dass 30 er nicht mal weiß, wie blöd er ist."

Stanley wusste nicht, warum Mr. Pendanski sich so auf Zero eingeschossen hatte. [...]

„Ich grabe kein Loch mehr", sagte Zero.

„Gut", antwortete die Chefin. Sie wandte sich 35 an Stanley. „Du weißt doch, warum du Löcher gräbst, oder? Weil es gut ist für dich. Du lernst etwas dabei. Wenn Zero für dich gräbt, dann kannst du nichts lernen, stimmt's?"

„Vermutlich nicht", murmelte Stanley, obwohl 40 er wusste, dass er nicht nur deswegen graben musste, weil er etwas lernen sollte. Die Chefin suchte nach etwas. Etwas, dass Kissin' Kate Barlow[1] gehörte. [...]

„Ich grabe kein Loch mehr", sagte Zero. 45

Mr. Pendanski reichte ihm die Schaufel. „Hier, nimm, Zero. Das ist das Einzige, wofür du je taugen wirst."

Zero nahm die Schaufel.

Er schwang sie wie einen Baseballschläger. 50 Das Metallblatt landete in Mr. Pendanskis Gesicht. Die Knie sackten ihm weg. Bevor er noch am Boden lag, war er schon ohnmächtig.

Alle Betreuer zogen ihre Pistolen.

Zero hielt die Schaufel vor sich, als könnte er 55

---

1 Kissin' Kate Barlow: im Roman eine Banditin. Sie küsste die von ihr ausgeraubten und getöteten Männer mit einem roten Lippenstiftmund.

damit die Kugeln abwehren. „Ich hasse es, Löcher zu graben", sagte er. Dann ging er langsam rückwärts.

„Erschießt ihn nicht", sagte die Chefin. [...] „Wenn er kein Wasser mehr hat, kommt er sowieso zurück [...]."

Stanley sah Zeros Wasserflasche neben dem Loch auf dem Boden liegen.
Mehrere Betreuer hoben Mr. Pendanski auf und brachten ihn in den Wagen.
Stanley suchte mit den Augen nach Zero, aber der war bereits im Dunst verschwunden. [...]

1 Lest den Textauszug mit verteilten Rollen.
Ihr braucht einen Erzähler, die Chefin, Mr. Pendanski, Zero und Stanley.

2 Gebt auf einer Skala von 1 bis 5 an, wie viel Verständnis ihr für Zeros Verhalten habt:
1 = kein Verständnis, 5 = sehr viel Verständnis. Begründet eure Bewertung.

3 Verschafft euch einen anschaulichen Überblick über den Handlungsverlauf.
Erstellt im Heft ein Flussdiagramm (▶ S.103):
Ordnet den Figuren rechts die passenden Handlungen unten zu.

Chefin:
↓
Zero:
↓
— buchstabiert einmal falsch
— sagt, keiner soll schießen, Zero komme sowieso zurück
— schlägt Mr. Pendanski k. o. und läuft weg
— sagt, er würde kein Loch mehr graben
— lässt Zero buchstabieren
— nennt Zero „blöd"
— wendet sich an Stanley wegen des Grabens
— beleidigt Zero, er könne nichts außer graben

Mr. Pendanski:
↓
Zero:
↓
Mr. Pendanski:
↓
Chefin:
↓
Zero:
↓
Chefin:

Planen

4 ●●● Plant einen Tagebucheintrag, den Stanley abends zu dem Geschehen (▶ S.85–86) verfasst.
Welche Gedanken und Empfindungen könnte er dazu niederschreiben?
Übertragt Stanleys Tagebuchnotizen rechts ins Heft und vervollständigt sie.

Geschehen (▶ S.85–86)	Stanleys Tagebuchnotizen
Mr. Pendanski hat sich dauernd über Zero lustig gemacht.	*Wieso ist der so gemein und hat ...*
Zero hat gezeigt, dass er lesen kann.	*Ich war selbst ganz nervös, ob ...*
Zero hat gesagt, er grabe keine Löcher mehr.	*Als ich das gehört habe, dachte ich mir schon, dass ...*
Zero hat Mr. Pendanski k. o. geschlagen.	*Der Schlag war nicht richtig! Aber ...*
Zero ist ohne Wasser in die Wüste gelaufen.	*Ich habe Angst. Was wird aus Zero ...?*

▷ Eine Hilfe zu Aufgabe 4 findet ihr auf Seite 88.

5 Sammelt Ideen, wie ihr den Tagebucheintrag lebendiger gestalten könnt.
●●● Übertragt die folgende Tabelle ins Heft und ergänzt Formulierungen.

Anrede, 1. Satz	*Liebes Tagebuch, was habe ich heute erlebt! …*
Wiederholungen	*Zero! Zero! …*
Ausrufe	*Oh Mann! …*
Fragen	*Was …? Wie …? Warum …?*
Umgangssprache	*echt, voll, …*
Satzabbrüche, Sprünge	*Und wenn er? Daran mag ich gar nicht denken …*
letzter Satz, Abschluss	*So, das … Dein Stanley*

▷ Hilfe zu 5, Seite 88

Schreiben

6 Schreibt Stanleys Tagebucheintrag.
●●● Nutzt eure Vorarbeiten zu Aufgabe 3 bis 5.

▷ Hilfe zu 6, Seite 88

Überarbeiten

7 Überarbeitet in Partnerarbeit den Tagebucheintrag mit Hilfe der Checkliste.

Einen Tagebucheintrag verfassen
- Verwendet ihr die **Ich-Form?**
  Liebes Tagebuch,
  was ich heute alles erlebt habe. Mir ist jetzt noch ganz …
- Gebt ihr wieder, was Stanley **tagsüber erlebt** hat (▶ Aufgabe 3, 4)?
  Was ist passiert? Zuerst hat sich Mr. Pendanski dauernd über Zero lustig gemacht …
- Drückt ihr aus, was Stanley **im Nachhinein** über das Geschehen und die verschiedenen Figuren (Zero, Mr. Pendanski, Chefin) **denken und fühlen** könnte (▶ Aufgabe 4)?
  Wie kann man nur so gemein sein? Ich verstehe Zero. Er wollte einfach nicht mehr …
- Formuliert ihr **lebendig?** Verwendet ihr z. B. Ausrufe, Fragen, Wiederholungen, umgangssprachliche Ausdrücke (▶ Aufgabe 5)?
  Insgesamt war das eine echt blöde Situation – blöd, blöd, blöd!

● ○ ○ **Planen: Aufgabe 4 mit Hilfe**

Plant einen Tagebucheintrag, den Stanley abends zu dem Geschehen (▶ S. 85–86)
verfasst. Welche Gedanken und Empfindungen könnte er dazu niederschreiben?
Ordnet im Heft den Geschehnissen passende Tagebuchnotizen zu, z. B.: *A = …, B = …*

Geschehen (▶ S. 85–86)	Stanleys Tagebuchnotizen
A Mr. Pendanski hat sich dauernd über Zero lustig gemacht.	*1 Das mit dem Nicht-mehr-Graben klang schon nicht gut. Da habe ich angefangen, mir Sorgen zu machen.*
B Zero hat gezeigt, dass er lesen kann.	*2 Mr. Pendanski war so gemein! Hat Zero immer weiter geärgert! Dabei ist Zero gar nicht dumm.*
C Zero hat gesagt, er gräbt keine Löcher mehr.	*3 Er wird verdursten, denn zurückkommen wird er bestimmt nicht! Ich habe echt Angst um ihn!*
D Zero hat Mr. Pendanski k. o. geschlagen.	*4 Ich war selbst ganz nervös, ob Zero die Wörter der Chefin erkennt. Er hat es so gut gemacht!*
E Zero ist ohne Wasser in die Wüste gelaufen.	*5 Es war falsch, dass Zero Mr. Pendanski geschlagen hat. Ein bisschen kann ich es aber verstehen.*

● ○ ○ **Planen: Aufgabe 5 mit Hilfe**

Sammelt Ideen, wie ihr den Tagebucheintrag lebendiger gestalten könnt.
Wählt drei der folgenden Ideen aus. Notiert sie passend zu einem der Sätze aus Aufgabe 4.

● ○ ○ **Schreiben: Aufgabe 6 mit Hilfe**

Schreibt Stanleys Tagebucheintrag. Nutzt eure Vorarbeiten zu Aufgabe 3 bis 5, z. B.:
Beginn: *Liebes Tagebuch! Ich muss dir unbedingt erzählen, was heute los war …*
Ende: *So, genug für heute. Ich weiß nicht, ob ich schlafen kann. Dein Stanley*

Überarbeiten

7 Überarbeitet in Partnerarbeit den Tagebucheintrag mit Hilfe der Checkliste auf S. 87.

5.3 Fit in …! – Einen Romanauszug ausgestalten

Stellt euch vor, ihr bekommt in der nächsten Klassenarbeit die folgende Aufgabe gestellt:

Aufgabe
Verfasse einen inneren Monolog, den Stanley führen könnte, nachdem er die Hütte der Chefin verlassen hat. Es sollte auch deutlich werden, was passiert ist.

Louis Sachar

Kapitel 20 – Der Nagellack der Chefin

Stanley ist bei der Chefin. Angeblich hat er einem der Betreuer, Mr. Sir, Sonnenblumenkerne gestohlen, die dieser gern kaut. Ob es tatsächlich Stanley war, interessiert die Chefin aber nicht. Sie ist schlecht gelaunt, dass beim Graben immer noch nichts gefunden wurde. Sie lässt Stanley ihren Kosmetikkoffer holen und zeigt ihm ihren „Spezialnagellack" …

„Möchtest du wissen, welche geheime Zutat ich hineinmixe?"
Stanley zuckte mit den Achseln.
Die Chefin öffnete die Flasche. „Klapper-
5 schlangengift." Mit einem kleinen Pinsel fing sie an, den Lack auf die Nägel der linken Hand aufzutragen. „Es ist vollkommen harmlos – wenn der Lack getrocknet ist."
Sie lackierte die Nägel der linken Hand zu
10 Ende. Einige Sekunden lang wedelte sie mit der Hand durch die Luft, bevor sie sich daranmachte, auch die Nägel der rechten Hand zu lackieren. „Das Gift wirkt, solange der Lack noch flüssig ist."
15 Als sie fertig war, stand sie auf. Sie streckte die rechte Hand aus und berührte Stanleys Gesicht mit ihren Fingern. Mit den spitzen, noch feuchten Nägeln fuhr sie langsam über seine Wange. Er spürte, wie sich seine
20 Haut spannte.
Mit dem Nagel ihres kleinen Fingers streifte sie leicht die Wunde hinter seinem Ohr.

Ein stechender Schmerz durchfuhr ihn und unwillkürlich machte er einen Schritt zu-
25 rück.
Die Chefin wandte sich nun Mr. Sir zu, der vor dem Kamin saß.
„Sie glauben also, dass er die Sonnenblumenkerne gestohlen hat?"
„Nein, er sagt, er hätte sie gestohlen, aber
30 ich glaube, dass es –"
Sie trat einen Schritt auf ihn zu und schlug ihm ins Gesicht.
Mr. Sir starrte sie entsetzt an. Drei lange rote Striemen liefen quer über seine linke
35 Gesichtshälfte. Stanley konnte nicht erkennen, ob es Blut war oder Nagellack.
Es dauerte einen Moment, bis das Gift in die Haut eingesunken war. Plötzlich schrie Mr. Sir auf und hielt sich mit beiden Hän-
40 den das Gesicht. Er ließ sich nach vorn fallen und blieb auf dem Läufer vor dem Kamin liegen.
„Ihre Sonnenblumenkerne interessieren mich herzlich wenig", sagte die Chefin mit
45 sanfter Stimme. Mr. Sir stöhnte. […]
Einen Moment lang schien der Schmerz nachzulassen. Mr. Sir atmete ein paar Mal tief ein. Dann zuckte sein Kopf heftig zurück und Mr. Sir schrie schrill auf, heftiger
50 als zuvor. Die Chefin wandte sich wieder Stanley zu. „Ich würde vorschlagen, du gehst wieder an die Arbeit." […]

Die Aufgabe richtig verstehen

1 Was verlangt die Aufgabe von euch? Notiert die richtige Antwort ins Heft.
A Ich soll aus Stanleys Sicht einen inneren Monolog über das Erlebnis mit der Chefin schreiben.
B Ich soll erläutern, was ein innerer Monolog ist, und Ideen für diesen Monolog skizzieren.

Planen

2 Für eure Aufgabe müsst ihr den Text gut kennen. Welche Antwort stimmt (a oder b)?
A Wann ist der Nagellack der Chefin giftig?   **a** trocken   **b** flüssig
B Was spürt Stanley an seiner Wunde vom Nagellack?   **a** stechenden Schmerz   **b** Hautspannen
C Was hat Mr. Sir nach dem Schlag ins Gesicht?   **a** drei lange rote Striemen   **b** eine Platzwunde
D Wie redet die Chefin mit Mr. Sir?   **a** sie schreit   **b** mit sanfter Stimme

3 Sammelt Ideen für Stanleys inneren Monolog in einer Tabelle, z. B.:

Was ist passiert?	Was denkt/fühlt er?	Wovor hat er Angst?	Sprache im Monolog
Chefin: Nagellack, Klapperschlangengift	*Die Frau ist …*	*Wird Mr. Sir sterben?*	Fragen: *Was passiert noch alles?*
berührt …	*Das tat sehr weh …*	…	Ausrufe: *Furchtbar!*
Mr. Sir, Schlag ins …	*Der arme Mr. Sir! …*	…	Gedankensprünge etc.

Schreiben

4 Schreibt mit Hilfe eurer Planung den inneren Monolog in euer Heft.

Überarbeiten

5 Prüft und überarbeitet zu zweit eure Monologe. Nutzt die Checkliste.

Checkliste ✔

Einen inneren Monolog verfassen
- Habt ihr für den inneren Monolog Stanleys die **Ich-Form** verwendet?
- Geht ihr in dem inneren Monolog auch darauf ein, **was passiert ist?**
- Kommen in eurem Monolog Stanleys **Gedanken und Gefühle** vor? *Ich habe Angst …*
- Habt ihr **Fragen** gestellt?
- Gibt es auch **Ausrufe, Umgangssprache, Wiederholungen** und **Gedankensprünge?**

Schreibwörter		► S. 282
die Chefin	die Atmosphäre	der Eindruck
die Stimmung	charakterisieren	vorherrschen

6 Merkwürdige Geschehnisse –
Kalendergeschichten erschließen

1 **a** Beschreibt zuerst die Bilder 1 bis 3.
Was könnten die drei Wanderer zu dem Vater und dem Sohn auf dem Esel sagen?
Tipp: Beachtet, was sich auf dem jeweils nächsten Bild verändert hat.

b Beschreibt Bild 4. Überlegt, was der vierte Wanderer den beiden zu bedenken geben könnte.

c Was machen Vater und Sohn zuletzt? Zeichnet Bild 5 in euer Heft.

2 Erzählt mit Hilfe der Bilder und eurer Ergebnisse zu Aufgabe 1 eine zusammenhängende Geschichte.

In diesem Kapitel ...

– lest und untersucht ihr Geschichten, die unterhalten und belehren,
– lernt ihr Merkmale von Kalendergeschichten kennen,
– übt ihr, wie man den Inhalt einer Kalendergeschichte zusammenfasst.

6.1 Unterhaltsames und Lehrreiches – Kalendergeschichten lesen und untersuchen

Der schweizerische Dichter Johann Peter Hebel (1760–1826) ist berühmt für seine zahlreichen kurzen Geschichten, die er im „Badischen Landkalender" und ab 1807 für dessen Nachfolger, den „Rheinländischen Hausfreund", verfasste. Diese Kalender waren im 17. und 18. Jahrhundert oft das Einzige, was die einfache Bevölkerung zum Lesen besaß. Darin standen neben Wetterregeln, Gesundheitstipps und allgemeinen Lebensweisheiten eben auch Geschichten von Autoren.

Johann Peter Hebel

Seltsamer Spazierritt (1808)

Ein Mann reitet auf seinem Esel nach Haus und lässt seinen Sohn zu Fuß nebenherlaufen. Kommt ein Wanderer und sagt: „Das ist nicht recht, Vater, dass Sie reiten und Ihren Sohn
5 laufen lassen. Sie haben stärkere Glieder." Da stieg der Vater vom Esel herab und ließ den Sohn reiten.
Kommt wieder ein Wandersmann und sagt: „Das ist nicht recht, Bursche, dass du reitest
10 und deinen Vater zu Fuß gehen lässt. Du hast jüngere Beine."
Da saßen beide auf und ritten eine Strecke.
Kommt ein dritter Wandersmann und sagt: „Was ist das für ein Unverstand: Zwei Kerle auf
15 einem schwachen Tiere? Sollte man nicht einen Stock nehmen und euch beide hinabjagen?"

Da stiegen beide ab und alle drei gingen zu Fuß, rechts und links der Vater und Sohn, und in der Mitte der Esel.
Kommt ein vierter Wandersmann und sagt: 20 „Ihr seid drei merkwürdige Gesellen. Ist's nicht genug, wenn zwei zu Fuß gehen? Geht es nicht leichter, wenn einer von euch beiden reitet?"
Da band der Vater dem Esel die vorderen Beine 25 zusammen, und der Sohn band ihm die hintern Beine zusammen, und sie zogen einen starken Baumpfahl durch, der an der Straße stand, und trugen den Esel auf der Schulter heim. 30
So weit kann es kommen, wenn man es allen Leuten recht machen will.

1 a Lest die Geschichte zunächst allein und anschließend mit verteilten Rollen.
Tipp: Ihr braucht einen Erzähler und vier Wandersmänner.
b Vergleicht das Ende der Geschichte mit euren eigenen Überlegungen zu Aufgabe 1c, S. 91.

2 Beurteilt das Verhalten von Vater und Sohn. Begründet, ob ihr A oder B zustimmt:
A Vater und Sohn sehen ein, was jeder Wanderer sagt, und ändern ihr Verhalten immer richtig.
B Vater und Sohn wollen es jedem Wanderer recht machen. Sie passen sich bloß an.

3 a Wie versteht ihr den letzten Satz der Geschichte? Erklärt ihn.
b Vater und Sohn könnten sich auch anders verhalten. Was könnten sie anders machen?
c Viele Menschen meinen, es sei richtig, sich stets anzupassen.
Diskutiert mit Hilfe von Situationen und Beispielen mögliche Vorteile und Nachteile.

Handlungen nachvollziehen und Figuren verstehen

Johann Peter Hebel

Kannitverstan (1809)

Die Geschichte beginnt damit, dass ein deutscher Handwerksbursche von Tuttlingen aus in die niederländische Großstadt Amsterdam reist. Er ist ganz überwältigt von der reichen Handels- und Hafenstadt. Vor einem besonders prächtigen Haus bleibt er stehen:

Lange betrachtete er mit Verwunderung dies kostbare Gebäude, die sechs *Kamine* auf dem Dach, die schönen *Gesimse* und die hohen Fenster, größer als an des Vaters Haus daheim die Tür.
5 Endlich konnte er sich nicht *entbrechen,* einen Vorübergehenden anzureden. „Guter Freund", redete er ihn an, „könnt Ihr mir nicht sagen, wie der Herr heißt, dem dieses wunderschöne Haus gehört mit den Fenstern voll *Tulipanen, Sternenblumen* und *Levkojen?"*
10 Der Mann aber, der vermutlich etwas Wichtigeres zu tun hatte und zum Unglück gerade so viel von der deutschen Sprache verstand als der Fragende von der holländischen, nämlich nichts, sagte kurz und schnauzig: „Kannitverstan!", und schnurrte vorüber.
15 Dies war nur ein holländisches Wort [...] und heißt auf Deutsch so viel als: Ich kann Euch nicht verstehen. Aber der gute Fremdling glaubte, es sei der Name des Mannes, nach dem er gefragt hatte. Das muss ein grundreicher Mann sein, der Herr Kannitverstan, dachte er, und ging weiter.

---

1 Hebels Geschichte ist über zweihundert Jahre alt. Sie enthält einige Wörter, die wir heute nicht mehr oft gebrauchen. Wählt Aufgabe a oder b.

●●○ **a** Ordnet im Heft den Wörtern 1 bis 6 die Erklärungen A bis F richtig zu.

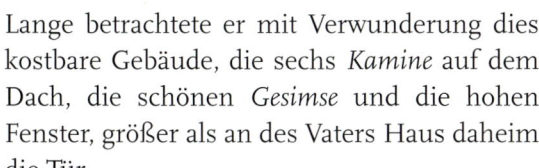

1 der Kamin (Z. 2)	A Zierpflanze
2 das Gesims (Z. 3)	B veraltet für Tulpe
3 sich entbrechen (Z. 6)	C offene Feuerstelle mit Rauchabzug, Schornstein
4 der Tulipan (Z. 11)	D Bauteil, ragt meist waagerecht aus einer Hausmauer hervor
5 die Sternenblume (Z. 11)	E sich beherrschen, sich zurückhalten
6 die Levkoje (Z. 11 f.)	F Astern (Blumen, die so ähnlich wie Sterne aussehen)

●○○ **b** In den Zeilen 8 und 21 wird eine alte Anrede mit „Ihr" und „Euch" gebraucht.
Wie sagen wir das heute höflich? Setzt im Heft das richtige Wort ein: *du, Sie, dich, er, es.*
c Stellt eure Ergebnisse vor.

2 **a** Das für die Geschichte wichtige „Kannitverstan" ist ebenfalls ein Ausdruck, der heute so im Niederländischen nicht mehr üblich ist. Wie würden wir ihn heute übersetzen (A, B, C)?
A Lassen Sie mich bitte in Ruhe.   **B** Ich verstehe Sie leider nicht.   **C** Ich kann kein Deutsch.
b Wie versteht der deutsche Handwerksbursche den Ausdruck „Kannitverstan"?
Belegt am Text, indem ihr die entsprechende Stelle vorlest:
A Er fühlt sich beleidigt.   **B** Er hält ihn für den Namen eines reichen Einwohners.

Kannitverstan (Fortsetzung)

Der junge Mann geht weiter durch die Stadt.
Er erreicht den Hafen.

Da stand nun Schiff an Schiff und Mastbaum an Mastbaum, und er wusste anfänglich nicht, wie er es mit seinen zwei einzigen Augen 30 durchfechten werde, alle diese Merkwürdigkeiten genug zu sehen und zu betrachten. Endlich [zog] ein großes Schiff seine Aufmerksamkeit

an sich [...], das vor Kurzem aus Ostindien angelangt war und jetzt eben ausgeladen wurde. Schon standen ganze Reihen von Kisten und 35 Ballen auf- und nebeneinander am Lande. Noch immer wurden mehrere herausgewälzt, und Fässer voll Zucker und Kaffee, voll Reis und Pfeffer und *salveni*[1] Mausdreck darunter. Als er aber lange zugesehen hatte, fragte er 40 endlich einen, der eben eine Kiste auf der Achsel heraustrug, wie der glückliche Mann heiße, dem das Meer alle diese Waren an das Land bringe. „Kannitverstan!", war die Antwort. Da dachte er: Haha, schauts da heraus? Kein 45 Wunder! Wem das Meer solche Reichtümer an das Land schwemmt, der hat gut solche Häuser in die Welt stellen und solcherlei Tulipanen vor die Fenster in vergoldeten Scherben.

---

1 salveni (lat.): hier im Sinne von: „Verzeihen Sie bitte diesen Ausdruck."

1 Gebt mit eigenen Worten wieder, was der Handwerksbursche sieht, fragt und denkt.
Nutzt z. B. die folgenden Formulierungsbausteine:

> zum Hafen gelangt • ist überwältigt von • Blick fällt auf • traut seinen Augen kaum •
> aus dem Schiff • möchte wissen, wer • spricht einen Arbeiter an, der … auf der Schulter •
> Die Antwort des Mannes lautet • Wieder denkt er • in vergoldeten Blumentöpfen

2 Weshalb zieht der Bursche denselben Schluss wie im ersten Teil der Geschichte?
Vergleicht in Partnerarbeit den Handlungsverlauf im ersten und zweiten Teil.
a Legt im Heft die nachstehende Tabelle an und vervollständigt sie.
b Formuliert, welche Gemeinsamkeiten ihr im Handlungsverlauf erkennt.

	1. Teil (S. 93, Z. 1–26)	2. Teil (Z. 27–49)
Was sieht der Bursche?	*prächtige Häuser* ...	*reich beladene Schiffe* ...
Wie reagiert er darauf?	*ist überwältigt* *will wissen, wem …* *fragt einen Mann nach …*	...
Was denkt er am Ende?	*Haus gehört …*	...

Kannitverstan (letzter Teil)

Der Handwerksbursche verlässt den Hafen. Nachdem er all den Reichtum gesehen hat, hält er sich selbst für einen ziemlich armen und mittellosen Menschen. In diesem Augenblick erblickt er einen Trauerzug:

50 Vier schwarz vermummte Pferde zogen einen ebenfalls schwarz überzogenen Leichenwagen langsam und traurig, als ob sie wüssten, dass sie einen Toten in seine Ruhe führten. Ein langer Zug von Freunden und Bekannten des Ver

55 storbenen folgte nach, Paar und Paar, verhüllt in schwarze Mäntel und stumm. In der Ferne läutete ein einsames Glöcklein.
Jetzt ergriff unsern Fremdling ein wehmütiges Gefühl, das an keinem guten Menschen vorü

60 bergeht, wenn er eine Leiche sieht, und er blieb mit dem Hut in den Händen andächtig stehen, bis alles vorüber war. Doch machte er sich an den letzten vom Zug [...]: „Das muss wohl auch ein guter Freund von Euch gewesen sein", sag

65 te er, „dem das Glöcklein läutet, dass Ihr so betrübt und nachdenklich mitgeht?" –
„Kannitverstan!", war die Antwort. Da fielen unserm guten Tuttlinger ein paar große Tränen aus den Augen, und es ward ihm auf ein

70 mal schwer und wieder leicht ums Herz.
„Armer Kannitverstan", rief er aus, „was hast du nun von allem deinem Reichtum? Was ich

einst von meiner Armut auch bekomme: ein Totenkleid und ein Leintuch, und von allen deinen schönen Blumen vielleicht einen Rosma 75
rin auf die kalte Brust oder eine *Raute*[2]."
Mit diesem Gedanken begleitete er die Leiche, als wenn er dazugehörte. [Er ging] bis ans Grab, sah den vermeinten Herrn Kannitverstan hinabsenken in seine Ruhestätte und ward von 80
der holländischen Leichenpredigt, von der er kein Wort verstand, mehr gerührt als von mancher deutschen, auf die er nicht achtgab.
Endlich ging er leichten Herzens mit den andern wieder fort, verzehrte in einer Herberge, 85
wo man Deutsch verstand, mit gutem Appetit ein Stück Limburger Käse.
Und wenn es ihm wieder einmal schwerfallen wollte, dass so viele Leute in der Welt so reich seien und er so arm, so dachte er nur an den 90
Herrn Kannitverstan in Amsterdam, an sein großes Haus, an sein reiches Schiff und an sein enges Grab.

2 Raute: Blumenart

---

1 Betrachtet das Bild zum letzten Teil der Geschichte. Ordnet es einem Textabschnitt zu.
Wählt Aufgabe a oder b.

●○○ a Lest den Textabschnitt vor, der auf dem Bild dargestellt wird.

●●● b Beschreibt das Bild. Erläutert mit eigenen Worten, was der Handwerksbursche sieht und denkt.

2 In diesem Abschnitt ändern sich vor allem die Gefühle des Handwerksburschen.
Beschreibt zuerst, was er während des Trauerzugs und des Begräbnisses empfindet.
Formuliert dann, wie er sich unmittelbar danach fühlt, z. B.:
– *Als der Handwerksbursche den Trauerzug bis zum Grab begleitet, fühlt er sich ...*
– *Nachdem das Begräbnis vorbei ist, geht er ... in eine ...*

3 „Endlich versteht der Handwerksbursche, dass Kannitverstan gar nicht der Name eines Mannes ist.
Er erkennt das sprachliche Missverständnis."
Was haltet ihr von dieser Aussage eines Schülers? Wählt Aufgabe a oder b.

●●● **a** Begründet, ob diese Aussage für euch falsch oder richtig ist.

●○○ **b** Antwortet auf diese Aussage mit Hilfe der folgenden Satzteile. Nur zwei Antworten passen.

Du hast Unrecht, ... Du hast Recht, ... Du hast Unrecht, ...	... denn nur der Leser weiß, dass der Mann nicht Kannitverstan heißt. ... denn der Name des Mannes ist tatsächlich nicht Kannitverstan. ... denn der Bursche glaubt weiterhin, dass der Name des Mannes Kannitverstan lautet.

4 Mit den veränderten Gefühlen wandeln sich auch die Gedanken des Burschen.
Diese Gedanken beinhalten die Lehre der Kalendergeschichte.
Erklärt, welcher der folgenden Sätze A bis D diese Lehre am besten zusammenfasst:

A Der Bursche versteht: Wer ins Ausland reist, sollte die andere Sprache verstehen oder ein Fremdsprachwörterbuch mitnehmen.

B Der Bursche erkennt: Wenn man eine Reise unternimmt, dann kann man viel erleben und sich manchmal auch ein bisschen irren.

C Der Bursche begreift: Erst nach dem Tod zeigt sich wirklich, wie sehr man von den Mitmenschen geliebt und geachtet wurde.

D Der Bursche erfährt: Da der Tod nicht zwischen Armen und Reichen unterscheidet, soll man im Leben glücklich mit dem sein, was man hat.

Information   **Die Kalendergeschichte**

Kalendergeschichten sind **kurze Geschichten,** die **unterhalten und belehren** sollen. Ihren Namen tragen sie, weil sie zuerst in Jahreskalendern veröffentlicht wurden. Solche Kalender gab es bis ins 19. Jahrhundert. Heute erscheinen Kalendergeschichten nur noch in Buchform.

■ Inhalt der Geschichten sind **merkwürdige oder lustige Geschehnisse im Leben meist einfacher Menschen** (z. B. Vater und Sohn auf einem Heimritt, Handwerksbursche auf Wanderschaft). Sie sollen den Leser **zum Nachdenken anregen,** denn die Geschichten zeigen, welche Stärken und Schwächen Menschen haben können.

■ Kalendergeschichten enthalten in der Regel eine **überraschende Wendung** (Pointe).

■ Oft wird auch eine **Lehre** formuliert, die dem Leser sagt, wie er die Geschichte auf sein eigenes Leben beziehen kann.

Johann Peter Hebel

Der Barbierjunge von Segringen (1809)

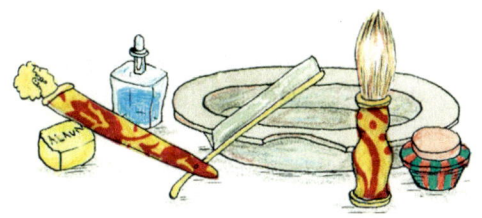

[...] Im vorigen Spätjahr kam in dem Wirtshause zu Segringen ein Fremder von der Armee an, der einen starken Bart hatte und fast wunderlich aussah, also dass ihm nicht recht zu trauen war.

Der sagt zum Wirt, eh er etwas zu essen oder zu trinken fordert: „Habt Ihr keinen *Barbier* im Ort, der mich rasieren kann?"

Der Wirt sagt Ja und holt den Barbier. Zu dem sagt der Fremde: „Ihr sollt mir den Bart abnehmen, aber ich habe eine kitzlige Haut. Wenn Ihr mich nicht ins Gesicht schneidet, so bezahl ich Euch vier *Kronentaler*. Wenn Ihr mich aber schneidet, so stech ich Euch tot. Ihr wäret nicht der Erste."

Wie der erschrockene Mann das hörte, [...] das spitzige, kalte Eisen [das Rasiermesser] lag auf dem Tisch, so springt er fort und schickt den *Gesellen*. Zu dem sagt der Herr das Gleiche.

Wie der *Gesell* das Gleiche hört, springt er ebenfalls fort und schickt den *Lehrjungen*. Der Lehrjunge lässt sich blenden von dem Geld und denkt: Ich wag's. Geratet es und ich schneide ihn nicht, so kann ich mir für vier Kronentaler einen neuen *Rock* auf die *Kirchweihe* kaufen und einen *Schnäpper*. Geratet es nicht, so weiß ich, was ich tue, und rasiert den Herrn. Der Herr hält ruhig still, weiß nicht, in welcher entsetzlichen Todesgefahr er ist, und der *verwegene* Lehrjunge spaziert ihm auch ganz kaltblütig mit dem Messer im Gesicht und um die Nase herum, als wenn es [...] nicht um vier Kronentaler und um ein Leben [ginge]. [...]

Als aber der Herr aufgestanden war und sich im Spiegel beschaut und abgetrocknet hatte, gibt er dem Jungen die vier Kronentaler und sagt zu ihm: „Aber junger Mensch, wer hat dir den Mut gegeben, mich zu rasieren, so doch dein Herr und der Gesell sind fortgesprungen? Denn wenn du mich geschnitten hättest, so hätt ich dich erstochen."

Der Lehrjunge aber bedankte sich lächelnd für das schöne Stück Geld und sagte: „Gnädiger Herr, Ihr hättet mich nicht *verstochen*, sondern wenn Ihr gezuckt hättet und ich hätt Euch ins Gesicht geschnitten, so wär ich Euch zuvorgekommen. [Ich] hätt Euch augenblicklich die Gurgel *abgehauen* und wäre auf- und davongesprungen."

Als aber der fremde Herr das hörte und an die Gefahr dachte, in der er gesessen war, ward er erst blass vor Schrecken und Todesangst, schenkte dem Burschen noch einen Kronentaler extra und hat seitdem zu keinem Barbier mehr gesagt: „Ich steche dich tot, wenn du mich schneidest."

---

1 Aus dem Textzusammenhang kann man viele Wörter erschließen, die man nicht genau kennt. Versucht in Partnerarbeit, die im Text markierten Wörtern zu erklären, z. B.:
- *Barbier ist ein Beruf. Heute sagt man ... Denn in Z. 8 des Textes steht, dass ...*
- *Mit Geld kann man „bezahlen" (vgl. Z. 12). Also sind ... eine Währung.*

2 Andere unbekannte Wörter könnt ihr mit einem Wörterbuch klären. Ordnet im Heft die folgenden Wörterbucherklärungen richtig zu.

Barbier Geselle	**1** auszubildender Handwerker **2** veraltet für „Jacke"
Kirchweihe Rock	**3** veraltet für „Herrenfrisör" **4** katholisches Fest
Schnäpper verwegen	**5** furchtlos, unerschrocken **6** erstechen, umbringen
verstochen abgehauen	**7** veraltet für „durchschneiden" **8** Armbrust (Waffe)

3 Was geschieht in der Geschichte? Bearbeitet Aufgabe a oder b.

●●● a Fasst den Inhalt der Geschichte in 5 bis 6 Sätzen zusammen.
Schreibt in euer Heft.

●○○ b Die folgenden Sätze fassen zusammen, was in der Geschichte passiert.
Bringt sie im Heft in die richtige Reihenfolge.
Wie lautet das Lösungswort?

I Der furchtsame Barbier schickt seinen Gesellen ins Wirtshaus. Der Fremde droht ihm ebenfalls mit dem Tod. Daher läuft auch der Geselle fort, ohne den Fremden rasiert zu haben.

F Eines Tages kommt ein unheimlicher Fremder von der Armee in ein Wirtshaus. Er verlangt einen Frisör, weil er sich rasieren lassen will.

S Der weggelaufene Geselle schickt wiederum den Lehrjungen, der schließlich den Mut aufbringt, den Fremden zu rasieren.

R Der Wirt holt einen Barbier, der jedoch gleich wieder fortläuft. Denn der Fremde will ihn erstechen, falls er ihm die Haut anritzen sollte.

Ö Der Lehrjunge weiß, dass er den Fremden während der Rasur in seiner Macht hat. Er könnte ja jederzeit mit seinem Rasiermesser zustechen.

R Am Ende ist der Fremde dankbar für sein Leben. Nie mehr will er derart drohen.

---

4 Kalendergeschichten enthalten in der Regel eine überraschende Wendung (Pointe).
In dieser Geschichte wandelt sich das Verhalten des Fremden.

a Beschreibt, wie der Fremde zu Beginn der Geschichte aussieht und wie er sich verhält (Z. 1–19).
Ihr könnt den Wortspeicher nutzen.

---

auffällig   verwildert   bedrohlich   eigentümlich   einschüchternd   überheblich   arrogant
angeberisch   herablassend   Angst einflößend   Schrecken erregend   aggressiv   herrisch

---

b Erklärt, warum sich der Fremde am Ende der Geschichte (Z. 50–56) anders verhält.

c Beurteilt auch das Verhalten der anderen drei Figuren: Barbier, Geselle, Lehrjunge.

5 Welche Lehre zieht ihr aus der Geschichte? Begründet.
Aus der Geschichte kann man lernen, …
– dass die meisten Frisöre und Handwerksgesellen Angsthasen sind.
– dass man merkwürdigen Fremden nicht trauen kann und sich lieber von ihnen fernhält.
– dass man sich nicht so schnell von großspurigen Menschen einschüchtern lassen soll.
– dass man seine Macht nicht überschätzen sollte.

Eine moderne Kalendergeschichte umgestalten

Mit seinen Geschichten von Herrn K. (Keuner) hat der deutsche Dichter Bertolt Brecht (1898–1956) einen Erzähler erfunden, der auch Kalendergeschichten erzählt.

Bertolt Brecht

Der hilflose Knabe (um 1930)

Ein Herr K. sprach über die Unart, erlittenes Unrecht stillschweigend in sich hineinzufressen, und erzählte folgende Geschichte: „Einen vor sich hin weinenden Jungen fragte
5 ein Vorübergehender nach dem Grund seines Kummers. ‚Ich hatte zwei Groschen[1] für das Kino beisammen‘, sagte der Knabe, ‚da kam ein Junge und riß mir einen aus der Hand‘, und er zeigte auf einen Jungen, der in einiger Entfer-
10 nung zu sehen war. ‚Hast du denn nicht um Hilfe geschrien?‘ fragte der Mann. ‚Doch‘, sagte der Junge und schluchzte ein wenig stärker. ‚Hat dich niemand gehört?‘ fragte ihn der Mann weiter, ihn liebevoll streichelnd. ‚Nein‘, schluchzte der Junge. ‚Kannst du denn nicht lauter schrei-
15 en?‘ fragte der Mann. ‚Nein‘, sagte der Junge und blickte ihn mit neuer Hoffnung an. Denn der Mann lächelte. ‚Dann gib auch den her‘, sagte er, nahm ihm den letzten Groschen aus der Hand und ging unbekümmert weiter.“ [R]
20

1 Groschen: Geldmünze

1 Formuliert euren ersten Leseeindruck.
Wie findet ihr das Verhalten des Mannes am Ende der Geschichte?

2 Um das Verhalten der Figuren besser zu verstehen, kann man den Text umgestalten.
Wählt Aufgabe a oder b.

●●○ a Versucht, euch in die Lage des Jungen hineinzuversetzen.
Erzählt die Geschichte aus seiner Sicht. Schreibt in der Ich-Form, z. B.:
Gestern hatte ich endlich das Geld für einen Kinobesuch zusammen. Ich hatte mich schon lange … Vor dem Kino begegnete ich einem Mann, der …

●●● b Versucht, euch in den Mann hineinzuversetzen.
Erzählt die Geschichte aus seiner Sicht. Schreibt in der Ich-Form, z. B.:
Gestern hatte ich eine lehrreiche Begegnung mit einem Jungen. Auf der Straße fiel mir ein Junge auf, der weinte. Ich dachte, dass er vielleicht Hilfe bräuchte, und sprach ihn an. Ich fragte ihn nach dem Grund für …

3 Erklärt mit Hilfe des Einleitungssatzes die Lehre der Geschichte. Stimmt A oder B?

> A Es ist peinlich zu klagen, wenn man z. B. bestohlen worden ist. Man behält das besser für sich.
> B Wer Unrecht erfährt, sollte darüber nicht nur klagen, sondern für seine Rechte eintreten.

4 Schreibt eine mögliche Fortsetzung der Geschichte.
Wie könnte z. B. der Junge die Situation beurteilen, nachdem er über das Verhalten des Mannes nachgedacht hat?

Eine neuere Kalendergeschichte lesen und verstehen

Martin Auer

Herr Balaban und seine Tochter Selda – Geschichte Nr. 196 (2002)

Herr Balaban war einmal in Geschäften mit der Bahn unterwegs. In seinem Abteil saß auch ein junger Mann, der sehr geschäftig tat, ständig telefonierte und auf seinem Notebook herumhackte. Als das Telefon des jungen Mannes einmal gerade nicht läutete, fragte ihn Herr Balaban, was er denn täte, beruflich.

„Ich arbeite in einer Werbeagentur", erklärte der junge Mann. „Wir werben für Autos und Waschmaschinen, aber wir beraten auch Politiker, wie sie in der Öffentlichkeit auftreten sollen."

„Das finde ich interessant", sagte Herr Balaban. „Ich habe einen berühmten Vorfahren, der tat so etwas Ähnliches schon vor 700 Jahren."

„Das glaube ich Ihnen aber nicht!", sagte der Werbefachmann und lachte.

„Oh ja. Er hieß Nasreddin Hodscha und lebte damals in der Stadt Akschehir. Eines Tages wurde die Stadt von dem großen Mongolenkhan Timur Lenk eingenommen. Der Name bedeutet Timur der Lahme. Denn Timur Lenk, oder Tamerlan, wie er auch genannt wird, war ein sehr hässlicher Mann, er hatte ein kürzeres Bein, einen Buckel und nur ein Auge. Als Timur die Stadt erobert hatte, wollte er, dass auf dem Hauptplatz ein Bild von ihm aufgestellt werde. Er ließ also einen Maler kommen, der ein Porträt von ihm anfertigen sollte. Der Maler wollte dem Herrscher schmeicheln, also malte er ihn als schönen Mann mit geradem Rücken, zwei gleich langen Beinen und zwei gesunden Augen.

Als der Herrscher das Bild sah, tobte er, weil es ihm überhaupt nicht ähnlich war, und ließ den Maler sofort köpfen. Er ließ einen zweiten Maler kommen, und der malte ihn, an das Schicksal seines Vorgängers denkend, so hässlich, wie Tamerlan eben war.

Als der Herrscher dieses Bild sah, fühlte er sich verspottet und ließ den Maler ebenfalls köpfen. Nun wollte kein Maler mehr den Auftrag übernehmen. Aber Timur drohte, er werde der ganzen Stadt eine schwere Strafe auferlegen und jeden zehnten Mann hinrichten lassen, wenn nicht endlich jemand sein Bild malte.

Da bot sich mein berühmter Vorfahr, der Mullah Nasreddin Hodscha, an, das Bild zu malen, um die Stadt zu retten. Er malte Timur auf der Jagd, wie er gerade kniete, sich bückte, den Bogen spannte und beim Zielen ein Auge zudrückte. So sah man nichts von dem Buckel, dem kürzeren Bein und dem fehlenden Auge. Timur war zufrieden und ließ das Bild auf dem Marktplatz aufstellen, und jeder der daran vorbeiging, musste sich verbeugen.

Ich könnte mir vorstellen", sagte Herr Balaban zu dem Werbefachmann, „dass das, was Sie machen, eine ganz ähnliche Arbeit ist."

1 Gebt den drei Textteilen (Z. 1–16, 17–55, 56–58) jeweils eine Überschrift. Schreibt ins Heft.

2 Erklärt in Partnerarbeit die überraschende Wendung in dieser Geschichte.

3 a Vielleicht kennt ihr die Figur Nasreddin Hodscha. Was wisst ihr von ihr?
  b Erläutert, warum Hodschas Vorgehen mit dem eines Werbefachmanns verglichen wird.
  c Was haltet ihr von diesem Vergleich? Begründet eure Meinung.

Teste dich!

Jürg Schubiger

Das Ausland (2003)

Ein Mann war in schweren Schuhen und seit vielen Wochen unterwegs. Im Ausland, hatte er gehört, sei es fast wie im Paradies, und dahin wollte er. Der Mann ging von Land zu Land. Kei-
5 nes glich dem Ausland, das man ihm beschrieben hatte. Er stapfte über Weiden und Wiesen.

„Was suchen Sie?", rief ein Bauer, der sich auf einen Spaten stützte. Seine Sprache klang fremd, als käme sie aus einem breiteren Mund
10 mit flacheren Zähnen.

„Das Ausland", sagte der Mann. „Das was?"

„Das Ausland."

„Nur immer der Nase nach", rief der Bauer, „so können Sie es nicht verfehlen."
15 Der Mann griff sich an seine Nase. Er lachte, winkte und ging weiter – zuerst einen Acker entlang, dann in den Wald hinein. Am folgenden Morgen war er über der Grenze. Es sah hier nicht aus wie im Paradies, auch nicht fast wie im
20 Paradies, eher noch fast wie zu Hause. Zur Sicherheit fragte er doch einen Straßenarbeiter, der sich auf eine Schaufel stützte und ihm entgegensah: „Entschuldigung, ist hier das Ausland?"

„Fehlte gerade noch", war die Antwort. Der Ar-
25 beiter wies ihm den Weg: „Nur immer der Nase nach." Das war aber genau die Richtung, aus der der Mann gekommen war.

Er kehrte um, müde und verwirrt. So geriet er bald darauf wieder auf die Wiesen des Bauern,
30 der diesmal auf einem Traktor saß und vom rumpelnden Motor geschüttelt wurde. Er beugte sich herab und schrie: „Schon zurück aus dem Ausland?"

„Zurück schon", stotterte der Mann. Er hatte auf einmal einen traurigen Verdacht. „Viel-
35 leicht gibt es das gar nicht", sagte er zu sich selbst, „dieses Ausland."

Der Bauer nahm an, der Fremde sei nicht recht im Kopf. Und dann seine Sprache: Sie klang, als käme sie aus einem schmaleren Mund mit
40 spitzeren Zähnen. Er brachte den Motor zum Schweigen. „Wenn man Ihnen so zuhört", sagte er – „Sie sind wohl Ausländer, wie? Kehren Sie nach Hause zurück. Da ist das Ausland."

---

1 Was geschieht? Worin besteht die Lehre? Bringe die Sätze in die richtige Reihenfolge.

> **D** Der Straßenarbeiter schickt den Mann wieder in die Gegenrichtung.
>
> **E** Unterwegs trifft er zunächst auf einen Bauern, der ihm den Weg weist.
>
> **W** Ein Mann begibt sich auf den Weg ins Ausland, da es fast wie das Paradies sein soll.
>
> **N** Der Bauer hält den Mann nun für einen Ausländer und sagt, er solle zurückkehren.
>
> **G** Die Geschichte zeigt, dass Menschen manchmal im Ausland das Paradies suchen, aber erkennen müssen, dass es nur eine Vorstellung ist.
>
> **N** Hinter der Grenze sieht es aber auch nicht aus wie im Paradies. Unsicher geworden fragt der Mann einen Straßenarbeiter, wo das Ausland sei.
>
> **U** Der Bauer denkt, dass der Mann verrückt ist, als dieser wieder bei ihm auftaucht.

2 a Notiere mindestens zwei Merkmale einer Kalendergeschichte.
   b Vergleiche deine Ergebnisse mit einem Lernpartner.

6.2 Ich fasse zusammen – Indirekte Rede verwenden

Johann Peter Hebel

Das wohlfeile Mittagessen (1811)

Es ist ein altes Sprichwort: Wer andern eine Grube gräbt, fällt selber darein. – Aber der Löwenwirt in einem gewissen Städtlein war schon vorher darin. Zu diesem kam ein wohl-
5 gekleideter Gast. Kurz und trotzig verlangte er für sein Geld eine gute Fleischsuppe. Hierauf forderte er auch ein Stück Rindfleisch und ein Gemüs für sein Geld. Der Wirt fragte ganz höflich, ob ihm nicht auch ein Glas Wein beliebe?
10 „O freilich ja!", erwiderte der Gast. „Wenn ich etwas Gutes haben kann für mein Geld."
Nachdem er sich alles wohl hatte schmecken lassen, zog er einen abgeschliffenen Sechser aus der Tasche und sagte: „Hier, Herr Wirt, ist
15 mein Geld."
Der Wirt sagte: „Was soll das heißen? Seid Ihr mir nicht einen Taler schuldig?"
Der Gast erwiderte: „Ich habe für keinen Taler Speise von Euch verlangt, sondern für mein
20 Geld. Mehr hab ich nicht. Habt Ihr mir zu viel dafür gegeben, so ists Eure Schuld." –
Dieser Einfall war eigentlich nicht weit her. Es gehörte nur Unverschämtheit dazu und ein unbekümmertes Gemüt, wie es am Ende ab-
25 laufen werde. Aber das Beste kommt noch.
„Ihr seid ein durchtriebener Schalk", erwiderte der Wirt, „und hättet wohl etwas anders verdient. Aber ich schenke Euch das Mittagessen

und hier noch ein Vierundzwanzigkreuzer-
stück dazu. Nur haltet still, geht zu meinem 30 Nachbarn, dem Bärenwirt, und macht es [bei] ihm ebenso!"
Das sagte er, weil er mit seinem Nachbarn, dem Bärenwirt, aus Brotneid[1] in Unfrieden lebte und einer dem andern jeglichen Tort[2] und 35 Schimpf gerne antat und erwiderte.
Aber der schlaue Gast griff lächelnd mit der einen Hand nach dem angebotenen Geld, mit der andern vorsichtig nach der Türe, wünschte dem Wirt einen guten Abend und sagte: „Bei 40 Eurem Nachbarn, dem Herrn Bärenwirt, bin ich schon gewesen, und ebender hat mich zu Euch geschickt und kein anderer."
So waren im Grunde beide hintergangen, und der Dritte hatte den Nutzen davon. Aber der 45 listige Kunde hätte sich noch obendrein einen schönen Dank von beiden verdient, wenn sie eine gute Lehre daraus gezogen und sich miteinander ausgesöhnt hätten. Denn Frieden ernährt, aber Unfrieden verzehrt. 50

1 Brotneid: Neid auf die Einkünfte eines anderen

2 Tort: Tortur, Leid

1 a Formuliert euren Eindruck von dem Gast und den beiden Wirten in der Geschichte.
  b Begründet: Wie könnte man das alte Wort „wohlfeil" im Titel passend übersetzen?

  Das **A** geschmacklose **B** großartige **C** günstige **D** lustige Mittagessen

2 Lest noch einmal Z. 33–36. Weshalb verzeiht der Löwenwirt dem Gast? Was hat er vor?
  Tipp: Beachtet auch die beiden Worterläuterungen zum Text.

3 Im letzten Abschnitt heißt es, dass die beiden Wirte dem Gast trotz seiner List hätten danken müssen (vgl. Z. 45–49). Erklärt mit eigenen Worten, warum der Erzähler das sagt.

Planen: Das Geschehen knapp nachvollziehen

1 Man hat eine Geschichte gut verstanden, wenn man sie für sich selbst oder für andere mit eigenen Worten zusammenfassen kann.
Klärt zunächst euch unbekannte Wörter aus dem Textzusammenhang.
Tipp: Nutzt ein Wörterbuch, falls ihr ein Wort nicht aus dem Zusammenhang klären könnt.

2 W-Fragen helfen, erste wichtige Informationen festzuhalten und zu ordnen.
Schreibt die Fragen in euer Heft und beantwortet sie in Stichworten.
- a *Wo* spielt die Geschichte?   *in einer kleinen ... in einem ...*
- b *Wer* ist am Geschehen beteiligt?   *Löwenwirt, ...*
- c *Was* geschieht?   *...*
  Tipp: Nutzt für Frage c ein anschauliches Flussdiagramm (▸ Methode).

3 Die Kalendergeschichte beginnt mit einem Sprichwort (vgl. Z. 1–2) und endet mit einer Lehre (vgl. Z. 49–50).
- a Erklärt das Sprichwort „Wer anderen eine Grube gräbt, fällt selbst hinein".
  Tipp: Nennt ein Beispiel: *Jemand lästert über andere so viel, bis er selbst ...*
- b Formuliert mit eigenen Worten die Lehre „Denn Frieden ernährt, aber Unfrieden verzehrt".
  Ihr könnt z. B. im Heft die folgenden Sätze ergänzen:
  Die Lehre besagt, dass man nichts davon hat, wenn man ... Im Gegenteil: Wer ...

Methode	Ein Flussdiagramm erstellen

Mit Hilfe eines **Flussdiagramms** kann man insbesondere den **Handlungsverlauf** einer Geschichte **übersichtlich veranschaulichen.**
Lest die Geschichte Schritt für Schritt und notiert knapp untereinander, was geschieht, z. B.:

> *Ein Gast kommt zum Löwenwirt.*
> ↓
> *Der Gast bestellt für „sein Geld" Essen und Trinken.*
> ↓
> *Der Gast bezahlt zu wenig.*
> ↓
> *Der Wirt ...*

Schreiben 1: Eine Einleitung verfassen

4
- a Beginnt die Inhaltsangabe mit einer kurzen Einleitung, die allgemeine Angaben zum Text enthält, z. B.: *Die Kalendergeschichte „..." von ... stammt aus dem Jahr ...*
- b Außerdem wird in der Einleitung das Thema des Textes genannt. Wählt die treffendste Formulierung (A oder B) aus und schreibt das Thema ins Heft.
  A Die Geschichte handelt von einem Mann, der sich in einem Gasthaus richtig satt isst.
  B In der Geschichte geht es um zwei verfeindete Gastwirte, denen ein Gast einen Streich spielt.

Schreiben 2: Den Hauptteil verfassen – Indirekte Rede verwenden

5 Im Hauptteil der Inhaltsangabe werden die wichtigsten Ereignisse zusammengefasst.

a Prüft zu zweit, ob die Informationen zu den W-Fragen (Wo? Wer? Was?) im folgenden Beginn einer Inhaltsangabe enthalten sind.

> *Die Geschichte spielt in einem namenlosen Städtchen im Wirtshaus des Löwenwirts. Ein Gast kommt und bestellt Essen und Trinken für „sein Geld", wie er sagt. Anschließend zahlt er nur mit einer kleinen Münze. Der Wirt protestiert und verlangt mehr Geld. Der Gast entgegnet, dass er ... bestellt habe ...*

b Stellt fest, in welcher Zeitform (▶ S. 267–268) die Inhaltsangabe verfasst ist.

6 In der Kalendergeschichte wird meist die direkte Rede (wörtliche Rede) verwendet.
In einer Inhaltsangabe wird sie in die indirekte Rede umgewandelt. Wählt a/c oder b/c.

a Wie würden die vier markierten Verben in der direkten Rede lauten?
Der Wirt erwidert, dass der Gast ein übler Schalk sei und wohl etwas anderes verdient habe ...
Er betont, er schenke dennoch dem Gast das Essen und gebe noch Geld dazu. ...

b Um zu zeigen, dass man die Äußerung eines anderen wiedergibt, setzt man die Verben in der indirekten Rede in den so genannten Konjunktiv I.
Versucht mit Hilfe der Tabelle zu erklären, wie er für die vier Beispiele in 6a gebildet wird.

Infinitiv (Grundform)	Indikativ Präsens	Konjunktiv I
sein	er ist	er sei
haben	er hat	er ?
schenken	er ?	er schenke
?	er gibt	er gebe

c Ergänzt im Heft die fehlenden Verben: *zeigt, solle, sagt, sei, habe, ist*.
Er bittet den Gast, dass er sich beim Bärenwirt genauso benehmen ...
Aber nun ... sich, wie listig der Gast ...
Er ..., er ... schon bei dem Bärenwirt gewesen. Und der ... ihn hergeschickt.

7 Verfasst mit Hilfe der Sätze aus den Aufgaben 5 und 6 den Hauptteil der Inhaltsangabe.

Information   **Die direkte Rede von der indirekten Rede unterscheiden**

Es gibt zwei Möglichkeiten wiederzugeben, was andere gesagt haben:

- Die **direkte Rede** ist die **wörtliche Wiedergabe** von dem, was jemand gesagt hat. Sie steht **in Anführungszeichen**, z. B.: *Er sagte: „Das **ist** eine merkwürdige Geschichte."*
- Die **indirekte Rede** gibt eine **fremde Äußerung nicht wörtlich wieder.** Sie steht **ohne Anführungszeichen**, z. B.: *Er sagte, das **sei** eine merkwürdige Geschichte.*
- Die wichtigste Änderung betrifft das **Verb**: Es steht in der **indirekten Rede** normalerweise im **Konjunktiv I** (Möglichkeitsform: *sei*) und nicht im Indikativ (Wirklichkeitsform: *ist*).

Schreiben 3: Den Schlussteil verfassen

8 In den Schlussteil der Inhaltsangabe gehört die Lehre der Kalendergeschichte.
Formuliert einen Schlussteil. Ihr könnt folgende Formulierungshilfen nutzen:

Mit der Kalendergeschichte wird eine Warnung …

Das drückt auch ein bekanntes Sprichwort aus: …

Menschen, die einem anderen nichts gönnen, …

Wenn zwei sich streiten, merken sie … Deshalb sollte man …

Überarbeiten

9 Inhaltsangaben formuliert man sachlich. Überarbeitet im Heft die folgenden Sätze:

Am Anfang der Geschichte betritt ein superfrecher Gast das Wirtshaus des dämlichen Löwenwirts.

Da er einen brutalen Hunger hat, bestellt er so viel Essen, dass sich der Tisch biegt.

Und, ich fasse es kaum, Wein will er auch noch.

10 Inhaltsangaben formuliert man im Präsens. Überarbeitet im Heft diese Sätze:

Als der Gast sich weigerte, den geforderten Geldbetrag zu zahlen, hatte der Wirt eine Idee.

Er schenkte dem Gast das Mittagessen und sogar noch Geld dazu. Aber der Wirt stellte auch eine Forderung an den Gast: …

11 In der folgenden Textpassage wird die indirekte Rede nicht ganz richtig gebraucht.
Prüft, welche Verben noch im Konjunktiv I stehen müssen.

> *Der Wirt erwidert, dass der Gast ein durchtriebener Schalk ist und wohl etwas anderes verdient habe. Dann betont er, er will dem Gast das Mittagessen schenken und noch Geld dazugeben. Weiterhin bittet er ihn um Folgendes: Er solle nichts verraten und er soll es bei seinem Nachbarn, dem Bärenwirt, ebenso machen.*

Information   **Inhalte zusammenfassen – Die Inhaltsangabe**

Mit einer Inhaltsangabe fasst man den Inhalt eines Textes **knapp und sachlich** zusammen.
Sie **informiert** andere, die den Text nicht kennen, **über den wesentlichen Inhalt und Ablauf.**

Aufbau

- In der **Einleitung** werden die Textsorte (z. B. Kalendergeschichte, Fabel), der Titel, das Erscheinungsjahr, der Name des Autors/der Autorin und das Thema genannt (▶ S. 103, Aufgabe 4 a).
- Im **Hauptteil** werden die **wichtigsten Ereignisse** in der **richtigen Abfolge** kurz dargestellt.
- Im **Schlussteil** wird die Textabsicht oder die **Lehre** der Geschichte formuliert.

Sprache

Inhaltsangaben formuliert man **sachlich** und möglichst **mit eigenen Worten.**

- Man vermeidet ausschmückende oder wertende Ausdrücke.
- Inhaltsangaben formuliert man im **Präsens** (▶ S. 267).
- **Äußerungen von Figuren** sollte man in der **indirekten Rede** wiedergeben (▶ S. 104).

Üben: Inhalte zusammenfassen

Martin Auer

Herr Balaban und seine Tochter Selda – Geschichte Nr. 10 (2002)

Als Herr Balaban gerade in unserer Stadt ange-
kommen war, suchte er ein billiges Restaurant.
Der Kellner ließ den Mann mit der abgeschab-
ten Kleidung und dem fremdartigen Akzent
5 lange warten, schmiss ihm dann die Speisekarte auf den Tisch und kam lange nicht, um die
Bestellung aufzunehmen. Als Herr Balaban
das billigste Essen bestellte, das er finden
konnte, schnappte der Kellner wortlos die Spei-
10 sekarte und verschwand in Richtung Küche.
Das Essen brachte er erst, als es schon fast kalt
war, und als Herr Balaban zahlen wollte, ließ
ihn der Kellner wieder warten. Herr Balaban
zahlte seine Rechnung und legte als Trinkgeld
15 noch fast so viel drauf, wie das Essen gekostet
hatte. Da machte der Kellner große Augen, half
Herrn Balaban in den Mantel und machte ihm,
als er hinausging, die Türe auf.
Am nächsten Tag kam Herr Balaban wieder.
20 „Grüß Gott, der Herr!", sagte der Kellner, rück-
te Herrn Balaban den Stuhl zurecht, brachte
die Speisekarte und wartete, den Block in der
Hand, bis Herr Balaban gewählt hatte. Das Essen brachte er schnell und wünschte einen
guten Appetit. Als Herr Balaban nach der 25
Rechnung verlangte, brachte er sie sofort und
fragte höflich, ob es Herrn Balaban auch ge-
schmeckt habe. Herr Balaban legte das Geld
für sein Essen auf den Tisch und dazu noch
eine kleine Münze als Trinkgeld. Der Kellner 30
nahm die Münze, drehte sie dreimal um und
sagte: „Na, Sie sind ein komischer Kerl. Gestern habe ich Sie ein bisschen ungeduldig
behandelt …"
Herr Balaban nickte bedächtig: „Ja, ja. Wie den 35
letzten Dreck, um genau zu sein."
„Wie der Herr meinen", sagte der Kellner. „Je-
denfalls haben sie mir gestern ein fürstliches
Trinkgeld gegeben. Und heute, wo ich höflich
und nett bin, geben Sie mir bloß einen Zehner?" 40
„Das ist doch ganz leicht zu verstehen", sagte
Herr Balaban. „Gestern habe ich Ihnen das
Trinkgeld für heute gegeben. Und das für heute, das ist für gestern!"

1 a Plant eure Inhaltsangabe. Verschafft euch
●●● einen Überblick über den Inhalt. Formuliert
W-Fragen zum Text und beantwortet sie.
b Gliedert den Text mit Hilfe eines Flussdiagramms in Handlungsschritte.
c Notiert Ideen, welche Lehre die Geschichte
beinhaltet.

2 Verfasst eine Inhaltsangabe mit Einleitung
●●● (allgemeine Angaben, Thema) und Hauptteil
(Handlungsschritte). Nutzt für den Schluss
(Lehre) die nebenstehenden Begriffe.

3 Überarbeitet eure Inhaltsangabe.
●●● Habt ihr im Präsens geschrieben und die
indirekte Rede verwendet?

▷ Eine Hilfe zu Aufgabe 1 findet ihr auf Seite 107

▷ Hilfe zu 2, Seite 107

| zeigt | einen Menschen | behandeln | nicht |
| jederzeit | korrekt | nach Laune | oder Gewinn |

▷ Hilfe zu 3, Seite 107

○○○ **Aufgabe 1 mit Hilfe**

a Plant eure Inhaltsangabe. Verschafft euch einen Überblick über den Inhalt.
Welche der folgenden Antworten auf die W-Fragen sind falsch oder richtig? Notiert: *A = …*

A	Wann spielt die Geschichte?	heutige Zeit, Gegenwart
B	Wo spielt die Geschichte?	in Neustadt, Snackbar
C	Wer ist am Geschehen beteiligt?	ein fremder Mann, ein Kellner
D	Was geschieht in der Geschichte?	ein armer Gast bekommt ein Essen spendiert

b Gliedert den Text mit Hilfe eines Flussdiagramms in Handlungsschritte.
Ordnet die folgende Handlungsschritte im Heft und ergänzt sie.

c Notiert Ideen, welche Lehre die Geschichte beinhaltet.
Wählt die treffendste Formulierung aus und schreibt sie ab.

A Die Geschichte zeigt, dass Kellner ihre Gäste meistens schlecht behandeln.

B Die Geschichte zeigt, dass jeder Mensch zu jeder Zeit höflich zu behandeln ist.

○○○ **Aufgabe 2 mit Hilfe**

Verfasst eine Inhaltsangabe.

a Korrigiert die Angaben in der folgenden Einleitung. Schreibt ins Heft.
In der Kalenderreportage „Selda Nr. 12" von Markus Auer, die 1998 erschien, geht es darum, was Herr Balaban in einem einfachen Möbelgeschäft erlebt. Eine Angestellte behandelt ihn erst nach einem Trinkgeld …

b Vervollständigt im Heft den Beginn des Hauptteils. Beachtet euer Flussdiagramm.
So besucht Herr Balaban ? . Er trägt ? . Der ? ist von Anfang an sehr ? : Er ? und lässt ihn immer wieder warten. Trotz dieser Unfreundlichkeit gibt Herr ? .

c Greift für den Schluss auf Aufgabe 1c mit Hilfe zurück.

○○○ **Aufgabe 3 mit Hilfe**

Überarbeitet eure Inhaltsangabe.
Korrigiert zur Übung im Heft die folgenden Sätze. Sie stehen nicht im Präsens.

Herr Balaban kam am nächsten Tag noch einmal in das Restaurant. Nun behandelte ihn der Kellner sehr zuvorkommend. Dennoch gab Herr Balaban dem Kellner jetzt nur wenig Trinkgeld. Der Kellner bemerkte daraufhin, dass er das nicht verstehe.

6.3 Fit in …! – Eine Inhaltsangabe schreiben

Stellt euch vor, ihr bekommt in der nächsten Klassenarbeit die folgende Aufgabe gestellt:

Aufgabe
1. Schreibe eine Inhaltsangabe zu der folgenden Kalendergeschichte.
   a Formuliere einen Einleitungssatz. Er soll die allgemeinen Angaben zum Text enthalten und das Thema benennen.
   b Fasse im Hauptteil die wichtigsten Handlungsschritte zusammen.
   c Formuliere im Schlussteil mit eigenen Worten die Lehre der Geschichte.
2. Überarbeite deine Inhaltsangabe.
   Beachte besonders die richtige Zeitform (Präsens), die indirekte Rede und dass du sachlich geschrieben hast.

Johann Peter Hebel

Das Mittagessen im Hof (1805; Fassung leicht modernisiert)

Man klagt häufig darüber, wie schwer und unmöglich es sei, mit manchen Menschen auszukommen. Das mag wahr sein. Dennoch sind viele solcher Menschen nicht
5 schlimm, sondern nur merkwürdig. Und wenn man sie nur immer recht kennen würde, so wäre mancher wohl und leicht zur Besinnung zu bringen.
Das ist doch einem Diener mit seinem
10 Herrn gelungen. Dem konnte er manchmal gar nichts recht machen und musste vieles büßen, obwohl er unschuldig war, wie es oft geht.
So kam einmal der Herr sehr missver-
15 gnügt nach Hause und setzte sich zum Mittagessen. Da war die Suppe zu heiß oder zu kalt oder keines von beiden; aber genug, der Herr war mürrisch. Er fasste daher die Schüssel mit dem, was darinnen
20 war, und warf sie durch das offene Fenster in den Hof hinab. Was tat hierauf der Diener?
Kurz besonnen warf er das Fleisch, welches er eben auf den Tisch stellen wollte, mir
25 nichts, dir nichts der Suppe nach auch in den Hof hinab. Danach warf er das Brot, dann den Wein und endlich das Tischtuch mit allem hinterher, was noch darauf war.
„Was soll das?", fragte der Herr und fuhr
30 mit drohendem Zorn von dem Sessel auf. Aber der Bediente erwiderte ganz kalt und ruhig: „Verzeihen Sie mir, wenn ich Ihre Meinung nicht erraten habe. Ich glaubte, Sie wollten heute in dem Hofe speisen. Die
35 Luft ist so heiter, der Himmel so blau, und sehen Sie nur, wie lieblich der Apfelbaum blüht und wie fröhlich die Bienen ihren Mittag halten!" –
Die Suppe hinabwerfen? Nie mehr! Der Herr
40 erkannte seinen Fehler. Beim Anblick des schönen Frühlingshimmels heiterte sich seine Laune auf. Er lächelte heimlich über den schnellen Einfall seines Dieners und dankte ihm still im Herzen für die gute Lehre.

Die Aufgabe richtig verstehen

1 Was verlangt die Aufgabe von euch?
Notiert im Heft die Buchstaben vor den richtigen Aussagen.
Tipp: Richtig sortiert, ergeben die Buchstaben ein Lösungswort.

Wir sollen …
- E die Lehre der Geschichte nennen.
- L den Inhalt der Geschichte so spannend wie möglich nacherzählen.
- P die Merkmale einer Kalendergeschichte benennen.
- H den Inhalt mit eigenen Worten sachlich wiedergeben.
- M die eigene Meinung zu der Geschichte aufschreiben.
- E im Präsens schreiben.
- B wörtliche Rede in indirekte Rede umwandeln.
- L die Ereignisse in der zeitlich richtigen Reihenfolge zusammenfassen.

Planen

2 a Stellt W-Fragen zum Inhalt der Geschichte, z. B.:
- Wer sind die Hauptfiguren?
- Worum geht es in dieser Geschichte?
- Wie verhält sich meist der Herr?
- Wie verhält sich der Herr an diesem Tag?
- Warum wirft der Diener das Mittagessen in den Hof?
- Was denkt der Herr am Ende der Geschichte?

b Beantwortet die W-Fragen in Stichworten. Schreibt ins Heft.

3 Gliedert den Text in Handlungsschritte:
- Formuliert Überschriften zu den einzelnen Abschnitten oder
- erstellt ein Flussdiagramm, z. B.:

Z. 1–8:	*Einleitung: Auch merkwürdige Menschen kann man …*
Z. 9–13:	*Meist muss es der Diener …*
Z. 14–21:	*Ein Herr, der …*
Z. 21–28:	*…*
Z. 29–38:	*Die Frage und die Antwort auf …*
Z. 39–44:	*…*

4 Formuliert zum Schluss die Lehre der Kalendergeschichte. Nutzt z. B. folgende Begriffe:

wenn man   launische Menschen   erziehen   den Spiegel   ihres Verhaltens   auch
man kann   ihnen vorhält

Schreiben

5 Formuliert einen Einleitungssatz, z. B.:

Die Kalendergeschichte „...“ von ... stammt aus dem Jahr ...
Sie handelt von ..., der ... seines Herrn nicht einfach hinnimmt.

6 Überlegt, wie die direkte Rede in der Geschichte in der indirekten Rede (▶ S. 104) richtig lauten muss.

zu Z. 29: Da fragt der Herr, was das *soll/solle*.

zu Z. 31 ff.: Der Diener gibt zur Antwort, dass er geglaubt *hat/habe,* dass der Herr heute im Hof speisen *will/wolle*.

7 Schreibt mit Hilfe eurer Planung (▶ S. 109) den Hauptteil der Inhaltsangabe.
Übertragt den folgenden Beginn in euer Heft.
Schreibt die Inhaltsangabe knapp und sachlich zu Ende.

> *Wieder einmal kommt der Herr ... nach Hause. Er setzt sich an den Mittagstisch, isst aber nicht, sondern lässt seine schlechte Laune an dem Essen aus. Schließlich packt der Herr die Schüssel samt ... und ... Daraufhin nimmt der Diener ...*

8 Gebt im Schlussteil die Lehre der Kalendergeschichte wieder.
Greift auf euer Ergebnis aus Aufgabe 4, S. 109, zurück. *Die Geschichte lehrt, dass ...*

Überarbeiten

9 Überarbeitet in Partnerarbeit eure Inhaltsangabe. Geht so vor:

a Tauscht eure Texte. Prüft den Text des anderen mit Hilfe der Checkliste.

b Gebt euch gegenseitig Rückmeldung. Was ist gelungen? Was muss überarbeitet werden?

c Überarbeitet anhand der Rückmeldung eure Inhaltsangabe.

Checkliste

Eine Inhaltsangabe zu einer Kalendergeschichte schreiben

- Ist die **Einleitung vollständig:** Textsorte, Titel, Jahr, Name des Autors/der Autorin, Thema?
- Sind im **Hauptteil** die **wichtigsten Handlungsschritte** in der richtigen **Reihenfolge** wiedergegeben?
- Steht im **Schlussteil** die **Lehre** der Geschichte? Wurde sie **mit eigenen Worten** ausgedrückt?
- Ist die Inhaltsangabe **sachlich** formuliert?
- Ist die Inhaltsangabe im **Präsens** verfasst?
- Wurde die direkte Rede aus der Geschichte in die **indirekte Rede** umgewandelt?

Schreibwörter		▶ S. 282
die Kalendergeschichte	unterhalten	komisch
die Pointe	belehren	merkwürdig
die Lehre	zum Nachdenken anregen	erwidern

7 Auf Leben und Tod –
Balladen erkennen, vortragen und umtexten

Sie waren gezogen über das Meer,
Nach Glück und Gold stand ihr Begehr,
Drei wilde Gesellen, vom Wetter gebräunt,
Und kannten sich wohl und waren sich freund.
…

1 Betrachtet das Bild. Stellt euch vor, ihr würdet zu dritt einen Schatz finden.
Notiert, was euch dabei durch den Kopf gehen würde, z. B.: *So viel Gold! Was ...?*

2 „Und kannten sich wohl und waren sich freund." So endet die erste Balladenstrophe.
Stellt Vermutungen darüber an, wie es nach dem Schatzfund weitergehen könnte.
Tipp: Nutzt eure Notizen zu Aufgabe 1.

In diesem Kapitel ...

- lernt ihr Merkmale von Balladen kennen,
- tragt ihr Balladen wirkungsvoll vor,
- werdet ihr zum Reporter, Rapper oder Regisseur,
- bereitet ihr einen Balladenabend für ein Publikum vor.

7.1 Freund oder Feind? – Balladen erschließen

Emanuel Geibel

Die Goldgräber

Sie waren gezogen über das Meer,
Nach Glück und Gold stand ihr Begehr,
Drei wilde Gesellen, vom Wetter gebräunt,
Und kannten sich wohl und waren sich freund.

5 Sie hatten gegraben Tag und Nacht,
Am Fluss die Grube, im Berg den Schacht,
In Sonnengluten und Regengebraus,
Bei Durst und Hunger hielten sie aus.

Und endlich, endlich, nach Monden voll Schweiß,
10 Da sahn aus der Tiefe sie winken den Preis,
Da glüht' es sie an durch das Dunkel so hold,
Mit Blicken der Schlange, das feurige Gold.

Sie brachen es los aus dem finsteren Raum,
Und als sie's fassten, sie hoben es kaum,
15 Und als sie's wogen, sie jauchzten zugleich:
„Nun sind wir geborgen, nun sind wir reich!"

Sie lachten und kreischten mit jubelndem Schall,
Sie tanzten im Kreis um das blanke Metall,
Und hätte der Stolz nicht bezähmt ihr Gelüst,
20 Sie hätten's mit brünstiger Lippe geküsst.

Sprach Tom, der Jäger: „Nun lasst uns ruhn!
Zeit ist's, auf das Mühsal uns gütlich zu tun.
Geh, Sam, und hol uns Speisen und Wein,
Ein lustiges Fest muss gefeiert sein."

25 Wie trunken schlenderte Sam dahin
Zum Flecken hinab mit verzaubertem Sinn;
Sein Haupt umnebelnd umschlichen ihn sacht
Gedanken, wie er sie nimmer gedacht.

Die andern saßen am Bergeshang,
30 Sie prüften das Erz und es blitzt' und es klang.
Sprach Will, der Rote: „Das Gold ist fein;
Nur schade, dass wir es teilen zu drein!"

„Du meinst?" – „Je nun, ich meine nur so.
Zwei würden des Schatzes besser froh" –
35 „Doch wenn –" – „Wenn was?" – „Nun, nehmen wir an,
Sam wäre nicht da ..." – „Ja, freilich, dann – dann – –"

Sie schwiegen lang; die Sonne glomm
Und gleißt' um das Gold; da murmelte Tom:
„Siehst du die Schlucht dort unten?" – „Warum?" –
40 Ihr Schatten ist tief und die Felsen sind stumm."

„Versteh ich dich recht?" – „Was fragst du noch viel!
Wir dachten es beide und führen's ans Ziel.
Ein tüchtiger Stoß und ein Grab im Gestein,
So ist es getan, und wir teilen allein."

45 Sie schwiegen aufs Neu. Es verglühte der Tag,
Wie Blut auf dem Golde das Spätrot lag;
Da kam er zurück, ihr junger Genoss,
Von bleicher Stirne der Schweiß ihm floss.

„Nun her mit dem Korb und dem bauchigen Krug!"
50 Und sie aßen und tranken mit tiefem Zug.
„Hei lustig, Bruder! Dein Wein ist stark;
Er rollt wie Feuer durch Bein und Mark.

Komm, tu uns Bescheid!" – „Ich trank schon vorher;
Nun sind vom Schlafe die Augen mir schwer.
55 Ich streck ins Geklüft mich." – „Nun, gute Ruh!
Und nimm den Stoß und den dazu!"

Sie trafen ihn mit den Messern gut;
Er schwankt' und glitt im rauchenden Blut.
Noch einmal hub er sein blass Gesicht:
60 „Herr Gott im Himmel, du hältst Gericht!

Wohl um das Gold erschluget ihr mich;
Weh euch! Ihr seid verloren wie ich.
Auch ich, ich wollte den Schatz allein,
Und mischt' euch tödliches Gift in den Wein."

1 Wovon handelt die Ballade? Wählt Aufgabe a oder b (▶ S. 114).

●●● **a** Legt ein Berichtbuch an, in das ihr notiert, was geschehen ist, z. B.:
Nach langer Fahrt erreichten sie endlich ... Aber es hat sich gelohnt, denn ...

b Entscheidet in Partnerarbeit:

Welche der folgenden Aussagen zum Inhalt der Ballade sind richtig, welche falsch?

A In der Ballade kommen drei Goldgräber vor. Sie heißen: Tom, Sam und Luke.

B Die drei Goldgräber sind von Anfang an zerstritten.

C Nachdem sie das Gold gefunden haben, schlägt Tom vor, erst einmal auszuschlafen.

F Der sterbende Sam gesteht, dass er seine Freunde vergiftet hat.

D Sam wird weggeschickt. Er soll Essen und Trinken für ein Fest holen holen.

E Wills Plan gelingt: Er und Tom teilen sich das Gold.

I Während Sam unterwegs ist, heckt Will einen Plan aus: Er will Sams Anteil zwischen sich und Tom aufteilen. Tom ist dagegen.

G Es ist sehr schwer für sie, Gold zu finden.

H Als Sam zurückkehrt, haben sie alle drei keine Lust mehr zu feiern.

2 Als Sam für sich allein ist, heißt es in den Versen 27 und 28:

„Sein Haupt umnebelnd umschlichen ihn sacht/Gedanken, wie er sie nimmer gedacht."

Schreibt in der Ich-Form auf, was Sam alles auf seinem Weg denkt.

Wählt Aufgabe a oder b.

a Verfasst einen inneren Monolog (▶ S. 84, 90).

Tipp: Beachtet die letzten beiden Verse der Ballade.

b Ergänzt im Heft Sams folgende Gedanken. Ihr könnt auch weitere Gedanken hinzufügen.

„So viel Gold! Ich   ? ! Mit meinem Anteil kann ich   ? . Es wird doch für alles reichen, oder? Allein hätte ich natürlich   ? . Aber das sollte ich wohl nicht   ? . Allerdings gäbe es   ? . Mal sehen, wie ich Tom und Will   ? . Ein gutes Mittel wäre   ? . Immerhin bin ich ja losgelaufen, um   ? . Ja, so will ich es machen: Ich   ? ."

3 **a** Tauscht euch aus: Was gehört für euch zur Freundschaft?

b Vergleicht: Wie wird in der Ballade Freundschaft dargestellt?

4 Untersucht, wie anfangs die Stimmung der Goldgräber wiedergegeben wird.

Sucht in den Strophen 2 bis 5 Wörter und Wortgruppen, die Folgendes näher beschreiben:

– ihre Mühe bei der Schatzsuche,

– ihre Freude beim Schatzfund, z. B.:

Mühe: „gegraben Tag und Nacht" (Z. 5), …

Freude: …

Eine Ballade wirkungsvoll vortragen

Setzt Pausen nicht einfach an das Ende eines Verses.
Man kann mit ihnen auch Spannung erzeugen und die Redeanteile der einzelnen Figuren voneinander abgrenzen.

Überlegt, in welchem Ton eine Figur spricht, z. B.: hinterhältig, nachdenklich, witzig, ...

Sprecht deutlich und wählt ein angemessenes Sprechtempo.
Ein langsames Sprechtempo kann z. B. nachdenklich wirken.

„Du meinst?" – „Je nun, ich meine nur so.
Zwei würden des Schatzes besser froh" –
„Doch wenn –" – „Wenn was?" – „Nun, nehmen wir an,
Sam wäre nicht da ..." – „Ja, freilich, dann – dann – –"

Sie schwiegen lang; die Sonne glomm
Und gleißt' um das Gold; da murmelte Tom:

Wählt verschiedene Lautstärken.
So kann man Spannung erzeugen und einen lebendigen Vortrag erzielen.
Ein leises Sprechen kann z. B. geheimnisvoll wirken.

Wer eine Ballade vorträgt, gelangt meist in einen bestimmten Sprechrhythmus. Dieser Rhythmus ergibt sich, weil betonte und unbetonte Silben wechseln. Wenn sich aus diesem Wechsel ein regelmäßiges Muster ergibt, nennt man dies das Versmaß (das Metrum). Verschiedene Versmaße haben verschiedene Namen:
Trochäus: betont – unbetont,
z. B.: Hat-der-al-te-He-xen-meis-ter ...
Jambus: unbetont – betont,
z. B.: Sie-schwie-gen-lang-die-Son-ne-glomm ...
Daktylus: betont – unbetont – unbetont,
z. B.: Drei wil-de Ge-sel-len, vom Wet-ter ge-bräunt ...

1 Sicher habt ihr schon einmal einen Text vorgetragen oder bei einem Vortrag zugehört.
 a Berichtet von euren Erfahrungen: Wann fandet ihr einen Vortrag gut oder nicht gut?
 b Lest die Hinweise im Schaubild: Welche kennt ihr bereits? Welche sind euch neu?

2 Ordnet in Partnerarbeit zu: Welche der folgenden Zeichen stehen für Pausen, Sprechtempo, Lautstärke?

3 Bereitet mit Hilfe der Hinweise oben einen Vortrag der Goldgräber-Ballade (▶ S. 112–113) vor.
 a Wählt mindestens drei Strophen aus, die ihr vortragen möchtet.
 b Übertragt die Strophen ins Heft und ergänzt sie sinnvoll durch die Zeichen aus Aufgabe 2.
   Notiert auch, in welchem Ton ihr bestimmte Wörter sprechen wollt.
   Tipp: Übt für die drei Figuren möglichst verschiedene Sprechweisen ein.
   So kann der Zuhörer leichter erkennen, welche Figur gerade spricht.
 c Lernt eure Strophen auswendig. Tragt sie nacheinander vor.

Friedrich Schiller

Die Bürgschaft

Zu Dionys, dem Tyrannen, schlich
Damon, den Dolch im Gewande;
Ihn schlugen die Häscher in Bande.
„Was wolltest du mit dem Dolche, sprich!",
5 Entgegnet ihm finster der Wüterich.
„Die Stadt vom Tyrannen[1] befreien!"
„Das sollst du am Kreuze bereuen."

1 Tyrann: Alleinherrscher, Unterdrücker

    „Ich bin", spricht jener, „zu sterben bereit
    Und bitte nicht um mein Leben;
10   Doch willst du Gnade mir geben,
    Ich flehe dich um drei Tage Zeit,
    Bis ich die Schwester dem Gatten gefreit[2];
    Ich lasse den Freund dir als Bürgen[3] –
    Ihn magst du, entrinn ich, erwürgen."

2 freien: hier = heiraten

3 Bürge: Person, die im Notfall für einen einsteht

15 Da lächelt der König mit arger List
Und spricht nach kurzem Bedenken:
„Drei Tage will ich dir schenken.
Doch wisse: Wenn sie verstrichen, die Frist,
Eh du zurück mir gegeben bist,
20 So muss er statt deiner erblassen,
Doch dir ist die Strafe erlassen."

    Und er kommt zum Freunde: „Der König gebeut[4],
    Dass ich am Kreuz mit dem Leben
    Bezahle das frevelnde Streben;
25   Doch will er mir gönnen drei Tage Zeit,
    Bis ich die Schwester dem Gatten gefreit.
    So bleib du dem König zum Pfande,
    Bis ich komme, zu lösen die Bande[5]."

4 gebeut: gebietet

5 Bande: Fessel

Und schweigend umarmt ihn der treue Freund
30 Und liefert sich aus dem Tyrannen,
Der andere ziehet von dannen.
Und ehe das dritte Morgenrot scheint,
Hat er schnell mit dem Gatten die Schwester vereint,
Eilt heim mit sorgender Seele,
35 Damit er die Frist nicht verfehle.

Da gießt unendlicher Regen herab,
Von den Bergen stürzen die Quellen,
Und die Bäche, die Ströme schwellen.
Und er kommt ans Ufer mit wanderndem Stab –
40 Da reißet die Brücke der Strudel hinab,
Und donnernd sprengen die Wogen
Des Gewölbes krachenden Bogen.

[...]

Doch wachsend erneut sich des Stromes Wut,
45 Und Welle auf Welle zerrinnet,
Und Stunde an Stunde entrinnet[6].
Da treibt ihn die Angst, da fasst er sich Mut
Und wirft sich hinein in die brausende Flut
Und teilt mit gewaltigen Armen
50 Den Strom, und ein Gott hat Erbarmen.

6 entrinnet: vergeht

[...]

Und die Sonne blickt durch der Zweige Grün
Und malt auf den glänzenden Matten[7]
Der Bäume gigantische Schatten;
55 Und zwei Wanderer sieht er die Straße ziehn,
Will eilenden Laufes vorüberfliehn,
Da hört er die Worte sie sagen:
„Jetzt wird er ans Kreuz geschlagen."

7 Matten: Bergwiesen

Und die Angst beflügelt den eilenden Fuß,
60 Ihn jagen der Sorge Qualen;
Da schimmern in Abendrots Strahlen
Von ferne die Zinnen von Syrakus,
Und entgegen kommt ihm Philostratus,
Des Hauses redlicher Hüter,
65 Der erkennet entsetzt den Gebieter:

„Zurück! Du rettest den Freund nicht mehr,
So rette das eigene Leben!
Den Tod erleidet er eben.
Von Stunde zu Stunde gewartet er
70 Mit hoffender Seele der Wiederkehr,
Ihm konnte den mutigen Glauben
Der Hohn des Tyrannen nicht rauben."

„Und ist es zu spät, und kann ich ihm nicht
Ein Retter willkommen erscheinen,
75 So soll mich der Tod ihm vereinen.
Des rühme der blut'ge Tyrann sich nicht,
Dass der Freund dem Freunde gebrochen die Pflicht –
Er schlachte der Opfer zweie
Und glaube an Liebe und Treue!"

80 Und die Sonne geht unter, da steht er am Tor
Und sieht das Kreuz schon erhöhet,
Das die Menge gaffend umstehet,
An dem Seile schon zieht man den Freund empor,
Da zertrennt er gewaltig den dichten Chor:
85 „Mich, Henker", ruft er, „erwürget!
Da bin ich, für den er gebürget!"

Und Erstaunen ergreifet das Volk umher,
In den Armen liegen sich beide
Und weinen vor Schmerzen und Freude.
90 Da sieht man kein Auge tränenleer,
Und zum Könige bringt man die Wundermär[8];
Der fühlt ein menschliches Rühren,
Lässt schnell vor den Thron sie führen.

8 Mär: hier = Erzählung, Bericht

Und blicket sie lange verwundert an.
95 Drauf spricht er: „Es ist euch gelungen,
Ihr habt das Herz mir bezwungen,
Und die Treue, sie ist doch kein leerer Wahn –
So nehmet auch mich zum Genossen an.
Ich sei, gewährt mir die Bitte,
100 In eurem Bunde der Dritte."

1 Macht euch mit dem Inhalt der Ballade vertraut.

  a Verdeckt den Text mit einem Blatt Papier.
Erzählt euch in Partnerarbeit wechselseitig, was in den einzelnen Strophen passiert.
Nutzt die Zeichnungen.

  b Entwerft ein Klassenquiz. Denkt euch zu zweit richtige und falsche Sätze zum Inhalt aus, z. B.:
Damon will schnell noch heiraten, bevor er seine Strafe antritt. = falsch

2 In den Balladen „Die Bürgschaft" und „Die Goldgräber" (▶ S. 112–113) geht es insbesondere um das Thema „Freundschaft".

  a Vergleicht, wie die Freunde in den beiden Balladen miteinander umgehen.

  b Begründet: Welche Ballade trifft eure Vorstellung von Freundschaft?
Tipp: Nutzt eure Überlegungen zu Aufgabe 3, S. 114.

3 Prüft die Abfolge der von euch in Aufgabe 1a (▶ S. 118) genannten Handlungsschritte.

a Legt euer Heft quer und zeichnet einen Spannungsbogen.

b Beschriftet euren Spannungsbogen durch die folgenden Überschriften.
Ergänzt zu jeder weiteren Strophe eine kurze Überschrift.

1. Strophe	2. Strophe	3. Strophe	4. Strophe	5. ...
Damons Gefangennahme	*Damons Bitte*	*Dionys' List*	*Der Abschied der Freunde*	*...*

c Vergleicht: Verläuft die Spannung so wie in dieser Skizze angedeutet?

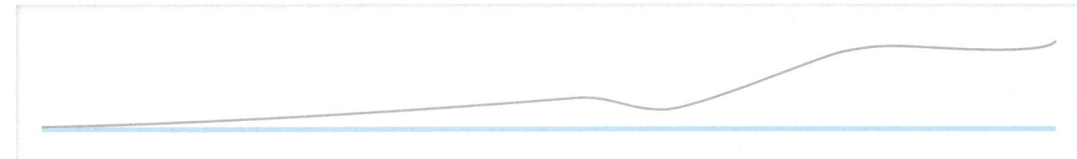

4 Lernt die Form und den Aufbau einer Ballade kennen.

a Aus wie vielen Versen besteht jede Strophe der Ballade (▶ S. 116–118)?

b Welches Reimschema (A, B, C) liegt vor?   **A** aabbdee   **B** accaadd   **C** abbaacc

5 Welche Textmerkmale weist eine Ballade auf?
Maria, Erdogan und Jo haben zu dieser Frage verschiedene Ansichten.

a Prüft ihre Aussagen anhand eurer Ergebnisse zu den Aufgaben 1 bis 4.

> **MARIA:** „Ich finde, Balladen sehen aus wie *Gedichte*. Sie bestehen aus Strophen und Versen und sie reimen sich. Ein Merkmal ist also, dass sie Gedichten gleichen."

> **ERDOGAN:** „Ich finde, Balladen haben auch etwas von *Geschichten*. Denn in vielen Geschichten wird auf spannende Art und Weise von glücklichen oder unglücklichen Ereignissen erzählt."

> **JO:** „Ich sehe das anders. In Balladen gibt es wie in einem *Theaterstück* oder *Drama* Dialoge. Außerdem dreht sich die Handlung um einen bestimmten Konflikt."

b Stellt euch vor, ihr sollt anderen Schülern erklären, woran man eine Ballade erkennt.
Formuliert einen kurzen erklärenden Text.

c Vergleicht euren Text mit der folgenden Information. Habt ihr alles Wichtige genannt?

Information   Die Ballade

Die Ballade ist eine **Mischform aus Gedicht, Erzählung und Theaterstück** (Drama).
Eine Ballade sieht aus **wie ein Gedicht.** Sie besteht meist aus Strophen und Versen, die sich reimen.
In der Regel wird in einer Ballade auf spannende Weise **eine Geschichte erzählt.**
Wie in einem **Theaterstück** gibt es in einer Ballade oft auch Dialoge und im Mittelpunkt der Handlung steht ein Konflikt.

Teste dich!

Johann Wolfgang Goethe

Erlkönig

Wer reitet so spät durch Nacht und Wind?
Es ist der Vater mit seinem Kind;
Er hat den Knaben wohl in dem Arm,
Er fasst ihn sicher, er hält ihn warm.

5 „Mein Sohn, was birgst du so bang dein Gesicht?" –
„Siehst, Vater, du den Erlkönig nicht?
Den Erlenkönig mit Kron und Schweif?" –
„Mein Sohn, es ist ein Nebelstreif."

„Du liebes Kind, komm, geh mit mir!
10 Gar schöne Spiele spiel ich mit dir;
Manch bunte Blumen sind an dem Strand,
Meine Mutter hat manch gülden Gewand."

N Dem Vater grauset's, er reitet geschwind,
Er hält in Armen das ächzende Kind,
Erreicht den Hof mit Mühe und Not;
In seinen Armen das Kind war tot.

L „Mein Vater, mein Vater, und siehst du nicht dort
Erlkönigs Töchter am düstern Ort?" –
„Mein Sohn, mein Sohn, ich seh es genau:
Es scheinen die alten Weiden so grau." –

R „Willst, feiner Knabe, du mit mir gehn?
Meine Töchter sollen dich warten schön;
Meine Töchter führen den nächtlichen Reihn,
Und wiegen und tanzen und singen dich ein."

E „Mein Vater, mein Vater, und hörest du nicht,
Was Erlenkönig mir leise verspricht?" –
„Sei ruhig, bleibe ruhig, mein Kind!
In dürren Blättern säuselt der Wind." –

E „Ich liebe dich, mich reizt deine schöne Gestalt;
Und bist du nicht willig, so brauch ich Gewalt."
„Mein Vater, mein Vater, jetzt fasst er mich an!
Erlkönig hat mir ein Leids getan!" –

1 a Die Strophen N bis E stehen nicht in der richtigen Reihenfolge.
Notiere die richtige Abfolge ins Heft.
Tipp: Beachtet, wer spricht mit wem über was?
b In der richtigen Reihenfolge ergeben die Buchstaben N bis E
einen Begriff, der in der Ballade vorkommt. Wie lautet er?

2 Wie ist diese Ballade aufgebaut?
Füge im Heft die richtigen Satzbausteine zu zwei Sätzen zusammen.

> Die Ballade besteht ...
> aus acht Strophen   aus vier Strophen   zu je vier Versen,   zu je acht Versen,
> die im Paarreim   die im Kreuzreim
> verfasst sind.
>
> Das vorherrschende Versmaß zu Beginn eines Verses ist ...
> der Jambus   der Trochäus. (▶ S. 115)

3 Notiere die drei Merkmale, die den „Erlkönig" zu einer Ballade machen.

4 Prüfe deine Ergebnisse mit einem Lernpartner.

7.2 Reporter, Rapper, Regisseure – Balladen umformen

1 Eine Collage ist ein Bild oder Kunstwerk, das meist aus verschiedenen Materialien und Einzelteilen zusammengesetzt ist.
Welche Informationen könnt ihr dieser Collage entnehmen?

2 a Denkt euch mit Hilfe der Informationen aus der Collage eine Geschichte aus.
  b Erzählt sie euch mündlich. Nutzt die folgende Methode.
  Tipp: Startet einen Wettbewerb. Wer kann auf dem Erzählstuhl am spannendsten erzählen?
  Achtet auf Pausen, Stimmlautstärke, Betonung, Sprechtempo.

Methode	Auf dem Erzählstuhl Geschichten vortragen

- Stellt einen „Erzählstuhl" in der Klasse auf. Auf diesen Stuhl setzt sich jeweils ein Schüler.
- Der Schüler auf dem Stuhl erzählt die Geschichte nur bis zu einem bestimmten Punkt.
- Dann setzt sich ein anderer Schüler auf den Stuhl, um die Geschichte weiterzuerzählen usw.
  Tipp: Ein Erzähler kann die Geschichte auch in einer fremden Sprache spannend wiedergeben oder fortsetzen. Woran merkt ihr die Spannung, auch wenn ihr kein Wort versteht?

Theodor Fontane

John Maynard

John Maynard!
„Wer ist John Maynard?"
„John Maynard war unser Steuermann,
Aus hielt er, bis er das Ufer gewann.
5   Er hat uns gerettet, er trägt die Kron,
Er starb für uns, unsre Liebe sein Lohn.
John Maynard."
                              *

Die „Schwalbe" fliegt über den Eriesee,
Gischt schäumt um den Bug wie Flocken von Schnee;
10   Von Detroit fliegt sie nach Buffalo –
Die Herzen aber sind frei und froh,
Und die Passagiere mit Kindern und Fraun
Im Dämmerlicht schon das Ufer schaun,
Und plaudernd an John Maynard heran
15   Tritt alles: „Wie weit noch, Steuermann?"
Der schaut nach vorn und schaut in die Rund:
„Noch dreißig Minuten ... Halbe Stund."

Alle Herzen sind froh, alle Herzen sind frei –
Da klingt's aus dem Schiffsraum her wie Schrei,
20   „Feuer!" war es, was da klang,
Ein Qualm aus Kajüt und Luke drang,
Ein Qualm, dann Flammen lichterloh,
Und noch zwanzig Minuten bis Buffalo.

Und die Passagiere, bunt gemengt,
25   Am Bugspriet stehn sie zusammengedrängt,
Am Bugspriet vorn ist noch Luft und Licht,
Am Steuer aber lagert sich's dicht,
Und ein Jammern wird laut: „Wo sind wir? Wo?"
Und noch fünfzehn Minuten bis Buffalo. –

30   Der Zugwind wächst, doch die Qualmwolke steht,
Der Kapitän nach dem Steuer späht,
Er sieht nicht mehr seinen Steuermann,
Aber durchs Sprachrohr fragt er an:
„Noch da, John Maynard?"
35   „Ja, Herr. Ich bin."
„Auf den Strand! In die Brandung!"
                              „Ich halte drauf hin."
Und das Schiffsvolk jubelt: „Halt aus! Hallo!"
Und noch zehn Minuten bis Buffalo. – –

40 „Noch da, John Maynard?" Und Antwort schallt's
Mit ersterbender Stimme: „Ja, Herr, ich halt's!"
Und in die Brandung, was Klippe, was Stein,
Jagt er die „Schwalbe" mitten hinein.
Soll Rettung kommen, so kommt sie nur so.
45 Rettung: der Strand von Buffalo!

       *

Das Schiff geborsten. Das Feuer verschwelt.
Gerettet alle. Nur einer fehlt!

       *

Alle Glocken gehen; ihre Töne schwelln
Himmelan aus Kirchen und Kapelln,
50 Ein Klingen und Läuten, sonst schweigt die Stadt,
Ein Dienst nur, den sie heute hat:
Zehntausend folgen oder mehr,
Und kein Aug' im Zuge, das tränenleer.

Sie lassen den Sarg in Blumen hinab,
55 Mit Blumen schließen sie das Grab,
Und mit goldner Schrift in den Marmorstein
Schreibt die Stadt ihren Dankspruch ein:
    „Hier ruht John Maynard! In Qualm und Brand
    Hielt er das Steuer fest in der Hand,
60   Er hat uns gerettet, er trägt die Kron,
    Er starb für uns, unsre Liebe sein Lohn.
    John Maynard."

1   a   „John Maynard **war** unser Steuermann" (Z. 3).
      Begründet, warum auch die Verse 4–6 der ersten Strophe in der Vergangenheit stehen.
    b   Erklärt, in welchem Zusammenhang die erste Strophe zu den letzten beiden steht.

2   a   Beschreibt mit eigenen Worten die Situation, in der sich John Maynard befindet.
    b   Wie verhält sich John Maynard während der Katastrophe? Diskutiert über sein Verhalten.

Station 1: Als Reporter unterwegs

Stellt euch vor, ihr habt als Reporter die letzte Fahrt der „Schwalbe" miterlebt.
Eure Zeitung erteilt euch den Auftrag, euer Erlebnis anschaulich und lebendig darzustellen (▶ Reportage, S. 148, 150).
Während der Fahrt habt ihr euch bereits Notizen gemacht und auch andere Passagiere befragt.

Dem Tode entronnen
Rettung in letzter Minute

Buffalo …

Alle Herzen sind froh, alle Herzen sind frei –
Da klingt's aus dem Schiffsraum her wie Schrei,
„Feuer!" war es, was da klang,
Ein Qualm aus Kajüt und Luke drang,
5 Ein Qualm, dann Flammen lichterloh,
Und noch zwanzig Minuten bis Buffalo.

Und die Passagiere, bunt gemengt,
Am Bugspriet stehn sie zusammengedrängt,
Am Bugspriet vorn ist noch Luft und Licht,
10 Am Steuer aber lagert sich's dicht,
Und ein Jammern wird laut: „Wo sind wir? Wo?"
Und noch fünfzehn Minuten bis Buffalo. –

> Wie schön, endlich geht es los. Das Wetter …

> Was? Hast du …

> Macht doch mal Platz! Meine …

> …

1 Am Anfang befindet sich noch eine heitere Ausflugsgesellschaft an Bord.
Kurze Zeit später stehen die Passagiere bereits dicht zusammengedrängt vorn am Schiff.
a Notiert in euer Heft, was die Passagiere zu den beiden Zeitpunkten empfinden, zueinander sagen und ausrufen könnten.
Tipp: Orientiert euch z. B. an den Sprechblasen.
b Welche Fragen würdet ihr als Reporter den Passagieren stellen? Was antworten sie?

2 Vervollständigt im Heft den nebenstehenden Stichwortzettel.
Notiert die wichtigsten Ereignisse in einer zeitlichen Abfolge.

– 14:00 Uhr: Abfahrt der „Schwalbe" in …
– 14:02 …
– …

3 a Verfasst mit Hilfe eurer Notizen zu den Aufgaben 1 und 2 einen anschaulichen und lebendigen Zeitungstext.
b Überarbeitet eure Texte in einer Schreibkonferenz (▶ S. 278).
Tipp: Nutzt die Checkliste für Reportagen auf S. 155.

Station 2: Einen John-Maynard-Rap einüben

Wahrscheinlich kennt ihr alle einen Rap.
Das ist ein Sprechgesang, bei dem es sehr auf den Rhythmus ankommt.

1 Tragt mindestens eine Strophe der Ballade „John Maynard" (▶ S. 122–123) als Rap vor.
Lernt die Strophe auswendig, z. B.:

> Der Zugwind wächst, doch die Qualmwolke steht,
> Der Kapitän nach dem Steuer späht,
> Er sieht nicht mehr seinen Steuermann,
> Aber durchs Sprachrohr fragt er an:
> 5 „Noch da, John Maynard?"
>   „Ja, Herr. Ich bin."
> „Auf den Strand! In die Brandung!"
>   „Ich halte drauf hin."
> Und das Schiffsvolk jubelt: „Halt aus! Hallo!"
> 10 Und noch zehn Minuten bis Buffalo. – –

2 a Übt zu zweit oder zu dritt die Strophe 5 als Rap.
Tragt als Erzähler, als Kapitän oder als John Maynard abwechselnd eure Verse vor.
Tipp: Übt dabei, sie rhythmisch und, wenn ihr mögt, mit Bewegungen vorzutragen.
   b Unterlegt euren Rap mit einer passenden Musik.

3 Sucht euch eine weitere Strophe aus, die ihr als Rap vortragen möchtet.
Kommentiert sie in demselben Rhythmus, z. B. Z. 8 ff.:

> Die „Schwalbe" fliegt über den Eriesee,
>
>   Was ist da los? O Mann, herrje!
>
> Gischt schäumt um den Bug wie Flocken von Schnee;
>
>   Doch Flocken von Schnee,
>   die tun noch nicht weh!
>
> Von Detroit fliegt sie nach Buffalo –
>   …

4 Filmt eure Raps. Vergleicht mit Hilfe der Aufnahme eure Vorführungen.

Information   Der Rap

Der Rap ist ein **rhythmischer Sprechgesang.** Er entstand Ende der 1960er Jahre in Städten wie z. B. New York. Dort hatten sich die DJs angewöhnt, die Musikstücke, die sie auflegten, mit Sprüchen anzusagen, die bei den Jugendlichen gut ankamen. Sie taten dies immer häufiger in Reimen und im Rhythmus der jeweiligen Musik, die sie auflegten.

Station 3: Zum Hörspiel-Regisseur werden

In Balladen wie „John Maynard" oder „Die Goldgräber" entsteht die Spannung auch dadurch, dass viel miteinander gesprochen wird.
Aus diesem Grund eignen sich Balladen gut für die Produktion eines Hörspiels.

 1 Plant ein Balladenhörspiel. Geht so vor:

a Besetzt alle Sprecherrollen.
Denkt auch an einen Erzähler.

b Schreibt Textstellen heraus, die man mit Geräuschen unterlegen könnte, z. B. Z. 9:
„Gischt schäumt ..."

c Überlegt, ob es alltägliche Geräusche gibt, mit denen die Handlung oder die Stimmung besonders untermalt werden kann, z. B.:
– *Wind: durch einen Papiertrichter blasen,*
– *Knistern des Feuers: Rascheln mit Alufolie*
– *...*

Tipp: Wie man ganz leicht Geräusche nachmachen kann, erfahrt ihr u. a. im Internet bei „Auditorix": www.auditorix.de/geraeusche-box/geraeusch-rezepte.html [30.01.13].
Kostenlose Klänge gibt es z. B. unter: www.hoerspielbox.de/frameset.htm [30.01.13].

 2 Plant, wie ihr die Figuren, den Ort und die Handlung hörbar machen könnt.
Legt zu der Strophe, die ihr bearbeiten wollt, einen Hörspielplan an, z. B.:

Hörspielplan zu Strophe ...		wir benötigen	verantwortlich
Figuren: Text	*Rollen zuordnen*	– *Textmarker* – *...*	...
Ort: Geräusche	*Schiff auf Eriesee* *Wellen*	– *Wasser in Becken* – *...*	...
Handlung: Geräusche	*Zugwind/Wind* *Qualm: Husten* *Sprachrohr*	– *Papiertrichter* – *Rohr aus Pappe*	...

3 Besprecht, ob und wie ihr eine Strophe ergänzen wollt, z. B. durch:
– weitere Dialoge zwischen den Passagieren,
– Selbstgespräche des Kapitäns oder John Maynards,
– Gespräche Schaulustiger an Land.

> Der Zugwind wächst, doch die Qualmwolke steht,
> Der Kapitän nach dem Steuer späht,
> Er sieht nicht mehr seinen Steuermann,
> Aber durchs Sprachrohr fragt er an:
> „Noch da, John Maynard?"
> *Mein Gott, was tut der Mann? Er wird selbst zu Tode kommen. Kann ich das zulassen?*
> „Ja, Herr. Ich bin."

Station 4: Eine Liebes-Bilderstory gestalten

Gerhard Schöne

Die Liebe des Fischers

Fische huschten unter Steine, Wolken zogen bang,
als der junge Fischer Erik heimkam mit Gesang.

Vor dem Tor im schwarzen Mantel wartete ein Mann,
es war der Richter von dem Festland, er sprach Erik an:

5 „Deine Frau Luise brachte man mir in der Früh.
Sie brach die Ehe mit 'nem Fremden. Schande über sie!

Nach dem Brauch der Insel wird beim ersten Sonnenschein
deine Frau vom Fels gestoßen, in den Tod hinein."

Erik sah dem Unglücksboten nach im Dämmerlicht.
10 „Gott im Himmel, sei uns gnädig! Herz, zerspring mir nicht!"

Als die Dörfler schliefen, stieg er in die Felsenwand
und hat mutig überm Abgrund Seil um Seil gespannt.

Hat mit Reisig, Stroh und Farnen alles dicht gemacht.
Hat am Ende noch als Polster Heu hinaufgebracht.

15 Als die ersten Hähne schrien, stießen sie sogleich
seine Frau vom Fels hinunter. Himmel, fiel sie weich!

In das Netz der Liebe fiel sie, die nicht Strafe will.
Fische spielten unter Steinen, Wolken zogen still.

1 Vergleicht Strophe für Strophe den Text mit den Zeichnungen.
Welche Inhalte der Ballade könnt ihr in den Zeichnungen wiederfinden? Welche fehlen?

2 Zeichnet eine Liebes-Bilderstory, die die Handlung der Ballade wiedergibt, z. B.:

Station 5: Szenen einer großen Liebe spielen

In einer szenischen Darstellung könnt ihr die Handlung der Ballade „Die Liebe des Fischers" (▶ S. 127) in besonderer Weise lebendig werden lassen.

1 Gestaltet in Kleingruppen einen Zeitpunkt der Ballade zu einer Theaterszene um.
Ihr könnt euch z. B. für eine der folgenden Möglichkeiten entscheiden:
– Schreibt einen Dialog zwischen dem Fischer und seiner Frau.
   Tipp: Überlegt: Findet der Dialog statt, bevor der Fischer zur Arbeit geht oder danach?
– Verfasst ein Gespräch zwischen dem Richter und der Frau des Fischers.
– Der „Fremde" möchte die Frau des Fischers wiedersehen. Was könnten sie sich sagen?

2 a Legt zu eurer Szene einen Regieplan im Heft an, z. B.:

Regieplan zur Ballade „Die Liebe des Fischers"			
Figuren Wer tritt auf?	**Text** Was sagen sie?	**Körpersprache** Wer bewegt sich wie?	**Requisiten** Was wird benötigt?
– Richter	*„Sie sind treulos gewesen und haben Ihren Mann verraten. Wir werden ...!"*	*steht aufrecht mit erhobenem Zeigefinger und finsterer Miene vor der Frau*	*dunkle Kleidung, die einer Richterrobe ähnelt*
– ...	...	...	...

b Probt mit Hilfe eures Regieplans eure Szene so lange, bis ihr sie vorspielen könnt.

3 Stellt eine Szene aus der Ballade als Standbild dar.
   a Bestimmt einen Regisseur: Er stellt die Figuren so, dass ihre Gefühle und ihre Beziehung zueinander durch ihre Körpersprache und ihre Position im Raum deutlich werden.
   b Wählt weitere Schüler, die sich hinter die Figuren stellen.
   Sie fassen für die Figuren deren Gefühle und Gedanken in Worte.

7.3 Projekt – Einen Balladenabend vorbereiten

In den Kapiteln 7.1 und 7.2 habt ihr erste Möglichkeiten kennen gelernt, Balladen vorzutragen oder darzustellen. Für die Planung eines Balladenabends findet ihr auf den folgenden Seiten am Beispiel von Goethes „Zauberlehrling" (▶ S. 129–130) weitere Anregungen, Balladen zu präsentieren.

Johann Wolfgang Goethe

Der Zauberlehrling

Hat der alte Hexenmeister
Sich doch einmal wegbegeben!
Und nun sollen seine Geister
Auch nach meinem Willen leben.
5 Seine Wort' und Werke
Merkt' ich und den Brauch,
Und mit Geistesstärke
Tu ich Wunder auch.

   Walle! walle!
10 *Manche Strecke,*
   Dass zum Zwecke
   Wasser fließe
   Und mit reichem, vollem Schwalle
   Zu dem Bade sich ergieße!

15 Und nun komm, du alter Besen!
Nimm die schlechten Lumpenhüllen;
Bist schon lange Knecht gewesen;
Nun erfülle meinen Willen!
Auf zwei Beinen stehe,
20 Oben sei ein Kopf,
Eile nun und gehe
Mit dem Wassertopf!

   Walle! walle!
   Manche Strecke
25 *Dass zum Zwecke*
   Wasser fließe
   Und mit reichem, vollem Schwalle
   Zu dem Bade sich ergieße!

Seht, er läuft zum Ufer nieder;
30 Wahrlich! ist schon an dem Flusse,
Und mit Blitzesschnelle wieder
Ist er hier mit raschem Gusse.
Schon zum zweiten Male!
Wie das Becken schwillt!
35 Wie sich jede Schale
Voll mit Wasser füllt!

   Stehe! stehe!
   Denn wir haben
   Deiner Gaben
40 *Voll gemessen! –*
   Ach, ich merk es! Wehe! wehe!
   Hab ich doch das Wort vergessen!

Ach, das Wort, worauf am Ende
Er das wird, was er gewesen.
45 Ach, er läuft und bringt behände!
Wärst du doch der alte Besen!
Immer neue Güsse
Bringt er schnell herein,
Ach! und hundert Flüsse
50 Stürzen auf mich ein.

   Nein, nicht länger
   Kann ich's lassen;
   Will ihn fassen.
   Das ist Tücke!
55 *Ach, nun wird mir immer bänger!*
   Welche Miene! welche Blicke!

2 Wählt einen Nachrichtensprecher, der von einem Pult aus euren Text liest.
Tipp: Filmt die Lesung. Spielt sie später eurem Publikum vor.

Vorschlag 5: Pantomime und Schattenspiel

1 a Übt, eine Ballade ohne Worte nur mit Körpersprache, Gestik und Mimik darzustellen.
b Lasst während der Pantomime einen Balladenerzähler den Text wirkungsvoll vortragen.
Tipp: Spielt die Pantomime hinter einer Leinwand, die ihr mit einer starken Lampe (z. B. einem OHP) anstrahlt. So entsteht ein wirkungsvolles Schattenspiel.

Einen Organisationsplan erstellen

– Ort und Datum der Veranstaltung festlegen
– Gestaltung der Einladungskarten
– Präsentationsideen auswählen:
  Szenisches Spiel/Standbild
  Rap/Sprech-Duett
  Vorstellung einer Ballade als Hörspiel
  Eine Ballade als Nachrichtentext sprechen
  Fotostory über Beamer

  ...
– Verantwortlich: Wer übernimmt bis wann
  welche Aufgabe?
– ...

1 Besprecht in der Klasse den Organisationsplan.
a Legt zuerst fest, wann ihr die Balladen wo präsentieren wollt.
b Entscheidet mit Hilfe der Präsentationsideen und der Bilder, wie ihr sie präsentieren wollt.

2 Übertragt euren Organisationsplan auf ein Plakat. Hängt es gut sichtbar in der Klasse auf.

8 „Rosinen im Kopf" –
**Ein Jugendtheaterstück lesen,
weiterschreiben und spielen**

1. Das Bild zeigt eine Szene aus einer Aufführung des Theaterstücks „Rosinen im Kopf".
Stellt anhand von Bild und Titel Vermutungen an: Wovon könnte das Stück handeln?
Tipp: „Rosinen im Kopf" bedeutet: übermütige und unwirkliche Pläne oder Träume haben.

2. Was könnten die beiden Figuren zueinander sagen? Schreibt einen Dialog zum Bild.

3. Vielleicht habt ihr schon einmal ein Theaterstück gesehen oder selbst
aufgeführt.
   a Berichtet von euren Erfahrungen
   und Eindrücken.
   b Was benötigt man für eine Theateraufführung? Stellt eine Liste
   zusammen.

In diesem Kapitel ...

– spielt ihr kleine Szenen mit verteilten
  Rollen,
– schreibt ihr eigene Szenen,
– erhaltet ihr Tipps für eine Theateraufführung.

8.1 „Träum weiter!" – Figuren charakterisieren, Handlungsverlauf und Konflikte verstehen

Thomas Ahrens, Volker Ludwig

Rosinen im Kopf (Auszug Szene 1)

Das Theaterstück „Rosinen im Kopf" wurde im Jahr 2009 in Berlin zum ersten Mal aufgeführt. Die Hauptfigur ist der Jugendliche Nico. Er lebt mit seinem Vater alleine in Berlin. Nico hat ganz andere Vorstellungen und Träume von seinem Leben als z. B. seine beste Freundin Sonja.

SONJA *(kommt mit Schultasche angerannt):* Halt, warten! Mist! *(ruft zurück):* Mensch, Nico, jetzt ist der Bus schon wieder weg!

NICO *(verbundene rechte Hand, kommt mit*
5 *Schultasche angeschlendert und liest in einem Reiseprospekt):* Bus – is' ja ekelhaft! Irgendwann bin ich sowieso nur noch mit meinem Privatjet unterwegs! Rom! New York! Paris! Rio! Da sitze ich hinten mit meinem Piloten an der Bar und
10 trinke Schampus und mampfe Gummibärchen.

SONJA: Und wer fliegt das Flugzeug?

NICO: Das macht doch der Bordcomputer. Hey, Joey, wie wär's, wenn wir mal wieder 'ne Sause in die Sonne machen? – O. K., Chef, Kurs Rich- 15
tung Südsee! – Achtung, Achtung, bitte anschnallen.

SONJA: Alles klar.

NICO: Na warte! *(nimmt Sonja auf den Rücken)*

SONJA: Lass mich runter! 20

NICO: Nein – wir befinden uns im Landeanflug auf den Airport. *(Sonja hält ihm die Augen zu.):* Oh, es ist neblig. Wo sind die Landefeuer?!

SONJA: Dort!

NICO *(ahmt Albatros nach – Sonja springt ab –* 25
Nico stolpert): Klasse Landung, Joey. Und dann geht's an den Strand. So weit das Auge blickt, flacher weißer Sandstrand und Kokospalmen ...

SONJA: Mensch, Nico, hör doch mal auf mit dem Quatsch! 30

NICO: Das is' kein Quatsch! So was gibt's wirklich! *(kramt in seiner Schultasche und zieht einen Reiseprospekt hervor)* Hier! Guck doch!

SONJA: Kenn ich doch schon.

NICO: Was is', willste mitkommen? 35

SONJA: Mann, hör auf, ich muss nach Hause.

NICO: Sonja will nach Hause in die Ottostraße 17. Wie spannend!

40 **SONJA:** Sag mal, du kannst doch Englisch, wenn de willst. Warum hast 'n die Arbeit nicht mitgeschrieben?

NICO: Hallo?! Is meine Hand vielleicht übelst verstaucht?!

SONJA: Kann ich vielleicht mal? *(fühlt seine* 45 *Stirn, schreit)* Aua, ist das heiß! Zeigste mir mal deine kaputte Hand? *(schnappt nach seiner Hand, er schreit fürchterlich auf, Sonja erschrickt)* Entschuldigung!

NICO *(streift und schüttelt den Verband ab, zap-* 50 *pelt mit seinen Fingern herum):* Dabididu dabiddu, das Wunder der Medizin!

SONJA: Ich hab's genau gewusst, du Schauspieler. Die war so leicht, die Englischarbeit, hättste ruhig mitschreiben können!

55 **NICO:** Ich brauch keine Schule. Bei der nächsten Staffel von DSDS bin ich sowieso dabei, und dann ... *(zieht eine Fernbedienung aus der Tasche, drückt einen Knopf, kündigt sich als Mode-* rator selbst an*)* Und jetzt meine sehr verehrten Damen und Herren, sehen und hören Sie Nico 60 Hannemann ... als Elvis Presley! *(mimt Elvis Presley und singt)*

SONJA *(zappt zu):* Michael Jackson.

NICO: *(tanzt und singt wie Michael Jackson)*

SONJA: Und Germany's Next Topmodel. 65

NICO: Drama, Baby, Drama, Die Handtasche muss leben! Nico, ich habe heute ein Bild für dich!

SONJA: Und Dschungelcamp!

NICO: Hmm, lecker Ohrwürmer ... *(Sonja* 70 *macht mit und beide essen.)*

SONJA: O. K., cool! Aber die Sendung is' trotzdem bescheuert! Was willst 'n da?

NICO: Das is' doch nur der Anfang! Danach geht's erst richtig los! Dann kommt die Welt- 75 karriere!

SONJA: Mensch, Nico, so 'n bisschen Singen und Tanzen reicht doch nicht für ne Weltkarriere!

NICO: Na toll, Sonja die Spaßbremse, Ottostraße 17, erster Stock, Hinterhof. 80

SONJA: Na toll, Nico der Spinner.

---

1 a Welche unterschiedlichen Träume und Vorstellungen vom Leben haben Nico und Sonja? Nennt Textbeispiele.

  b Nico und Sonja erwähnen Fernsehsendungen wie „DSDS" (Deutschland sucht den Superstar, Z. 56), „Germany's Next Topmodel" (Z. 65) und „Dschungelcamp" (Z. 69). Erläutert kurz, was diese Sendungen gemeinsam haben. Warum nennen sie gerade diese?

2 Nico schlüpft gerne in unterschiedliche Rollen (▶ S. 137). Mal ist er der Rock-'n'-Roll-Star Elvis Presley (1935–1977), mal singt und tanzt er wie Michael Jackson (1958–2009).

  a Spielt Nico in diesen Rollen nach.

  b Stellt andere berühmte Sänger und Filmstars dar, die Nico nachspielen könnte.

3 Die Regieanweisungen (▶ S. 137), die in den Klammern stehen, werden bei einer Aufführung nicht laut gesprochen. Was ist ihre Aufgabe?

4 a Übt in Partnerarbeit die Szene ein. Ihr sollt sie möglichst frei und lebendig vortragen. **Tipp:** Beachtet die Regieanweisungen in den Klammern.

  b Führt die Szene vor der Klasse auf.

  c Beurteilt, wie die Gruppen gespielt haben. Formuliert zunächst, was gut gelungen ist.
    – Wurde frei gesprochen oder wurde der Text abgelesen?
    – War jeder Spieler gut zu verstehen?
    – Passte die Sprechweise zur Figur und zur Situation?

Thomas Ahrens, Volker Ludwig

Rosinen im Kopf (Fortsetzung Szene 1)

SONJA *(winkt ins Off)*: Huhu, Herr Hannemann!
NICO: Oh, Scheiße, mein Oller *(will sich verdrücken)*.
HANNEMANN *(kommt mit einem klapprigen Fahr-*
5 *rad angefahren, lange Haare, Stirnband, Messen-*
ger-Tasche auf dem Rücken, etwas außer Atem):
Hey, Nico. Tach, Kleene. Na, wie war's in der
Schule?
SONJA: Gut.

10 NICO: Wie immer.
HANNEMANN: Klingt ja toll. Und ihr habt heute
'nen Erste-Hilfe-Kurs gehabt?
NICO: Hä ... Wieso?
HANNEMANN *(lacht)*: Weil dir 'n Meter Ver-
15 bandszeug aus der Hose hängt. Wir hatten früher mal einen in der Klasse, der hat versucht,
sich den Arm einzugipsen, weil er 'ne Klassenarbeit nicht mitschreiben wollte. Aber der Lehrer hat das gemerkt, weil er sich den Hemds-
20 ärmel mit eingegipst hatte.
SONJA *(amüsiert)*: Echt dumm gelaufen.
NICO: Warum erzählst du denn das?
HANNEMANN: Och, is' mir grad so eingefallen.
Warum biste noch nicht zu Hause?
25 NICO: Bus war weg.
SONJA *(nickt)*: Stimmt.
HANNEMANN: Ich will ja nicht drängeln, aber
der Müll muss runter und der Abwasch muss
auch noch gemacht werden.
30 NICO: Immer ich! Wieso ich?
HANNEMANN: Nico – jetzt pass mal auf. Jetzt
hab ich seit einer Woche endlich wieder einen
Job, wo ich Geld verdienen kann, um uns beide

durchzubringen. Da muss ich ordentlich ran-
klotzen. Und da musst du auch ein bisschen 35
im Haushalt mithelfen. Und dann reicht's
vielleicht auch mal für einen gemeinsamen
Urlaub – 'nen bisschen weiter weg als nur bei
Oma Herder aufn Bauernhof.
NICO: Echt? 40
HANNEMANN: Ja, mal ins Ausland.
NICO: Au ja ... Oasis of the Seas *(zitiert aus sei-*
nen Reiseprospekten). Das größte Kreuzfahrt-
schiff der Welt. Das hat 'nen richtigen eigenen
Rummelplatz, 'ne übelst lange Seilbahn, ein 45
riesen Theater und –
HANNEMANN: Was is' los?! Du hast ja Rosinen
im Kopf!
NICO: Hä?
SONJA *(lacht)*: Rosinen im Kopf? Hab ich ja 50
noch nie gehört.
HANNEMANN: Is' doch wahr. Flausen im Kopf,
dummes Zeug. Außerdem hab ich gesagt: Viel-
leicht. *(Sein Handy klingelt, ins Telefon)*: ... City-
Flitzer Hannemann, wo soll ich hin? ... 55
Ku'damm 217 ... bin schon da, ich fliege. *(zu*
den Kindern): Muss los.

1 Lest die Fortsetzung der Szene 1 mit verteilten Rollen.

2 a Welchen Eindruck macht Herr Hannemann auf euch? Begründet eure Meinung.
b Erläutert, welches Verhältnis Nico und sein Vater zueinander haben.
Lest zum Beweis entsprechende Textbeispiele vor.

3 Herr Hannemann sagt zu Nico: „Du hast ja Rosinen im Kopf!" (Z. 47 f.). Was meint er damit?
Tipp: Berücksichtigt auch eure Überlegungen zu Aufgabe 1, S. 133.

4 Um eine Figur gut spielen zu können, sollte man ihren Charakter (ihre Persönlichkeit, ihre Eigenschaften) sehr gut kennen.

Charakterisiert die Figuren in Szene 1 (▶ S. 134–136). Wählt Aufgabe a oder b.

a Beschreibt die Persönlichkeit und die Eigenschaften von Nico, Sonja und Herrn Hannemann. Ihr könnt den Wortspeicher nutzen: *Er/Sie ist … verhält sich …*

> verträumt   realistisch   besorgt   pflichtbewusst   ernst   kindisch   fröhlich   spaßig
> verspielt   sorglos   vernünftig   fleißig   besitzlos

b Ordnet die folgenden Charakterbeschreibungen Nico, Sonja und Herrn Hannemann zu. Begründet eure Zuordnung mit einer Textstelle, die ihr vorlest.

> **A** Diese Figur hat nicht viel Geld und muss deswegen viel arbeiten. Für Spaß und Spiel bleibt da oft keine Zeit, was ihr aber schon wieder leidtut. Diese Figur trägt Verantwortung und scheint sehr pflichtbewusst.

> **B** Diese Figur stellt häufig ernste Fragen über die Zukunft. Sie wirkt vernünftig und realistisch. Sie versteht aber auch Spaß und kann über Albernheiten mitlachen. Als ein guter Freund macht sie sich oft Sorgen.

> **C** Diese Figur wirkt sorglos und verspielt. Sie träumt sich in eine Welt voller Ruhm als Filmstar hinein. Ernsthafte Fragen über die Zukunft stellt sie sich wenig. Sie möchte vor allem Spaß haben und Abenteuer erleben.

5 Bildet Vierergruppen und spielt Szene 1 (▶ S. 134–136) nach. Geht so vor:

a Verteilt die drei Rollen (Nico, Sonja, Herr Hannemann) und die Regie.

b Übt euren Rollentext so ein, dass ihr ihn möglichst auswendig vortragen könnt.

c Achtet beim Spielen auf passende Mimik (Gesichtsausdruck) und Gestik (Körperhaltung). Berücksichtigt die Regieanweisungen.

d Nehmt eure Proben als Video auf und schaut es euch später gemeinsam an. Diskutiert, was ihr verbessern könnt.

Information	Fachbegriffe im Theater – Figur, Rolle, Regieanweisung, Requisit

- **Figuren** nennt man Menschen und Gestalten, die in einem Theaterstück vorkommen. So ist z. B. Nico eine Figur im Theaterstück „Rosinen im Kopf".
- Von **Rolle** spricht man, wenn Schauspielerinnen und Schauspieler eine Figur in einem Theaterstück darstellen, z. B.: Hendrik aus der Klasse 7 spielt die Rolle des Nico.
- **Regieanweisungen** heißen die Hinweise im Text, die vorgeben, wie die Figuren reden, wie sie sich bewegen und verhalten sollen. Auch Orte können näher beschrieben werden. Regieanweisungen stehen meist in Klammern hinter den Rollen oder zwischen zwei Rollen.
- **Requisiten** sind bewegliche Gegenstände, die zur Ausstattung von Szenen dienen, z. B.: *das klapprige Fahrrad von Herrn Hannemann* (▶ S. 136, Z. 4 f.).

Thomas Ahrens, Volker Ludwig

Rosinen im Kopf (Auszug Szene 2)

NICO *(hockt in einer Mülltonne für Altpapier, lupft vorsichtig den Deckel, schaut sich um)*: Captain Kirk an Crew … Captain Kirk an Crew, auf welchem Planeten sind wir hier? Wo sind wir
5 hier? … *(mit Roboterstimme)*: Raumschiff Enterprise hat ein Problem. Unsere Navigation hat versagt. Wir mussten notlanden. [...] *(formt mit den Händen ein Fernrohr)* Ist das vielleicht der Planet der Affen? Nein, unmöglich. Viel zu vie-
10 le Zwerge mit Pausenbroten in der Hand und ohne Fell. Oh nein! Was sehen meine entzündeten Augen? Da, ein Alien! Alle Mann in Deckung.
(Verschwindet in der Tonne. Oliver, ziemlich sty-
15 *lisch gekleidet, kommt mit einem Schulbrot, packt es aus und wirft das Papier in die Tonne, geht weiter, stutzt, dreht sich zurück und schleicht sich an. Nico kommt vorsichtig wieder hoch, ohne Oliver zu bemerken.)*
20 Captain Kirk an Crew, jetzt weiß ich, wo wir sind – wir befinden uns auf einem der gefährlichsten Planeten des Universums! Schulhofia! Wir müssen fliehen! [...]
OLIVER *(kippt die Tonne um und lacht sich*
25 *schlapp, klatscht Beifall)*: Wow, Alter, du bist ja 'ne richtig komische Nummer, ey! Was machst 'n da?
NICO *(erschrickt zu Tode)*: Wo?!?!
OLIVER: Na, in der Tonne. [...]
30 NICO: Wer bist 'n du überhaupt? Hab dich noch nie auf'm Schulhof gesehn.
OLIVER: Kannste ja auch nich', bin erst seit gestern hier.
NICO: Neu?
35 OLIVER: Hm. [...] *(streckt die Hand aus)*: Oliver.
NICO *(nimmt sie)*: Nico. *(Oliver zückt Kaugummischachtel.)* Und wo kommst du her? …
OLIVER: Früher war'n wir in Hamburg. Jetzt hat mein Vater den Berliner Chefposten von TTP
40 übernommen.
NICO: TTP?
OLIVER: Telly Top Productions.

NICO: Ach so.
OLIVER: Ist 'ne Filmfirma.
NICO *(brennend interessiert)*: Dein Vater dreht 45 Filme?!
OLIVER: Hm.
NICO: Ich steh total auf Abenteuerfilme, Afrika und so …
OLIVER: War ich schon. 50
NICO: Ja?
OLIVER: Klar. Marokko. Alles flach, irre Hitze, nichts wie Sand, blödes Hotel …
NICO: Und warste schon mal auf den Bahamas? 55
OLIVER: Ja –
NICO: Malediven auch?
OLIVER: Ja –
NICO: Und auch in Dubai?
OLIVER: Klar. Alles flach, irre Hitze, nichts wie 60 Sand, blödes Hotel, 5 Sterne, blöde Junior-Suite, gähn …
NICO: Cool. Kostet doch irre viel Geld, oder?
OLIVER: Klar. Hat mein Vater genug von.
NICO: Macht der auch Castingshows und Aben- 65 teuerfilme?

OLIVER: Nee, nur Werbung, bringt mehr Knete.

NICO: Is' ja irre.

OLIVER: Ach, ist doch langweilig. Ich steh mehr

70 auf totalen Horror, weißt du. Stephen King und so. Muss echt Blut fließen. Ist sonst langweilig. Kannst ja mal gucken, ob du dich traust.

NICO: Was trauen?

OLIVER: Na, das angucken. Meine Schwester

75 rennt immer aus dem Zimmer. Wir haben 'n eigenes Kino. Und jede Menge Filme.

NICO: 'n Kino inner Wohnung? Wo gibt's 'n so was?

OLIVER: Is' in jeder Wohnung.

80 NICO: Wie?

OLIVER: Maaann, in den Firmenwohnungen von TTP! Ist doch Grundausstattung.

NICO: Wirklich?

OLIVER: Kannst ja mal gucken kommen.

NICO *(steigt sofort ein):* Okay. Wir kaufen uns 85 jetzt ein paar Pommes und 'ne Cola. Und dann schleichen wir hier ab und gehen zu dir Filme gucken.

OLIVER: Einfach schwänzen? Können wir doch nicht machen! 90

NICO: Klaro können wir. Los, weg hier! Oder traust du dich nicht?

(Beide wollen los ….)

---

1 a Spricht jemand mit sich selbst oder redet eine längere Zeit für sich alleine, dann hält er einen Monolog. Nennt die Textstelle, an der Nico einen Monolog hält: *Von Zeile …*

b Tragt den Monolog so vor, dass Nicos Charakter deutlich wird (▶ S. 137, Aufgabe 4).

2 Was könnte Nico in der Mülltonne noch sagen? Wählt Aufgabe a oder b.

●●● **a** Gestaltet ohne vorherige Probe und Notizen einen eigenen kleinen Monolog.

●○○ **b** Spielt mit Hilfe der folgenden Stichwörter einen kleinen Monolog in der Mülltonne:

> Forscher   Zeitmaschine   Dinosaurier   Höhlenmenschen   Fred Feuerstein

3 Lest die ganze Szene (Z. 138–139).

Vergleicht Olivers Lebenssituation mit der Nicos. Tragt zum Beweis Textbeispiele vor.

4 Wie könnte der weitere Handlungsverlauf des Stücks (▶ Information) aussehen? Wählt Aufgabe a oder b.

●●● **a** Notiert, welche möglichen Probleme (Konflikte) Nico in der Zukunft haben könnte und welche Chancen sich für ihn ergeben könnten.

●○○ **b** Begründet, wie das Stück weitergehen könnte:

A Nico und Oliver bekommen Hausarrest, weil sie die Schule geschwänzt haben.

B Herr Hannemann gewinnt im Lotto und lädt alle auf eine Kreuzfahrt ein.

C Nico wird von Olivers Vater als neuer Filmstar entdeckt.

D Oliver wird auf Nicos Talent eifersüchtig und mobbt ihn.

Information	Der Handlungsverlauf – Der Konflikt

Theaterstücke sollen vor einem Publikum gespielt werden. Ihre Handlung muss deshalb interessant oder spannend sein.

Daher haben viele Theaterstücke einen **Handlungsverlauf,** der sich um **einen Konflikt** in Form eines Streits, Kriegs oder um ähnliche Auseinandersetzungen dreht.

Teste dich!

1 Nico lebt mit seinem Vater allein in einem Vorort von Köln.

2 Nico hatte eine verstauchte Hand und konnte daher die Englischarbeit nicht mitschreiben.

3 Sonja hält Nico schon jetzt für einen großen Filmstar.

4 Herr Hannemann fährt mit seinem schwarzen Geschäftsauto zur Arbeit.

5 Oliver erwischt Nico, wie er hinter dem Klassenschrank Selbstgespräche führt.

6 Olivers Vater arbeitet bei einer berühmten Fluggesellschaft.

7 Die Abkürzung „TTP" steht für „Transatlantische Transport Post".

8 Oliver schaut sich gerne Liebesfilme an.

9 Nico ist von Oliver gelangweilt und möchte wieder in den Unterricht zurück.

10 Oliver überredet Nico, mit ihm nach Hause zu gehen und sich Filme anzuschauen.

1 a Die zehn Aussagen zum Theaterstück „Rosinen im Kopf" sind alle falsch. Berichtige die Aussagen in deinem Heft.

b Vergleicht in Partnerarbeit eure berichtigten Aussagen.

Wenn man in einem Theaterstück eine *Rolle* (K) darstellen möchte, dann muss man einiges beachten:

Die ? haben alle unterschiedliche Charaktereigenschaften. Diese sollte man kennen, wenn man ihr Verhalten und ihre Redeweise verstehen und wiedergeben will.

Hinweise auf Charakter und Spielweise geben auch die meist in Klammern gesetzten ? .

Wenn man seinen Text alleine als ? spricht, muss man viel auswendig lernen.

Beim ? hingegen ist es besonders wichtig, den Einsatz nicht zu verpassen. Sonst gerät das Gespräch ungewollt ins Stocken.

Zur Szene passende ? unterstützen das Geschehen auf der Bühne.

Für das Verständnis des ganzen Stücks ist es entscheidend, dass das Publikum dem ? folgen kann.

---

2 Ergänze den Lückentext in der richtigen Reihenfolge durch die nebenstehenden Fachbegriffe. Notiere in deinem Heft die Lösungsbuchstaben in Klammern.

Tipp: In der richtigen Reihenfolge ergeben die Lösungsbuchstaben einen weiteren Fachbegriff aus der Theaterwelt für den Bühnenhintergrund.

> ~~Rolle (K)~~   Dialog (S)   Requisiten (S)
> Monolog (I)   Regieanweisungen (L)
> Handlungsverlauf (E)   Figuren (U)

8.2 So geht es weiter – Szenen schreiben und spielen

Dialoge zu Bildern schreiben

1 Ruft euch die Szene 2 aus „Rosinen im Kopf" in Erinnerung (▶ S. 138 f.).
Erläutert euch gegenseitig, welche Szenen der weiteren Handlung die vier Bilder zeigen.

2 Was könnten die Figuren sagen? Schreibt einen Dialog zu mindestens einem Bild, z. B.:
zu Szenenbild 2: Steinberg (Olivers Vater): Hey, wer ist das denn? Lass mich raten: ...

Verschiedene Szenen fortsetzen

A Szene „Das Casting"

Herr Steinberg, Olivers Vater, bestellt Nico zu sich, um mit ihm Probeaufnahmen für einen Werbefilm zu machen.

STEINBERG: Ich erklär dir mal, um was es geht: Es ist ein neues interaktives Fußballspiel auf DVD.
NICO: Toll!
5 OLIVER *(spielt ein Videospiel)*: Rumps, ah, oh.
STEINBERG *(geht mit Nico zu Oliver)*: Kannst du endlich mal aufhören mit diesem ewigen Gespiele? Du machst einen ja irre!
OLIVER: Och, Mensch!
STEINBERG: Also so was zum Beispiel. Haste 10 schon mal gespielt, oder?
NICO: Ja, im Kaufhaus. Aber da kommt man immer so schlecht ran. Ist immer voll. Aber wenn ich richtig Fußball spiele, dann sollten Sie mich mal sehen. Ich spiele wie Podolski. 15
STEINBERG: Ja, äh – is' ja gut. [...]

B Szene „Ärger mit dem Vater"

Nico sitzt zu Hause und träumt vor sich hin.

HANNEMANN *(tritt von hinten auf, sieht Nico, geht von hinten auf ihn zu):* Du hast wohl nicht mehr alle Tassen im Schrank, was? Wo kommst denn du jetzt her? Weißt du überhaupt, wie spät es ist? Ich suche dich schon seit drei Stunden! Ich hab noch 'nen Hühnchen mit dir zu rupfen … Wo treibst du dich denn rum, sag mal?
NICO: Ich treib mich nicht rum.
HANNEMANN: Sondern? […]

1 Lest beide Szenen.
Notiert in Stichpunkten Ideen, wie die Handlung jeweils weitergehen könnte, z. B.:
zu „A Das Casting": Steinberg setzt Nico vor die Kamera, Oliver stört …, Nico macht …

2 Jede Figur hat ihren eigenen Charakter und ihre Sprechweise. Überlegt und haltet fest:
  – Wer ist sie: Name, Alter, Beruf, besondere Eigenschaften?
  – Was ist ihr Wunsch/Ziel?
  – Wie bewegt sie sich (Gestik, Mimik)?
  – Wie spricht sie (deutlich, undeutlich, in Jugendsprache …)?
  – Welche Kleidung passt zu ihr?

3 Wie sollen die Szenen enden?
Wählt Aufgabe a, b oder c.
●●● **a** Ergänzt mindestens eine der Szenen durch einen Dialog (▶ Information).
  Tipp: Verfasst die einzelnen Gesprächsteile kurz. So entsteht ein flüssiger Wortwechsel.
●●○ **b** Schreibt zu Szene A einen Monolog (▶ Information). In diesem Monolog sollen Nicos Gedanken und Gefühle deutlich werden, während Steinberg die Aufnahmen macht.
  Tipp: Verfasst den Monolog lang, damit er sich von den Dialogen deutlich unterscheidet.
●○○ **c** Schreibt zu Szene B einen Monolog (▶ Information). In diesem Monolog erklärt Nico seinem Vater ausführlich, wo er gewesen ist, z. B.:
  Ich war bei Oliver, einem neuen Jungen an der Schule. Stell dir vor, sein Vater …

4 Ergänzt passende Regieanweisungen (▶ S. 137).
Schreibt sie in einer anderen Farbe neben oder unter eure eigenen Texte aus Aufgabe 3.

5 Prüft eure eigenen Texte. Lasst sie euch durch einen Lernpartner vortragen.

6 Stellt euch vor, ihr seid ebenfalls bei Steinbergs Werbeaufnahmen und lernt Nico kennen.
Worüber würdet ihr euch mit ihm unterhalten? Verfasst dazu einen kleinen Dialog.

Information   **Der Dialog und der Monolog**

■ Von einem **Dialog** (griechisch: *dio = zwei; logos = Rede*) spricht man, wenn **mindestens zwei Figuren ein Gespräch** führen.
■ Im Unterschied zum Dialog spricht man von einem **Monolog** (griechisch: *monos = allein, einzeln; logos = Rede*), wenn jemand **mit sich selbst spricht oder längere Zeit alleine redet.**

Szenen spielen

1 Bildet Kleingruppen, um die Szenen zu proben, die ihr selbst fortgesetzt habt (▶ S. 142, Aufgabe 1).
Geht so vor:
  a Jeder in der Gruppe entscheidet sich für eine der Rollen.
  b Erstellt ein Rollenprofil zu eurer Rolle.
    Beantwortet dazu schriftlich die folgenden Fragen auf der Rollenprofilkarte.

▷ Eine Hilfe zu Aufgabe 1b findet ihr auf Seite 144.

Rollenprofil zur Figur ...

1. Meine Rolle:
  – Wer bin ich (Name, Alter, Beruf, Eigenschaften/Charakter)?
  – Was ist mein Wunsch/Ziel?
  – Wer hilft mir dabei, mein Ziel zu erreichen?
  – Wer hindert mich daran?

2. Mein Auftreten:
  – Welche Regieanweisungen muss ich beachten?
  – Wie bewege ich mich (Gestik, Mimik)?
  – Wie spreche ich?

3. Mein Aussehen:
  – Welches Kostüm passt zu mir?
  – Brauche ich besondere Requisiten?

---

2 Übt euren Text ein. Ihr sollt ihn möglichst auswendig aufsagen können.
Tipp: Lernt bei einem Dialog immer die jeweils letzten Worte der anderen Figur mit.
So verpasst ihr euren Einsatz nicht. ▷ Hilfe zu 2, Seite 144

3 Probt zusammen, z. B. auf einer kleinen Bühne.
Probiert verschiedene Möglichkeiten aus, wie ihr euch auf der Bühne hinstellt und bewegt.
Tipp: Überlegt, wo sich das Publikum befindet. Es soll euch überall gut hören können.
▷ Hilfe zu 3, Seite 144

4 Spielt euch eure Szenen im Klassenraum oder auf einer kleinen Bühne vor.

5 Beurteilt gegenseitig eure vorgespielten Szenen. Geht so vor:
  a Legt Beurteilungskriterien fest, z. B. zu *Auftreten, Gestik und Mimik, Sprache, ...*
  b Formuliert eure Eindrücke zu euren Kriterien im Heft, z. B.:
    – *Das Auftreten war selbstbewusst.*
    – *Die Gestik und die Mimik wurden bewusst eingesetzt und sie passten zur Rolle.*
    – *Es wurde klar und deutlich gesprochen. Die Sprechweise passte (nicht) ...*
  c Gebt euch Tipps: Was könntet ihr noch verbessern?

●○○ **Aufgabe 1 mit Hilfe**

Bildet Kleingruppen, um die Szenen zu proben, die ihr fortgesetzt habt (▶ S. 142, Aufgabe 4). Geht so vor:

a Jeder in der Gruppe entscheidet sich für eine der Rollen.

b Erstellt ein Rollenprofil zu eurer Rolle.
Beantwortet schriftlich die folgenden Fragen. Wählt oder ergänzt passende Stichworte.

Rollenprofil zur Figur ...

1 **Meine Rolle:**
Wer bin ich (Name, Alter, Beruf, Eigenschaften/Charakter)?, z.B.:
Charakter: verträumt, lässig, streng, realistisch, hilfsbereit, arm, reich, sorglos, ...

2 **Mein Auftreten:**
Wie bewege ich mich (Gestik, Mimik)? Ich zappele, tanze, singe, wirble herum, schaue auf die Uhr, verstecke mich, schleiche mich an, ...
Kopfhaltung gerade/gebeugt, Augen aufgerissen, ...
Mund geschlossen/geöffnet, ... Schultern gerade/gebückt, ...
Wie spreche ich? Standardsprache/Fachsprache/Jugendsprache, natürlich/künstlich, laut/leise, hektisch/langsam, ernst/belustigt, traurig/fröhlich, ...

3 **Mein Aussehen:**
Welches Kostüm passt zu mir? Alltags- oder Arbeitskleidung, besondere Haare/Haarfarbe (Perücke), Kopfbedeckung (Kapuze, Mütze, Stirnband), ...
Brauche ich besondere Requisiten? Schultasche, Reiseprospekt, Verband, Fahrrad, ...

●○○ **Aufgabe 2 mit Hilfe**

Übt euren Text mit Hilfe der nachfolgenden Methode auswendig ein.

●○○ **Aufgabe 3 mit Hilfe**

Probt zusammen, z. B. auf einer kleinen Bühne. Beachtet folgende Hinweise:

– Benutzt bei den Proben eure Requisiten.
– Probt auch ohne Textvorlage. Dann habt ihr die Hände frei fürs Spielen.
– Legt fest, wo jeder geht und steht.
– Steht möglichst oft mit Gesicht und Körper zum Publikum.
– Nutzt für euer Spiel möglichst die ganze Bühne.

Methode	**Texte auswendig lernen**

1 Teilt euch euren **Text in kleine,** nicht zu lange **Abschnitte** ein.

2 Lest euren **ersten Abschnitt** einmal **laut** vor.
Versucht, euch den Inhalt des Abschnitts möglichst deutlich wie in einem Film vorzustellen.

3 **Wiederholt den ersten Satz,** ohne in den Text zu schauen, so lange, bis ihr diesen mühelos aufsagen könnt.

4 Lernt den **zweiten Satz** so wie den ersten Satz. Sagt dabei den ersten Satz stets mit auf.

5 Geht weiter **Satz für Satz** vor, bis ihr den ganzen Abschnitt auswendig aufsagen könnt.

8.3 Projekt – Szenen aufführen

Bühnenbild und Requisiten

Wenn ihr das Theaterstück „Rosinen im Kopf" mit der Klasse aufführen wollt, müsst ihr einige Vorbereitungen treffen. Dazu gehört ein interessantes Bühnenbild mit einem passenden Bühnenhintergrund. Das bewirkt beim Publikum, dass es das Geschehen auf der Bühne noch eindrucksvoller erlebt.

1 Betrachtet das Szenenfoto aus einer Theateraufführung von „Rosinen im Kopf".
- a Beschreibt, wie die Bühne im Vorder- und Hintergrund gestaltet ist.
- b Notiert, welche Requisiten verwendet werden.
- c Begründet: Findet ihr das Bühnenbild gelungen?

2 Macht euch mit den Verhältnissen und Möglichkeiten eures Bühnenraums vertraut. Beantwortet:
- – Wie viel Platz haben wir auf unserer Bühne zur Verfügung?
- – Welche Ausstattung hat die Bühne? Denkt an Lichtquellen, Umkleideraum, Vorhang, …
- – Wo können wie viele Zuschauer sitzen?

3 Wie soll euer Bühnenbild aussehen?
- a Skizziert euer Bühnenbild mit Vorder- und Hintergrund auf einem DIN-A4-Blatt.
- b Stellt euch eure Vorschläge gegenseitig vor. Bringt eure Zeichnungen an der Tafel an.
- c Entscheidet gemeinsam, welches Bühnenbild ihr nehmen wollt. Beachtet auch die nachfolgende Methode.

4 a Stellt eine Liste zusammen: Welche Requisiten benötigt ihr für euren Auftritt?
- b Notiert,
  - – wer welche Requisiten mitbringt und
  - – wo ihr sie, während ihr spielt, sicher und schnell abrufbereit aufbewahren könnt.

Methode   **Ein Bühnenbild entwickeln**

- Die **Bühne** sollte **nicht** zu **vollgestellt** sein. Ihr müsst euch auf ihr noch gut bewegen können.
- Man sollte das Bühnenbild **schnell auf- und abbauen** können. So gelingt der Szenenwechsel besser. Es sollte aus **leichtem Material** bestehen, z. B. aus Pappe.
- Die Bühne darf **nicht zu groß** sein. Alle Zuschauer müssen das gesamte Bühnenbild von ihrem Platz aus gut sehen können.

Die Aufführung planen

Beleuchter/-in
leuchtet die Schauspieler aus
schafft besondere Lichteffekte

...
hilft beim Text weiter
...

Zur Aufführung
benötigen wir ...

Schauspieler/-in
...
...

...

1 Rund um eine bevorstehende Aufführung müssen von euch unterschiedliche Aufgaben übernommen werden.

a Ergänzt in eurem Heft die Mind-Map:
– Welche Aufgaben stehen an?   – Wozu dienen die einzelnen Aufgaben?

b Verteilt die Aufgaben in der Klasse.

Fahrplan zur Aufführung „Rosinen im Kopf"						
Termin	Ort	Sprechrollen/ Regie	Bühnen-bild	Technik	Kostüme/ Maske	Werbung/ Medien
08.04. ...	Bühnenraum	(Lese-)Probe Szene 1: ...	Entwürfe zu Szenen gestalten	Beleuchtung, Vorschläge zur Musik	Liste für Kostüme erstellen	Szenenfotos schießen
...	...	...	...	...	...	...

2 **a** Bildet mit Hilfe des „Fahrplans zur Aufführung" verschiedene Aufgabengruppen.

b Erstellt für eure Aufführung einen eigenen Fahrplan. Hängt ihn gut sichtbar auf.

Eine Einladung gestalten

1 **a** Rechts seht ihr eine Einladung zu einem Theaterabend. Viele Zuschauer sind nicht erschienen.
Diskutiert, woran das liegen könnte.

b Sammelt Vorschläge, wie sich das Plakat verbessern ließe.

c Entwerft ein eigenes Plakat zu eurer Aufführung.

Die Klasse 7b spielt Theater!!!
Kommt alle am Donnerstag in unseren Klassenraum!!!

Das Stück heißt Rosinen im Kopf und ist wirklich sehr lustig!!! ☺☺☺
Es macht die ganze Klasse mit!!!

Schreibwörter				▶ S. 282
die Szene	der Konflikt	die Rosine	das Aussehen	der Charakter

9 Reisen in ferne Welten –
Reportagen lesen und schreiben

1
a Haltet in Stichworten eure Ideen und Gedanken zu dem Bild fest.
b Tauscht untereinander eure Eindrücke aus.

2
a Was fällt euch rund um das Thema „Reisen" ein?
   Erzählt von euren Erlebnissen.
b Erstellt eine Mind-Map zum Thema.

3 Kennt ihr berühmte Reisende und
Entdecker aus der Vergangenheit?
Berichtet über ihre Reisegründe,
Reiseziele usw.

In diesem Kapitel ...

– lernt ihr berühmte Reisende und
   Entdecker kennen,
– untersucht und schreibt ihr Reise-
   reportagen,
– trainiert ihr, Reportagen, Diagramme
   und Karten zu vergleichen.

9.1 Ich war dabei! – Merkmale von Reportagen erkennen

Die letzte Nacht auf der Titanic

Die am 2. April 1912 fertig gestellte „Titanic"
war zu ihrer Zeit das größte Passagierschiff
der Welt. Es wurde in Belfast gebaut und galt
als unsinkbar. Doch auf ihrer ersten Fahrt nach
5 *New York rammte die Titanic am 14. April 1912*
ca. 300 Seemeilen südöstlich von Neufund-
land einen Eisberg. Sie sank innerhalb von drei
Stunden.

Als Ruth Becker zwölf Jahre alt war, überlebte
10 *sie den Untergang als eine derjenigen von über*
2200 Personen an Bord. 1517 Menschen fan-
den den Tod.

Die Überfahrt unternahm sie ohne den Vater
zusammen mit ihrer Mutter und zwei jüngeren
15 *Geschwistern. An Bord kümmerte sich Ruth*
um die beiden, die vierjährige Marion und den
nicht einmal zweijährigen Richard.

Es war Sonntag, der 14. April 1912, als ich meinen kleinen Bruder wie gewohnt im Kinder-
20 wagen über das Aussichtsdeck der „Titanic"
schob. Zugegeben, das war schon ein großar-
tiger Dampfer: so hoch wie ein zehnstöckiges
Haus und auch innen so riesig und schön wie
ein Schloss. Der Dampfer besaß mit Holz getä-
25 felte Decken und Wände, Teppichboden, Spiegel, Kronleuchter, mehrere Fahrstühle, eine

Turnhalle und ein richtiges Schwimmbad – das
alles auf einem Schiff! Die „Titanic" war völlig
neu, es roch sogar noch nach Farbe. Dies war
meine erste Fahrt überhaupt. Noch drei Tage, 30
dann würden die Passagiere in New York an
Land gehen.

Spät in dieser Nacht wurde ich wach, als meine
Mutter aus dem Schlaf hochschreckte. Es lag
nicht an einem schlechten Traum – es war die 35
plötzliche Stille auf dem Schiff. Totenstille. Nicht
mehr dieses beruhigende, leise Summen aus
dem Bauch des Dampfers. Die Maschinen waren abgestellt. Was hatte das zu bedeuten?
Rasch warf sich meine Mutter einen Morgen- 40
mantel über, lief auf den Gang und fragte den
nächsten Steward. „Alles in Ordnung", sagte
der. „Es geht gleich weiter. Gute Nacht."

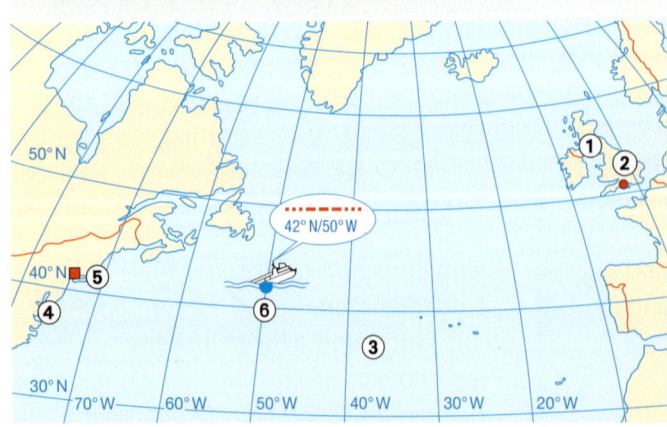

Doch es kam anders. Die Passagiere wurden alarmiert: „Sofort 45
Schwimmwesten anlegen und
nach oben, an Deck!" Nicht einmal
mehr zum Anziehen der Kinder
war Zeit.

Wir packten die beiden Kleinen 50
und eilten über die Treppen fünf
Stockwerke hoch an Deck. Dort
erfuhren wir: Die „Titanic" hatte einen Eisberg gerammt. Der Rumpf

55 des Schiffes war aufgerissen. Wasser drang ein, zu viel Wasser. Die angeblich unsinkbare „Titanic" war nicht mehr zu retten. Der Kapitän ließ die Rettungsboote vorbereiten. Sein Befehl lautete: „Frauen und Kinder zuerst!"

60 Es war eisig kalt in jener Nacht. Meine Mutter bat mich, schnell aus der Kabine ein paar Decken zu holen. Doch als ich zurückkehrte, fand ich weder Mutter noch Geschwister wieder. Und als ich sie endlich sah, war es zu spät: Sie 65 saßen im Rettungsboot Nummer 11, das gerade ins Wasser hinuntergelassen wurde. Ich hörte noch meine Mutter rufen: „Nimm das nächste Rettungsboot!", als ein Seemann mich schnappte und ins Boot Nummer 13 hob.

70 Es war das vorletzte überhaupt – und auf der „Titanic" drängelten sich noch weit über 1000 verzweifelte Passagiere und Besatzungsmitglieder. Was sollte aus denen werden?

Der vordere Teil des Schiffes lag tief im Wasser. 75 Und ganz aus der Nähe erlebten die Menschen in den Rettungsbooten, wie sich das riesige Schiff aufbäumte, mit einem gewaltigen Krachen in der Mitte zerbrach und versank – und mit ihm über 1500 Menschen.

Wir trieben stundenlang im Meer. Bis in den 80 frühen Morgenstunden endlich Hilfe kam, der Dampfer „Carpathia", und 701 Überlebende aufnahm. Ich war gerettet. Steif vor Kälte, musste ich mit einer Seilwinde an Bord geholt werden. Stunden später fand ich meine Mutter und 85 die Geschwister wieder.

1 a Tauscht euch aus: Was wusstet ihr bereits über den Untergang der Titanic? Notiert, was ihr noch erfahren wollt.
b Zu welchen Textstellen passen die Bilder auf S. 148 und 149? Begründet.

2 a Fasst in Partnerarbeit die sechs Textabschnitte ab Z. 18 durch Zwischenüberschriften zusammen.
b Vergleicht eure Ergebnisse in der Klasse.

3 Welche Informationen veranschaulicht die Karte zur Reportage auf S. 148?
Untersucht sie. Wählt Aufgabe a oder b.

a Ordnet die folgenden Reisestationen der Titanic den Zahlen in der Karte zu.
Schreibt in euer Heft:
1 = Groß…, 2 = …

Atlantik   New York   Großbritannien   USA   Ort des Untergangs   Southampton

b Verfasst in eurem Heft einen kurzen Begleittext zur Karte, z. B.:
Die Karte zeigt die Route … Die Reise begann in … und führte über … Als Ziel …
Am 14. April 1912 versank …

4 a Entscheidet, auf welche W-Fragen die nachfolgenden Sätze Antworten geben:

> „Es war Sonntag, der 14. April 1912, als ich meinen kleinen Bruder wie gewohnt im
> Kinderwagen über das Aussichtsdeck der ‚Titanic' schob." (Z. 18–21)
> „Als Ruth Becker zwölf Jahre alt war, überlebte sie den Untergang als eine derjenigen
> von über 2 200 Personen an Bord." (Z. 9–11)
> „Die ‚Titanic' hatte einen Eisberg gerammt." (Z. 53 f.)

b Findet weitere Textstellen, die Informationen zum Aussehen des Schiffes enthalten oder
berichten, wie was wann warum und mit welchen Folgen geschehen ist.
Tipp: Beginnt mit S. 148, Z. 22.

5 An welchen Stellen wird das Geschehen besonders anschaulich wiedergegeben?
Wählt Aufgabe a oder b.

a Nennt ein Beispiel für eine Textstelle, die nicht nur informiert, sondern auch dafür sorgt,
dass ihr euch das Geschehen sehr gut vorstellen könnt.

b Vergleicht die Textstellen Z. 18–32 und 33–43.
Begründet, welche Textstelle für euch spannender ist.

Information   Die Reportage

- Anders als ein sachlicher Bericht soll die **Reportage informieren *und* unterhalten.**
  Der Leser soll sich das **Ereignis** möglichst **anschaulich und lebendig** vorstellen können.
- Oft sind die **Verfasser** der Reportagen **persönlich dabei** gewesen.
- Eine Reportage enthält in der Regel:
  – viele **Sachinformationen,**
  – **Aussagen** (Fragen, Wertungen, Kommentare) in **direkter Rede** (▶ S. 104) sowie
  – **Gedanken und Gefühle** der Beteiligten.
- Reportagen werden meist zuerst in **Zeitungen und Zeitschriften** veröffentlicht.

Mit Thomas Reiter im All

Ich bin froh, wieder festen Boden unter den Füßen zu spüren! Mit meinen 3 Astronauten-Kollegen war ich fast ein halbes Jahr auf der Internationalen Raumstation ISS. Nach unserem 167 Tage langen Einsatz kehrten wir nach Hause zurück. Kurz vor der Landung sagte ich noch zu meinen Kollegen: „Wie schön, dass wir das Weihnachtsfest gemeinsam mit unseren Familien verbringen können!"

An Bord führten wir viele wissenschaftliche Experimente durch. Zusammen mit anderen Astronauten arbeiteten wir im Team und sorgten dafür, dass alles reibungslos funktioniert. Die ISS musste ständig gewartet werden, damit keine technischen Fehler auftraten. Unsere Kommandozentrale wies uns immer wieder darauf hin: „Achtet darauf, dass dort oben nichts schiefläuft, sonst habt ihr keine Chance zu überleben!"

Die Räume der Station mussten zum Beispiel ständig mit Sauerstoff versorgt werden, damit wir dort leben konnten.

Die ISS kreiste mit fast 30 000 Kilometern pro Stunde um die Erde. Neben den alltäglichen Arbeiten und dem Experimentieren habe ich auch noch etwas ganz Besonderes erlebt. Ich sollte das Innere der Raumstation verlassen und Reparaturen an der Außenwand der Station durchführen. Bei dem Spaziergang im Weltraum musste ich mich frei schwebend im All bewegen. Über den Bordfunk gestand ich meinen Mitstreitern meine Sorgen: „Ich bin wirklich aufgeregt. Das hier ist eine sehr gefährliche Situation! Mein Raumanzug wird doch wohl halten?" Natürlich erwarteten die Wissenschaftler auf der Erde unsere Ergebnisse der medizinischen, biologischen und physikalischen Experimente mit Spannung. Wir sollten zum Beispiel wichtige Erkenntnisse über den Gleichgewichtssinn des Menschen liefern und klären, ob und wie Pflanzen in der Schwerelosigkeit wachsen.

Am letzten Abend auf der ISS tauschten wir uns über die ungewöhnlichsten und schönsten Momente aus. Mein russischer Kollege sagte lachend: „Am besten gefällt mir das Einschlafen. Es ist ein tolles Gefühl, wenn man nicht auf dem Rücken oder der Seite, sondern auf den Bauch gedreht im Raum schwebend einschläft. Morgens wache ich tatsächlich immer ausgeruht und frisch auf."

Ich kann meinen Kollegen gut verstehen, aber über einen längeren Zeitraum Astronautennahrung zu essen ist schrecklich! Ich freue mich über Essen aus frischem Obst und Gemüse!

1 Tauscht euch über die Reisereportage aus dem All aus:
Was hat euch überrascht oder gut gefallen? Was hat euch besonders interessiert?
Ich fand spannend … Ich wusste noch nicht, dass … Besonders interessiert mich …

2 Stellt fünf W-Fragen an den Text, z. B.: *Wer verbrachte viel Zeit im All? Was ...?*
Beantwortet sie gemeinsam mit einem Lernpartner.

3 Stellt eine Verbindung zwischen den Fotos und dem Text her. Wählt Aufgabe a oder b.
a Formuliert passende Bildunterschriften zu den beiden Fotos auf S. 151.
b Lest zu einem der Fotos auf S. 151 eine Textstelle vor, die zu diesem Bild gut passt.

4 Im Text wurden zwei Textstellen farbig hervorgehoben. Sie gehören zu den Stellen der Reportage, an denen etwas geschildert wird. Was bedeutet Schildern?
a Untersucht zu zweit, was die beiden Textstellen von den unmittelbar folgenden Sätzen unterscheidet. Achtet auf Zeitform, Redewiedergabe und Sachlichkeit.
b Findet vier weitere ähnliche Textstellen. Schreibt sie mit Zeilenangaben auf.

5 Ergänzt die Reportage des Astronauten. Wählt Aufgabe a oder b.
a Verfasst einen schildernden (▶ Aufgabe 4) und einen berichtenden Satz, z. B.:
   – berichtend: *Bevor das Raumschiff ..., mussten wir unsere ...*
   – schildernd: *„Noch heute sehe ich ..."*
b Verfasst zu Bild 2 einen schildernden und einen berichtenden Satz.
   Orientiert euch an den beiden Beispielen unter Bild 1. Schreibt ins Heft.

1

berichtend: Viele wissenschaftliche Experimente wurden außerhalb der Station durchgeführt.

schildernd: „Es ist einfach atemberaubend, im All Experimente durchzuführen."

2

berichtend: ...
schildernd: „..."

Information   **Berichten und Schildern**

Für viele **Reportagen** ist kennzeichnend, dass in ihnen **berichtet und geschildert** wird.
- Die **berichtenden Abschnitte** geben **Sachinformationen** und stehen meist im **Präteritum**.
- In den **schildernden Abschnitten** äußern sich **Beteiligte** häufig in direkter Rede **persönlich** über ihre **Eindrücke, Erlebnisse und Gefühle**.
  Die Zeitform ist in der **direkten Rede** das **Präsens** (▶ S. 267).

Laura Dekker: Weltreise einer 16-Jährigen

Laura Dekkers Törn um die Welt

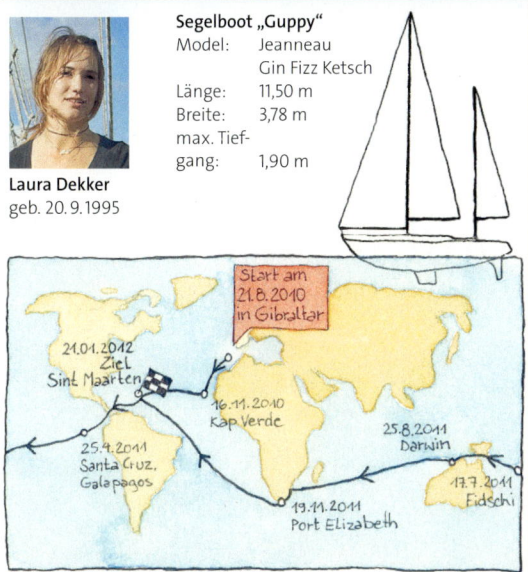

Laura Dekker
geb. 20.9.1995

Segelboot „Guppy"
Model:	Jeanneau Gin Fizz Ketsch
Länge:	11,50 m
Breite:	3,78 m
max. Tiefgang:	1,90 m

„Manchmal habe ich mich gefragt, was ich da eigentlich mache", sagt Laura Dekker während einer Pressekonferenz kurz nach ihrer Ankunft auf der Karibikinsel Sint Maarten.

Diese Frage stellten sich bestimmt auch andere Beobachter, die wie ich am 19. Dezember im Hafen auf die Ankunft von Laura Dekker mit ihrem Zweimaster „Guppy" warteten.

Fast eineinhalb Jahre hat die junge Holländerin auf diesem Schiff verbracht, das ca. 12 Meter lang und knapp 4 Meter breit ist. Am 21. August 2010 brach Laura voller Tatendrang und freudig gespannt von Gibraltar auf. Ihr Weg führte sie zunächst über den Atlantik durch die Karibik und den Panamakanal nach Australien. Von dort umsegelte sie südlich Afrika, um schließlich hier in der Karibik nach mehr als 27 000 Seemeilen und mehr als 500 Tagen ihre Weltumseglung zu beenden.

Laura Dekker ist mit 16 Jahren die jüngste Weltumseglerin, die alleine die Welt umsegelte. Sie hat großen Mut bewiesen, da sie eine Reise hin-

ter sich hat, die manchmal auch risikoreich und gefährlich war. Laura musste mit wenig Schlaf auskommen und jederzeit auf Gefahren wie große Handelsschiffe auf ihrer Route oder Begegnungen mit Meerestieren gefasst sein.

„Ich habe noch zitternde Knie und kann es noch gar nicht richtig begreifen, dass ich es geschafft habe!", sagt sie zu den Segelfreunden, die sich hier im Hafenbecken eingefunden hatten, um mit Laura den Rekord zu feiern. „Es war mein Traum, ich tat, was ich wollte", ergänzt sie strahlend.

Die gesamte Reise hat Laura in einem Internettagebuch festgehalten. Die Einsamkeit auf See konnte sie sich dadurch vertreiben und uns an ihren Erlebnissen teilhaben lassen. Dass ihr nicht nur „große Fische" auf der Fahrt begegneten, zeigt ihr Eintrag im Internet-Blog vom 26.12.2011:

Ich war gerade wieder in meine warme Koje gestiegen und eingeschlafen, als ein merkwürdiges Geräusch meine Aufmerksamkeit auf sich zog … [...] Ich knipste das Licht an und wäre fast auf ein Riesending von fliegendem Fisch getreten, der einige Sekunden vorher einen Luftangriff auf „Guppy" geflogen war. Offenbar war er auf dem Mülleimer gelandet und neben meinem Bett zum Stehen gekommen, wo er nun mit aller Macht versuchte, wieder zu starten – was nicht wirklich gut klappte. [...] Ich habe den Fisch ordentlich verflucht, denn er war ziemlich glitschig und ließ darüber hinaus auch viele klebrige Schuppen zurück. Ich denke, dass er nun um eine unangenehme Erfahrung reicher ist, und ich hoffe, dass er auch seinen Artgenossen darüber berichtet, damit keiner von ihnen jemals wieder so dumm ist, in meine Kajüte zu fliegen. [...]

Auf meine Frage nach ihren Zukunftsplänen vertraut mir Laura Dekker an, dass sie vorhabe, nach Neuseeland auszuwandern. Da sie auf einem Schiff vor der neuseeländischen Küste geboren wurde, hat sie auch dort die Staatsbürgerschaft.

65

1 Begründet eure Meinung zu Lauras Weltumseglung:
Ich finde Lauras Aktion (nicht) gut, weil ...

2 Legt in eurem Heft eine Tabelle mit W-Fragen an:
Wer? Wann? Wo? Was? Warum? Mit welchen Folgen?
Tragt die entsprechenden Antworten aus dem Text in eure Tabelle ein.

3 Welche Informationen enthält die Grafik (Steckbrief und Karte)?
Verfasst einen Begleittext. Ihr könnt in eurem Heft die folgenden Satzanfänge fortsetzen:

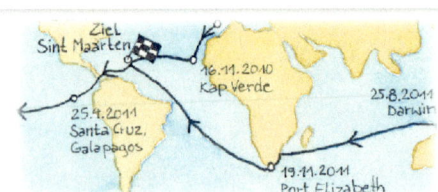

Die Grafik zeigt auf einen Blick ... und gibt Auskunft über ...
Im Steckbrief werden Angaben zu ... und ...
Die Karte bildet Lauras Weg über ... mit verschiedenen ...
Wichtige Daten und Orte ihrer ...

4 Bestimmt, warum dieser Text eine Reportage ist.
Ordnet den folgenden Textstellen das jeweils richtige Merkmal A oder B zu.

„„Manchmal habe ich mich gefragt, was ich da eigentlich mache.'" (Z.1f.)	**A** sachliche Information **B** direkte Rede
„Ich habe noch zitternde Knie und kann es noch gar nicht richtig begreifen ...'" (Z. 28f.)	**A** persönliche Gedanken/Gefühle **B** frei erfundene Ereignisse
„Laura Dekker ist mit 16 Jahren die jüngste Weltumseglerin ...'" (Z. 20f.)	**A** Schilderung **B** sachliche Informationen
„Ich knipste das Licht an und wäre fast auf einem Riesending von fliegendem Fisch getreten ...'" (Z. 45ff.)	**A** anschaulich, lebendig **B** ohne Wertungen

---

Methode   **Karten und Grafiken beschreiben**

Reportagen enthalten häufig neben dem geschriebenen Text Grafiken (Schaubilder) oder Karten. Sie geben oft **zusätzliche Informationen** oder fassen die wichtigsten aus dem Text zusammen. Karten und Grafiken könnt ihr so erschließen und beschreiben:

- Lest zuerst die **Überschrift.** Sie nennt in der Regel das Thema.
- Beschreibt, welcher **Ausschnitt** auf der Karte gezeigt wird.
- Nutzt, wenn vorhanden, die **Zeichenerklärungen** (Legende): Wofür stehen Symbole, z. B. Pfeile? Was bedeuten bestimmte Farben? Welche Entfernungen werden angegeben?

Teste dich!

1 Was will eine Reportage?

a informieren	**b** unterhalten	**c** zu etwas auffordern	**d** ein Ereignis lebendig darstellen

2 Welche der folgenden Merkmale sind für eine Reportage wichtig?

a Eindrücke von Beteiligten	**b** Bilder/Schaubilder	**c** viele Sachinformationen	**d** Spannungskurve

3 Wo findet man Reportagen?

a in Zeitungen	**b** in Zeitschriften	**c** im Lexikon	**d** im Fernsehen

4 Eine lebendig und gut formulierte Reportage enthält:

a möglichst viele Fremdwörter	**b** wechselnde Zeitformen: Präteritum und Präsens	**c** anschauliche Schilderungen	**d** direkte Rede

1 Finde zu jeder der 4 Fragen die 3 richtigen Antworten. Notiere die Buchstaben.

Eine Reportage enthält **?** Informationen zu einem Ereignis.
Antworten auf die wichtigsten **?** werden gegeben.
Zusätzlich enthalten **?** aber auch anschauliche **?** , in denen
persönliche Eindrücke und **?** wiedergegeben werden.
In Reportagen wird oft die wörtliche Rede verwendet. Sie steht in der Regel im **?** .

Präsens   W-Fragen
Schilderungen
sachliche   Gefühle
Reportagen

2 Vervollständige in deinem Heft den Lückentext sinnvoll. Nutze den Wortspeicher.
Tipp: Richtig eingesetzt, ergeben die hervorgehobenen Buchstaben ein Lösungswort.

3 Du möchtest einer Karte Informationen entnehmen. Wie gehst du vor?
Notiere die Großbuchstaben der zutreffenden Aussagen.
Tipp: Die drei richtigen Großbuchstaben ergeben das Lösungswort.

K Ich male die Karte farbig aus.
O Ich nutze die Legende (Zeichenerklärungen).
N Ich zeichne die Karte in mein Heft.
S Ich beschreibe, welcher Ausschnitt auf der Karte gezeigt wird.
A Ich recherchiere nach ähnlichen Karten im Internet.
T Ich beachte die Überschrift und erfasse das Thema.

4 Vergleiche deine Ergebnisse mit einem Lernpartner.
Was hast du gut verstanden? Was ist dir noch unklar?

9.2 Ein Ausflug in die Zukunft – Science-Fiction-Ideen als Reportagen ausgestalten

Ein Zukunftsforscher wird beauftragt, eine Zukunftsreportage über eine Stadt zu verfassen. Wie könnte der Alltag im Jahr 2050 aussehen? Er stellt folgende Materialideen zusammen:

M1 Was könnten Einwohner im Jahr 2050 berichten?

– Herr M., Rentner:
„Mein Gesundheits-Chip im Ohr schickt mich dringend zu einer Kontrolluntersuchung in die Klinik."

– Frau S., Rechtsanwältin:
5 „Ich benötige einen neuen persönlichen Roboter, der meine Unterlagen sortiert und Berichte verfasst."

– Kind auf dem Spielplatz:
10 „Mist, der automatische Sandumwälzer ist schon wieder kaputt!"

M2 Textideen für die Reportage

– „Aufstehen!", ruft der Wecker mit sanfter Stimme – allerdings eine halbe Stunde 5 früher als programmiert. Der Wecker hat die Staumeldungen per Funk erfasst und die wahrscheinliche Stauzeit auf dem Weg ins Büro berechnet.

– Der Kühlschrank leuchtet rot. Die Vorräte wurden von ihm erfasst und er signalisiert, dass ein Besuch im Supermarkt ansteht. 10 Eine Einkaufsliste hat er bereits ausgedruckt.

– Auf den Straßen, in den Einkaufsläden, auf den Rollteppichen sind alle ständig empfangsbereit. Man simst, chattet, twit-15 tert, skypt, wo man geht und steht. Wer es sich leisten kann, baut sich einen Störsender ein, um wenigstens einmal ungestört sein zu können.

M3 Erfindungen

– Gefühlskleidung zeigt Stimmungen an
– Screen-Tapeten ersetzen Projektionsflächen für Bilder und Filme
– Pillen statt Obst und Gemüse
– interaktive Schreibtische mit Spracherkennung
– Weltraumtourismus für Trips zum Mond oder zum Mars

1 Tauscht euch über die Materialsammlung aus.
a Über welche Bereiche des alltäglichen Lebens im Jahr 2050 (Medizin, Technik, …) möchte der Zukunftsforscher in seiner Reportage berichten? Erstellt eine Liste.
b Sammelt weitere Ideen für Veränderungen des Alltags im Jahre 2050.
c Gestaltet eure Ergebnisse auf einem Poster mit der Überschrift „Leben im Jahr 2050!".

Reportagen über das Leben im Jahr 2050 schreiben

Planen

1 Plant, selbst eine Reportage zu schreiben, z. B. über die Zukunft in eurer Wohngegend.

a Sammelt Ideen für eure Zukunftsreportage.
Wie könnte sich eure Wohnung, eure Wohnstraße, euer Dorf oder eure Stadt verändern?

b Wählt eure beste Idee. Gestaltet sie mit Hilfe der beiden folgenden Bausteine weiter aus.

Titel	**Sachinformationen**
Findet einen Titel, der neugierig macht, z. B.: *Fliegendes Spaßbad* *Lehrer zum An- und Ausknipsen*	Notiert Antworten auf die W-Fragen, z. B.: *5 km Rutschbahn, 12 Außenbecken, Wasser mit verschiedenen Geschmacksrichtungen, …*

Schreiben

2 Verfasst eure Zukunftsreportage. Orientiert euch an den folgenden Schreibtipps:

– **Der erste Satz:** Zieht den Leser von Beginn an ins Geschehen, z. B.:
Was für ein geniales Erlebnis! Gerade bin ich durch die Tunnelrutschbahn geschossen.
– **Zeitform:** Schreibt schildernde Passagen im Präsens und berichtende Passagen im Präteritum.
– **Aussagen von Beteiligten:** Fügt in euren Text Aussagen von Beteiligten ein, z. B.:
Der Bademeister: „Hier zu arbeiten ist traumhaft – jeden Tag Palmen, Strand, Meer."
– **Gedanken, Gefühle und Sinneseindrücke:** Gestaltet eure Reportage lebendig.
Ergänzt persönliche Eindrücke und Sinneswahrnehmungen. Antwortet auf Fragen wie:
Was hört man?   Was riecht man?   Was sieht man?   Was fühlt man?   Was schmeckt man?

Überarbeiten

3 Überarbeitet in Partnerarbeit eure Reportage. Nutzt die Checkliste.

Checkliste ✔

Reportagen verfassen
- **Titel und erster Satz:** Habt ihr einen Titel und einen interessanten ersten Satz formuliert?
- **Reihenfolge:** Gibt es einen „roten Faden", z. B. einen bestimmten Weg durch die neue Stadt?
- **Informationen:** Habt ihr euch zu den Neuheiten Sachinformationen überlegt?
- **Schilderungen:** Formuliert ihr persönliche Eindrücke, Gefühle und Meinungen?
- **direkte Rede:** Enthält eure Reportage Aussagen von Beteiligten?
- **Zeitform:** Verwendet ihr das Präsens und das Präteritum an geeigneter Stelle?

Üben: Eine Reportage über Schule im Jahr 2050 verfassen

Notizzettel des Zukunftsforschers

– Augenscanner/Gesichtserkennung am Eingangstor der Schule
– automatische Korrekturstifte in der Schule verboten
– Roboter statt Lehrer
– Wissen wird in kleinen Dateieinheiten in den Kopf geladen
– ...

1 Der Zukunftsforscher hat sich auch Gedanken über die Schule im Jahre 2050 gemacht.
Helft ihm bei seiner Reportage. Notiert in eurem Heft weitere Ideen.

2 ●●● a Ergänzt das folgende Beispiel aus einer möglichen Schulsituation in der Zukunft:
Schulscanner am Eingangstor: „Skunja, du kommst zum dritten Mal zu spät ...“
b Denkt euch weitere Schulsituationen aus
und notiert kurze Aussagen in direkter Rede. ▷ Eine Hilfe zu Aufgabe 2 findet ihr auf Seite 159.

3 ●●● Formuliert Sachinformationen zu: ▷ Hilfe zu 3, Seite 159

> Schülerzahlen   Schulabschlüsse   Klassen/Jahrgänge

4 ●●● Stellt euch vor, ihr würdet mit der Sprache malen.
Ergänzt im Heft die folgende Schilderung durch treffende
Adjektive und Vergleiche. ▷ Hilfe zu 4, Seite 159

> Mit ? Miene fixiert der Lehrer-Robo den ? Schüler Juri, der faul wie ? mal wieder
> ohne Hausaufgaben in der Schule erschienen ist. Wie ein Lehrer aus ? bemerkt der Lehrer-
> Robo ? die fehlenden Arbeiten.
> Ruhig und monoton wie ? wird Juri angekündigt, dass ab sofort sein Zugang zu sozialen
> Netzwerken blockiert wird.

5 ●●● Wie fühlen sich die Schüler im Jahr 2050?
Verfasst Aussagen, in denen die Schüler ihre Gefühle, Gedanken
oder Sinneseindrücke zu den folgenden Themen mitteilen. ▷ Hilfe zu 5, Seite 159

> Schuluniform   Hightech-Klassenzimmer   Korrekturstifte mit Erdbeergeruch

6 a Schreibt mit Hilfe der Vorarbeiten die Zukunftsreportage.
b Überarbeitet anschließend eure Texte in Partnerarbeit.
Tipp: Nutzt die Checkliste auf Seite 157.

●○○ **Aufgabe 2 mit Hilfe**

a Ergänzt das folgende Beispiel aus einer möglichen Schulsituation in der Zukunft:
Schulscanner am Eingang: „Skunja, du kommst zum dritten Mal zu spät ..."
(Mail/automatisch/Benachrichtigung/Eltern)

b Denkt euch weitere Schulsituationen aus und notiert kurze Aussagen in direkter Rede, z.B.:

> Roboter entdeckt Schüler beim Pfuschen mit dem automatischen Korrekturstift:
> *Robo-Lehrer: „Sofort weglegen!" ...*
> Schüler in der Kantine: *„Ich habe keinen Appetit mehr auf Pillen ..."*

●○○ **Aufgabe 3 mit Hilfe**

Informiert sachlich. Beendet die nachstehenden Satzanfänge zu diesen Themen:

> Schülerzahlen   Schulabschlüsse   Klassen/Jahrgänge

Im Jahr 2050 wird die Zahl der Schüler im Vergleich zu heute viel ...
Alle Schülerinnen und Schüler erreichen dank bester Förderung ...
So etwas wie Klassen und Jahrgänge ...

●○○ **Aufgabe 4 mit Hilfe**

Stellt euch vor, ihr würdet mit der Sprache malen.
Ergänzt im Heft die folgende Schilderung durch diese treffenden
Adjektive, Verben und Vergleiche.

> knattert   gläserne   Blitz   harte   leuchten und funkeln   elektrische   Kraut und Rüben   Steine

> Der ? Finger des Roboter-Lehrers legt sich auf die ? Tischoberfläche des Schülers Juri.
> Darunter ? die Buchstaben und Bilder. „Was ist denn das", ? der Roboter. „Deine Haus-
> aufgaben sehen ja aus wie ? ." Dann tippt er auf die Löschtaste. Schnell wie ein ? ver-
> schwindet Juris ganze ? Arbeit vom Vortag. Juri weiß wie alle Schüler hier: Roboter-Lehrer
> sind so unempfindlich wie ? .

●○○ **Aufgabe 5 mit Hilfe**

Wie fühlen sich die Schüler im Jahr 2050? Was denken, sehen, hören und riechen sie?
Ordnet die folgenden Aussagen der Schüler diesen drei Themen zu:

> Schuluniform   Hightech-Klassenzimmer   Korrekturstifte mit Erdbeergeruch

„Immer wenn der 3-D-Beamer und der Roboter-Lehrer zugleich eingeschaltet sind, ertönt ein Piepen, von dem ich eine Gänsehaut kriege."

„Die Tage in der Schule finde ich klasse; endlich kein Stress vor dem Kleiderschrank am Morgen!"

„Am liebsten würde ich den Korrekturstift wie ein Bonbon lutschen, weil er so gut nach Erdbeeren riecht!"

9.3 Fit in …! – Eine Reportage untersuchen

Stellt euch vor, ihr bekommt in der nächsten Klassenarbeit folgende Aufgabe gestellt:

Aufgabe
Untersuche die folgende Reportage. Gehe so vor:
a Lies den Text mehrmals aufmerksam durch und sieh dir die Grafik und die Tabelle an.
b Fasse kurz zusammen, worum es in den Materialien geht.
c Nenne Merkmale einer Reportage und finde dafür Beispiele im Text.

M1 Mit dem Fahrrad durch Europa

„Jetzt geht's endlich los!", sagten wir uns nach dem Schulabschluss. Mein Freund Jan und ich packten im Sommer unsere Taschen und starteten unsere Fahrradtour. Wir sind von Berlin über Warschau, Prag, Athen, Rom und Paris viele Tausend Kilometer 13 Monate lang quer durch Europa geradelt.

„Ich kann nicht mehr und werde den nächsten Zug zurück nach Berlin nehmen!", höre ich Jan noch sagen. In Rom hatten wir unseren Tiefpunkt und waren kräftemäßig am Ende. Deshalb beschlossen wir, ein paar Tage am Meer zu zelten, um uns zu erholen.

Von dem zuvor gesparten Geld bezahlten wir unsere Unterkünfte in Jugendherbergen und Pensionen. Häufig zelteten wir auch. Als nach der Hälfte der Reise das Geld fast aufgebraucht war, halfen wir auf einem Bauernhof in Südfrankreich bei der Weinlese. Gerne erinnere ich mich an die lustigen langen Abende mit der französischen Weinbauernfamilie. Ich schätze, beim Essen wird dort wohl jeden Abend leckerer Käse und köstlicher, duftender Traubensaft gereicht.

Jan und ich mussten auf unserer Radtour feststellen, dass es überall in Europa Straßen gibt, auf denen man das Rad nur schieben kann: Schlammpisten, Kopfsteinpflasterstraßen, heiße Asphalt- oder holprige Feldwege.

Die größte Gefahr ging aber nicht vom Straßenbelag, sondern von Menschen aus. Vor allem rücksichtslose Autofahrer machten uns zu schaffen. In Italien wechselte ein Minibus „spontan" die Straßenseite und drängte mich in den Straßengraben.

Obwohl es nicht immer leicht war, haben wir bei Wind und Wetter durchgehalten und unsere Beine müde gestrampelt. Heute sind wir stolz auf die gefahrenen Kilometer und alle tollen Erfahrungen. In 13 Monaten haben wir jeden Tag durchschnittlich 70 km mit ca. 40 kg Gepäckgewicht zurückgelegt. Die Tour hat unsere Freundschaft gestärkt und bleibt ein unvergessliches Erlebnis.

M2 Die Route

M3 Die Reise in Zahlen

Gesamtreisedauer	13 Monate
geradelte Gesamtkilometer	mehrere Tausend
durchschnittliche Tagesetappe	70 Kilometer (km)
maximale Tagesetappe	100 Kilometer (km)
Gepäckgewicht	ca. 40 Kilogramm (kg)

Die Aufgabe richtig verstehen

1 Was verlangt die Aufgabe (▸ S. 160) von euch?

Notiert im Heft die folgenden Arbeitsschritte in der richtigen Reihenfolge.

Tipp: Die Lösungsbuchstaben ergeben einen Begriff, der im Text M1 auf S. 160 steht.

> **P** Für die Merkmale einer Reportage suche ich Beispiele im Text und schreibe sie mit Zeilenangabe auf.
>
> **R** Ich fasse den Inhalt der Reportage kurz mit eigenen Worten zusammen.
>
> **E** Ich lese mir die Materialien M1 bis M3 mehrmals durch, bis ich ihren Inhalt genau kenne und in Beziehung zueinander setzen kann.
>
> **A** Ich verfasse meine Klassenarbeit. Dazu nutze ich meine Vorarbeiten auf dem Notizzettel.
>
> **U** Ich markiere mir Schlüsselwörter in den sechs Textabschnitten von M1 und formuliere mit ihrer Hilfe Zwischenüberschriften.
>
> **O** Ich mache mir noch einmal klar, welche Merkmale eine Reportage kennzeichnen, und schreibe mir diese auf einen Notizzettel.

Planen

2 Um die Reportage zusammenzufassen, muss man die drei Materialien gut kennen.

a Vervollständigt die folgenden W-Fragen in eurem Heft.

b Notiert zu den W-Fragen, in welchem Material ihr die Antwort findet: M1, M2 oder M3?

Tipp: Manchmal treffen auch mehrere Antworten zu.

A Wer fuhr mit dem …?   **D** Wo/Wohin führte sie …?

B Wann fuhren …?   **E** Welche Folgen ergaben sich für …?

C Was machten …?

3 Die Merkmale einer Reportage müssen mit Beispielen aus dem Text belegt werden.

a Ordnet im Heft den nachstehenden drei Textauszügen die passenden Merkmale A–D zu.

b Notiert für die Merkmale A–D je eine weitere Textstelle mit Zeilenangabe.

> **A** Sachinformationen: W-Fragen werden beantwortet.
>
> **B** Gefühle, Gedanken und Sinneseindrücke werden von einem Beteiligten geschildert.
>
> **C** Direkte Rede wird verwendet.
>
> **D** Das Präsens wird für die schildernden Teile, das Präteritum für die berichtenden Teile genutzt.

> Z. 1: „‚Jetzt geht's endlich los!', sagten wir uns …"
>
> Z. 4–7: „Wir sind von Berlin über Warschau, Prag, Athen, Rom und Paris viele Tausend Kilometer 13 Monate lang quer durch Europa geradelt."
>
> Z. 21–24: „Ich schätze, beim Essen wird dort wohl jeden Abend leckerer Käse und köstlicher, duftender Traubensaft gereicht."

Schreiben

4 Verfasst auf der Grundlage eurer Vorbereitungen eine Zusammenfassung.
Nutzt z. B. den folgenden Lückentext. Ergänzt ihn im Heft.

> In der Reportage   ?   geht es um zwei Jugendliche, die   ?   .
> Im ersten Textabschnitt wird kurz   ?   der beiden vorgestellt. Sie bereisten verschiedene   ?   .
> Dann wird von einer schwierigen Situation während der Tour   ?   .
> Um das Thema „Geld" geht es   ?   . Sie   ?   oder halfen   ?   .
> Ein großes Problem waren die   ?   .
> Am Ende aber überwog die   ?   über   ?   .

5 Verfasst mit Hilfe eurer Vorarbeiten einen Text zu Aufgabe c (▶ S. 160).
Setzt z. B. die folgenden Satzanfänge im Heft fort.

Bereits der Textanfang liefert einen klaren Beleg dafür, dass ...
Einige Sachinformationen werden durch klare Antworten auf die ...
Persönliche Eindrücke der Radfahrer werden deutlich durch ...
Auch die Verwendung der direkten Rede spricht für ...

Überarbeiten

6 a Lest euch in Partnerarbeit eure Ergebnisse vor.
b Gebt euch mit Hilfe der Checkliste Tipps, wie ihr eure Texte überarbeiten könnt.
c Prüft zum Schluss gemeinsam eure Rechtschreibung und Zeichensetzung.

Checkliste ✔

Eine Reportage untersuchen und zusammenfassen
- **Zusammenfassung:** Wird der Text knapp zusammengefasst und nicht mit vielen Worten nacherzählt?
- **W-Fragen:** Wurden auf wichtige W-Fragen Antworten im Text gefunden und wiedergegeben?
- **Materialien:** Werden alle Materialien in die Zusammenfassung mit einbezogen?
- **Merkmale einer Reportage:** Wurden folgende Merkmale mit Beispielen aufgezeigt:
  - sachliche Informationen,
  - ein Beteiligter, der seine Erlebnisse persönlich schildert,
  - direkte Rede,
  - Wechsel zwischen Präsens (schildernde Teile) und Präteritum (berichtende Teile)?

Schreibwörter			▶ S. 282
die Reportage	das Reiseziel	die Reiseroute	die Sachinformation
die Grafik	der Eindruck	das Gefühl	das Erlebnis/die Erlebnisse
schildern	anschaulich	neugierig	spannend

Wie sich **ANDY HOLZER** in den Bergen orientiert und wie er als blinder Bergsteiger ein Team noch stärker macht, erfahren Sie unter **www.aktion-mensch.de**

1 a Betrachtet die Werbeanzeige: Was fällt euch als Erstes auf?

   b Erläutert, wie ihr den Werbespruch versteht:
   „So viel ist als Team möglich.
   Schwindelfrei. Und blind."

2 Beschreibt, welche Werbung euch besonders gut gefällt.

3 Besprecht und notiert in Partnerarbeit:

   a Wo seht, lest oder hört ihr Werbung?

   b Welche Ziele verfolgt Werbung?

In diesem Kapitel ...

- lernt ihr den Aufbau, die Wirkung und die sprachliche Gestaltung von Werbung kennen,
- untersucht ihr Werbespots im Hinblick auf die Filmsprache,
- dreht ihr selbst einen Werbespot für eure Schule.

10.1 „We kehr for you!" – Werbung kennen lernen

Die Gestaltung und den Aufbau untersuchen

1 Wofür werben die Plakate der Berliner Stadtreinigung (BSR)? Wählt Aufgabe a oder b.

●●● **a** Betrachtet eines der Plakate näher und formuliert, was es euch sagen will:
Mit dem linken/rechten Plakat soll mir gesagt werden, dass ...

●○○ **b** Ordnet je eine der folgenden Werbebotschaften den Plakaten passend zu:

A1 Die Straßenreiniger erledigen eine wichtige Aufgabe. Sie halten für dich die Stadt sauber.

A2 Die Stadt ist so schmutzig. Du solltest selbst einen Besen in die Hand nehmen.

B1 Fasse Müll niemals mit der bloßen Hand an. Nimm lieber einen Degen oder Ähnliches.

B2 Du kannst mitmachen und die Stadt sauber halten. Überall findest du Mülleimer der BSR.

2 Untersucht, wie die Plakate ihre Botschaft durch die Gestaltung erzielen.

a Beschreibt die Personen und Gegenstände auf beiden Fotos. Nutzt z. B. folgende Wörter:
Straßenreiniger, aneinandergelehnt, Musketier, heldenhaft, Degen, Bild auf Mülleimer ähnelt ...

b Wie wirkt das Orange? Wie würden die Plakate wirken, wenn sie z. B. grün oder grau wären?

3 Wie formulieren die Plakate ihre Botschaft? Wählt Aufgabe a/b oder a/c.

a Beschreibt, welche Textteile es gibt. Wo stehen sie in welcher Größe?

●●○ **b** Erläutert das Wortspiel „We kehr for you".
Tipp: Den deutschen Wortlaut *kehr* für *kehren* schreibt man im Englischen *care = sorgen*.

●○○ **c** Erläutert den Wortwitz „Eimer für alle". Welchen Buchstaben müsst ihr in welchem Wort austauschen?

4 Welches Plakat soll den Ruf der BSR verbessern? Welches regt zum Mitmachen an?
Tipp: Wiederholt eure Überlegungen zu Aufgabe 1.

Information   Imagewerbung und Mitmachwerbung unterscheiden

Das Ziel von Werbung ist, **Einfluss auf unser Verhalten** zu nehmen.

- **Imagewerbung** verfolgt das Ziel, den **Ruf** (engl. *image*) einer Marke oder eines Unternehmens **zu erhalten oder zu verbessern.**
- **Mitmachwerbung** will die Menschen auffordern, **bei etwas mitzumachen,** z. B.: niemanden auszugrenzen, Müll zu trennen, Blut zu spenden, auf der Straße nicht zu rasen.

1 Betrachtet die beiden Werbeseiten aus einer Zeitschrift. Äußert eure ersten Eindrücke.
 – Was fällt euch als Erstes ins Auge?
 – Für welches Produkt wird jeweils geworben?
 – Welche Werbeanzeige spricht euch mehr an?

2 Handelt es sich bei diesen Zeitschriftenanzeigen um Image- oder um Mitmachwerbung (▶ S. 164)? Begründet eure Meinung.

3 Untersucht zu zweit, aus welchen Bestandteilen eine Werbeanzeige besteht.
 a Wählt eine der beiden Anzeigen aus.
 b Veranschaulicht mit Hilfe der Skizze rechts, wie eure Anzeige aufgebaut ist. Nehmt ein DIN-A4-Blatt und ordnet auf ihm die einzelnen Bestandteile passend zu.

4 Vergleicht in der Klasse eure Ergebnisse.

5 Prüft, ob ihr die Bestandteile auch in anderen Werbeanzeigen findet. Bringt sie mit.
Tipp: Beschreibt auch Anzeigen in nichtdeutscher Sprache.

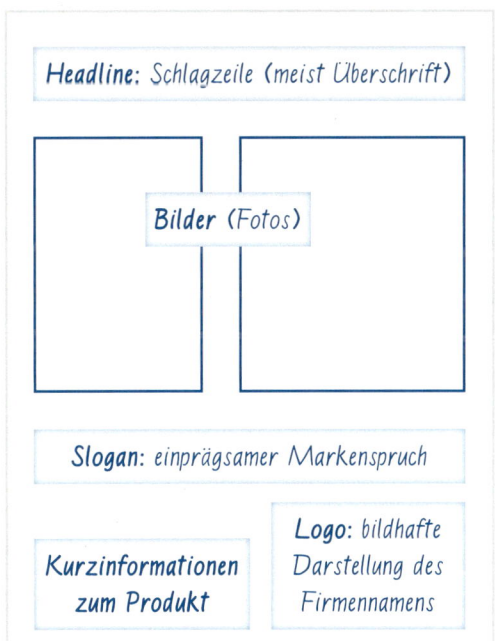

6 Erschließt die Wirkung der Farben in den beiden Anzeigen auf Seite 165.
Bearbeitet Aufgabe a/b oder a/c.

a Notiert, was ihr mit den einzelnen Farben auf den Anzeigen verbindet.
Ihr könnt den folgenden Wortspeicher zu Hilfe nehmen, z. B.:
Die Haarfarbe der Frau ist ... Das wirkt auf mich ... Das Produkt ist ... Das soll ... wirken.

> frisch   gesund   gepflegt   hygienisch   cool   lustig   warm   edel   männlich
> weiblich   sanft   hart   jung   alt   modern   altmodisch   natürlich   aktiv   ruhig
> sportlich   stark   rein

c Erläutert, welche Farben ihr für die folgenden Produktwerbungen auswählen würdet:
Waschmittel, Sonnencreme, Bio-Joghurt, Schokolade.

b Nennt ein Produkt, für das ihr gern Werbung machen wollt.
Begründet, welche Farben ihr mit welcher Wirkung für eure Werbung einsetzen würdet.

7 a Tauscht euch aus: Mit welchen Menschen wird in der Regel für Produkte geworben?

b Wie wirkt die abgebildete Person auf euch?

c Wie versteht ihr die englischen Wörter *wonderful* und *wrinkled* für *wunderbar* und *faltig* in Bezug auf das Bild? Erläutert.

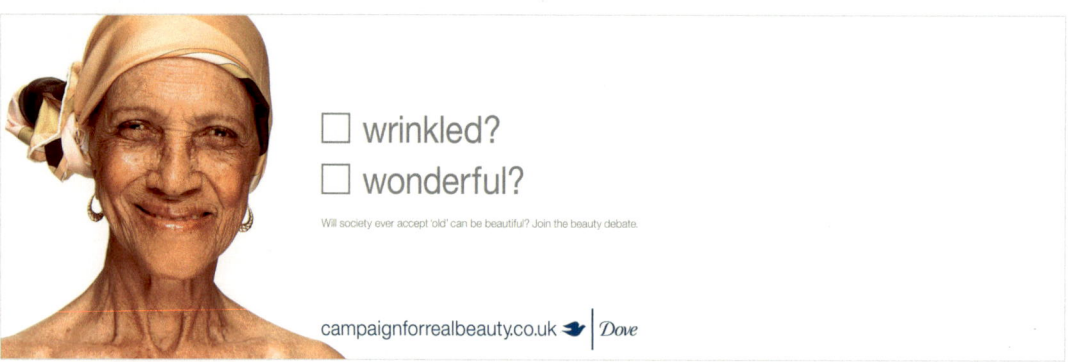

8 a Stellt Vermutungen an, warum die Werbeleute das Dove-Produkt mit dieser Person bewerben:
Wer soll angesprochen werden? Was ist das Ziel dieser Werbung?

b Diskutiert: Hättet ihr auch diese Person für diese Werbeanzeige gewählt?

Information	Bestandteile von Werbeanzeigen unterscheiden

Weil Werbung meist nur wenige Sekunden lang wahrgenommen wird, muss sie in kürzester Zeit überzeugen. Die **Produktwerbung** soll zum Kauf verführen. Werbeanzeigen enthalten meist:

- eine **Headline:** Überschrift oder Schlagzeile, die Aufmerksamkeit erregen soll,
- **Bilder:** das Produkt und dazu passende Personen, Hintergründe und Gegenstände,
- **Kurzinformationen:** Sätze oder Schlagworte, die das Produkt näher beschreiben,
- einen **Slogan:** Werbespruch, der zu einer Marke oder Firma gehört, z. B.: *Just do it! (Nike)*,
- ein **Logo:** Darstellung des Firmennamens in Bild- bzw. Schriftgestaltung,
- **Farben:** Die Farbe Blau kann z. B. für eine Waschmittelwerbung besonders wirksam sein, da sie für Sauberkeit steht. Grün wird v. a. mit Natürlichkeit verbunden.

Sprachliche Mittel der Werbung erkennen

Have a break, have a Kit Kat   **Actimel aktiviert Abwehrkräftte**

HARIBO MACHT KINDER FROH UND ERWACHSENE EBENSO

Ritter Sport: QUADRATISCH. PRAKTISCH. GUT.

Mars macht mobil

Media Markt. Ich bin doch nicht blöd.   **Nokia. Connecting People**

Wohnst du noch oder lebst du schon?

1 Welche Werbeslogans kennt ihr? Welche gefallen euch besonders gut?

2 Untersucht in Partnerarbeit die Sprache der Werbeslogans. Wählt Aufgabe a oder b.

a Was haben die folgenden Sloganpaare sprachlich gemeinsam? Wie wirken sie?

Actimel activiert Abwehrkräfte   *Nokia. Connecting People*
Mars macht mobil   *Have a break, have a Kit Kat*

b Ordnet in eurem Heft die folgenden sprachlichen Mittel den Slogans passend zu.

A Der Slogan wird in Englisch formuliert, um modern zu wirken. *Gilt für …*

B Es werden Reime verwendet, damit man sich ihn schnell einprägt. *Gilt für …*

C Jedes Wort im Slogan beginnt mit dem gleichen Buchstaben. Das fällt gleich auf. *Gilt für …*

D Es wird eine Frage gestellt, sodass man sich angesprochen fühlt. *Gilt für …*

3 a Sammelt Ideen für Produkte, für die ihr werben wollt. Bildet je Produkt Gruppen.

b Überlegt in der Gruppe, was ihr mit diesem Produkt verbindet. Notiert eure Ideen, z. B.:
Erdbeereis = fruchtig, cremig, Spaß, Sommer, …

c Formuliert Werbeslogans mit Hilfe der sprachlichen Mittel (▶ Information).

d Wählt den besten Slogan und gestaltet ein Werbeplakat, das ihr der Klasse präsentiert.

Information	**Sprachliche Mittel verwenden – Die AIDA-Formel**

Damit die Werbebotschaft beim Verbraucher in Erinnerung bleibt, ist die Sprache der Werbung auffällig und einprägsam. Typische sprachliche Mittel der Werbung sind:

- **Fremdwörter:** vor allem aus dem Englischen, z. B.: *Always Coca-Cola!*
- **Reime,** z. B.: *Wer Swiffer **benutzt**, hat clever **geputzt.***
- **Alliteration:** Wörter mit gleichem Anfangslaut, z. B.: *Mars macht mobil.*
- **Frage/rhetorische Frage** (Scheinfrage), z. B.: *Wohnst du noch oder lebst du schon?*
- **Ellipse** (erwartbare Satzteile fehlen), z. B.: *Nikon Kamera. Automatisch gut. Weil von Nikon.*

Die sprachlichen Mittel sollen insbesondere nach der so genannten **AIDA-Formel** wirken:

- **Attention** = die Aufmerksamkeit erregen, z. B. durch einen witzigen Slogan,
- **Interest** = das Interesse wecken, z. B. durch interessante Bild-Text-Kombinationen,
- **Desire** = den Wunsch wecken, zu kaufen, z. B. mit Hilfe von Produktinformationen,
- **Action** = den Kauf bewirken, z. B. durch Hinweise auf Sonderaktionen.

Radiowerbung bewusster hören

Guten Tag. Dieser Radiospot ist für eine ganz bestimmte Frau. Ich sehe sie oft in der Kirchstraße spazieren gehen mit ihrem Hund. Sie ist blond, groß und hat eine schlanke Taille. Der Hund ist auch groß. Und ich möchte dieser Frau sagen: Ich bin schon dreimal in die Haufen von deinem Köter reingetreten. Nimm Plastiktüten mit! Danke.
Mit Radio erreichen Sie immer die Richtigen.
Radio. Geht ins Ohr. Bleibt im Kopf.

Lieber schlanker, maskierter Mann mit Jeans und dunkler Jacke. Bei unserem Zusammenstoß neulich vor der Sparkasse haben Sie Ihre Geldbörse verloren. Kein Wunder bei dem Tempo, das Sie draufhatten. Und durch so eine Maske sieht man ja auch ziemlich schlecht. Die ist übrigens völlig überflüssig. Denn so übel sehen Sie auf Ihrem Führerscheinfoto gar nicht aus. Ihr Portemonnaie habe ich übrigens bei der Sparkasse hinterlegt. Also keine Sorge! Sie kriegen alles wieder!
Mit Radio erreichen Sie immer die Richtigen.
Radio. Geht ins Ohr. Bleibt im Kopf.

1 a Lest die beiden Radiospots wirkungsvoll vor.
Probiert einzelne Vortragsweisen aus, z. B.: *aufgeregt, schüchtern, lachend, freundlich, …*
   b Begründet, welche Vortragsweise eurer Meinung nach die wirkungsvollste ist.

2 a An welche Zielgruppe richten sich die beiden Radiospots? Begründet eure Meinung.
   b Überlegt, wodurch die beiden Radiospots die Aufmerksamkeit der Hörer wecken:
   – Welche Erwartung wird aufgebaut?
   – Worin besteht die überraschende Wendung (Pointe)?

3 Mit welchem sprachlichen Mittel (▶ S. 167) wurde der Slogan formuliert?
„Radio. Geht ins Ohr. Bleibt im Kopf.“
A Reim   **B** Alliteration   **C** Frage   **D** Ellipse

4 a Nennt Radiospots, die euch „im Kopf" geblieben sind. Erklärt, woran das liegt.
   b Tragt gesungene Slogans oder Erkennungsmelodien (Jingles) vor, die ihr aus der Radiowerbung kennt. Welchen Zweck haben diese Jingles?
   c Notiert in Partnerarbeit, was Radiospots von Werbeplakaten unterscheidet, z. B.:

Radiospot	Werbeplakat
– *gesprochene Texte*	– *…*
– *…*	– *Farben und …*

5 a Bildet Arbeitsgruppen. Wählt ein Produkt, für das ihr im Radio werben wollt.
   b Formuliert Sprechtexte. Überlegt euch auch einen Jingle, z. B. für den Slogan.
   c Probiert aus, wie ihr Text, Musik (Geräusche) und Jingle kombinieren wollt.
   d Nehmt den Radiospot auf.
   Tipp: Wiederholt die Aufnahme, bis ihr mit dem Ergebnis zufrieden seid.

Werbung kritisch diskutieren

Ferrero: Goldener Windbeutel für „dreisteste Werbelüge"

17. 06. 2011 – Das Produkt „Milch-Schnitte" des Lebensmittelherstellers Ferrero hat den goldenen Windbeutel für die dreisteste Werbelüge des Jahres gewonnen. Die Verbraucherschutzorganisation Foodwatch hatte Verbraucher auf der Internetseite „abgespeist.de" über Produkte, die nicht halten, was sie versprechen, abstimmen lassen. Ferrero will den Negativpreis nicht annehmen.

Der Goldene Windbeutel 2011

„Milch-Schnitte" von Ferrero — 43,5 %
„Activia" von Danone — 28,9 %
„Nimm 2" von Storck — 16,1 %

Verbraucher haben die Milch-Schnitte von Ferrero zur dreistesten Werbelüge des Jahres gewählt. Bei einer Internet-Abstimmung unter fünf umstrittenen Produkten entschieden sich knapp die Hälfte der knapp 118 000 Teilnehmer für die Milchschnitte als „dreistesten Fall von Etikettenschwindel". Das teilte die Verbraucherschutzorganisation Foodwatch am Freitag in Berlin mit.

Die Verbraucherschützer kritisierten, dass der Nahrungsmittelhersteller seine Süßspeise als sportlich-leichte Zwischenmahlzeit bewerbe. Dabei bestehe sie zu rund 60 Prozent aus Zucker und Fett. Die Milchschnitte sei damit gehaltvoller als Schoko-Sahnetorte. Die Ferrero-Manager täuschten damit ihre Kunden „nach Strich und Faden", meint Foodwatch.

Ferrero wies den Vorwurf zurück. Eigene Untersuchungen „geben uns keine Hinweise darauf, dass die Verbraucher die Werbung für Milch-Schnitte als irreführend empfinden", teilte das Unternehmen am Freitag in Frankfurt am Main mit. Ferrero werde den Negativpreis deshalb nicht annehmen. Kritik erntete der Milch-Schnitte-Hersteller auch vom Berufsverband der Kinder- und Jugendärzte (BVKJ). Die kalorienhaltigsten Süßspeisen als etwas Leichtes anzupreisen, sei aus medizinischer Sicht eine unverantwortliche Werbestrategie. „Durch solche Werbemaßnahmen macht sich die Lebensmittelindustrie mitschuldig daran, dass immer mehr Kinder an Übergewicht leiden und erhebliche Kosten im Gesundheitssystem entstehen", erklärte der BVKJ-Präsident und Mediziner Wolfram Hartmann.

Ferrero hingegen betonte, dass auch der Verzehr einer Milch-Schnitte zwischendurch „durchaus mit einem ausgewogenen, sportlichen Lebensstil vereinbar" sei. Mit Sportlern als Werbepartnern werde gezeigt, „dass Ernährung und Bewegung zusammengehören".

Auf dem zweiten Platz in der Foodwatch-Abstimmung landete der Joghurt der Marke „Activia" von Danone. Auf den dritten Rang kamen die „Nimm-2"-Bonbons des Herstellers Storck.

Foodwatch wendet sich damit gegen irreführende Werbepraktiken von Lebensmittelherstellern. Dazu stellt die Organisation regelmäßig Produkte vor, die nach ihren Angaben nicht halten, was sie versprechen.

1 Worum geht es in dem Text auf S. 169? Wählt die richtige Aussage aus.

A Der Text berichtet über die Firma Ferrero, die Milch-Schnitten und Windbeutel herstellt.

B Der Text gibt die Kritik an Ferreros Werbemaßnahmen für ungesunde Milch-Schnitten wieder.

C Der Text erläutert ganz allgemein, was Foodwatch für eine interessante Organisation ist.

D Der Text handelt von Sportlern und BVKJ-Medizinern, die gerne Milch-Schnitte essen.

2 Erklärt, was der „Goldene Windbeutel" ist. Wählt Aufgabe a oder b.

●●● **a** Warum will Ferrero diesen Preis nicht annehmen? Nutzt den Wortspeicher:

Windbeutel = Lügner	kein Siegerpreis	Gegenteil	Image	kein Gebäck

●○○ **b** Begründet, welcher der folgenden Preise, der „Goldene Windbeutel" sein könnte.

3 Beschreibt die Grafik (▶ S. 169), z. B.:

Die meisten stimmten dafür, dass … Etwas weniger als ein Drittel der Befragten (28,9 %) meinten, dass … Nur 16,1 % …

4 **a** Im Text ist die Rede von
  – der „dreistesten Werbelüge" (▶ Z. 2),
  – „Etikettenschwindel" (▶ Z. 6 f.) und
  – „irreführende[n] Werbepraktiken" (▶ Z. 46 f.).
  Arbeitet zu zweit: Erläutert euch gegenseitig die Ausdrücke mit Hilfe des Textes, z. B.:
  Das Adjektiv … bedeutet, dass jemand besonders frech oder respektlos lügt. In der Werbung wird oft nicht … gesagt. Also bedeutet „dreisteste Werbelüge", dass …
b Stellt eure Erläuterungen der Klasse vor.

5 **a** Was genau werfen Foodwatch und der Berufsverband der Kinder- und Jugendärzte Ferrero vor?
  Lest die entsprechenden Textstellen mit Angabe der Zeilen vor: *In Zeile … steht: „…"*
b Diskutiert, ob ihr die Vorwürfe für gerechtfertigt haltet oder nicht.

6 Nennt andere Produkte, denen ihr den „Goldenen Windbeutel" für Werbelügen verleihen würdet. Begründet eure Wahl.

7 Bei der Foodwatch-Abstimmung erreichten der „Activia"-Joghurt den zweiten und die „Nimm-2"-Bonbons den dritten Platz (vgl. Z. 41–45).
  a Recherchiert im Internet: Was genau kann bei der Bewerbung dieser Produkte als irreführend beurteilt werden?
  b Recherchiert im Internet nach dem aktuellen „Goldenen Windbeutel" des Jahres.

Teste dich!

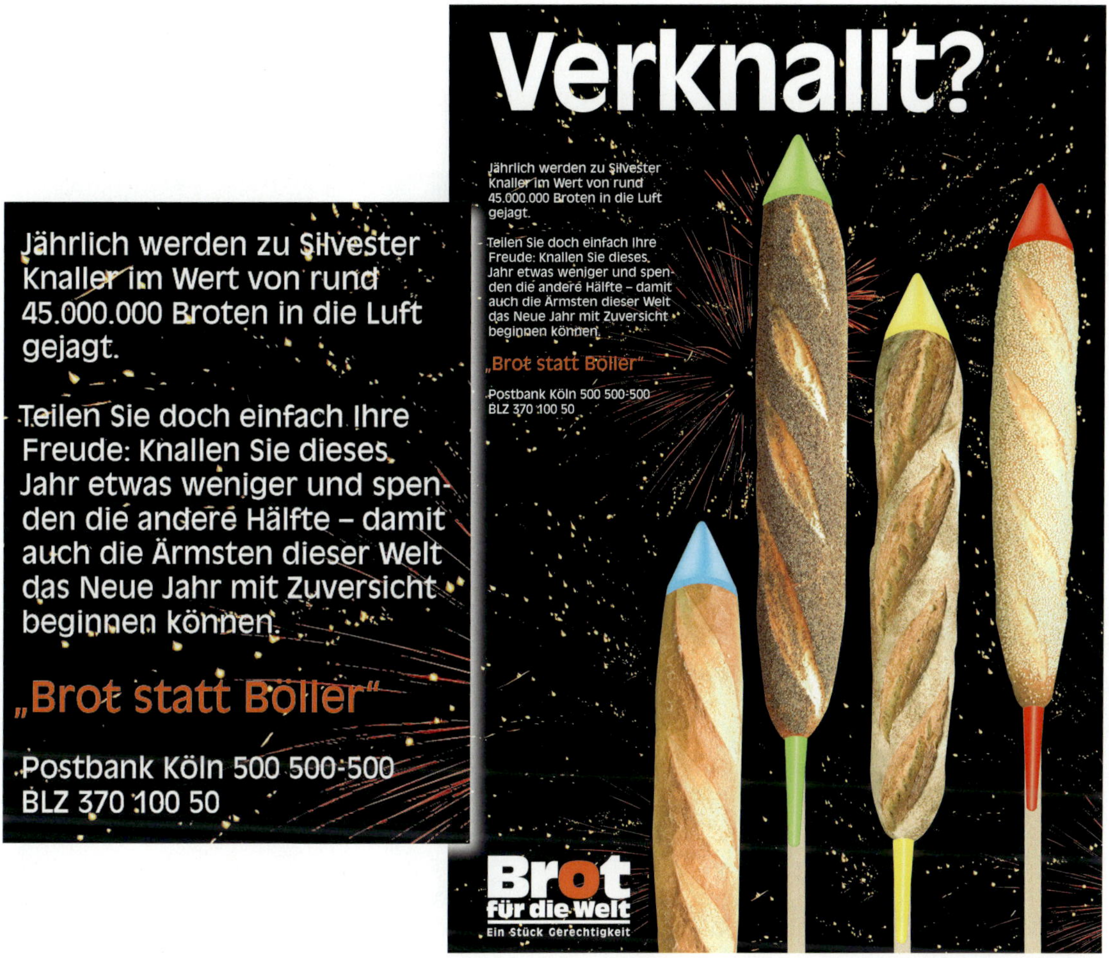
Verknallt?
Jährlich werden zu Silvester Knaller im Wert von rund 45.000.000 Broten in die Luft gejagt.
Teilen Sie doch einfach Ihre Freude: Knallen Sie dieses Jahr etwas weniger und spenden die andere Hälfte – damit auch die Ärmsten dieser Welt das Neue Jahr mit Zuversicht beginnen können.
„Brot statt Böller"
Postbank Köln 500 500-500
BLZ 370 100 50
Brot für die Welt
Ein Stück Gerechtigkeit

1 Untersuche diese Werbeanzeige.

a Notiere, für welche Hilfsorganisation geworben wird. Wie lautet ihr Slogan?

b Skizziere die Anzeige in deinem Heft. Ordne deiner Skizze die folgenden Fachbegriffe zu: Headline, Bild, Kurzinformation und Logo.

c Erläutere den Zusammenhang von Bild und Headline.

d Wie lautet die Werbebotschaft? Wähle eine passende aus:

A Verpulvere nicht dein Geld! Spende es lieber! So können wir hungernden Menschen helfen.
B Jag auch mal Brot in die Luft! Wir haben es ja und es knallt gut.
C Kauft ruhig Silvesterknaller! Vergesst aber nicht, auch ein bisschen für uns zu spenden.
D Es ist schon Nacht in den armen Ländern. Wir müssen ganz schnell Licht dorthin bringen.

2 Vergleiche deine Ergebnisse mit einem Lernpartner.
Korrigiert oder ergänzt gegebenenfalls eure Ergebnisse.

10.2 Geschichten in 30 Filmsekunden – Werbespots untersuchen

Die Wirkung filmischer Mittel verstehen

„Vielleicht sollten wir mal in die Berge fahren." *(ruhige Musik: Gitarre und Trommel)*

(schnelle, energiegeladene Musik: Trommeln und Rasseln)

(schnelle, energiegeladene Musik: Trommeln und Rasseln)

(schnelle, energiegeladene Musik: Trommeln und Rasseln)

(begeistertes Jauchzen der Frau; schnelle, energiegeladene Musik: Trommeln und Rasseln)

„Ja." *(ruhige Musik: Gitarre und Trommel)*

„Oder lieber ans Meer ..." *(ruhige Musik: Gitarre und Trommel)*

(schnelle, energiegeladene Musik: Trommeln und Rasseln)

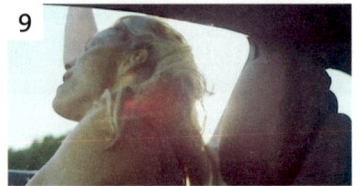

(begeistertes Jauchzen der Frau; schnelle, energiegeladene Musik: Trommeln und Rasseln)

(schnelle, energiegeladene Musik: Trommeln und Rasseln)

„Mmmmhhh ..."

„Und in Venedig waren wir auch noch nie."

(langsames italienisches Opernlied)

(langsames italienisches Opernlied)

„Oh nein! Vergiss es!"

1 a Erzählt die Handlung des Fernsehspots nach, z. B.:

Eine junge Frau und ein junger Mann liegen bzw. sitzen … Sie schlägt ihm vor, …
Auf den nächsten vier Bildern sieht man, was der Mann … Er sieht vor seinem inneren Auge …
Auf den Vorschlag der Frau antwortet er: … Die Frau meint, man könnte ja auch …

  b Benennt die vier verschiedenen Handlungsorte, an denen der Spot spielt.
  Tipp: Achtet auf die jeweilige Musik zu den Bildern.

  c Begründet, welche der beiden Aussagen die Werbebotschaft besser trifft.

> **A** Männer interessieren sich mehr für Landschaften als für die Sehenswürdigkeiten einer Stadt.
> **B** Jeder Urlaubsort ist schön, solange man dort mit dem neuen Mercedes fahren kann.

2 Bei Werbespots muss die Wirkung filmischer Mittel sehr gut durchdacht sein.
●●● Beschreibt die Einstellungsgröße der Bilder mit den Begriffen *halbnah, groß* und *weit.*
Worauf wird jeweils die Aufmerksamkeit des Zuschauers gelenkt?

▷ Eine Hilfe zu Aufgabe 2 findet ihr auf Seite 174.

3 Untersucht, wie die vier Szenen angeordnet sind, um die Geschichte zu erzählen.
●●● a Skizziert die einzelnen Filmbilder in eurem Heft.
  Umklammert in vier Farben die Szenenbilder, die zusammengehören.
  Tipp: Zum ersten Handlungsort gehören 6 Bilder, die zum Teil einzeln stehen.

  b Markiert in zwei anderen Farben Szenen, die in der Fantasie des Mannes spielen, und Szenen,
  die zeigen, wo er tatsächlich ist.

  c Erklärt, warum sie in dieser Weise zusammengefügt (montiert) wurden.
  Ihr könnt folgende Begriffe nutzen: *Traumwelt, Wirklichkeit, Wechsel, Spannung, Stimmung, …*

▷ Hilfe zu 3, Seite 174

4 Untersucht, warum drei unterschiedliche Musikstücke eingesetzt werden.
  a Stellt fest, welches Musikstück in den jeweiligen Szenen erklingt.
●●● b Erläutert, wie die Musik zur Stimmung und Handlung der Szenen passt, z. B.:
  In Bild 1, 6, 7, … und … halten sich die Figuren entspannt zu Hause auf. Zu dieser Stimmung passt …

▷ Hilfe zu 4 b, Seite 174

Information **Einstellungsgrößen, Schnitt und Montage unterscheiden**

■ **Einstellungsgrößen** für die Kamera; wichtige sind:
  Halbnah: Die Figur wird ab der Hüfte aufwärts gezeigt. Man erkennt, wie sie sich vor Ort fühlt.
  Groß: Man sieht den Kopf der Figur. Ihr Gesichtsausdruck vermittelt ihre Stimmung.
  Weit: Es wird eine ganze Landschaft oder eine Stadt gezeigt. Man erkennt den Ort der Handlung.
■ **Schnitt:** Nach den Dreharbeiten wird das Filmmaterial in einzelne Szenen zerlegt. Die besten
  Szenen können ausgewählt und überflüssige Szenen können herausgeschnitten werden.
■ **Montage:** Einzelne Szenen werden umgestellt und neu zusammengefügt (montiert).
  Durch **Schnitt und Montage** kann man **Handlungen,** die zeitgleich **an verschiedenen Orten**
  spielen, verknüpfen, wie: *Ein Dieb bricht ein. (Schnitt) Die Polizei kommt. (Schnitt) Der Dieb …*
  Es ist auch möglich, in **Rückblenden** Ereignisse aus der Vergangenheit zu zeigen, z. B.:
  Eine erwachsene Figur erinnert sich. (Schnitt) Die Kindheit der Figur wird gezeigt.

● ○ ○   **Aufgabe 2 mit Hilfe**

Bei Werbespots muss die Wirkung filmischer Mittel sehr gut durchdacht sein.
Worauf wird jeweils die Aufmerksamkeit des Zuschauers gelenkt?
Ergänze die folgenden Formulierungen und ordne sie den drei Bildern richtig zu.

> weite Einstellung • große Einstellung • halbnahe ... •
> Aufmerksamkeit liegt auf: Stimmung/Fahrfreude des ... •
> die atemberaubende Umgebung, die man ... • das ... mit dem Firmenlogo

● ○ ○   **Aufgabe 3 mit Hilfe**

Untersucht, wie die Szenen angeordnet sind, um die Geschichte zu erzählen.

a Skizziert die einzelnen Filmbilder in eurem Heft.
   Umklammert in vier Farben die Szenenbilder, die zusammengehören.
   Szene 1: Bild 1, 6, 7, 11, 12 und ...   Szene 2: Bild 2, ... und ...   Szene 3: ...   Szene 4: ...

b Markiert in zwei anderen Farben Szenen, die in der Fantasie des Mannes spielen, und Szenen, die
   zeigen, wo er tatsächlich ist. Prüft dazu diese Schülerlösung:
   Szene 1 = Wirklichkeit   Szene 2 = Fantasie   Szene 3 = Wirklichkeit   Szene 4 = Fantasie

c Erklärt, warum die Szenen in dieser Weise zusammengefügt (montiert) wurden.
   Beschreibt die Wirkung auf euch, z. B.:
   Ich finde es ..., wenn ... wechseln. Ich frage mich dann, was ... Der Schluss wirkt auf mich ...

● ○ ○   **Aufgabe 4 b mit Hilfe**

Untersucht, warum drei unterschiedliche Musikstücke eingesetzt werden.

a Stellt fest, welches Musikstück in den jeweiligen Szenen erklingt.

b Erläutert, wie die Musik zur Stimmung und Handlung der Szenen passt.
   Notiert in euer Heft, welche Ziffer (1, 2, 3) zu welchem Buchstaben (A, B, C) gehört.

> **1** In Bild 13 und 14 sieht man eine enge,
> dunkle Tiefgarage, in der das Auto
> steht.
>
> **2** In Bild 2 bis 5 und 8 bis 10 sind das
> Auto, die Landschaften sowie der
> jubelnde Mann als Fahrer und die
> überglückliche Frau zu sehen.
>
> **3** In Bild 1, 6 und 7 halten sich die
> Figuren entspannt zu Hause auf.

> **A** Zu diesen Bildern passt das langsame
> italienische Lied, denn so wäre es in
> Venedig.
>
> **B** Zu dieser Stimmung passt die „ruhige
> Musik". Sie vermittelt ein Wohlgefühl.
>
> **C** Zu dieser Stimmung passt die „schnelle
> Musik", denn man fährt wie in einem
> Rausch durch diese Landschaften.

10.3 Projekt – Einen Werbespot drehen

1. Schritt: Ideen sammeln und einen Drehplan schreiben

1 Plant einen Werbespot als Imagewerbung (▶ S. 164) für eure Schule.

a Entscheidet,
- wie die Botschaft eurer Werbung lauten soll, z. B.: *Bei uns hilft man sich zu jeder Zeit.*
- wen genau (Zielgruppe) ihr mit eurem Film ansprechen wollt, z. B. neue Schüler, Eltern, ...
- wann ihr euren Film zeigen wollt, z. B. am Schulfest, am Tag der offenen Tür, am Infoabend.

  Tipp: Vielleicht könnt ihr euren Film auch auf der Website eurer Schule veröffentlichen?

b Erstellt eine Mind-Map: Was soll in einem Werbespot über eure Schule gezeigt werden?

  Tipp: Überlegt, was für eure Zielgruppe interessant sein könnte.

c Entscheidet, welche Ideen ihr ausführen wollt. Beschränkt euch auf das Allerwichtigste, denn euer Werbespot sollte nicht länger als 5 Minuten sein.

2 Erstellt auf einem Plakat einen Drehplan für euren Film, z. B.:

Szene	Drehort, Inhalt	Personen	Ton (Geräusche, Musik, Texte)	Kamera (Einstellung, Perspektive)
1	*vor dem Schulgebäude: Schüler laufen fröhlich in das Gebäude hinein.*	*viele Schüler*	*Schulgong Stimmengewirr Lachen*	*Überblick über das Schulgebäude und Schüler zeigen (Weit und Groß)*
2	*Chemieraum: Schüler führen spannende Experimente durch.*	*7a Frau Martin*	*...*	*...*
3	*Sporthalle: ...*	*...*	*...*	*...*

2. Schritt: Den Werbespot drehen

3
a Betrachtet die beiden Filmbilder.
  Begründet: Welches Bild ist im Hinblick auf die Kameraeinstellung gelungen? Welches nicht?
b Prüft noch einmal in eurem Drehplan die Kameraeinstellungen.
  Wie könnt ihr Gebäude, Gegenstände und Personen am besten in den Blick nehmen?

4
a Bildet Drehteams: Haltet fest, welches Team welche Szenen dreht.
b Holt euch das Einverständnis der Schuldirektion und der Personen, die ihr filmen wollt.
c Dreht die einzelnen Szenen. Probiert unterschiedliche Kameraeinstellungen aus.
  – Achtet auf gute Lichtverhältnisse, filmt nicht gegen das Licht.
  – Haltet die Kamera ruhig, stellt sie auf ein Stativ oder einen festen Untergrund.
  – Verzichtet auf den übermäßigen Einsatz von Zooms und Schwenks.
    Je näher ihr das Objekt oder die Person ranzoomt, desto mehr verwackelt das Bild.
  – Achtet auf einen guten Ton. Geht bei Interviews nah an den Gesprächspartner heran.
  Tipp: Dreht die Szenen am besten zwei- oder dreimal. So habt ihr später eine Auswahl.

5 Seht euch euer Filmmaterial an und prüft Bild- und Tonqualität. Notiert eure Verbesserungsvorschläge und dreht einzelne Szenen gegebenenfalls noch einmal.

3. Schritt: Schnitt und Montage

6
a Schneidet euer Filmmaterial am Computer mit Hilfe eines Schnittprogramms.
  – Löscht Szenen, die überflüssig oder nicht gelungen sind.
  – Probiert verschiedene Schnitte aus. Verändert z. B. die Reihenfolge der Szenen und testet
    verschiedene Übergänge (Blenden) zwischen den Szenen.
b Überlegt, ob ihr Szenen mit Musik unterlegen möchtet oder den Ton verändern solltet.
c Fügt in euren Werbespot einen ansprechenden Filmtitel ein.
  Ihr könnt auch Zwischentitel für einzelne Szenen und das Filmende (den Abspann) erfinden.

Schreibwörter				► S. 282
die Headline	das Logo	die Werbebotschaft	die Mitmachwerbung	der Schnitt
der Slogan	das Image	das Produkt	die Szene	die Montage

11 Grammatiktraining –
Wortarten, Sätze und Satzglieder

1 Sammelt an der Tafel Wörter zum Thema „Wasser":

a Findet möglichst viele Tätigkeiten, die man im oder mit Wasser machen kann, z. B.:
Man kann planschen, …

b Nennt möglichst viele Eigenschaften, die Wasser haben kann, z. B.:
Wasser kann kalt sein, …

c Notiert, in welcher Form Wasser vorkommen kann, z. B.: *als Eis, als* …

2 Bestimmt die Wortart, die ihr in Aufgabe 1a, in 1b und in 1c jeweils verwendet habt.

3 Kennt ihr einige der Wörter, die ihr in Aufgabe 1 genannt habt, auch in anderen Sprachen? Notiert diese Wörter ebenfalls an der Tafel.

In diesem Kapitel …

– wiederholt ihr die wichtigsten Wortarten und Satzglieder und lernt neue kennen,

– lernt ihr, was Passivsätze sind und wozu man sie braucht,

– untersucht ihr, wozu man Nebensätze nutzen kann,

– erfahrt ihr einiges über Wasser, Luft und Unterseevulkane.

11.1 Mit Wasser leben – Wörter erforschen

Nomen und deren Kasus erkennen

Das wichtigste Gut auf unserem blauen Planeten

Etwa 70 % der Erde sind mit Wasser bedeckt. Dies ist der Grund, weshalb sie aus dem Weltraum als strahlend blauer Planet erscheint. Nur ein kleiner Teil (3 %) des Wassers auf der Erde ist Süßwasser, der Rest (97 %) ist Salzwasser.
Auch der Körper des Menschen besteht zu ⅔ aus Wasser. Selbst sein Gehirn ist eine Art feuchter Schwamm, denn <u>dieses</u> wird zu etwa ¾ aus Wasser gebildet. Wasser ist für den Menschen lebenswichtig. Es dient <u>seinem</u> Körper als Transport- und Lösemittel. Das Wasser verdünnt die Magensäure, transportiert Salze im Körper und löst Zucker auf.
In vielen Teilen der Erde ist Wasser knapp. Die Weltgesundheitsorganisation WHO schätzt: Weltweit haben fast 900 Millionen Menschen keine ausreichende Versorgung mit Wasser.

1 Begründet mit Hilfe des Textes, warum Wasser so wichtig für den Menschen ist.

2 Untersucht die beiden Nomen in der Überschrift. Wählt Aufgabe a/b oder c/d.
- ●○○ **a** Schreibt die beiden Nomen heraus.
- ●○○ **b** Beweist mit einer Probe, dass es Nomen sind (▶ Information).
- ●●● **c** Schreibt für ein Nomen alle drei Nomenproben auf (▶ Information).
- ●●● **d** Erläutert, wofür es sinnvoll ist, Nomen zu erkennen.

3 **a** Prüft, ob ihr den Text gut verstanden habt. Beantwortet die Fragen A bis D:
  A Wer oder was ist eine Art feuchter Schwamm?
  B Wessen Körper besteht zu ⅔ aus Wasser?
  C Wem dient das Wasser als Transport- und Lösemittel?
  D Wen oder was verdünnt das Wasser im Körper des Menschen?
  b Bestimmt für eure Antworten jeweils den Kasus (den Fall, ▶ Information).

Information   **Nomen und Kasus (Fall)**

- **Nomen** (Hauptwörter) kann man mit Hilfe von **Proben** erkennen:
  - **Artikelprobe:** Vor Nomen kann man einen Artikel setzen, z. B.: *Das Wasser ist wichtig.*
  - **Zählprobe:** Viele Nomen können von Zahlwörtern begleitet werden, z. B.: *das **viele** Wasser.*
  - **Adjektivprobe:** Nomen lassen sich durch Adjektive näher beschreiben, z. B.: *das **trübe** Wasser.*
- **Nomen** treten **im Satz** in einem von **vier Kasus (Fällen)** auf:
  - **Nominativ (Wer oder was?):** *Das Wasser* *ist das wichtigste Element auf der Erde.*
  - **Genitiv (Wessen?):** *Die Bedeutung **des Wassers** ist in trockenen Gebieten besonders groß.*
  - **Dativ (Wem?):** *Man kann **dem Wasser** Meersalz entziehen.*
  - **Akkusativ (Wen oder was?):** *Ohne Meersalz können die Menschen **das Wasser** trinken.*

Pronomen als Ersatz für Nomen und Wortgruppen

Meerwasser löst nicht die Wasserprobleme

In vielen Teilen der Erde gibt es zwar Meerwasser. Meerwasser kann aber nicht als Trinkwasser genutzt werden, denn Meerwasser enthält Salz. Deshalb kann der Mensch das Meerwasser nicht trinken.

1
a Es gibt Inseln, die Trinkwasser mit dem Schiff geliefert bekommen.
  Erklärt mit Hilfe des Textes, warum die Inselbewohner nicht das Meerwasser trinken.
b Schreibt den Text ab und ersetzt die Unterstreichungen durch Pronomen.
  Nutzt mindestens zwei Arten von Pronomen (▶ Information).
c Beschreibt, was der Vorteil des umformulierten Textes ist. Hat er auch Nachteile?

2
a Erklärt, was mit „unserem" in der Überschrift zum Text auf S. 178 gemeint ist.
b Bestimmt die Wortart und erklärt, was das Wort „unserem" leistet.

3 Texte sind schwer verständlich, wenn man nicht weiß, worauf sich Pronomen beziehen.
Prüft, ob ihr die Bezüge im Text auf S. 178 erklären könnt. Wählt Aufgabe a oder b.

●○○ a Im Text sind zwei Pronomen markiert. Beantwortet im Heft:
  – Worauf beziehen sich die Pronomen?
  – Um welche Art von Pronomen handelt es sich?
  dieses = Gemeint ist ... (dieses: ...pronomen)
  seinem = Gemeint ist der Körper des ... (seinem: ...pronomen).

●●○ b Findet im Text die beiden Demonstrativpronomen.
  Schreibt jeweils auf, worauf sie sich beziehen:
  Das Demonstrativpronomen ... bezieht sich auf ...

4 In manchen Sprachen, wie z. B. dem Spanischen, ersetzt die Endung des Verbs oft das Personalpronomen. Untersucht die Sprachen, die ihr kennt. Kann man in diesen Sprachen manchmal auf Pronomen verzichten?

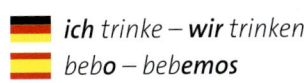

*ich trinke – **wir** trinken*
bebo – bebemos

| **Information** | **Personalpronomen, Possessivpronomen, Demonstrativpronomen** |

- **Pronomen** (Fürwörter) stehen **stellvertretend** für Nomen oder **begleiten** Nomen.
- **Personalpronomen** sind: *ich, du, er/sie/es, wir, ihr, sie.*
  Sie treten in verschiedenen **Fällen** auf, z. B.: *ich* (Nominativ), *mir* (Dativ), *mich* (Akkusativ).
- **Possessivpronomen** sind: *mein, dein, sein/ihr, unser, euer, ihr* usw.
  Sie zeigen **den Besitz** an. Oft begleiten sie Nomen, z. B.: *mein Gehirn, unser Wasser.*
- **Demonstrativpronomen** sind: *dieser, diese, dieses; jener, jene, jenes; solcher, solche, solches* usw. Sie weisen auf etwas hin.

Adjektive erkennen und einsetzen

Trinkbare Luft: Nebelfischer in der Wüste

1   In den Teilen der Welt, in denen Wasser fehlt, brauchen die Menschen gute Ideen. In der Atacama-Wüste in Chile ist der Wassermangel groß. Wenn jedoch morgens das kalte Wasser des Humboldt-Stroms auf die warme Luft des Festlands trifft, entsteht Nebel. Anfang der 1990er Jahre wurden große Netze aufgestellt, die den feuchten Nebel fangen. Wenn der Nebel langsam durch die Netze
5   zieht, verflüssigt er sich an den engen Maschen. So entsteht das wichtige Wasser.

1   Erklärt mit Hilfe des Textes: Wie kann man aus Nebel Wasser gewinnen?

2   Der Text wird durch die Adjektive anschaulich. Findet sie. Bearbeitet Aufgabe a oder b.

● ○ ○   **a** Adjektive erkennt man daran, dass man sie steigern kann.
      Findet die im Text verwendeten Adjektive. Schreibt als Beweise die Steigerung dazu, z. B.:
      Zeile 1: gut → besser → am besten.

● ● ●   **b** Adjektive können: 1. Nomen begleiten, 2. Verben ergänzen, 3. „sein" ergänzen.
      Findet für jede Möglichkeit ein Beispiel im Text und steigert die Adjektive.

3   **a** Übertragt den folgenden Text ins Heft. Setzt in die Lücken die richtigen Endungen ein.
      Schreibt in die Klammern, in welchem Kasus Adjektiv und Nomen stehen.
    b Stellt fest, bei welchem Kasus die Endung *-e* und bei welchem *-en* angehängt wird.

> Viele klein **?** Tropfen (Kasus: **?**) entstehen in den eng **?** Maschen (Kasus: **?**).
> Von dort fließt das Wasser über steile Rinnen in groß **?** Becken (Kasus: **?**).
> Schließlich gelangt es über lang **?** Rohre ins Dorf (Kasus: **?**).

Information   **Adjektive**

- **Adjektive** (Eigenschaftswörter) sind daran zu erkennen, dass man sie **steigern** kann, z. B.:

schnell	→ *schneller*	→ *am schnellsten*
Grundstufe (Positiv)	Steigerungsstufe (Komparativ)	Höchststufe (Superlativ)

- Im Satz können Adjektive auftreten als:
  1 Begleiter eines Nomens: *der **feuchte** Nebel*
  2 Ergänzung zum Verb: *Der Nebel zieht **feucht** über das Land.*
  3 Ergänzung zu „sein":   *Der Nebel ist **feucht**.*
- Als **Begleiter des Nomens** trägt das Adjektiv nach bestimmtem Artikel die **Endung -e oder -en.**
  – Nominativ (Wer oder was?):   *der feuchte Nebel*   *die trockene Wüste*   *das große Netz*
  – Genitiv (Wessen?):   *des feuchten Nebels*   *der trockenen Wüste*   *des großen Netzes*
  – Dativ (Wem?):   *dem feuchten Nebel*   *der trockenen Wüste*   *dem großen Netz*
  – Akkusativ (Wen oder was?):   *den feuchten Nebel*   *die trockene Wüste*   *das große Netz*

Präpositionen verwenden

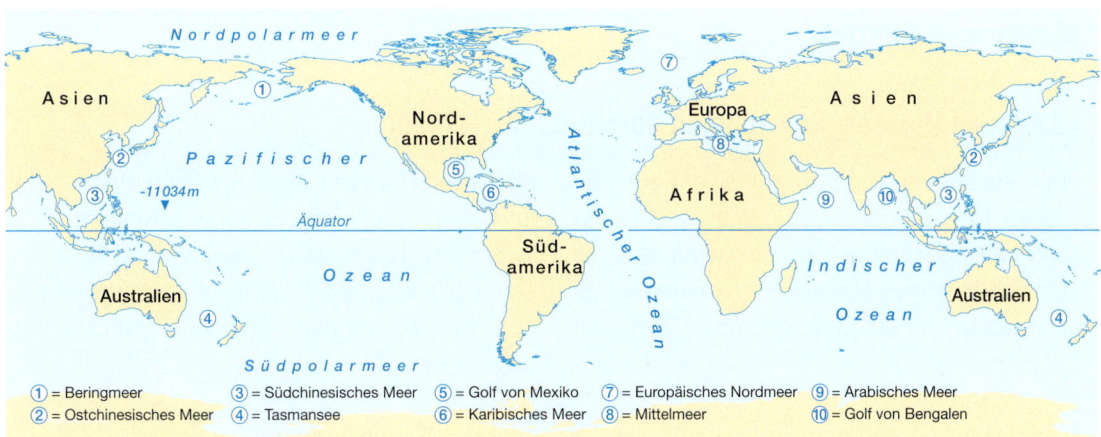

① = Beringmeer ③ = Südchinesisches Meer ⑤ = Golf von Mexiko ⑦ = Europäisches Nordmeer ⑨ = Arabisches Meer
② = Ostchinesisches Meer ④ = Tasmansee ⑥ = Karibisches Meer ⑧ = Mittelmeer ⑩ = Golf von Bengalen

1
a Spielt zu zweit das Spiel: Wo liegen die Meere der Welt?
  – Partner A beginnt: *„Das Meer liegt östlich von …"*
  – Partner B nennt das Meer und fährt fort: *„Dieses Meer liegt zwischen …"*
b Sammelt im Heft, welche Präpositionen ihr verwendet habt: *Präpositionen → von, …*

2 Bearbeitet die beiden Sätze zum Thema „Meerestiefen". Nutzt Präpositionen. Wählt Aufgabe a oder b.
●○○ a Schreibt den Text ab und setzt die richtigen Präpositionen ein:
  Auf/Mit/Durch *11034 m Tiefe ist eine Stelle im Marianengraben* **am/im/auf** *Pazifik die tiefste Stelle der Weltmeere. Solche Tiefen lassen sich* **über/auf/mit** *einem Echolot messen.*
●●○ b Schreibt den Text ab und setzt passende Präpositionen ein:
  ❓ *Jahr 1957 wurde die tiefste Stelle des Meeres* ❓ *ein russisches Forschungsschiff entdeckt.*
  ❓ *des Namens des Schiffes heißt die Stelle „Witjastief 1".*

Information	Präpositionen

- Präpositionen (Verhältniswörter) sind z. B.: *in, auf, nach, vor, mit.* Sie bezeichnen genauer:

	den Ort	die Zeit	den Grund, Zweck	die Art und Weise
Frage	Wo? Wohin? Woher?	Wann? Wie lange? Seit wann?	Warum? Wozu? Warum nicht?	Wie?
Beispiel	*auf dem Platz* *in die Schule* *vor die Haustür* *aus der Türkei*	*um 12 Uhr* *in drei Tagen* *während des Spiels* *seit gestern*	*wegen des Regens* *aus Mitleid* *für die Klasse* *durch mich*	*mit viel Ehrgeiz* *ohne mein Wissen* *gegen meinen Willen* *in Eile*

- Manche Präpositionen können in unterschiedlicher Weise verwendet werden, z. B.:
  in *München (Ort),* **in** *dieser Woche (Zeit),* **in** *hohem Maße (Art und Weise).*
- Präpositionen können mit dem folgenden Artikel verschmelzen:
  an dem → am; bei dem → beim; in dem → im; auf das → aufs.

Vergangenes durch Verben ausdrücken

Präteritum und Perfekt

---

33 km im Wasser: Schwimmen durch den Ärmelkanal

Der Ärmelkanal trennt England vom europäischen Festland. Er ist an seiner schmalsten Stelle etwa 33 km breit. Immer wieder reizte es Menschen, diese Meerenge schwimmend zu überwinden. Viele scheiterten, aber 1875 meldeten die Zeitungen: „Matthew Webb ist als erster Mensch durch den Kanal geschwommen." Webb berechnete jedoch die Strömung falsch. So musste er über 60 Kilometer im Wasser zurücklegen. Er benötigte mehr als 21 Stunden.

---

1 Klärt mit Hilfe des Textes, warum es schwierig ist, durch den Ärmelkanal zu schwimmen.

2 Der Text spricht meist von der Vergangenheit. Zwei Sätze jedoch stehen im Präsens.
- **a** Lest die Präsens-Sätze vor. Erklärt, warum dort diese Zeitform verwendet wird.
- **b** Schreibt die Verben heraus, die im Präteritum stehen. Notiert auch, wie die Verben im Präsens heißen, z. B.: *Zeile 3: Präteritum → reizte – Präsens → reizt, ...*
- **c** Ein Satz steht im Perfekt. Nennt ihn. Überlegt, warum er wohl nicht im Präteritum steht.

3 Schreibt den folgenden Text über Gertrude Ederle um. Bearbeitet in eurem Heft Aufgabe a oder b.

> Vermutlich *ist* es Gertrude Ederle, die als erste Frau durch den Ärmelkanal *schwimmt*.
> Sie *benötigt* 1926 nur etwa 14 ½ Stunden.
> Diese Zeit *liegt* zwei Stunden unter der damaligen Bestzeit der Männer.

●○○ **a** Setzt die markierten Verbformen ins Präteritum.
Nennt mindestens ein Verb, das im Präteritum seine Form stark verändert.

●●● **b** Setzt den Text ins Präteritum.
Erklärt an Beispielen des Textes den Unterschied zwischen starken und schwachen Verben.

Information **Verben im Präteritum oder Perfekt**

- **Präteritum und Perfekt** sind Zeitformen der Vergangenheit.
  Schriftlich wird in der Regel das **Präteritum** verwendet, **mündlich** das **Perfekt.**
- **Schwache Verben** verändern im **Präteritum** nur die Endung. Sie sind völlig regelmäßig, z. B.:
  *ich spiele – ich spiel**te**, du sag**st** – du sag**test**, ...*
- **Starke Verben** verändern im **Präteritum** ihren **Stammvokal.** Man muss sie **lernen,** z. B.:
  ich schwimme – ich schwamm, du gehst – du gingst, ... (▶ Umschlaginnenseiten hinten)
- Verben im **Perfekt** bestehen aus **2 Teilen:** Präsens von haben oder sein + Partizip II, z. B.:

Wir haben		*gespielt.*
Du	*bist*	*geschwommen.*

Vorzeitigkeit durch Verben ausdrücken

Das Plusquamperfekt

Blind durchs Wasser zur Medaille

Ein junger Spanier fühlt sich im Wasser pudelwohl und sorgt im Schwimm-sport für Furore. Das Besondere: Enhamed Enhamed ist blind. In seiner Klasse räumt er bei Weltmeisterschaften und Paralympics ab. Bei den para-lympischen Spielen in London 2012 holte er zweimal Silber und einmal Bronze. In Peking hatte er mit 21 Jahren sogar 4 Goldmedaillen gewonnen.

1 Besprecht, was ihr über die „Paralympics" wisst.

2 Der Text beginnt in der Gegenwart und geht immer weiter in die Vergangenheit zurück.
  a Erläutert, wie man den Sätzen ansieht, dass die Olympischen Spiele in Peking in der Vergangen-heit vor den Spielen in London stattfanden.
  b Fertigt im Heft einen Zeitstrahl an. Ergänzt den jeweiligen Fachbegriff für das Tempus:

Vorvergangenheit	Vergangenheit	Gegenwart
Enhamed hatte in Peking gewonnen. *Tempus: Plus...*	*Enhamed holte in London ...* ...	*Enhamed fühlt sich ...* ...

  c Ergänzt euren Zeitstrahl durch ein weiteres Beispiel, z. B. für das Verb „schwimmen".

Enhameds Eltern ❓ aus der West-Sahara nach Gran Canaria ❓ *(auswandern)*. Dort kam Enhamed zur Welt. Mit 16 Jahren holte er seine erste Medaille bei einer Weltmeisterschaft. Drei Jahre zuvor ❓ er sein Training ❓ *(verstärken)*.

3 **a** Übertragt den Lückentext ins Heft. Ergänzt die Verben im Plusquamperfekt.
  b Erläutert, wieso die ergänzten Sätze im Plusquamperfekt stehen müssen.

Information	Plusquamperfekt

- Geschah etwas noch **vor einem vergangenen Ereignis im Präteritum,** wird das **Plusquamperfekt** verwendet, z. B.:

  Vergangenes (Präteritum):   Vorzeitiges (Plusquamperfekt):
  Bevor ich bei den Stadtmeisterschaften schwamm, *hatte ich vor allem das Starten geübt.*

- Das Plusquamperfekt wird so gebildet: Personalform von hatten oder waren + Partizip II.

Verben im Aktiv oder Passiv

Skifahren auf dem Wasser

1 Beim Wasserski wird der Wasserskifahrer auf schmalen Brettern über die Wasseroberfläche gezogen. Hierbei werden Geschwindigkeiten von bis zu 60 km/h erreicht.

2 Beim Wasserski zieht ein Boot den Wasserskifahrer auf schmalen Brettern über die Wasseroberfläche. Hierbei erreicht das Boot Geschwindigkeiten von bis zu 60 km/h.

1 Sammelt, was ihr über das Wasserskifahren wisst: Wie wird gestartet?
Muss man immer von einem Boot gezogen werden? Welche verschiedenen Formen des Sports gibt es?

2 Die Texte 1 und 2 handeln von der gleichen Sache, aber sie unterscheiden sich.
Gebt an, welche der folgenden Sätze zutreffen: *Richtig sind die Sätze ...*
A In Text 1 wird betont, dass mit dem Wasserskifahrer etwas geschieht.
In Text 2 wird betont, dass das Boot etwas tut.
B Text 1 steht im Präteritum. Text 2 steht im Plusquamperfekt.
C In Text 1 wird verschwiegen, wer den Skifahrer zieht und wer die Geschwindigkeit erreicht.

3 Text 1 steht im „Passiv".
Im Passiv wird betont, dass jemand nicht aktiv etwas tut, sondern etwas mit ihm getan wird.
Ergänzt im Heft: *In Text 1 wird etwas mit* ? *getan: Er wird* ? *. (= Passiv)*

4 Bildet Passivsätze. Bearbeitet Aufgabe a oder b.
●○○ **a** Schreibt aus dem ersten Satz die Passivform heraus. Ergänzt sie im zweiten.
Die meisten Wasserskifahrer werden zu Beginn von einem Lehrer unterrichtet.
Ihnen ? *zum Beispiel* ? *(erklären), wie man startet.*
●●○ **b** Übertragt die folgenden Sätze ins Passiv.
Trainer unterrichten die Anfänger. Sie bringen ihnen bei, wie man startet. Nach dem ersten Startversuch erklärt der Trainer dem Anfänger, welche Fehler er gemacht hat.

Information	**Aktiv und Passiv**

- **Das Aktiv und das Passiv** drücken eine unterschiedliche Sicht auf ein Geschehen aus:
  - Das **Aktiv betont denjenigen, der** etwas tut oder **handelt,** z. B.: *Das Boot zieht den Skifahrer.*
  - Das **Passiv betont, mit wem oder was etwas geschieht,** z. B.: *Der Skifahrer wird gezogen.*
- **Das Passiv wird gebildet aus der Personalform des Hilfsverbs** werden + Partizip II:

	Aktiv	Passiv
Präsens:	Halima *lobt.*	Halima *wird gelobt.*
Präteritum:	Halima *lobte.*	Halima *wurde gelobt.*

Mit dem Passiv den Handelnden verschweigen

Nackte Füße tragen über das Wasser

A Beim Barfußwasserski wird auf Skier verzichtet.
B Die Sportler werden auf nackten Füßen über das Wasser gezogen.
C Nur erfahrene Wasserskiläufer betreiben diese Sportart.
D Sie trainieren in der Vorbereitung den ganzen Lauf.

1 Barfußwasserski scheint schwierig zu sein.
Stellt Vermutungen darüber an, was wohl besonders schwierig an diesem Sport ist.

2 In den Sätzen A und B wird derjenige nicht genannt, der handelt: Wer verzichtet? Wer zieht?
a Erklärt, wieso Passivsätze die Handelnden verschweigen können.
b Schreibt die Sätze A und B ab. Ergänzt, wer handelt.
Beim Barfußwasserski wird von … auf Skier verzichtet. Die Sportler … von …
c Übertragt die beiden Sätze aus dem Passiv ins Aktiv. Beginnt in eurem Heft so:
Beim Barfußwasserski verzichten die Wassersportler …

3 Untersucht die Sätze C und D. Wählt Aufgabe a/b oder a/c.
a Erläutert, warum es sich bei C und D um Aktivsätze handelt.
●○○ **b** Formt Satz C ins Passiv um: *Diese Sportart wird nur von …*
●●● **c** Formt Satz D ins Passiv um, ohne den Handelnden zu nennen.

4 Auf den Bildern wird ein Missgeschick dargestellt. Schreibt eine Geschichte dazu.
Nutzt möglichst viele Passiv-Formen.

Information   **Mit dem Passiv den Handelnden verschweigen**

- Mit dem Passiv kann man den Handelnden (den „Täter") verschweigen.
  So wird ausschließlich **betont, mit wem oder was etwas geschieht.**
  Dabei wird das **Objekt** im Aktivsatz **zum Subjekt** im Passivsatz, z. B.:
  Aktiv (mit „Täter"): *Das Boot zieht den Wasserskifahrer.* (Objekt im Aktivsatz)

  Passiv (ohne „Täter"): *Der Wasserskifahrer wird gezogen.* (Subjekt im Passivsatz)
- Mit *von …* oder *durch …* kann man im Passivsatz den „Täter" ergänzen, z. B.:
  Passiv (mit „Täter"): *Der Wasserskifahrer wird von einem Boot gezogen.*

Mit dem Passiv einen eintönigen Satzbau vermeiden

Wassersport in den Lüften – Hydrofoiling

(Hydro = Wasser; foil = Tragfläche)
Seit einiger Zeit ist eine neue Trendsportart zu beobachten: das Hydrofoiling.
Boote ziehen Hydrofoiler im Sitzen durchs Was-
5 ser.
Die Wassersportler nutzen spezielle Fahr- und Sprungtechniken, um bei der Fahrt abzuheben.
Die Trendsportler erreichen bei ihren Sprüngen eine Höhe von mehreren Metern.
10 Die Athleten erhöhen mit Styletechniken sogar noch den technischen Anspruch an die Sprün-
ge.

1
a Erklärt mit Hilfe des Textes, was „Hydro-foiling" wörtlich bedeutet.
b Benennt: Welche Beschreibungen aus dem Text sind auch auf dem Bild zu sehen? Was zeigt das Bild nicht?

2 Der Text ist recht eintönig, weil der Satzbau der Sätze sich sehr ähnelt.
Formuliert einen Teil des Textes um. Bearbeitet Aufgabe a oder b.
●○○ a Setzt in eurem Heft die gelb markierten Sätze ins Passiv:
Hydrofoiler werden von …   Bei ihren Sprüngen wird von …
●●● b Formt die grün markierten Sätze ins Passiv um.
Lasst dabei im letzten Satz den „Täter" weg.

3 Ein Verein will auf seiner Website mitteilen, dass es Meisterschaften im Hydrofoiling gibt.
Formuliert aus den folgenden Informationen drei Passivsätze für die Website.
Ihr könnt so beginnen:
Jedes Jahr werden … ausgetragen.

jährlich Meisterschaften im Hydrofoiling
Filme über die Läufe direkt ins Internet stellen
auch Jugendliche als Teilnehmer zugelassen

4 Übt den Wechsel zwischen Aktiv und Passiv in einem Partnerspiel.
Partner A nennt einen Aktivsatz mit Subjekt und Objekt.
Partner B stellt den Satz ins Passiv um, z. B.:
A: „Der Sportler trägt eine Schwimmweste."
B: „Eine Schwimmweste wird von dem Sportler getragen. (= 1 Punkt für B)
Danach formuliert Partner B einen Aktivsatz usw.
Tipp: Ihr könnt auch Passivsätze bilden, die ins Aktiv gesetzt werden müssen.

Sprachen der Welt vergleichen

Selim	wurde	am Samstag	von seinem Schulleiter	ausgezeichnet.
Selim	fue distinguido	el sábado	por su director.	
Selim		cumartesi günü	müdürü tarafından	ödüllendirildi.
Selim	został wyróżniony	w sobotę	przez swojego dyrektora.	

1 Oben findet ihr einen Satz in mehreren Sprachen.

a Welche Sprachen kennt ihr? Ordnet die Flaggen zu.

A   B   C   D

b Kann jemand von euch den Satz noch in eine weitere Sprache übersetzen?

c Welches Bild passt zu dem Satz? Begründet mit Hilfe der Fachbegriffe Aktivsatz/Passivsatz.

2 Welche Sprache kommt mit weniger Wörtern aus als das Deutsche? Wählt a oder b.

●○○ a Zählt die Wörter der einzelnen Sätze. Nennt die Sprache mit weniger Wörtern.

●●● b Benennt die Sprache, die mit weniger Wörtern auskommt.
Auf welche beiden Wörter wird wohl verzichtet?

3 Untersucht die Verben. Bearbeitet Aufgabe a oder b.

●○○ a Wie viele Verben (orange) brauchen die einzelnen Sprachen, um das Passiv zu bilden?

●●● b Erläutert am deutschen Satz, was eine Verbklammer ist.

Teste dich!

Aufgaben für Partner 1: Das Tote Meer	richtig	falsch, gehe zu:
1 Als „Totes Meer" bezeichnet man einen See in Israel. *In welchem Kasus steht „einen See"?*	Akkusativ	Seite 178
2 Dieser See ist der am tiefsten gelegene See der Erde. Seine Oberfläche liegt ca. 420 m unter dem Meeresspiegel. *Bestimme die Wortarten von „dieser" und „seine".*	*dieser:* Demonstrativpronomen *seine:* Possessivpronomen	Seite 179
3 Der See enthält sehr viel Salz. Das salzige Wasser trägt sogar Menschen. *Setze den zweiten Satz ins Passiv.*	*Sogar Menschen werden von dem salzigen Wasser getragen.*	Seite 184–186
4 Vor 4 000 Jahren war der Wasserspiegel höher. Davor befand sich gar kein Wasser im See. *Setze den zweiten Satz ins Plusquamperfekt.*	*Davor hatte sich gar kein Wasser im See befunden.*	Seite 183

Aufgaben an Partner 2: Der See Loch Ness	richtig	falsch, gehe zu:
1 Den schottischen See Loch Ness kennt man vor allem wegen des Ungeheuers von Loch Ness. *Bestimme den Kasus von „des Ungeheuers".*	Genitiv	Seite 178
2 Jenes Seeungeheuer soll sein Leben angeblich in den Tiefen des Sees verbringen. *Bestimme die Wortarten von „jenes" und „sein".*	*jenes:* Demonstrativpronomen *sein:* Possessivpronomen	Seite 179
3 2007 machten Videoaufnahmen von sich reden, auf denen man ein großes Tier im See sieht. Zuvor gab es vor allem Fotos von dem angeblichen Wassertier. *Setze den zweiten Satz ins Plusquamperfekt.*	*Zuvor hatte es vor allem Fotos von dem angeblichen Wassertier gegeben.*	Seite 183
4 Wissenschaftler zweifeln die Existenz des „Ungeheuers" an. *Setze den Satz ins Passiv.*	*Die Existenz des „Ungeheuers" wird von Wissenschaftlern angezweifelt.*	Seite 184–186

1 Testet euch gegenseitig: Jeder prüft seinen Lernpartner mit einem Aufgabenbogen. Deckt dabei die Lösungen ab und notiert die Antworten.
Tipp: Lies bei falschen Antworten nochmals die Information auf der angegebenen Seite.

2 Übe weiter: Hast du höchstens 2 Antworten falsch, bearbeite die Aufgaben auf Seite 191–192. Hast du mehr als 2 Antworten falsch, bearbeite die Aufgaben auf Seite 189–190.

●○○ Üben: Wörter erforschen

979 m fallendes Wasser

<u>Der</u> <u>höchste</u> frei fallende Wasserfall der Erde <u>liegt</u> <u>im</u> Südosten Venezuelas. <u>Dies</u> ist der Salto Ángel. In der Sprache der Ureinwohner heißt <u>er</u> Kerepakupai merú („Sprung des tiefsten Ortes"). <u>Seine</u> Fallhöhe beträgt 979 m.

1 **Wortarten bestimmen**

Bestimmt die Wortarten der unterstrichenen Wörter. Ordnet dazu in eurem Heft die folgenden Satzteile richtig zu. Ergänzt die Lücken.

A „Der"	**1** ist ein Personal…
B „höchste"	**2** ist ein … – nämlich die Höchststufe (der Superlativ) zu „hoch".
C „liegt"	**3** ist eine Prä… *(in + dem = im)*.
D „im"	**4** ist ein bestimmter …
E „Dies"	**5** ist ein Poss… *(meine, deine, …)*.
F „er"	**6** ist ein … (3. Person Singular zu „liegen").
G „Seine"	**7** ist ein Demonstrativ… (weist auf den „Wasserfall" hin).

2 **Den richtigen Kasus nutzen**

Wie müssen im Text die Wörter in Klammern richtig lauten? Ergänzt die Tabelle im Heft.

Lebensquell Wasser

Für ? *(Mensch)* ist Wasser lebenswichtig. Daher ist es entscheidend für ? *(wir)*, viel zu trinken. Denn ? *(unser Körper)* geht ständig Flüssigkeit verloren. Selbst beim Schlafen verliert ?

5 *(der Mensch)* etwa 0,2 Liter. Beim Ironman-Triathlon (3,8 km Schwimmen, 180 km Radfahren, Marathonlauf) scheidet der Körper ? *(ein Sportler)* sogar bis zu 20 Litern aus.

Verliert ein Mensch 15 % ? *(sein Körperge-*

10 *wicht),* ohne „nachzufüllen", ist sein Leben bedroht.

Frage	Kasus	?
Für wen?	*Akkusativ*	*den Menschen*
…	…	…

Köln unter Wasser

27.01.1995	**1** Wassermassen überfluten die Altstadt Kölns.
Anfang Januar	**2** Es regnet stark. **3** Der Wasserpegel des Rheins steigt.
Ende Januar	**4** Etwa 4 000 Menschen sind von Überschwemmung betroffen.
Ende Januar	**5** Ein Schaden von 500 Millionen DM (≈ 250 Millionen Euro) entsteht.

3 **Die Zeitformen der Vergangenheit kennen und richtig verwenden**

a Ordnet in eurem Heft die folgenden Zeitformen A bis C den Beispielen 1 bis 3 richtig zu.

A Zeitform Perfekt	**1** Er war geschwommen. / Er hatte gebadet.
B Zeitform Präteritum	**2** Er ist geschwommen. / Er hat gebadet.
C Zeitform Plusquamperfekt	**3** Er schwamm. / Er badete.

b Ergänzt im Heft den folgenden Lückentext. Nutzt die Formulierungen in der Tabelle oben.

Am 27.01.1995 [?] (Präteritum) Wassermassen die Altstadt Kölns. Es *hatte* Anfang Januar stark [?] (Plusquamperfekt). Daraufhin [?] der Wasserpegel des Rheins [?] (Plusquamperfekt). Etwa 4 000 Menschen [?] (Präteritum) damals von der Überschwemmung betroffen. Es [?] (Präteritum) ein Schaden von 250 Millionen Euro.

4 **Aktiv und Passiv unterscheiden und nutzen**

a Die folgenden Sätze 1 und 2 stehen im Passiv. Schreibt sie im Heft ins Aktiv um:
Jeder Bundesbürger ... am Tag ... Wir ... dabei nur ...

Wasser im Überfluss?
Während in vielen Teilen der Welt Wasser knapp ist, verbrauchen wir viel Wasser:
1 Knapp 130 Liter Wasser werden am Tag im Durchschnitt von jedem Bundesbürger verbraucht.
2 Nur etwa 3 Liter werden dabei für das Trinken oder Kochen verwendet.
3 Ungefähr 30 Liter benötigen wir zum Beispiel für die Toilettenspülung.
4 Durchschnittlich 3 Liter nutzen wir für das Autowaschen.

b Die Sätze 3 und 4 stehen im Aktiv. Schreibt sie ins Passiv um:
Ungefähr 30 Liter werden ... Durchschnittlich ...

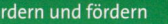

●●● Üben: Wörter erforschen

Die Wasserfälle von Iguazú

Im Grenzgebiet zwischen Argentinien und Brasilien liegen die riesigen Wasserfälle von Iguazú. Dieses Gebiet umfasst 20 große und 255 kleinere Wasserfälle. Es erstreckt sich prachtvoll über 2,7 Kilometer. Fast 800 Schmetterlingsarten haben hier ihre Heimat.

1 **Wortarten bestimmen**

Bestimmt die Wortarten der unterstrichenen Wörter. Ergänzt die Tabelle im Heft.

	Wortart
„Im“:	... (zusammengezogen aus: ... + ...)
„zwischen“:	...
„Dieses“:	...
„kleinere“:	... (... zu „klein“)
„Es“:	...
„prachtvoll“:	... (Beweis: ...)
„ihre“:	...

2 **Den richtigen Kasus nutzen**

Wie müssen im Text die Wörter in Klammern richtig lauten? Ergänzt die Tabelle im Heft.

In die Lücke ...	Kasus
der Belastung	Dativ

Sportler brauchen Wasser

Sportler sollten schon vor ? (Belastung) genügend trinken. Denn während ? (Aktivität) erhöht sich die Temperatur ? (Körper). Das Wasser wandert dann durch eine der mehr als 3 Millionen Schweißdrüsen auf ? (Hautfläche). Dadurch wird ? (Körper) Wärme entzogen und ? (Haut) gekühlt.

 ? (Hochleistungssportler) verlieren mehrere Liter Wasser beim Sport. Da sie während der Belastung nicht so viel trinken können, müssen sie vorher ? („Wassertanks“) auffüllen.

Hochwasserkatastrophe an der Ostküste Australiens

Zum Jahreswechsel 2010/11 kam es in Australien zu einer großen Überschwemmung:

Jahreswechsel 2010/2011	**1** Ein Hochwasser überschwemmt den Nordosten Australiens.
Dezember 2010	**2** Das Unwetter „Tasha" fegt über Australien. **3** Es regnet stark. **4** Flüsse steigen gewaltig an.
Anfang 2011	**5** Eine Fläche von der Größe Deutschlands und Frankreichs steht unter Wasser. **6** Tausende Häuser werden zerstört.

3 **Die Zeitformen der Vergangenheit kennen und richtig verwenden**

  a Wiederholt die Zeitformen der Vergangenheit.
    Bestimmt die Zeitformen in den Sätzen A bis C in eurem Heft: *A: … B: … C: …*

    A Er war geschwommen. / Er hatte gebadet.
    B Er ist geschwommen. / Er hat gebadet.
    C Er schwamm. / Er badete.

  b Schreibt mit Hilfe der Angaben zur Hochwasserkatastrophe einen Artikel für die Schülerzeitung.
    Nutzt diese Zeitformen: für Satz 1, 5, 6 das Präteritum; für Satz 2–4 das Plusquamperfekt.

4 **Aktiv und Passiv unterscheiden und nutzen**

Verfasst einen Hinweiszettel mit Tipps zum Wassersparen.

  a Formt die Sätze 1 und 2 des folgenden Textes in Aktivsätze um: *1. Man spart Wasser, wenn wir die …*
  b Formt die Sätze 3 und 4 in Passivsätze um: *3. …, wenn tropfende …*

Wasser sparen ist möglich

In Deutschland verbraucht jeder Bundesbürger im Durchschnitt knapp 130 Liter Wasser
am Tag. Es gibt verschiedene Möglichkeiten, Wasser zu sparen: Man spart Wasser,

1 … wenn die Spülkästen der Toiletten mit Stopp-Tasten ausgestattet werden.
2 … wenn im Garten die Blumen nicht mit einer Sprinkleranlage gewässert werden.
3 … wenn man tropfende Wasserhähne sofort repariert.
4 … wenn man Regenwasser in einer Regentonne auffängt.

11.2 Die Luft macht's – Sätze erforschen

Subjekt, Prädikat, Objekt

Unsichtbar, aber lebenswichtig – Die Luft

Wir sehen die Luft nicht, wir brauchen sie aber zum Leben. Ein Mensch kann etwa 40 Tage ohne Essen auskommen, ohne Luft können wir nur wenige Minuten leben.
Normalerweise atmen wir alle 3–6 Sekunden einen Luftzug ein. Luft besteht aus verschiedenen Gasen, nur zu 21 % enthält sie den für uns lebenswichtigen Sauerstoff.
Die Luft gibt unserer Erde eine Hülle, die bis 600 km dick ist. Darüber liegt der luftleere Weltraum. Luft ist übrigens nicht gewichtslos. Ein Liter Luft wiegt 1,3 Gramm. Theoretisch lasten durch die Lufthülle der Erde 5 500 kg Luft auf unseren Körpern. Das ist mehr, als ein Elefant wiegt.

1 Lest den Text und erklärt: Weshalb ist Luft wichtiger als das Essen?

2 Luis sagt über den gelben Satz: „Ja klar: Unsere Erde gibt der Luft eine Hülle."
a Begründet, warum Luis' Formulierung den Sinn des Satzes verändert.
   Tipp: Erklärt eure Beobachtung mit den Begriffen Subjekt und Objekt.
b Bestimmt im gelb markierten Satz auch Prädikat, Dativobjekt und Akkusativobjekt.

3 Untersucht einen weiteren Satz. Bearbeitet Aufgabe a oder b.
●○○ **a** Bestimmt im grün markierten Satz die Satzglieder Subjekt, Prädikat und Objekt.
●●○ **b** Bestimmt im grau markierten Satz die Satzglieder Prädikat, Subjekt und Objekt.
   Gebt auch an, ob es sich um ein Dativ- oder ein Akkusativobjekt handelt.

4 Notiert Beispiele, wozu der Mensch Luft benötigt. Lasst zunächst die Wörter „Mensch" Subjekt und „Luft" Objekt sein (Beispiel A) und dann umgekehrt (Beispiel B):
A Der Mensch nutzt die Luft, um Kerzen auszublasen.   B Die Luft hilft dem Menschen, wenn er Segelboot fährt.

Information Subjekt – Prädikat – Objekt		
▪ Das **Prädikat** ist ein Verb. Es bildet den Satzkern. Ein Prädikat kann aus einem oder mehreren Teilen bestehen.	*Der Vogel **folgt** dem Wind.*	*Die Schwimmerin **atmet** die Luft **ein**.*
▪ Vom Prädikat aus kann man das **Subjekt** erfragen. Das Subjekt steht im **Nominativ** *(Wer oder was?)*.	*Wer oder was folgt?* ***der Vogel***	*Wer oder was atmet ein?* ***die Schwimmerin***
▪ Mit Hilfe des Prädikats kann man auch nach **Objekten** fragen, falls es Objekte im Satz gibt. Objekte stehen meist im **Dativ** *(Wem?)* oder im **Akkusativ** *(Wen oder was?)*.	*Wem folgt der Vogel?* ***dem Wind*** (Dativobjekt)	*Wen oder was atmet die Schwimmerin ein?* ***die Luft*** (Akkusativobjekt)

Satzreihen und Satzgefüge bilden

Dieses Ei ist frisch.

Luft ist sogar im Ei

1 In Eiern ist eine Luftkammer.
2 Sie befindet sich am stumpfen Ende des Eis.
3 Heranwachsende Küken versorgen sich durch die Luftkammer mit Luft.
4 In einem alten Ei wird die Luftkammer größer.
5 Übel riechende Gase vergrößern die Luftkammer.
6 Ein altes Ei steigt in kaltem Wasser an die Oberfläche.

1 a Spielt zu zweit: Bildet aus den Sätzen 1 bis 6 sinnvoll Satzreihen oder Satzgefüge. Geht so vor:

Ziel **Satzreihe** (= Hauptsatz + Hauptsatz):	Ziel **Satzgefüge** (= Hauptsatz + Nebensatz oder Nebensatz + Hauptsatz):
– Hängt die Hauptsätze aneinander. – Nutzt auch Kommas und Satzverknüpfungen (Konjunktionen) wie *und, aber, doch, denn.* *z.B.: In Eiern ist eine Luftkammer, (und) sie befindet …*	– Stellt im Nebensatz die Personalform des Verbs an das Satzende. – Setzt immer ein Komma und nutzt Satzverknüpfungen (Konjunktionen) wie *sodass, damit, weil, da, sobald.* *In Eiern ist eine Luftkammer, die sich … befindet.*

b Wertet eure Sätze aus. Wenn Komma, Konjunktion und Satzstellung stimmen, gibt es für die Satzreihe 1 Punkt und für das Satzgefüge 2 Punkte.

2 Ordnet zu: Welches Linienbild passt wozu?

A └──┴──┘   B └──┘   C └──┴──┘   D └──┴──┘

Hauptsatz
Satzreihe
Satzgefüge

Information	**Satzreihe**	**Satzgefüge**

Satzreihe

Hauptsatz
Wir sehen die Luft nicht **,**

Hauptsatz
(aber) wir brauchen sie zum Leben.

Mit bestimmten Verknüpfungswörtern (Konjunktionen) kann man Hauptsätze verbinden,
z. B.: *aber, denn, sondern, und, oder.*
Tipp: Vor „*und*", „*oder*" muss kein Komma zwischen den Hauptsätzen stehen.

Satzgefüge

Hauptsatz
Wir sehen die Luft nicht **,**

Im Nebensatz steht die Personalform des Verbs am Satzende.

Nebensatz
obwohl wir sie zum Leben **brauchen.**

Mit bestimmten Verknüpfungswörtern (Konjunktionen) kann man Haupt- und Nebensatz verbinden,
z. B.: *nachdem, als, wie, weil, wenn, obwohl, …*

Ein Nebensatz als Subjekt: Der Subjektsatz

Fata Morgana: Trügerische Luftspiegelung

A **1** Jeder Wüstenreisende hat es schon erlebt.

2 Eine vermeintliche Siedlung entpuppt sich als Luft.

3 Die Existenz der Siedlung bleibt ungewiss.

4 Tatsächlich handelt es sich um Luftspiegelungen, die in der heißen Luft weit entfernte Objekte zeigen. Die Siedlung gibt es also, aber nicht hier.

B **1** Wer viel in der Wüste reist, hat es schon erlebt.

2 Was eine Siedlung zu sein scheint, entpuppt sich als Luft.

3 Ob die Siedlung wirklich existiert, bleibt ungewiss.

4 Tatsächlich handelt es sich um Luftspiegelungen, die in der heißen Luft weit entfernte Objekte zeigen. Die Siedlung gibt es also, aber nicht hier.

Eine Siedlung mitten in der Wüste?

1 **a** Klärt mit Hilfe der Texte A und B: Gibt es das, was eine Fata Morgana zeigt?

b Vergleicht die Sätze A 1, 2, 3 mit den Sätzen B 1, 2, 3: Was unterscheidet sie?

c Fragt für alle nummerierten Sätze jeweils nach dem Subjekt *(Wer oder was ...?)*. Benennt die Unterschiede.

Luftspiegelungen bei uns

A <u>Ein an heißen Sommertagen Spazierengehender</u> kann auch bei uns Luftspiegelungen beobachten.

B <u>Die auf den Straßen zu sehenden Autos oder Bäume</u> sind aber nur Spiegelbilder im Asphalt.

C <u>Das auf den Straßen Gespiegelte</u> ist aber meist sehr nah.

Oft kann man das Objekt und sein Spiegelbild auf dem Asphalt gleichzeitig sehen.

2 Ersetzt im Text die umständlichen Formulierungen. Wählt Aufgabe a oder b.

● ○ ○ **a** Ersetzt in den Sätzen A und B die unterstrichenen Wortgruppen durch Subjektsätze, z. B.:

A Wer an ... spazieren geht, ...   B Was ... wie ... aussieht, ...

● ● ● **b** Ersetzt in den Sätzen B und C die Subjekte jeweils durch einen Subjektsatz. Begründet, welche Formulierung euch besser gefällt.

Information	Subjektsätze

Subjektsätze sind Nebensätze (Gliedsätze).

Im Satz nehmen sie die **Rolle des Subjekts** (Wer oder was ...?) ein, z. B.:

- Satz mit „einfachem" Subjekt: *Die Luftspiegelung erscheint als Siedlung.*
- Satz mit Subjektsatz: *Was die Luft spiegelt, erscheint als Siedlung.*

        Subjektsatz   Ein Komma trennt den Subjektsatz ab.

Ein Nebensatz als Objekt: Der Objektsatz

Mit heißer Luft in den Himmel

Bei schönem Wetter können wir am Himmel ~~die Leistung heißer Luft~~ beobachten, was heiße Luft noch leisten kann. Heißluftballons
5 nutzen aus, dass heiße Luft „leichter" ist als normale Luft.
Im 18. Jahrhundert hatten die Brüder Montgolfier beobachtet, dass heißer Rauch nach oben steigt. Sie fragten sich, ob man mit erwärmter 10 Luft auch einen Ballon steigen lassen könnte. 1783 war es dann so weit: Jean-François Pilâtre de Rozier und Françoir d'Arlandes stiegen nahe bei Paris mit einem Heißluft- 15 ballon in den Himmel.

1 **a** Erklärt mit Hilfe des Textes: Wieso steigt ein Heißluftballon in die Luft?
b Erläutert, wozu die Flamme dient, die man auf dem Foto sieht.

2 Untersucht, welche Aufgabe die Nebensätze im Text zu Aufgabe 1 übernehmen.
a Im ersten Satz wurde etwas gestrichen.
Wodurch wurde der durchgestrichene Teil ersetzt? Warum wurde der Text wohl verändert?
b Fragt im ersten Satz nach dem Nebensatz.
Erklärt mit Hilfe eurer Frage, wieso man einen solchen Nebensatz „Objektsatz" nennt.
c Versucht, zwei weitere Objektsätze im Text durch „einfache" Objekte zu ersetzen, z.B. durch:
die Leichtigkeit, das Aufsteigen.

3 Erfindet einen eigenen Text über Heißluftballons. Verwendet darin Objektsätze.
Bearbeitet Aufgabe a oder b.
●○○ **a** Ergänzt die folgenden Sätze sinnvoll im Heft. Unterstreicht die Objektsätze.
Ich habe nicht gewusst, dass …   Ich möchte gern wissen, ob …
●●● **b** Formuliert drei Sätze über Heißluftballons, die jeweils einen Objektsatz enthalten.
Unterstreicht eure Objektsätze. Beginnt z.B. so:
Ich wünsche mir, …

Information	**Objektsätze**

■ **Objektsätze sind Nebensätze** (Gliedsätze).
Im **Satz** nehmen sie die **Rolle eines Objekts** *(Wen oder was …?)* ein, z.B.:

– Satz mit „einfachem" Objekt: *Der Lehrer erklärt **das Funktionieren eines Heißluftballons**.*
– Satz mit Objektsatz: *Der Lehrer erklärt, **wie ein Heißluftballon funktioniert**.*

Der Objektsatz wird durch ein Komma abgetrennt.   Objektsatz

■ **Objekt- und auch Subjektsätze** (▶ S.195) werden **oft als dass-Sätze** gebildet, z.B.:
– Objektsatz: *Ich weiß, **dass** Heißluftballons nur bei Sonnenschein fliegen sollten.*
– Subjektsatz: ***Dass** Heißluftballons nur bei Sonnenschein fliegen sollten, war mir bekannt.*

Durch *der, die, das* eingeleitete Nebensätze: Relativsätze

Luft und Feuer – Ein Experiment

A Nimm drei Gläser, …	**1** … der zum Glas passt.
B In jedes Glas setzt du ein Teelicht, …	**2** … die unterschiedlich groß sind.
C Schließe jedes Glas mit dem Deckel, …	**3** … in dem das Teelicht zuerst erlischt.
D Notiere das Glas, …	**4** … welches vorher angezündet wurde.

1 In der Versuchsbeschreibung sind die vier Nebensätze durcheinandergeraten.
a Ordnet in eurem Heft die Nebensätze 1 bis 4 den Hauptsätzen A bis D richtig zu.
b Erklärt das Ergebnis, das auf dem rechten Bild zu sehen ist.
c Die Wörter *der, die, dem, welches* zu Beginn der Nebensätze beziehen sich jeweils auf ein Wort im Hauptsatz. Diese Bezugswörter im Nebensatz nennt man Relativpronomen. Verbindet im Heft die vier Relativpronomen und ihre Bezugswörter durch einen Pfeil (▶ Information).
d Ein Nebensatz, der auf ein Wort im Hauptsatz Bezug nimmt, heißt Relativsatz. Unterstreicht die vier Relativsätze im Heft und markiert das Komma.

2 Bearbeitet die folgenden Relativsätze im Heft. Wählt Aufgabe a oder b.
●○○ a Ergänzt den Relativsatz und markiert ihn. Umkringelt auch die Kommas.
Mit einer Decke, ❓ man über ein Feuer wirft, kann man kleine Flammen ersticken.
●●● b Ergänzt die Relativsätze und markiert sie. Setzt auch die drei Kommas.
Eine Decke ❓ man über ein Feuer wirft entzieht dem Feuer den Sauerstoff ❓ es zum Brennen braucht.

Information	Relativsätze

Relativsätze sind Nebensätze. Sie werden **durch ein Relativpronomen eingeleitet,** das sich auf ein Wort im Hauptsatz bezieht. Sie werden **durch Komma** vom Hauptsatz abgetrennt, z. B.:

*Ich frage meine Freundin, **die** das Experiment verstanden hat.*

*Ich gehe zu meiner Freundin, mit **der** ich das Experiment wiederholen will.*

*Jan und Niklas, **die** ich aus dem Sportverein kenne, führen das Experiment durch.*

Mit Satzgliedteilen Nomen näher beschreiben: Attribute

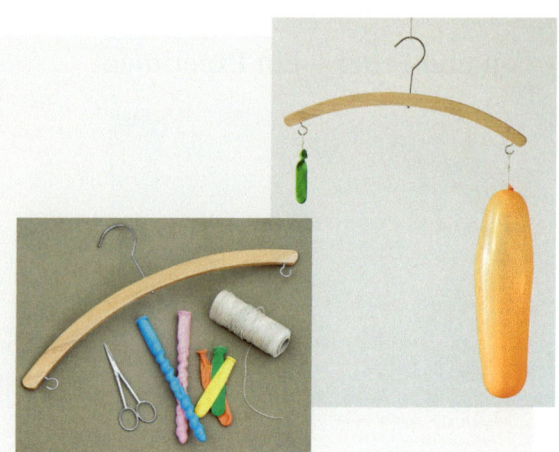

Wiegt Luft etwas?

Mit einem kleinen Versuch kann man überprüfen,
ob Luft etwas wiegt:

1 Ich hänge einen <u>aufgeblasenen</u> Luftballon
  an das Ende <u>eines Kleiderbügels</u>.
2 Ich binde einen Luftballon <u>ohne Luft</u>
  an das andere Ende.
3 Ich halte meine Konstruktion an einem
  Haken fest und nutze den Kleiderbügel
  auf diese Weise als Waage.

1 Erklärt mit Hilfe der Bilder, wieso der Versuch zeigt, dass Luft etwas wiegt.

2 Die Versuchsbeschreibung ist eintönig formuliert, weil alle Sätze mit „Ich" beginnen.
  a Stellt die Sätze 1 und 2 im Heft so um, dass „Ich" nicht mehr am Anfang steht.
  b Beschreibt nach eurer Umstellprobe, ob sich die Positionen der unterstrichenen Wörter
    in Satz 1 und 2 ändern. Erklärt eure Beobachtung, z. B.:
    Stellt man die Satzglieder um, ... die unterstrichen ... Das bedeutet, sie gehören ...
  c Die unterstrichenen Wörter nennt man „Attribute" (Beifügungen) zu einem Nomen.
    Gebt für alle drei Attribute an, auf welche Nomen sie sich beziehen.

3 Überarbeitet Satz 3. Wählt Aufgabe a oder b.
  ●○○ a Ergänzt in Satz 3 sinnvoll die folgenden Attribute: *des Kleiderbügels, kleine*.
  ●●● b Ein Schüler behauptet: *„an einem Haken"* sei ein Attribut zu *„Konstruktion"*.
    Beweist mit der Umstellprobe, dass der Schüler Unrecht hat.

Information   **Attribute (Beifügungen)**

- **Attribute beschreiben ein Bezugswort** (meist ein Nomen) **näher.**
- Sie sind **Teil eines Satzglieds** und bleiben bei der Umstellprobe **fest mit dem Bezugswort
  verbunden**, z. B.:
  Die heiße Luft entweicht durch das Ventil unter dem Deckel.
  Durch das Ventil unter dem Deckel entweicht die heiße Luft.
- Es gibt verschiedene Formen des Attributs, z. B.:

  – **Adjektivattribut:** *die heiße Luft*

  – **Präpositionalattribut:** *das Ventil unter dem Deckel*

  – **Genitivattribut:** *die Abkühlung der Luft*

Umstände näher beschreiben:
Adverbiale Bestimmungen und Adverbien

Luft und Wärme – Das Ei in der Flasche

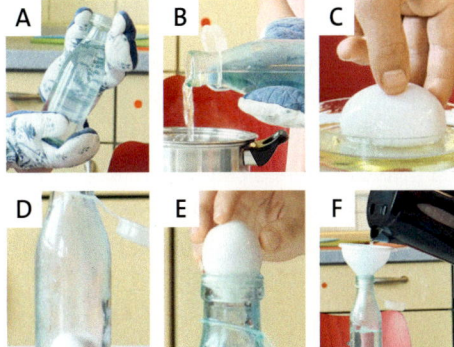

1 Stecke ? den Haushaltstrichter auf die Flasche.
  Schütte das kochende Wasser ? in die Flasche.
2 Schließe ? die Flasche ? . Nimm die Flasche
  mit den Topflappen in die Hand, schüttle sie.
3 Öffne ? wieder die Flasche und schütte das
  Wasser weg.
4 Schäle das Ei und schmiere es ? ein.
5 Lege das Ei mit der Spitze nach unten ? .
  Nun musst du etwas Geduld aufbringen.
6 ? zwängt sich das Ei durch den schmalen
  Flaschenhals in die Flasche hinein. Und plötzlich
  fällt es dann auf den Flaschenboden.

> dann   mit einem Deckel   nun
> mit Butter   zuerst   langsam
> auf die Flaschenöffnung
> mit Hilfe des Trichters

1   a Die sechs Bilder zum Versuch mit dem Ei sind durcheinandergeraten.
   Notiert mit Hilfe des Textes die richtige Reihenfolge ins Heft.
b In den Sätzen fehlen einige Satzglieder. Ergänzt sie mit Hilfe des Wortspeichers.
c Erklärt, was die Wörter inhaltlich ergänzen.
d Notiert für jeden Satz, wie man nach den ergänzten Wörtern fragen kann.
e Die ergänzten Wörter nennt man „adverbiale Bestimmungen" (▶ Information).
   Stellt fest, welche adverbialen Bestimmungen ihr ergänzt habt. Nutzt eure Fragen aus d.

2   Unterscheidet adverbiale Bestimmungen und Adverbien. Wählt Aufgabe a oder b.
●○○ a Findet im Wortspeicher oben mindestens ein Adverb (▶ Information).
●●● b Im Wortspeicher oben stehen drei Adverbien und ein Adjektiv. Findet sie.

Information	Adverbiale Bestimmungen – Angaben zu näheren Umständen	

- **Genauere Umstände eines Geschehens** werden mit **adverbialen Bestimmungen** angegeben.

adverbiale Bestimmung	Fragen	Beispiel
der Zeit	Wann? Wie lange? Seit wann? …	*Zuerst* haben wir
des Ortes	Wo? Von wo? Wohin? …	*auf dem Tisch* alles
der Art und Weise	Wie? Woraus? Womit? …	*sorgfältig* bereitgelegt und
des Grundes	Warum? Warum nicht? …	*aus Vorsicht* das Wasser …

- Wenn **nur ein Wort** die adverbiale Bestimmung bildet und dieses Wort **nicht veränderlich** ist,
  nennt man es **Adverb,** z. B.: *gestern, jetzt, oben* (aber: *schnell – schneller* = Adjektiv).

Nebensätze zu näheren Umständen: Adverbialsätze

Wie kommt das Ei in die Flasche? – Die Kraft der Luft

1 Weil das kochende Wasser die Flasche erhitzt, erwärmt sich auch die Luft in der Flasche und sie dehnt sich aus.

2 Indem man das Ei auf den Hals der Flasche setzt, wird die Flasche luftdicht abgeschlossen.

3 Die Luft zieht sich wieder zusammen, sobald sich die Flasche abkühlt. In der Flasche entsteht ein Unterdruck.

4 Das Ei landet, wo der Unterdruck es hinzieht.

1 Im Text findet ihr eine Erklärung, weshalb das Ei in die Flasche rutscht (▶ S. 199).

a Beantwortet in Partnerarbeit die folgenden Fragen mit Hilfe des Textes:

  A Warum erwärmt sich die Luft in der Flasche?

  B Wie wird die Flasche luftdicht abgeschlossen?

  C Wann zieht die Luft sich wieder zusammen?

  D Wo landet das Ei?

b Nebensätze, die auf Fragen wie in A bis D antworten, nennt man „Adverbialsätze". Erklärt an einem der Sätze, was sich ändert, wenn man den Adverbialsatz weglässt.

c Notiert zu jeder Antwort zu a, um welchen Adverbialsatz es sich handelt (▶ Information).

2 Versucht, die Adverbialsätze 1 bis 4 durch adverbiale Bestimmungen (▶ S. 199) zu ersetzen. Bearbeitet Aufgabe a oder b.

●○○ a Überarbeitet die ersten beiden Sätze: *Auf Grund des kochenden Wassers … ein Ei auf dem Hals …*

●●● b Überarbeitet die letzten beiden Sätze. Erläutert, welche Formulierung ihr jeweils besser findet.

Information	Adverbialsätze – Angaben zu Zeit, Ort, Art und Weise, Grund

Genauere Umstände eines Geschehens können auch durch **Nebensätze** (Gliedsätze) ausgedrückt werden. Man nennt diese **Adverbialsätze.**

Adverbialsatz	Fragen	Beispiel
der Zeit: Temporalsatz (▶ S. 201)	Wann? Wie lange? Seit wann? …	*Wir gingen, **bevor** (während, als, …) der Versuch begann.*
des Ortes: Lokalsatz	Wo? Von wo? Wohin? …	*Du kannst experimentieren, **wo** du willst.*
der Art und Weise: Modalsatz (▶ S. 203)	Wie? Woraus? Womit? Wodurch? …	*Er schließt die Flasche luftdicht ab, **indem** er das Ei auf den Flaschenhals legt.*
des Grundes: Kausalsatz (▶ S. 202)	Warum? Warum nicht? …	*Die Luft dehnt sich aus, **weil** sie warm wird.*

Zeitliche Reihenfolge verdeutlichen – Temporalsätze

Widerspenstige Luft in der Flasche

1 Schiebe ein Papierkügelchen in den Hals einer Flasche.
2 Lege zuvor die Flasche waagerecht auf die Handfläche.
3 Halte die Flasche weiter waagerecht.
4 Versuche, das Kügelchen in die Flasche zu blasen.
5 Du hast geblasen.
6 Du stellst etwas Merkwürdiges fest.

1
a Welche Merkwürdigkeit zeigt das Experiment? Erläutert mit Hilfe der Skizze.
b Verbindet die Sätze 1 + 2, 3 + 4 und 5 + 6 zu je einem Satz.
  Beachtet die zeitliche Reihenfolge: *1 + 2: Bevor du ein Papier …, legst du …   3 + 4: Während …*
c Schreibt jeweils eine 1 über den Teil des nun verbundenen Satzes, der zuerst geschieht.

Einen Luftballon ohne Pusten aufblasen

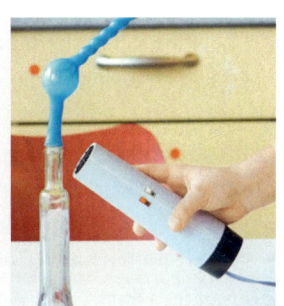

 ? du mit dem Experiment beginnst, stülpst du einen Luftballon über den Hals einer kleinen Flasche. Nun richtest du einen Föhn mit etwas Abstand auf die Flasche. **?** du die Flasche föhnst, musst du etwas Geduld haben. **?** du dies einige Minuten gemacht hast, bläst sich der Luftballon langsam auf.

2 Ergänzt den Lückentext so, dass die zeitliche Reihenfolge deutlich wird. Bearbeitet Aufgabe a/c oder b/c.
●○○ a Schreibt den Text ab. Ergänzt die Lücken sinnvoll, z. B.: *während, bevor, nachdem, sobald, als, wenn, …*
●●○ b Schreibt den Text ab. Ergänzt die Lücken sinnvoll. Gebt, wenn möglich, zwei Einsetzungen an.
c Erläutert euch gegenseitig, wieso sich der Luftballon aufbläst.

Information	Temporalsätze – Adverbialsätze der Zeit

Mit **Temporalsätzen** kann man die **zeitliche Reihenfolge verdeutlichen.**
Man nutzt dazu **Verknüpfungswörter** (Konjunktionen) wie *während, bevor, nachdem, sooft, …*

Temporalsatz	Beispiel	Erläuterung
Vorzeitigkeit	*Nachdem ich alles besorgt hatte, konnte der Versuch beginnen.*	erstes Geschehen im Nebensatz, folgendes Geschehen im Hauptsatz
Gleichzeitigkeit	*Während ich den Versuch durchführte, wurde ich gestört.*	gleichzeitiges Geschehen im Neben- und Hauptsatz
Nachzeitigkeit	*Bevor ich mit dem Versuch fertig war, klingelte das Telefon.*	erstes Geschehen im Hauptsatz, folgendes im Nebensatz

Gründe angeben – Kausalsätze

Dieses Auto fährt mit Luft

1 Der Franzose Guy Nègre hat ein Auto erfunden, das fast ohne Benzin fährt, weil es eine neu entwickelte Drucklufttechnik nutzt.

2 Da das Auto fast ganz auf Sprit verzichtet, kommt es mit 1,50 Euro Verbrauchskosten für 100 Kilometer aus.

3 Da ein kleiner Benzinmotor zusätzlich eingebaut ist, kann das Fahrzeug mit einer Füllung bis zu 800 km fahren.

4 Da der Motor selbst wieder Druckluft erzeugt, sind die Spritkosten sehr niedrig.

 1 a Stellt euch zum Text gegenseitig Warum-Fragen und beantwortet sie, z. B.:
Warum fährt das Auto? Es fährt, weil der Erfinder eine Möglichkeit …

b Lest den Text ohne die Sätze vor, die mit „da" und „weil" beginnen. Was ändert sich?

c Im Lateinischen bedeutet „causa" Grund, Ursache.
Erläutert, weshalb die Adverbialsätze mit „da" und „weil" als Kausalsätze bezeichnet werden.

2 Gründe für ein Geschehen oder einen Zustand kann man mit einem Kausalsatz formulieren oder durch eine adverbiale Bestimmung (▶ S. 199) angeben. Wählt Aufgabe a/b oder c/d.

●○○ a Ersetzt in Satz 3 den Kausalsatz durch eine adverbiale Bestimmung, z. B.: *Auf Grund des Einbaus …*

●○○ b Ersetzt im Satz 4 „da" durch ein anderes Wort, das einen Grund einleitet.

●●● c Ersetzt in Satz 1 und 2 die Adverbialsätze durch adverbiale Bestimmungen.

●●● d Erläutert, welche Formulierungen euch besser gefallen.

3 Spielt zu zweit das Kausalsatzspiel:

– Partner A formuliert ein Geschehen oder einen Zustand, z. B.: *Die Straße ist nass, …*

– Partner B führt dann dafür möglichst viele Gründe in Form von Kausalsätzen an, z. B.:
… weil es geregnet hat. …, da ein Wassereimer umgefallen ist. …, da …

Jede Begründung, die richtig als Kausalsatz formuliert wurde, zählt 1 Punkt.

Information	**Kausalsätze – Adverbialsätze des Grundes**	
Mit **Kausalsätzen** kann man **Gründe und Ursachen einer Handlung oder eines Zustandes** angeben. Man nutzt dazu v. a. die **Verknüpfungswörter** (Konjunktionen) *da* und *weil*. Kausalsätze lassen sich durch adverbiale Bestimmungen des Grundes ersetzen – und umgekehrt.		
Kausalsatz (Adverbialsatz des Grundes)	**Fragen**	**adverbiale Bestimmung des Grundes**
*Das Luftdruckauto gilt als Geniestreich, **da/weil es eine besondere Technik nutzt.***	Warum? Aus welchem Grund? Weshalb?	*Das Druckluftauto gilt **wegen der besonderen Technik** als Geniestreich.*

Die Art und Weise erklären – Modalsätze

Hovercrafts – Luftkissenboote

1 Ein Hovercraft fährt mit einem Luftkissen unter seinem Boden.
2 Das Boot schwebt über dem Wasser mit einem von einem Gebläse erzeugten Luftraum unter dem Schiffsboden.
3 Mit dem Luftkissen können die Boote sowohl über Wasser als auch über Land fahren.

1
a Hat jemand von euch schon einmal ein solches Boot gesehen? Wo war das?
b Erklärt mit Hilfe der Sätze, wie das Boot fährt. Beginnt so: *Das Boot fährt, indem es ... nutzt, ...*
c Den „indem"-Satz nennt man „Modalsatz" oder „Adverbialsatz der Art und Weise".
Erklärt diese Fachbezeichnung mit Hilfe eures Satzes aus Aufgabe b.

2 Formuliert die drei Sätze mit Hilfe von Modalsätzen um. Bearbeitet Aufgabe a/b oder c.
●○○ a Ersetzt in Satz 1 „mit einem Luftkissen unter seinem Boden" durch einen Adverbialsatz der Art und Weise, z. B.: *... fährt, indem es ... erzeugt.*
●○○ b Formt Satz 2 mit Hilfe des folgenden Adverbialsatzes um. Ergänzt ein richtiges Verknüpfungswort: *... ein Gebläse unter dem Schiffsboden einen Luftraum erzeugt.*
●●● c Ersetzt in Satz 2 und 3 die adverbialen Bestimmungen durch Modalsätze.

3 Es gibt sogar Rasenmäher, die mit Luftkissen arbeiten.
Beschreibt einen Fantasiegegenstand, der ein Luftkissen nutzen könnte.
Verwendet Modalsätze: *..., indem ..., wobei ...* und
adverbiale Bestimmungen der Art und Weise: *durch ..., mit ...*

Information	**Modalsätze – Adverbialsätze der Art und Weise**

Mit **Modalsätzen** kann man angeben, **auf welche Art und Weise etwas geschieht.**
Man nutzt dazu v. a. die **Verknüpfungswörter** (Konjunktionen) *indem* und *wobei*.
Modalsätze lassen sich durch adverbiale Bestimmungen der Art und Weise ersetzen –
und umgekehrt.

Modalsatz (Adverbialsatz der Art und Weise)	Fragen	adverbiale Bestimmung der Art und Weise
*Er startete das Boot, **indem er den Schlüssel umdrehte.***	Wie? Mit welchen Mitteln? Unter welchen Begleitumständen?	*Er startete das Boot **durch das Umdrehen des Schlüssels.***
*Das Boot fährt, **wobei es das Wasser nicht berührt.***		*Das Boot fährt **ohne Wasserberührung.***

Sprachen der Welt vergleichen

David ist ein schneller Denker.	David denkt schnell.
David is a quick thinker.	David thinks quick.
David is a quick thinker.	David thinks quickly.

1 Zwei Schüler haben die beiden deutschen Sätze ins Englische übersetzt.

a An welcher Stelle unterscheidet sich die grün markierte Übersetzung von der orangen?

b Ein Schüler bemängelt die zweite grüne Übersetzung so:

„Der Übersetzer meint wohl, im Englischen wäre alles so wie im Deutschen."

Wie versteht ihr seine Bemerkung?

c Begründet, weshalb die orange Übersetzung jeweils richtig ist.

Tipp: Nutzt die Information unten auf der Seite.

A David es un pensador rápido.	David piensa rápidamente.
B David hızlı düşünebilen birisidir.	David hızlı düşünüyor.

2 In A und B werden die beiden Sätze aus Aufgabe 1 in zwei weitere Sprachen übersetzt.

a Benennt die Sprachen, die ihr kennt.

b Kann jemand von euch die Sätze noch in andere Sprachen übersetzen?

3 Vergleicht die beiden Sätze A und B. Bearbeitet Aufgabe a/b oder c/d.

●○○ a Schreibt die Sätze ab.

Notiert unter das richtige Wort die Übersetzung für „schnell" und „schneller".

●○○ b Benennt: Welcher Satz ähnelt dem Deutschen, welcher dem Englischen?

●●● c Welcher Satz ähnelt dem Deutschen, welcher dem Englischen?

Begründet mit der folgenden Information.

●●● d Findet ihr Fehler in einem der folgenden Sätze?

You can learn English easy.	Puedes aprender español fácil.

Information	**Adjektive als adverbiale Bestimmungen**

- Adjektive können als adverbiale Bestimmungen verwendet werden.

  Als adverbiale Bestimmung erläutern sie ein Verb näher, z. B.:

  Selina ist eine gute Taucherin.   *Selina taucht gut.*

- In vielen Sprachen wird ein Adjektiv, das zu einer adverbialen Bestimmung wird,

  durch eine Endung verlängert, z. B.:

  Englisch: *quick → quick**ly***   Spanisch: *rápido → rápid**amente***

Teste dich!

Aufgaben für Partner 1: Im luftleeren Weltall	richtig	falsch, gehe zu:
1 Im Weltall ist es vollkommen still, weil es dort keine Luft gibt. *Wandle dieses Satzgefüge in eine Satzreihe um.*	*Im Weltall ist es vollkommen still, (denn) es gibt dort keine Luft.*	Seite 194
2 Weil sich Schall ohne Luft nicht fortbewegt, kann man im luftleeren Raum nichts hören. *Bestimme die Art des Nebensatzes.*	Adverbialsatz: Kausalsatz	Seite 200–203
3 Wer im Weltall ohne Raumanzug unterwegs ist, würde nicht überleben. *Benenne die Satzart des wer-Satzes.*	Subjektsatz	Seite 195
4 Ein Mensch der im Weltall unterwegs ist muss einen speziellen Raumanzug tragen. *Wie lautet der Relativsatz und an welchen Stellen fehlen die beiden Kommas?*	Relativsatz: *... der im Weltall unterwegs ist ...* Kommas: *Ein Mensch, der im Weltall unterwegs ist, muss ...*	Seite 197

Aufgaben für Partner 2: Im luftleeren Weltall	richtig	falsch, gehe zu:
1 Nachdem ein Raumschiff die Atmosphäre der Erde verlassen hat, stößt es in einen luftleeren Raum. *Bestimme die Art des Nebensatzes.*	Adverbialsatz: Temporalsatz	Seite 200–203
2 Im Weltall muss der Mensch besondere Raumanzüge tragen, sein Blut würde sonst anfangen zu kochen. *Wandle diese Satzreihe in ein Satzgefüge um.*	*Im Weltall muss der Mensch besondere Raumanzüge tragen, weil/da sein Blut sonst anfangen würde zu kochen.*	Seite 194
3 Durch ihr Training wissen die Astronauten, wie sie sich im Weltall verhalten müssen. *Benenne die Satzart des wie-Satzes.*	Objektsatz	Seite 196
4 Ein Astronaut der ins Weltall fliegen will wird zuvor jahrelang ausgebildet. *Wie lautet der Relativsatz und an welchen Stellen fehlen die beiden Kommas?*	Relativsatz: *... der ins Weltall fliegen will ...* Kommas: *Ein Astronaut, der ins Weltall fliegen will, wird ...*	Seite 197

1 Testet euch gegenseitig: Jeder prüft seinen Lernpartner mit einem Aufgabenbogen.
Deckt dabei die Lösungen ab und notiert die Antworten.
Tipp: Lies bei falschen Antworten nochmals die Information auf der angegebenen Seite.

2 Übe weiter: Hast du höchstens 2 Antworten falsch, bearbeite die Aufgaben auf Seite 208–209.
Hast du mehr als 2 Antworten falsch, bearbeite die Aufgaben auf Seite 206–207.

●○○ Üben: Sätze erforschen

Der Flug großer Vögel

1 Große Vögel nutzen den Kraft sparenden Gleit- oder Segelflug.
2 Ihre Flügel bewegen sie dann nicht.
3 Sie nutzen Aufwinde an Berghängen und andere natürliche Windbewegungen.
4 Ein Albatros kann sich bei Seewind stundenlang in der Luft halten.

1 Satzglieder bestimmen

a Drei der vier Sätze beginnen mit einem Subjekt. Findet den Satz, der nicht mit einem Subjekt beginnt.
b Benennt in Satz 1 das Objekt. Bestimmt auch, ob es ein Dativobjekt oder ein Akkusativobjekt ist.
c Fragt in Satz 4 nach „bei Seewind".
   Handelt es sich um eine adverbiale Bestimmung des Ortes, der Zeit oder des Grundes?
d Findet in Satz 4 eine weitere adverbiale Bestimmung.

Mit dem Doppeldecker in die Luft: Die Brüder Wright

1 Im Jahr 1899 begannen zwei Brüder mit dem Bau des ersten Flugapparats.
2 Die Brüder Wright entwickelten einen Doppeldecker-Gleitapparat.
3 Der Doppeldecker war in seiner Bauweise dem Vogelflug nachgebildet.
4 Er konnte daher bei geringerer Geschwindigkeit abheben.
5 Im Jahr 1903 startete Orville Wright dann zum ersten Flug.
6 Der Flug dauerte 12 Sekunden.

2 Satzgefüge und Satzreihe verwenden
Macht den Text abwechslungsreicher. Verbindet die Sätze zu Satzreihen oder Satzgefügen.

a Verbindet Satz 1 und 2 zu einer Satzreihe.
   Schreibt sie hintereinander ins Heft. Setzt an der Verbindungsstelle ein Komma.
b Verbindet Satz 3 und 4 zu einer Satzreihe. Nutzt das Verknüpfungswort „und".
c Verbindet Satz 5 und 6 zu einem Satzgefüge. Nutzt dazu: ... *Flug, der ... dauerte, ...*

Gleitschirmfliegen (Paragliding)

1 Beim Gleitschirmfliegen sitzt der Pilot im Gurtzeug, ? .
2 ? , startet meist von Hügeln oder Bergen aus.
3 Der Pilot muss dabei beachten, ? .

3 Relativ-, Subjekt- und Objektsätze erkennen und verwenden

a Schreibt den Text ab. Ergänzt die 3 Lücken sinnvoll durch die folgenden Nebensätze.

A ... das mit dem Gleitschirm durch Leinen verbunden ist.
B ... dass der Schirm gegen die Windrichtung gehalten werden muss.
C Wer mit dem Gleitschirm abheben will, ...

b Markiert im Heft durch einen Pfeil, worauf sich „das" in Satz 1 bezieht.

c Schreibt Satz 2 um. Ersetzt den Subjektsatz sinnvoll durch eines der folgenden Subjekte:
Das Flugzeug   Der Gleitschirmflieger   Der Passagier

d Notiert, wie man in Satz 3 nach dem Nebensatz fragen muss.

Die Concorde

1 Das berühmte Überschallflugzeug Concorde wurde von 1976 bis 2003 betrieben.
2 <u>Wegen ihrer hohen Geschwindigkeit</u> war die Concorde bei Reisenden sehr beliebt.
3 Für die Strecke Paris–New York benötigte sie nur 3,5 Stunden, dies war die Hälfte der normalen Flugzeit.
4 Nachdem es im Jahr 2000 zum ersten Absturz einer Concorde gekommen war, stellte die Air France den Flugverkehr mit der Concorde allmählich ein.

4 Adverbialsätze erkennen und verwenden

a Erklärt, wieso viele Reisende gern die Concorde nutzten.

b In Satz 2 ist eine adverbiale Bestimmung unterstrichen.
Ersetzt sie durch einen Adverbialsatz, z.B.: *Weil die Concorde* ...
Tipp: Denkt an das Komma nach dem Adverbialsatz.

c Satz 4 beginnt mit einem Adverbialsatz. Man fragt nach ihm mit: Wann?
Um welche Art von Adverbialsatz handelt es sich?

d Ersetzt den Adverbialsatz in Satz 4 durch eine adverbiale Bestimmung.
Beginnt im Heft so: *Nach dem ersten Absturz* ...

••• Üben: Sätze erforschen

Die Sage vom fliegenden Ikarus

1 Eine griechische Sage erzählt die Geschichte von Ikarus.
2 Mit seinem Vater Dädalus war Ikarus gefangen.
3 Der Vater hatte eine Idee zur Flucht.
4 Er klebte Federn <u>mit Wachs</u> an ein Gestänge.
5 Der übermütige Ikarus flog nah an die Sonne.
6 Die Sonne weichte das Wachs der Flügel auf.
7 ？ stürzte Ikarus ？ .

1 **Satzglieder bestimmen**

a In zwei der sieben Sätze steht das Subjekt nicht am Satzanfang. Welche sind das?

b Ein Schüler behauptet: *„In Satz 6 gibt es ein Dativobjekt."* Erklärt, warum er Unrecht hat.

c Fragt in Satz 4 nach dem unterstrichenen Satzglied. Um welches Satzglied handelt es sich genau?

d Ikarus stirbt beim Absturz ins Meer.
  Ergänzt im Heft Satz 7 jeweils um eine adverbiale Bestimmung des Ortes und der Zeit.

Der Traum vom Fliegen: Fallschirmspringen

1 a Schon 1783 sprang der Franzose Lenormand mit einem selbst konstruierten Fallschirm
  vom Turm der Sternwarte in Montpellier. **b** Er landete unversehrt.
2 a Heute springen Fallschirmspringer aus einem Flugzeug. **b** Das Flugzeug fliegt dabei in
  2 000 bis 4 500 m Höhe.
3 a Die Fallschirmspringer stürzen zunächst mit bis zu 180 km/h Richtung Erde.
  b In ca. 1500 m Höhe über dem Erdboden öffnen sie den Fallschirm.
  c Sie benötigen dann noch 3 bis 5 Minuten bis zur Landung.

2 **Satzgefüge und Satzreihe verwenden**

a Verbindet 1a und b zu einer Satzreihe. Denkt an das Komma.

b Verbindet 2a und b zu einem Satzgefüge. Bildet aus 2b einen Relativsatz: *aus einem Flugzeug, d...*

c Für Profis: Verbindet die Sätze 3a, b und c, z.B. mit *nachdem, anschließend, schließlich, ...*

Drehende Rotoren im Himmel: Hubschrauber

1 Schon zu Beginn der Luftfahrt interessierte die Menschen, ?

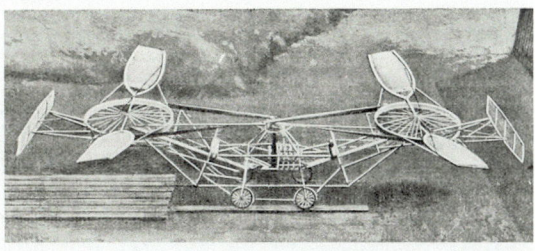

2 Im Jahr 1907 erreichte Paul Cornu: Ein Fahrrad mit einem Motor stieg durch sich drehende Rotoren senkrecht in die Luft.

3 Die Erfindung von damals wird heute in vielen Bereichen genutzt.

3 Relativ-, Subjekt- und Objektsätze erkennen und verwenden

a Untersucht Satz 1: Welche Information fehlt?

b Schreibt Satz 1 ab und ergänzt einen entsprechenden Subjektsatz zu folgender Frage: Kann man auch senkrecht in die Luft starten? Beginnt mit *... interessierte die Menschen, ob ...*

c Formt in Satz 2 den unterstrichenen Satz zu einem Objektsatz um.

d Bildet die Unterstreichung in Satz 3 zu einem Subjektsatz um, z. B.: *Was damals ...*

Raumfahrt: Menschen und Hunde im All

1 Durch eine verstärkte Raketenentwicklung seit 1945 konnte 1957 der erste Satellit Sputnik 1 in die Erdumlaufbahn geschossen werden.

2 Ob auch Lebewesen eine Fahrt ins All überstehen können, wurde noch im gleichen Jahr überprüft, indem die Hündin Laika im Sputnik 2 ins All geschickt wurde.

3 Der entscheidende Schritt fand statt, als der russische Kosmonaut Juri Gagarin 1961 als erster Mensch die Erde im Weltall umkreiste.

4 Adverbialsätze erkennen und verwenden

a Erläutert: Welche wichtigen Stationen der Raumfahrt gab es zwischen 1957 und 1961?

b Formt in Satz 1 die unterstrichene Wortgruppe zu einem Kausalsatz um, z. B.: *Weil ... stattgefunden ...*

c Bestimmt die beiden Adverbialsätze in Satz 2 und 3. Benennt sie mit den richtigen Fachbegriffen.

d Formt den Adverbialsatz in Satz 2 zu einer adverbialen Bestimmung mit „durch" um.

Lösungen

3 a *Wer oder was interessierte die Menschen?*   b „..., ob *man auch senkrecht in die Luft starten kann.*
c Im Jahr 1907 erreichte Paul Cornu, *dass ein Fahrrad mit einem Motor durch sich drehende Rotoren senkrecht in die Luft stieg.*
d *Was damals erfunden wurde,* wird heute in vielen Bereichen genutzt.
4 a 1957: erster Satellit in der Erdumlaufbahn; 1957: Die Hündin Laika wird ins All geschickt; 1961: Juri Gagarin als erster Mensch im All   b *Weil eine intensive Raketenentwicklung seit 1945* stattgefunden *hatte,* konnte 1957 ...
c 2: Modalsatz *(indem)*, 3: Temporalsatz *(als)*
d Ob auch Lebewesen „..., wurde noch im gleichen Jahr *durch einen Raumflug der Hündin Laika überprüft.*

11.3 Fit in …! – Texte überarbeiten

Stellt euch vor, ihr bekommt in der nächsten Klassenarbeit die folgende Aufgabe gestellt.

Aufgabe
Ein Schüler hat der Schülerzeitung den folgenden Text zum Thema „Natur" zugeschickt.
Die Redaktion der Schülerzeitung sendet den Text mit Hinweisen zur Überarbeitung zurück.
1 Überarbeite den Text anhand der Hinweise.
2 Finde eine sinnvolle Fortsetzung für den letzten Satz.
3 Formuliere eine zum Text passende Überschrift.

In Deutschland kennen viele den Pazifischen Feuerring nicht.

Für die Menschen im südpazifischen Königreich Tonga ist dieser Vulkangürtel rund um den Pazifik dagegen sehr wichtig für ihr Leben. Er liegt unmittelbar vor ihrer Küste.
— *Verbinde die beiden Sätze mit „denn" zu einer Satzreihe.*

Im Jahr 2009 schaute die ganze Welt auf Tonga: Auf dem Grund des Pazifiks nahe der Insel Tongatapu brach ein Vulkan aus.
— *Verbinde zu einem Satzgefüge.*

In dieser Region gibt es am Meeresboden eine Vulkankette. Sie besteht aus etwa 36 unterseeischen Vulkanen.
— *Verbinde zu einem Satzgefüge: Forme den zweiten Satz zu einem Relativsatz um.*

Gewaltige Dampfsäulen und Rauchwolken stiegen über dem Seegebiet empor, nachdem der Vulkan unter Wasser ausgebrochen war.
— *Verwandle den Temporalsatz in eine adverbiale Bestimmung.*

Auf Grund der guten Sichtbarkeit des Naturschauspiels kamen viele Schaulustige an die Küste.
— *Verwandle die adverbiale Bestimmung in einen Kausalsatz.*

Vor dem Vulkanausbruch gab es heftige Erdbeben.
— *Verwende das Plusquamperfekt.*

Für die Inselbewohner hat keine Gefahr bestanden.
— *Verwende das Präteritum.*

Winde trugen die Dampf- und Rauchwolken des Ausbruchs von den Inseln weg.
— *Setze den Satz ins Passiv.*

Die Aschewolken wurden von der Windströmung in Richtung Fidschi-Inseln getrieben.
— *Setze den Satz ins Aktiv.*
Nur für den Flugverkehr …

Die Aufgabe richtig verstehen

1 Was verlangt die Aufgabe von euch?
Findet für jeden Satzanfang A–E die passende Fortsetzung (P)–(E). Schreibt die 5 Sätze ins Heft.
Tipp: Wenn ihr die Sätze zugeordnet habt, ergeben die Buchstaben in Klammern ein Lob.

(P)	das Tempus verändern.
(R)	den letzten Satz fortsetzen und mir eine Überschrift überlegen.
(N)	Adjektive zu Adverbien verändern.
(S)	Sätze auf unterschiedliche Weisen verbinden.
(A)	alles unverändert abschreiben.
(U)	aus adverbialen Bestimmungen Adverbialsätze machen und umgekehrt.
(E)	zwischen Aktiv und Passiv wechseln.

A Im gelben Abschnitt muss ich …
B Im blauen Abschnitt muss ich …
C Im grünen Abschnitt muss ich …
D Im grauen Abschnitt muss ich …
E Ganz am Ende muss ich …

Den Text Absatz für Absatz überarbeiten

2 **Den gelben Abschnitt bearbeiten**
a Verbindet im ersten Abschnitt die beiden Hauptsätze mit *…, denn er liegt …*
b In einem Satzgefüge kann der Nebensatz u. a. mit folgenden Verknüpfungswörtern beginnen: *nachdem, weil, als, indem, …*
Findet für Abschnitt 2 ein passendes Verknüpfungswort.
Verbindet die Sätze.
c Verwendet für die Satzverbindung im Abschnitt 3 das richtige Relativpronomen: *der, die, das.*

3 **Den blauen Abschnitt bearbeiten**
a Sucht den Temporalsatz im ersten Satzgefüge.
Tipp: Er beginnt mit einem Verknüpfungswort.
b Formuliert eine entsprechende adverbiale Bestimmung. Fügt sie an der passenden Stelle ein.
Tipp: *… stiegen nach dem …*
c Sucht die adverbiale Bestimmung im zweiten Satz. Formuliert einen entsprechenden Kausalsatz und fügt ihn ein.
Tipp: *Auf Grund → …, weil …*

4 **Den grünen Abschnitt bearbeiten**
a Wiederholt die Zeit- bzw. Tempusformen:
– Perfekt: Wir *haben geredet.*
– Plusquamperfekt: Wir *hatten geredet.*
– Präteritum: Wir *redeten.*
b Setzt den ersten Satz vom Präteritum ins Plusquamperfekt.
c Setzt den zweiten Satz vom Perfekt ins Präteritum.

5 **Den grauen Abschnitt bearbeiten**

Stellt die Sätze wie in dem folgenden Schülerbeispiel um:

Aktiv: *Der Journalist lobte das Spiel.*

Passiv: *Das Spiel wurde (von dem Journalisten) gelobt. (Präteritum: wurde)*

Tipp: „tragen" ist ein starkes Verb → *tragen, du trägst, sie trugen, sie haben getragen.*

6 **Abschluss**

Lest noch einmal die Aufgaben 2 und 3 auf S. 210. Was müsst ihr noch tun?

a Um Aufgabe 2 zu lösen, könnt ihr den folgenden Wortspeicher nutzen:

| umfliegen | Bestimmungen | galten | besondere | weiträumig | die Maschinen |

b Für die Aufgabe 3 könnt ihr einen der folgenden Vorschläge auswählen und ergänzen:

Gefährliches ...   Dampfsäulen über ...   Ein Vulkan ...   Leben mit einem ...

Die Überarbeitung prüfen

7 Überprüft eure Überarbeitung noch einmal mit Hilfe der Checkliste.

Checkliste ✔

Meine Textüberarbeitung prüfen

Rechtschreibung	Prüfe in einem ersten Durchgang: Hast du keine Rechtschreibfehler eingebaut?
Kommasetzung	Prüfe in einem zweiten Durchgang: Sind alle Nebensätze durch Kommas abgetrennt?
Überarbeitung	Gehe alle Absätze mit den Überarbeitungshinweisen durch: Hast du genau das gemacht, was gefordert war?
Vollständigkeit	Lies noch einmal die Aufgabe: Hast du alle Aufgabenteile erledigt?

Schreibwörter ▶ S. 282

das Aktiv	das Adverb	der Planet	das Experiment	die Waage
das Passiv	der Adverbialsatz	der Vulkan	der Motor	der Wasserskifahrer

12 Rechtschreibstrategien erarbeiten –
Rechtschreibung erforschen

1 a Klärt, bei welchen Problemen die einzelnen Rechtschreibstrategien helfen.
      Nutzt die markierten Beispielwörter auf dem Plakat.
   b Notiert:
      – Bei welchen Strategien seid ihr noch nicht so sicher?
      – Welche Schreibungen müsst ihr
        noch mehr üben, z. B.:
        Wörter mit ie, s-Lauten, ...?

2 Tauscht euch über den Inhalt des
   Plakats aus:
   Was ist der Sinn einer „Schule in der
   Kiste"?
   Wie wollen die Schüler helfen?

In diesem Kapitel ...

– informiert ihr euch über Kinderrechte
  und Schulen in der Welt,
– wiederholt ihr wichtige Rechtschreibstrategien,
– erklärt ihr die Schreibweisen von
  Wörtern und findet Regeln,
– korrigiert ihr Fehler und findet Fehlerschwerpunkte.

12.1 Kinder in der Welt – Rechtschreibstrategien anwenden

Strategie Schwingen – Wörter in Silben sprechen

die Kinderrechte   die Menschenrechte   die Kinderarbeit   das Partnerprojekt
der Aufenthaltsort   die Entwicklungszusammenarbeit   die Emotionen
die Familiensituation   die Medikamente   die Materialien   die Lebensmittelspende

1 Die meisten Wörter kann man richtig schreiben, wenn man sie deutlich in Silben spricht.
a Prüft die 11 Wörter oben. Lest sie deutlich in Silben.
b Erschließt die Bedeutung der Wörter von hinten nach vorn, z. B.: *Kinderrechte = Rechte der Kinder, ...*

2 Diktiert euch in Partnerarbeit gegenseitig die Wörter.
Tipp: Zieht zur Kontrolle Silbenbögen unter die Silben.

Strategie Verlängern – Einsilber und unklare Auslaute

rund   wild   kennt   setzt   schreibt   zeigt   der Grund   der Bund   schlägt   fällt   der Zeh
geh   nennt   überzeugt   entzückt   erlaubt   das Reh   der Eindruck   hell   grell

3 Verlängert die obigen Beispielwörter. Wählt Aufgabe a oder b.
a Listet im Heft die Wörter mit ihren Verlängerungswörtern wie folgt auf:

Nomen	Adjektive	Verben
der Grund – die Gründe	*rund – runder als*	*kennt – wir kennen*

b Schreibt die Wörter ins Heft. Markiert die unklare Stelle, an der man anders spricht, als man schreibt. Schreibt das Verlängerungswort als Beweis dazu (► Methode).

Methode	Wörter verlängern

- Beim Schwingen kann man in der Regel jeden Buchstaben deutlich hören, z. B.: *der Winter.*
- Bei einsilbigen Wörtern und am Wortende kann man jedoch Buchstaben nicht immer sicher zuordnen, z. B.: *der Zwerg, der Unfall.*
  Dann hilft die Strategie „Verlängern". Das heißt: **Man fügt an das Wort eine Silbe an,** z. B.:

Nomen: *der Zwerg* – denn: *die Zwer ge, der Unfall* – denn: *die Unfäl le*

Verben: *stellt* – denn: *wir stel len*   **Adjektive:** *hell* – denn: *hel ler als*

Strategie Zerlegen – Zusammengesetzte Wörter

> der Brennsparofen   das Schritttempo   die Unfallstatistik   die Abfallhalde
> der Grundschulabschluss   der Kindertreff   die Handarbeit   das Mittagessen   Südamerika

1 In diesen Wortzusammensetzungen findet ihr Verlängerungswörter.
Schreibt die Wörter ins Heft. Zerlegt sie wie im Beispiel.   *das Hand|werk – die Hände*

> freundlich   gehofft   täglich   gezockt   die Freundschaft   kindlich   aufgepasst   vermeidbar
> die Feindschaft   farblich   geschafft   nördlich   die Herrschaft   stündlich   die Schädlichkeit

2 Zerlegt die Wörter mit Vor- und Nachsilben. Wählt Aufgabe a oder b.
●●● **a** Legt eine Tabelle an (▶ Aufgabe 3, S. 214). Ordnet die Wörter richtig ein.
●○○ **b** Schreibt die Wörter ins Heft und zerlegt sie, z.B.: *freundlich – denn: die Freunde.*

Schule in der Mongolei

Rund ein Drittel der mongolischen Bevölkerung lebt als Nomaden mit ihren Herden in der Steppe. Fast alle Kinder werden eingeschult, aber nur wenige beenden die 10-jährige Grundschule. Das hat verschiedene Gründe: Zwar ist der Schulbesuch kostenlos, aber viele Familien können sich die Kosten für das Lernmaterial nicht leisten. Auch werden Kinder gebraucht, um bei der täglichen Arbeit mit den Tieren zu helfen. Ältere Nomadenkinder müssen fast immer Internate besuchen, oder die Schule muss zu ihnen kommen. Lehrer kommen persönlich und bringen ihnen in der Steppe das Lesen, Schreiben und Rechnen bei. Aber oft haben die Kinder keine Zeit, ihre Aufgaben zu erledigen. Als Weg zur Bildung wird deshalb oft das Radio genutzt, das mit Hilfe von beweglichen Sonnenkollektoren überall läuft.

3 Nennt drei Gründe, warum Kinder in der Mongolei häufig die Schule abbrechen.

4 Untersucht die Rechtschreibung im Text mit Hilfe der Strategien. Wählt Aufgabe a oder b.
●●● **a** Notiert Wörter, die man nicht so schreibt, wie man sie spricht.
●○○ **b** Ordnet im Heft je 3 Wörter aus dem Text diesen drei Strategien zu: ☺ ☺ ☺.

Methode	Wörter zerlegen, Bausteine abtrennen

- Unklare Laute in zusammengesetzten Wörtern findet man, indem man sie **zerlegt,** z.B.:

  *das Schwi**mm**|bad – denn: schwi**mm**en, die Bä**d**er.*

- Auch wenn man **Vor- und Nachsilben abtrennt,** kann man Verlängerungsstellen finden, z.B.:

  *en**d**los – denn: das En**de**   die Kun**d**schaft – denn: der Kun**de**   gepac**k**t – denn: pac**k**en.*

Strategie Ableiten – Wörter mit *ä* und *äu*

lenken senken denken melken	***aber***	schälen lächeln wärmen schwärmen

1 a Benennt je Wort die Stelle, an der man Buchstaben verwechseln kann.
 b Schreibt die Wörter mit *ä* mit ihrem Beweiswort ins Heft, z. B.: *drängen – denn: der Drang.*

die Beute heute die Schleuse	***aber***	die Räume die Träume die Läuse

2 a Benennt je Wort die Stelle, an der man Buchstaben verwechseln kann.
 b Schreibt die Wörter mit *äu* mit ihrem Beweiswort ins Heft, z. B.: *die Mäuse – denn: die Maus.*

wärmen der Wächter weben das Geld er fällt er glänzt er klärt er hält	heucheln säuerlich die Beute die Kräuter der Läufer der Verkäufer

3 Übt in Partnerarbeit das Ableiten. Wählt Aufgabe a oder b.
 ●●● a Begründet euch gegenseitig die Schreibweise der Wörter in den beiden Kästen
  (1 Punkt je richtige Antwort).
 ●○○ b Lest euch die Wörter der Aufgaben 1 und 2 gegenseitig vor.
  Der Partner nennt Schreibweise und das Beweiswort (1 Punkt je richtige Antwort).
  Tipp: Schlagt die Wörter, die ihr nicht kennt, im Wörterbuch nach.

Merken – Wenn keine Strategie hilft

wenn denn dann in bis dran und durch wer wie sie bald bin wir ob	ahnen gähnen die Sahne fahren die Ohren die Mühle die Bohne die Zahlen die Lehrer die Uhren die Kehle die Zähne

4 a Übertragt die Wortlisten ins Heft. Markiert in jedem Wort die unklare Stelle.
 b Notiert: Was haben die Wörter rechts und was haben die Wörter links gemeinsam?
  Tipp: Prüft die Anzahl der Silben, ob man die Wörter verlängern kann und was man hört.

Methode	**Wörter mit *ä* und *äu* ableiten**

Ableiten heißt: **verwandte Wörter mit *a* und *au* finden.**
- Normalerweise schreibt man *e* oder *eu*.
- Wenn es **verwandte Wörter mit *a* oder *au*** gibt, dann schreibt man *ä* oder *äu*, z. B.:

 die Welt – aber: er hält, denn: halten   *die Leute – aber: läuten, denn: laut.*
 Tipp: Wörter wie *Säbel* und *Bär* muss man sich **merken,** weil es kein verwandtes Wort gibt.

Strategisch vorgehen – Den Fehlerschwerpunkt finden

VORSICHT
FEHLER!

A Mongolen in der Steppe

Wer in die monglische Stepe komt, der betritt eine Welt von unvorstelbarer Weite, die fast menschenleer wirgt, denn die Mongolei ist sehr dün besiedelt. Nicht der Sekun-
5 denzeiger bestimt das Leben der Bewohner, sondern Tageslauf und Jahreszeit.
In einer überwältigen-
10 den Hügellantschaft stehen verstreut die mit Filz belegten Jur-
ten der Mongolen, die wie winzige hele Pilze aussehen. In einer solchen Jurte, dem
15 „Ger", lept die Nomadenfamilie.
Sache der Frauen ist es, zu kochen, was bei schlechtem Wetter im Ger passiert. Bei gutem Wetter kochen sie draußen, und zwar in einem extremen Klima. Im Winter betregt
20 die durchschnitliche Temperatur minus 25 Grat Celsius. Im Sommer sind wegen der kalten Nechte Temperatursprünge von rund 30 Grad innerhalp von 24 Stunden keine Sältenheit.

B Nomadenkinder

Was Nomadenkinder brauchen, lernen sie in ihren Familien. Die Frauen melken die Stuten alle zwei Stunden, und schon *frü* müssen die Mädchen dabei helfen. Sache der
5 *Menner* ist es, sich um die Pferde zu *kümern*. Dabei helfen die Jungen. Sie reiten oft schon, bevor sie überhaupt laufen können.
10 Kinder aus Nomadenfamilien haben kaum die *Möklichkeit,* eine Schule zu besuchen. Sie haben schon ganz früh die Aufgabe, ganze Herden zu hüten, eine *gefehrliche* Arbeit.
15 Immer wieder *komt* es zu *Reitunfellen, Tierbisen* und schweren *Verlätzungen.*
Aufgabe der Kinder ist auch die *tegliche* Wassersuche. Sie sind oft drei bis vier Stunden zu Fuß zu den *Wasserquelen unterweks.* Auf dem *Rükweg* tragen sie im
20 Sommer volle Kanister, im Winter schwere Eisbrocken zurück zu ihrer Familie. Nomadenkinder müssen *heufig* ins Internat, wenn sie die Schule besuchen *wolen.*

---

1 Lest beide Textabschnitte.
  a Nennt die Aufgaben, die mongolische Jungen und Mädchen haben.
  b Welche besonderen Klimabedingungen herrschen in der Mongolei?

2 Korrigiert im Heft die Fehler in Text A oder B. Wählt Aufgabe a/c oder b/c.
●●○ **a** Findet die Fehler im Text A.
    Legt eine Tabelle zu den Strategien an. Ordnet die korrigierten Wörter zu: 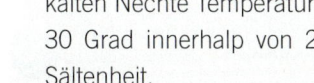.
●○○ **b** Findet die Fehler in den markierten Wörtern im Text B.
    Legt eine Tabelle zu den Strategien an. Ordnet die korrigierten Wörter zu: .
  c Markiert den Fehlerschwerpunkt: Das ist der Fehler, der am häufigsten vorkommt.

3 **a** Vergleicht eure Ergebnisse mit einem Lernpartner, der den gleichen Text bearbeitet hat.
  b Diktiert euch gegenseitig den Text, den ihr bearbeitet habt.

Doppelte Konsonanten – Achtet auf die erste Silbe

der Name   die Nelke   die Wärme   das Feuer   die Karte   die Kurve   die Hälse   der Wagen
geben   die Finger   das Ende   die Kälte   warten   kosten   tragen   lernen   meinen

1 a Lest die Wörter und achtet auf die erste Silbe. Endet sie mit einem Vokal, ist sie offen.
Endet die erste Silbe mit einem Konsonanten, ist sie geschlossen.
b Listet im Heft die Wörter aus Aufgabe 1a wie folgt auf:

erste Silbe offen	erste Silbe geschlossen
der Na me	*die Nel ke*

die Nase   das Nasse   der Ekel   die Ecke   beißen   die Bisse   die Hüte   die Hütte

2 a Lest die Wörter deutlich in Silben. Tragt sie in eure Liste aus Aufgabe 1b ein.
b Schreibt den folgenden Satz vollständig unter die richtige Liste von Wörtern.
Wenn die erste Silbe … ist, verdoppelt man den Konsonanten nie.

erste Silbe offen/geschlossen	erste Silbe offen/geschlossen
klingeln regnen blitzen hüpfen enden kosten	hoffen kommen klettern müssen wollen
Merkmal: zwei gleiche/verschiedene Konsonanten an der Silbengrenze	Merkmal: zwei gleiche/verschiedene Konsonanten an der Silbengrenze

3 a Lest die Wörter deutlich in Silben. Achtet auf die Grenze zwischen den Silben.
b Wie muss die richtige Überschrift jeweils lauten? Wie lautet das gemeinsame Merkmal?

er merkt   er küsst   der Berg   der Damm   der Zwerg   der Wald   der Wall   das Werk
der Kopf   der Pfiff   der Topf   der Knall   der Ball   der Zoll   er schimpft   er schwimmt

4 a Begründet die jeweilige Schreibweise: Verlängert die einsilbigen Wörter.
b Übertragt die Tabelle zu Aufgabe 3 ins Heft. Ordnet die verlängerten Wörter richtig zu.

Information   **Doppelte Konsonanten**

- **Regel: Doppelte Konsonanten** schreibt man **nur,** wenn die **erste Silbe** geschlossen ist.
- Stehen an der **Silbengrenze zwei verschiedene Konsonanten, verdoppelt** man in der Regel **nicht,** z. B.: *die Wel**t**en* – aber: *die Wel**l**en.*
- Prüft die Schreibung: **Verlängert** Einsilber und **zerlegt** zusammengesetzte Wörter.

t oder **tt?**	der Ro ? fuchs	der Ro ? weiler	die Blu ? wurst	der Pla ? fisch
m oder **mm?**	das Sti ? band	das Schwi ? training	das Su ? geräusch	
l oder **ll?**	die Wo ? jacke	der Zo ? stock	der Beste ? zettel	der Wa ? fang
n oder **nn?**	das Bre ? glas	der Ber ? stein	der Re ? wagen	das Stir ? band

5 Entscheidet: doppelter oder einfacher Konsonant?
Schreibt die Wörter ins Heft. Beweist die Schreibweise, z. B.: *das Schwimm|bad – denn: schwimmen.*

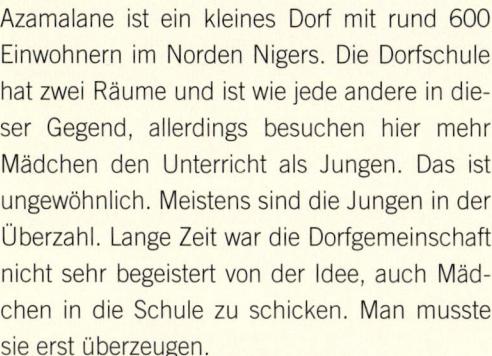

Niger – Ein Tag im Leben von Tanalher

Azamalane ist ein kleines Dorf mit rund 600 Einwohnern im Norden Nigers. Die Dorfschule hat zwei Räume und ist wie jede andere in dieser Gegend, allerdings besuchen hier mehr
5 Mädchen den Unterricht als Jungen. Das ist ungewöhnlich. Meistens sind die Jungen in der Überzahl. Lange Zeit war die Dorfgemeinschaft nicht sehr begeistert von der Idee, auch Mädchen in die Schule zu schicken. Man musste
10 sie erst überzeugen.
Eine der jungen Schülerinnen ist Tanalher. Ihr Lieblingsfach ist Geschichte. Sie interessiert sich sehr für die Vergangenheit ihres Landes. Aber das Lesen fällt ihr schwer. Zwar kann sie
15 die Wörter richtig aussprechen, doch oft versteht sie nicht die Bedeutung. Das liegt daran, dass in der offiziellen Landessprache Französisch unterrichtet wird, in Azamalane aber eine eigene Sprache gesprochen wird.
Wenn die Sonne am höchsten steht, haben die 20 Schüler „Pause". Die ist aber für die Zwölfjährige noch anstrengender als das Lesenlernen, denn sie muss zum Brunnen gehen und Wasser für ihre Familie holen. Bis zu sieben Mal trägt sie das Wasser in 10- oder 20-Liter-Kanis- 25 tern auf ihrem Kopf. Auch wenn der Brunnen nicht weit entfernt ist, tut ihr der Kopf weh. Aber sie kann beim Wasserholen ihre Freunde treffen, weil alle Kinder diese Aufgabe haben. Wenn sie zur Hütte ihrer Familie zurückkommt, 30 isst sie schnell etwas. Dann geht es direkt weiter zum Feuerholzsammeln, was noch mühsamer ist als das Wasserholen. Danach muss sie wieder in die Schule.

6 Vergleicht Tanalhers Tagesablauf mit euren täglichen Aufgaben.

7 Wendet die Regel zur Konsonantenverdopplung an. Bearbeitet Aufgabe a, b oder c.
●●● **a** Erklärt die Regel zur Konsonantenverdopplung. Erläutert sie an Beispielwörtern aus dem Text.
●●○ **b** Sucht je fünf Wörter aus dem Text und listet sie im Heft wie folgt auf:

erste Silbe offen	erste Silbe geschlossen	
	zwei verschiedene Konsonanten	zwei gleiche Konsonanten
…	…	…

●○○ **c** Legt in eurem Heft zwei Spalten an: .
Ordnet den Spalten je 3 Wörter aus dem Text zu, die einen doppelten Konsonanten haben.

8 Vergleicht in Partnerarbeit eure Ergebnisse zu den Aufgaben 7 a, b oder c.

i oder *ie*? – Achtet auf die erste Silbe

hindern   die Diebe   die Rinder   die Fliegen   bringen   biegen   grinsen   wiegen   kitzeln
die Zwiebel   sieben   flitzen   kriechen   die Diele   die Briefe   die Ziege   der Dichter

1 a Lest die Wörter deutlich. Achtet auf die erste Silbe.
b Listet im Heft die Wörter wie folgt auf. Ordnet sie richtig ein.

Wörter mit *i*	Wörter mit *ie*
hin dern	*die Die be*

c Formuliert im Heft die Regel für die ie-Schreibung: *Man schreibt ie, wenn die ...*

das Schild   das Tier   der Wind   der Krieg   das Bild   das Lied   das Kind   die Zier   das Bier
er dient   winkt   liebt   trinkt   siegt   filmt   hilft   siebt   schiebt   schielt   kriegt   kriecht

2 Erklärt die Schreibweise dieser Wörter, indem ihr sie verlängert.
Ordnet die Verlängerungswörter in eure Liste zu Aufgabe 1b ein.

das Z **?** lfernrohr   die Gl **?** dmaßen   die W **?** ldb **?** nen   die W **?** ndmühlen
die Z **?** rpflanzen   die Tr **?** fnase   die S **?** gprämie   das Sch **?** nbein
das W **?** ldschwein   die T **?** fgarage

3 Setzt ein: *i* oder *ie*?
Zerlegt die Wörter im Heft und geht vor wie im Beispiel: *der Viel|fraß – denn: vie les.*

| fried   bieg   der Sieg   das Ziel   der Brief   lieb   das Lied | -lich -sam -los |
| der Stier   das Tier   der Stiel   schließ   ziem   die Gier | -ig -chen |

4 Wörter, die mit *ie* geschrieben werden, behalten die Schreibweise bei.
a Bildet Wörter, indem ihr an die Wortstämme
links einen der Bausteine rechts anhängt.
b Beweist die Schreibweise, indem ihr verlängert, z. B.: *fried|lich – denn: der Frieden.*

Information   **Wörter mit *i* oder *ie***

■ **Die meisten Wörter mit i-Laut** schreibt man **mit einfachem *i*.**
Man schreibt **immer *i*,** wenn die **erste Silbe geschlossen** ist, z. B.: *der Win ter.*
■ Man schreibt *ie*, wenn die **erste Silbe offen** ist, z. B.: *die Bie ne.*
Diese Regel gilt **nur für zweisilbige deutsche Wörter,** nicht bei Fremdwörtern.
■ Prüft die Schreibung: **Verlängert** Einsilber und **zerlegt** zusammengesetzte Wörter.

ie in starken Verben

braten steigen treiben bleiben	lag erzog wog flog genoss kroch
halten schreiben laufen fallen	schob schloss bog bezog floh

1 a Bildet im Heft aus den Verben links die Vergangenheitsform, z. B.: *braten – sie brieten*.
   b Bildet im Heft aus den Verben rechts die Grundform, z. B.: *er lag – liegen*.

2 Der Baustein *-ieren* kennzeichnet diese Verben: *marsch**ie**ren, divid**ie**ren, plomb**ie**ren, rad**ie**ren*.
Schreibt die Wörter ins Heft und sammelt weitere Verben mit dem Baustein *-ieren*.

Gesundheitsvorsorge als Schulfach

Wenn man d ? 11-jähr ? ge Fiska von der ? ndones ? schen ? nsel Sumatra nach ihren L ? bl ? ngsfächern fragt, nennt s ? das Zähneputzen.

5 Das Unterr ? chtsfach Hyg ? ene g ? bt es tatsächlich h ? r ? n den Schulen, weil v ? le Fam ? l ? en zu Hause kein fl ? - ßendes Wasser haben. Deshalb werden d ? K ? nder auch abends n ? cht ? ns Ba-
10 dez ? mmer gesch ? ckt, bevor s ? schla- fen gehen. Natürl ? ch kennen d ? K ? n- der auch keine farb ? gen Zahnbürsten m ? t T ? rf ? guren am Gr ? ff. Auch Zahnpas- ta, d ? nach H ? mbeere oder Kaugum-
15 m ? schmeckt, g ? bt es n ? cht.

Was uns v ? lleicht manchmal läst ? g w ? rd, ? st für d ? K ? nder auf Suma- tra ein w ? cht ? ger Bestandteil schu- l ? scher B ? ldung. S ? lernen, w ?
20 man s ? ch m ? t Seife d ? Hände wäscht, prob ? ren vor dem Sp ? gel aus, w ? man am besten Schaum erzeugen kann, und lernen, dass das Abkochen von Wasser Bakter ? n tötet. Das Z ? l ? st, die Bak-
25 ter ? n zu bes ? gen, s ? an ihrer Verbrei- tung zu h ? ndern und so schl ? mme Krankheiten ? m Keim zu erst ? cken. Zu Hause werden d ? K ? nder zu Lehrern: Sie br ? ngen ihren Eltern bei, was s ? ? n
30 der Schule gelernt haben.

3 In dem Text fehlen alle *ie* und fast jedes *i*. Versucht ihn möglichst schnell zu lesen.

4 Erklärt mit eigenen Worten, was die Erwachsenen von den Kindern lernen sollen.

5 Ergänzt die *i/ie*-Schreibung. Wählt Aufgabe a oder b.
●●● a Ordnet im Heft die Wörter, die mit *ie* geschrieben werden, den Strategien zu.

			M Einsilber

●○○ b Ordnet im Heft die Wörter aus dem Text wie folgt richtig zu:

Wörter mit *i*	Wörter mit *ie*

6 Vergleicht eure Ergebnisse mit einem Lernpartner, der dieselbe Aufgabe gelöst hat.

s, ß oder ss? – s-Laute unterscheiden

bremst   rast   gießt   fasst   küsst   reißt   reist   der Quast   der Pass   das Gras
der Gruß   der Hass   der Fraß   der Bass   das Nest   der Guss   heiß   leis   fest   nass
weiß   krass

1 Lest die einsilbigen Wörter. Achtet darauf, wie die
s-Laute gesprochen werden. Welche Aussage ist richtig?
A Die s-Laute kann man bei der Aussprache deutlich unterscheiden.
B Die s-Laute werden verschieden geschrieben, aber gleich gesprochen.

2 a Übertragt die folgende Tabelle ins Heft. Verlängert die Wörter aus Aufgabe 1.
Ordnet sie richtig ein.

s	st	ss	ß
rei sen	*die Leis te*	*die Mes se*	*au ßen*

b Untersucht die Wörter. Schreibt die zutreffenden Aussagen unter die Spalten.

erste Silbe offen/geschlossen • s-Laut klingt zischend/summend •
erste Silbe offen/geschlossen • zwei gleiche/zwei verschiedene Konsonanten an Silbengrenze

ss und ß innerhalb einer Wortfamilie

er vergaß   er vergisst   vergesslich   er gießt   er goss   der Guss   der Fraß   er frisst   er fraß
es fließt   es floss   der Fluss   ihr wisst   er wusste   er beißt   er biss   der Biss   er reißt
er riss   der Riss   er zerreißt   er zerriss   er verlässt   er verließ   er schließt

3 Begründet die Schreibweisen mit *ß* oder *ss*. Wählt Aufgabe a oder b.
●●○ **a** Tragt die verlängerten Wörter richtig in die Tabelle aus Aufgabe 2 ein.
●○○ **b** Schreibt die Wörter ins Heft und verlängert sie, z. B.:
das Maß – denn: die Ma ße   er misst – denn: wir mes sen.

Information   **Wörter mit s-Laut**

- Man schreibt *ß*, wenn die **erste Silbe offen** ist und man den **s-Laut zischend** spricht, z. B.: *drau ßen*.
- Man schreibt *s*,
  - wenn die **erste Silbe offen** ist und man den **s-Laut summend** spricht, z. B.: *die Ro se*,
  - wenn die **erste Silbe geschlossen** ist und **zwei verschiedene Konsonanten** an der
    Silbengrenze stehen, z. B.: *die Res te*, *die Wes pe*.
- Man schreibt *ss*, wenn die **erste Silbe geschlossen** ist, z. B.: *die Ros se*.
Tipp: Um diese Regeln für den s-Laut anzuwenden, braucht man das zweisilbige Wort.

die Hau ? tür   das Schwei ? band   das Schlie ? fach   das Spa ? bad
der Schlu ? verkauf   die Gie ? kanne   der Regengu ?   die Fa ? brause
der Gebi ? abdruck   der Gra ? samen   die Ba ? saite   der Fre ? napf
fa ? bar   me ? bar   sü ? lich   ma ? voll   schlie ? lich

1 Zerlegt die Wörter und setzt den richtigen s-Laut ein. Schreibt ins Heft, z. B.:

der Heiß|luft|ballon – denn: hei ßer   *unpässlich – denn: pas sen.*

V O R S I C H T
FEHLER!

Schools of the Air in Australien

Man könnte denken, dass das heisse Landesinnere von Australien vollkommen leer ist. Aber es ist besiedelt, allerdings über alle Masen dünn. Der trockene Boden läßt ausschliesslich
5 Viehzucht zu, deshalb sind die Farmen riessengross und sehr einsam gelegen. Auf diesen Farmen leben natürlich auch Kinder, die in grosser Einsamkeit aufwachsen. Aber wie ihre Altersgenosen in den Grossstädten brauchen sie schu-
10 lische Bildung. Dazu müßen sie oft 1000 Kilometer von zu Hausse weg und Internate besuchen. Aber fasst immer machen sie nur ein paar Schritte ins nächste Zimmer. Dort treffen sie sich mit ihren Mitschülern über Funk
15 und im Internet, im grössten Klasenzimmer der Welt. Die School of the Air in Alice Springs versorgt 140 Schüler in einem Gebiet von über 1,3 Millionen Quadratkilometern. Das entspricht etwa der dreissigfachen Fläche der Schweiz.
20 Moderne Kommunikationsmedien ermöglichen heute einen Unterricht, in dem Schüler und Lehrer über Web-Cam miteinander kommunizieren. Schwänzen? Keine Hausaufgaben machen? Das geht hier nicht, denn es gibt die

Kontrolle per Internet. Die Lehrer können durch 25
Zuschaltungen ausschliesslich mit einem oder mit mehreren Schülern gleichzeitig arbeiten. Im Schnitt erhalten die Schüler eine Stunde Unterricht pro Tag, allerdings kommen Haußaufgaben dazu. Diese werden mit den dazu nötigen 30
Materialien gemailt und müsen selbstständig gelößt werden. Helfen können nur Eltern, Geschwister oder ein Tutor.
Eine Woche im Schuljahr reissen die Kinder in ihre Schule, um Zeit mit den Mitschülern und 35
Lehrern zu verbringen. Ausserdem werden die Schüler von ihren Lehrern einmal im Jahr besucht. Die übernachten wegen der rießigen Entfernungen oft im Elternhaus ihrer Schüler. Die meißten Kinder geniessen es, den Lehrern ihre 40
eigene Welt in der Wildnis zu zeigen. So bekommt jeder Lehrer einen sehr persönlichen Eindruck von seinen Schülern.

2 Findet mindestens drei Unterschiede zur Schule bei uns. Tauscht euch darüber aus.

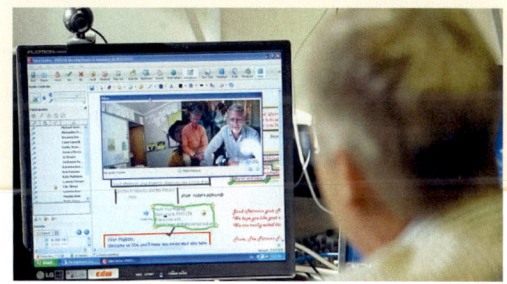

3 Korrigiert die s-Schreibung in den markierten Wörtern. Wählt Aufgabe a oder b.
●●● **a** Ordnet im Heft die Wörter in drei Spalten ein: *Wörter mit s … mit ss … mit ß.*
   Markiert die Wörter mit dem Strategiezeichen, das euch hilft, die Regel anzuwenden, z. B.: *hei ße.*
●○○ **b** Legt im Heft drei Spalten an: *Wörter mit s … Wörter mit ss … Wörter mit ß.*
   Ordnet die korrigierten Wörter den Spalten richtig zu.

Nomen erkennen und großschreiben

Viele Namen – ein Gerät

Wer dachte, dass das Wort „Handy" englisch sei und man jeden Briten oder Amerikaner nach seinem Handy fragen könnte, irrt. Sie nennen es „mobile phone", bewegliches Tele-
5 fon. Die Italiener lieben ihr „telefonino" oder „nino", also ihr Telefönchen, und die Türken gehen mit einem „cep telefonu" aus, was so viel heißt wie Hosentaschentelefon. In Finnland ist der Mensch mit einem „matkapuhelimet" un-terwegs, einem Reisetelefon. Das somalische „telefoonka gacanta" ist ein Handtelefon, das
10 persische „telefon-hamrah" ist ein Freund-schaftstelefon.

1 Benennt, was die Schreibungen für das Handy in anderen Sprachen gemeinsam haben.

2 a Notiert alle Nomen mit ihren Begleitern ins Heft. Lasst für die Überschrift eine Zeile frei.
   b Wählt für die Überschrift die richtige Aussage (A oder B):
   A Nomen werden immer von ihrem Artikel begleitet.
   B Nomen haben verschiedene Begleiter.

Das ❓

Wie kann ein ❓ heißen? In vielen ❓ der ❓ gibt es kein ausgebautes ❓ . Daher hat man nur wenig ❓ nach außen. Was für euch selbstverständlich ist, dass ihr für den ❓ der ❓ auf dem ❓ ein ❓ zur ❓ habt, ist für die meisten ❓ unerschwinglich. Aber es gibt vereinzel-te ❓ von ❓ , die sie gegen eine ❓ verleihen. Sie finanzieren damit ihr ❓ oder ermöglichen anderen das ❓ .

3 a Prüft, ob ihr verstehen könnt, um was es in dem Text geht.
   b Setzt im Heft die Nomen aus dem Wortspeicher richtig ein. Markiert Nomen und Begleiter.

Handy   Freundschaftstelefon   Gebühr   Telefonieren   Verfügung   Besitzer   Ländern
Kontakt   Fall   Schulweg   Fälle   Handy   Festnetz   Kinder und Jugendlichen   Handys
Gerät   Erde

Methode	Nomen durch Proben erkennen

Nomen schreibt man groß.
In Texten erkennt man sie mit Hilfe von drei **Proben.**
- **Artikelprobe:** Vor Nomen kann man einen Artikel setzen, z. B.: *die Ziege*, *der Zucker*.
  Artikel können sich „verstecken", z. B.: *zur (= zu der), beim (= bei dem), zum (= zu dem)* usw.
- **Zählprobe:** Nomen kann man zählen, z. B.: *zwei, drei, zehn, viele, einige* Ziegen.
- **Adjektivprobe:** Nomen kann man durch Adjektive näher beschreiben, z. B.: *die* **zickige** *Ziege*.

A Von den Alten lernen – Leben im Eis

Natürlich gehen auch kinder der inuit[1] in grönland und kanada in die schule und werden modern unterrichtet. Dabei lernen sie auch die offizielle sprache des landes, in dem sie leben.

5 Viele ältere kinder müssen ganztagsschulen besuchen, weil es in den abgelegenen orten nur grundschulen gibt. Das führt dazu, dass die kinder sich von ihren wurzeln entfernen und die herkömmliche lebensweise der inuit in ver-

10 gessenheit gerät. Viele familien besinnen sich deshalb auf ihre traditionen und bringen ihren kindern wieder bei, wie man im eis überleben kann. Aber auch für verhaltensauffällige jugendliche gibt es projekte: Sie unternehmen forschungsreisen ins eis, in denen sie sich mit 15 den traditionen ihrer vorfahren auseinandersetzen. Außerdem lernen sie, in der unwirtlichen eiswüste zu überleben. Dabei sollen sie ihre persönlichkeit stärken.

B Lernen von der Familie

Von ihren eltern lernen die kinder der inuit[1], sich im eis zu ernähren. Auch wenn land und meer im winter stark vereist sind, gibt es robben, die früher die wichtigste lebensgrundlage für

5 die menschen hier waren. Auch heute nehmen viele väter ihre söhne wieder mit auf die jagd. Wenn sie mit ihren hundeschlittengespannen oder motorschlitten unterwegs sind, erleichtert ihnen die moderne technik den weg, aber die

10 beschwerliche jagd müssen sie trotzdem mit gewehr und harpune schaffen. Dabei helfen die söhne. Während der vater an einem der eislöcher wartet, bis ein tier an die oberfläche kommt, kann der sohn mit dem hunde- oder motorschlitten um die atemlöcher herumfah- 15 ren. Durch den krach werden die robben aufgescheucht und schwimmen auf den wartenden jäger zu. Zu Hause lernen die mädchen von den müttern, wie man die robben verarbeitet. Das fleisch kann im eis leicht haltbar gemacht 20 werden. Die felle werden in salzwasser gewaschen, gespannt und getrocknet und für wärmende kleidung genutzt.

---

1 Inuit: Volksgruppe, die im arktischen Zentral- und Nordostkanada sowie auf Grönland lebt

VORSICHT FEHLER!

1 a Erklärt mit Hilfe des Textes A, warum die Inuit sich auf ihre Traditionen besinnen.
   b Erklärt mit Hilfe des Textes B, was die Jungen und Mädchen von ihren Eltern lernen.

2 Wendet die Regeln zur Großschreibung an. Wählt Aufgabe a oder b.
●●● a Prüft im Text A, welche Wörter großgeschrieben werden müssen.
   Notiert die Nomen mit ihren Begleitern ins Heft.
●○○ b Sind die markierten Wörter im Text B Nomen? Prüft mit Hilfe der Proben (▸ S. 224).
   Schreibt die Nomen mit einem Begleiter ins Heft.

3 Vergleicht eure Ergebnisse aus Aufgabe 2.
   a Sucht einen Lernpartner, der den gleichen Text bearbeitet hat.
   b Arbeitet mit einem Lernpartner, der sich mit dem anderen Text beschäftigt hat.

4 Diktiert euch gegenseitig in Partnerarbeit Text A oder B.

Verben werden Nomen

> **A** Sarina hört auf zu tanzen, aber ich habe beim Tanzen noch Spaß.
> **B** Auf dem Schulhof lachen wir laut, und unser Lachen ist weit zu hören.

1 Erklärt die Schreibweise der markierten Wörter in den Sätzen A und B.
Nennt die Begleiter, an denen ihr erkennt, weshalb das zweite Wort großgeschrieben wird.

Junge Inuit heute

Früher haben die jungen Inuit ihre Schulbildung in Internaten erworben. Nun besinnen sie sich wieder auf die Lebensweise ihrer Vorfahren. Zwar halten sie das arbeiten in der Schule auch für wichtig, um in der modernen Gesellschaft das fortschreiten der Technik nutzen zu können. Gleichzeitig lehnen sie das vergessen ihrer alten Traditionen ab. Das passiert aber leicht, wenn man in Internaten fern der Familien lebt. In den Ferien lernen die Jungen wieder sowohl das jagen und fischen als auch das orientieren im verschneiten Gelände. Und sie lernen auch das überleben in der Natur bei bis zu –50°C, was sie besser können als jedes andere Volk. Die Mädchen lernen eher das verarbeiten und konservieren der Nahrungsmittel und Felle. Die meisten jungen Menschen sind sich einig: Das verlernen der ursprünglichen Sprache der Inuit, das Inuktitut, muss um jeden Preis verhindert werden. Wer die Sprache seiner Vorfahren nicht mehr spricht, hat seine Wurzeln verloren.

VORSICHT FEHLER!

2 a Was bedeutet der letzte Satz? Tauscht euch aus.
b Im Text sind alle Verben kleingeschrieben. Welche 10 Verben sind großzuschreiben?
Schreibt den Text richtig ins Heft. Markiert die Begleiter der nominalisierten Verben.

3 Bildet im Heft Nominalisierungen. Wählt Aufgabe a oder b.

Begleiter:	das	beim	vom	zum	am	mein	dein	unser
Verben:	laufen	springen	täuschen	sprechen	tauchen	tauschen		

●○○ **a** Bildet 6 Sätze, in denen ein Verb nominalisiert wird. Markiert den Begleiter.
●●● **b** Bildet 6 Sätze, in denen ein Verb als Verb und als Nominalisierung vorkommt.

4 Nennt eure Beispiele für Nominalisierungen. Begründet jeweils die Schreibweise.

Information   **Nominalisierte Verben erkennen**

Werden **Verben wie Nomen** gebraucht, **schreibt man sie groß.** Nominalisierte Verben erkennt man an ihren **Begleitern.** Man kann die **Nomenproben** anwenden:

- **Artikelprobe,** z. B.: *Das Tanzen macht Spaß. Man kann sich **beim** (bei dem) Tanzen verletzen.*
- **Adjektivprobe,** z. B.: *Wildes Tanzen sieht manchmal gefährlich aus.*
- Verben können auch von einem **Possessivpronomen** begleitet werden, z. B.: *unser Laufen.*

Adjektive werden Nomen

> **A** Es ist gut, wenn bei Unfällen nichts Schlimmes passiert.
>
> **B** Es kann hart sein, wenn einem etwas Hartes auf den Kopf fällt.

1 Erklärt die Schreibweise der markierten Wörter in den Sätzen A und B.
Nennt die Begleiter, an denen ihr die Nominalisierungen erkennt.

Halligschulen

Halligen sind ganz kleine Inseln vor der Nord- seeküste. Auf ihnen leben wenige Menschen, die aber sehr viel wichtiges für den Schutz der Küste leisten. Das Leben auf einer Hallig ist et-
5 was einzigartiges. Während einige darin etwas herrliches und ruhiges sehen, können sich an- dere ein solches Leben nur als etwas wirklich langweiliges vorstellen: keine Geschäfte, kein Kino, keine Ablenkung.
10 Natürlich müssen die Kinder, die dort leben, zur Schule gehen. Auf einigen Halligen gibt es Schulen, die von den wenigen Kindern gemein- sam besucht werden. Es hat schon etwas komi- sches, wenn jeder Jahrgang nur aus einem Schüler oder einer Schülerin besteht. Aber es 15 gibt eigentlich nichts besseres, denn der Unter- richt hat fast etwas privates, und der Lehrer kann ganz spontan reagieren, wenn etwas inte- ressantes in der Welt passiert.

2 **a** Wie stellt ihr euch eine Schule auf einer Hallig vor? Tauscht euch aus.
b Im Text sind alle Adjektive kleingeschrieben. Welche 9 Adjektive sind großzuschreiben?
Schreibt den Text richtig ins Heft. Markiert die Begleiter der nominalisierten Adjektive.

3 Bildet im Heft nominalisierte Adjektive. Wählt Aufgabe a oder b.

Begleiter:	das	etwas	wenig	viel	allerhand	manches		
Adjektive:	toll	schön	billig	nett	kaputt	bitter	gut	schlecht
Endungen:	-e	-es						

●○○ **a** Bildet Sätze, in denen ein Adjektiv nominalisiert wird. Markiert den Begleiter.
●●● **b** Bildet Sätze, in denen ein Adjektiv einmal klein- und einmal großgeschrieben wird.

4 Nennt eure Beispiele für Nominalisierungen. Begründet jeweils die Schreibweise.

Information	Nominalisierte Adjektive erkennen

Werden **Adjektive wie Nomen** gebraucht, **schreibt man sie groß.** Nominalisierte Adjektive erkennt man an ihren **Begleitern.** Man kann die **Nomenproben** anwenden:
- **Artikelprobe,** z. B.: *Das ist das Tollste, was ich je gesehen habe.*
- **Zählprobe:** Oft werden nominalisierte Adjektive durch **unbestimmte Zahlwörter** (Numerale) begleitet, z. B.: *viel, wenig Schönes, nichts Neues.*

Zusammenschreibung – Achtet auf die Wortarten

In den Sommermonaten will die hellrote Sonne am Nordpol nachts nicht untergehen.
Dann können die Kinder mit den Schlittenhunden auf der sommerwarmen Erde herumtollen.
Die Robbenfelle kann man in dieser Jahreszeit für die winterkalten Temperaturen weglegen.

1 Findet in den Sätzen alle Wortzusammensetzungen.

a Legt im Heft eine Liste mit folgender Überschrift an: *Zusammensetzungen aus Nomen.*
Notiert darunter die entsprechenden Wörter aus den Beispielsätzen.

b Legt im Heft eine zweite Liste an – Überschrift: *Zusammensetzungen mit Adjektiven.*
Notiert darunter die entsprechenden Wörter aus den Beispielsätzen.

2 a Notiert ins Heft: Aus welchen Wörtern bestehen die 3 markierten Zusammensetzungen:
A Adjektiv + Adjektiv   **B** Adjektiv + Verb   **C** unveränderliches Wort + Verb?

b Listet mit Hilfe der folgenden Wörter weitere Zusammensetzungen auf, z. B.: *dableiben,* …

da	aus	ab	heraus	hinzu	heran
weg	herunter	hin	vorbei	zurück
herum				

gehen	bleiben	kommen	rennen
laufen	gucken	fahren	denken
fliegen	nehmen		

3 Wie können Farben aussehen? Verbindet dazu jeweils ein Nomen (links) oder ein Adjektiv (rechts)
mit einer Farbe, z. B.: *tomatenrot, hellrot,* …

| die Tomate | die Aprikose | der Pfirsich | die Nacht |
| das Gras | der Schnee | der Himmel | das Eis | das Feuer |

| hell | blass | mittel |
| dunkel | tief |

rot   gelb   grün   braun   blau   schwarz   weiß   grün   gelb

4 Übt die Zusammenschreibung. Wählt Aufgabe a/c oder b/c.

●●○ a Erfindet 3 weitere Wortzusammensetzungen. Schreibt sie auf Kärtchen.

●○○ b Schreibt einige Wortzusammensetzungen aus den Aufgaben 1–3 auf Kärtchen.

c Bestimmt in Partnerarbeit die Wortarten eurer zusammengesetzten Wörter.

5 Bildet im Heft Sätze, in denen mindestens 1 Wortzusammensetzung vorkommt.

Information   **Zusammenschreibung**

Zusammen schreibt man folgende **Verbindungen:**

- **aus Nomen und Nomen,** z. B.: *Blumen + Kasten = der Blumenkasten.*
- **mit Adjektiven,** z. B.: *Himmel + blau = himmelblau, hell + blau = hellblau.*
- **von Verben mit unveränderlichen Wörtern,** z. B.: *hin + gehen = hingehen.*

Tipp: Wenn man bei Verben das erste Wort nicht verlängern kann, schreibt man zusammen.

Getrenntschreibung – Achtet auf die Wortarten

Wenn Kinder sicher mit dem Rad fahren wollen, müssen sie das Gleichgewicht halten können. Voraussetzung: Die Sattelhöhe muss passen. Dass Kinder üben müssen, ist selbstverständlich. Es ist wichtig, dass jemand dabei ist, der aufpasst. Auch ein Fahrradhelm muss vorhanden sein.

1 Legt im Heft drei Listen wie folgt an. Tragt die markierten Verbindungen richtig in die Listen ein.

Nomen + Verb	Verb + Verb	Verbindungen mit „sein"

2 Verbindet die folgenden Verben links mit den Verben rechts und bildet 5 Sätze, z.B.:

Im Sommer können wir hoffentlich **schwimmen gehen.**

Tipp: *kennen + lernen* kann man **zusammen-** oder **getrennt** schreiben.

schwimmen lachen jagen arbeiten kennen wetten zelten einkaufen kommen	gehen dürfen müssen können sollen lassen lernen

3 **a** Tragt 5 Verbindungen mit „sein" in die richtige Liste aus Aufgabe 1 ein.
Nutzt: *da, dort, draußen, drinnen, gesund, gemein, nett + sein.*
b Bildet 5 Sätze, in denen ihr Verbindungen mit „sein" verwendet.

Schulwege in Deutschland

Während Kinder in vielen Ländern der Erde kilometerweit zur Schulelaufen, ist der Schulweg in Deutschland weitaus bequemer. Bei uns müssen die Kinder höchstens 3,5 km zu Fußgehen oder mit dem Fahrradfahren. Ist der Weg weiter, steigt man auf öffentliche Verkehrsmittel um, deren Kosten ersetztwerden. Doch leider kommt es immer wieder zu Verkehrsunfällen, weil Zebrastreifen, Ampeln und Tempolimits fehlen. Um die Sicherheit zu erhöhen, sollte die Polizei so mit Personal ausgestattetsein, dass sie auf den Schulwegen regelmäßig Kontrollen durchführenkann. Dabei sollte sie bei Autos die Geschwindigkeitmessen, bei den Schülern die Helmekontrollieren und die Verkehrssicherheit der Fahrräder überprüfen.

4 Korrigiert im Heft die markierten Wortgruppen.

Information	Getrenntschreibung

Getrennt schreibt man in der Regel folgende **Verbindungen:**
- **von Nomen und Verben,** z.B.: *Aufgaben machen, Fußball spielen, …*
- **von Verben und Verben,** z.B.: *einkaufen gehen, arbeiten müssen, …*
- **alle Zusammenstellungen mit „sein",** z.B.: *da sein, weg sein, erfreut sein, …*

Teste dich!

S Wenn Wörter zwei Silben haben, kann man meistens gut hören, wie man sie schreibt.
U Verlängern ist die Strategie für Einsilber und unklare Auslaute.
T Verlängern muss man jeden Einsilber.
P Verlängern muss man Einsilber mit unklarem Laut am Ende.
E Wortzusammensetzungen sollte man zerlegen, um Verlängerungsstellen zu finden.
V Ableiten hilft am Ende eines Wortes.
R Ableiten hilft bei *ä* oder *äu*.

1 Prüfe dein **Strategiewissen.** Notiere die Buchstaben vor den richtigen Aussagen.
Tipp: Die Buchstaben vor den richtigen Aussagen ergeben ein Lösungswort.

das Flu **?** bett   die Fü **?** e   er fa **?** t   mei **?** tens   die So **?** e   er hei **?** t
der Barfu **?** pfad   der Fu **?** boden   das Fa **?**   der Ba **?**   die Gei **?** ter   die Do **?** e

2 Prüfe dein **Regelwissen.** Schreibe die Wörter mit der richtigen s-Schreibung ins Heft.

die D **?** be   die Zw **?** bel   die T **?** nte   die W **?** ndmühle   die Tr **?** büne
z **?** mlich   die Z **?** mtschnecken   der W **?** ldhüter   der S **?** bdruck   schl **?** ßlich

3 Prüfe dein **Regelwissen.** Schreibe die Wörter mit der richtigen i-Schreibung ins Heft.

Warum Kinder nicht in die Schule gehen

A Im Süden von madagaskar gehen rund 420 000 kinder nicht zur Schule. Dort gibt es in vielen dörfern noch kein angebot, und der Wek in die nechste Schule ist oft viel zu weit.

B Viele Kinder brechen die Schule schon früh ab. Den Kleinen ist der Fussweg zu weit, und oft verlieren sie den Anschluß an die anderen Kinder. Auch Flüse ohne Brücken sind ein Hindernis. Wenn das Waser schnell fliesst oder der Pegel steigt, müßen die Kinder zu Hause bleiben.

C Vile Jungen treiben auf der Dorfstraße Zigen vor sich her und bekommen für ihre Arbeit 1,50 € im Monat. Die Eltern finden, dass die Kinder in der Schule sowiso nichts lernen.

D Manchmal gipt es nur zwei Klassenstufen für alle Kinder. Mit einem Lehrer und einem Klassenraum kan die Schule nur zwei Klassen einrichten. So wiederholt sich der Unterrichtsstof oft und kluge Kinder sind unterfordert. Wer mehr lernen wil, muß auf eine Privatschule gehen.

4 a Finde die **Fehler.** Berichtige den Text im Heft.
   b Ordne den Textabschnitten A–D die folgenden Fehlerschwerpunkte richtig zu:
   Verlängerungsfehler   i-Schreibung   s-Schreibung   Großschreibung

5 Vergleiche deine Ergebnisse zu den Aufgaben 1 bis 4 mit einem Lernpartner.

12.2 Kinder haben Rechte – Zeichensetzung

Was Satzzeichen leisten

Kinderrechte

A Kinder haben Rechte Sie müssen besonders geschützt werden damit sie überall auf der Welt gut leben nicht benachteiligt werden gesund aufwachsen zur Schule gehen und in ihrer Entwicklung gefördert werden Bis Anfang des 20. Jahrhunderts hatte man Kinder als Eigentum ihrer Eltern angesehen Dann merkte man dass Kinder besondere Rechte brauchen Damit die für alle Kinder auf der Welt gleich sind wurde 1989 die UN-Konvention über die Rechte des Kindes (KRK) verabschiedet Ein Politiker erklärt Dieses internationale Übereinkommen richtet sich nach vier Grundsätzen Verhinderung von Benachteiligung Beachtung des Kinderwohls und das Recht auf Leben und Mitsprache von Kindern in ihren Angelegenheiten Die Vereinbarung wurde von fast allen Ländern der Welt unterzeichnet Aber wie sollen Kinder ihre Rechte einfordern Sie dürfen sich jetzt direkt bei den Vereinten Nationen beschweren Das geht zwar nicht so einfach aber es gibt den Kinderrechten dieselbe Bedeutung wie allen anderen Menschenrechten

B Kinder haben Rechte. Sie müssen besonders geschützt werden, damit sie überall auf der Welt gut leben, nicht benachteiligt werden, gesund aufwachsen, zur Schule gehen und in ihrer Entwicklung gefördert werden. Bis Anfang des 20. Jahrhunderts hatte man Kinder als Eigentum ihrer Eltern angesehen. Dann merkte man, dass Kinder besondere Rechte brauchen. Damit die für alle Kinder auf der Welt gleich sind, wurde 1989 die UN-Konvention über die Rechte des Kindes (KRK) verabschiedet. Ein Politiker erklärt: „Dieses internationale Übereinkommen richtet sich nach vier Grundsätzen: Verhinderung von Benachteiligung, Beachtung des Kinderwohls und das Recht auf Leben und Mitsprache von Kindern in ihren Angelegenheiten." Die Vereinbarung wurde von fast allen Ländern der Welt unterzeichnet. Aber wie sollen Kinder ihre Rechte einfordern? Sie dürfen sich jetzt direkt bei den Vereinten Nationen beschweren. Das geht zwar nicht so einfach, aber es gibt den Kinderrechten dieselbe Bedeutung wie allen anderen Menschenrechten.

1 Lest nacheinander beide Texte. Welcher Aussage stimmt ihr zu?

A Man kann beide Texte gleich gut lesen. **B** Satzzeichen erleichtern einem das Lesen.

2 Gestaltet ein Lernplakat zur Zeichensetzung.
Nutzt die folgende Information. Ergänzt je einen passenden Beispielsatz aus dem Text.

Information	Was Satzzeichen leisten

- **Punkte** beenden einen abgeschlossenen Satz.
- **Ausrufe- und Fragezeichen** zeigen an, wie ein Satz betont wird.
- **Kommas** trennen Aufzählungen sowie Hauptsätze, die inhaltlich zusammengehören, und Nebensätze von Hauptsätzen.
- **Redezeichen** geben an, wer etwas sagt.

Kommasetzung bei Aufzählungen

Kinder brauchen besonderen Schutz: Nicht nur in den reichen Ländern wie Deutschland, Frankreich, England, sondern auch in allen anderen Ländern der Erde.
Die Vereinten Nationen wollen den Kindern zu ihrem Recht verhelfen, die Kinderrechte bekannt machen, sie durchsetzen und einklagbar machen.

 Erklärt euch in Partnerarbeit die Kommasetzung. Nutzt die Information unten.

Die Comicfigur Meena

A Meena ist eine beliebte Comicfigur in Südostasien. Sie kommt aus Bangladesch, aber auch in Indien Pakistan Nepal Bhutan Kambodscha Laos Sri Lanka Thailand und Vietnam wird sie heiß geliebt. Sie lebt den Kindern Jugendlichen und Erwachsenen vor, wie man Gleichberechtigung durchsetzen kann. Für ihren Erfolg müssen die Geschichten realistisch humorvoll und glaubwürdig sein. Deshalb werden viele Jungen Mädchen Mütter Väter und sogar ganze Dorfgemeinschaften befragt, was sie bewegt.

B Meena ist ein neun Jahre altes Mädchen. Sie trägt zwei Ohrringe einen langen Haarzopf ein Hemd mit kurzen Ärmeln einen Rock und Badelatschen. Sie lebt mit ihren Eltern ihren beiden Brüdern ihrer Großmutter und ihrem Papagei in einem Dorf. Sie sieht aus wie Millionen andere Mädchen, aber sie verhält sich nicht so: Meena ist selbstbewusst lässt sich nichts gefallen und will Gleichberechtigung. Sie tauscht die Rolle mit ihrem Bruder Raju. Der muss im Haushalt helfen Feuer machen den Boden wischen die Hühner füttern und die Kuh melken. Meena dagegen geht in die Schule findet die frühe Verheiratung für Mädchen unmöglich und will studieren. Seit sie in Bangladesch so erfolgreich ist, ist der Schulbesuch bei Mädchen angestiegen.

 a Nennt das Kinderrecht, für das sich Meena einsetzt.
b Tauscht euch darüber aus, warum Meena bei den Lesern wohl so beliebt ist.

 Setzt die fehlenden Kommas. Wählt Aufgabe a/c oder b/c.
 a Schreibt Text A ab. Setzt die 12 fehlenden Kommas bei den Aufzählungen.
 b Im Textteil B fehlen 10 Kommas zwischen Gruppen von Wörtern.
  Schreibt die Sätze, in denen Wortgruppen aufgezählt werden, mit den Kommas ins Heft.
c Erklärt einem Lernpartner, der die jeweils andere Aufgabe gelöst hat, eure Ergebnisse.

Information   **Kommasetzung bei Aufzählungen**

- **Kommas** stehen zwischen **aufgezählten Wörtern und aufgezählten Gruppen von Wörtern.**
  → Das **Komma entfällt,** wenn sie durch *und* oder *oder* verbunden sind, z. B.:
     *Isa, Lea **und** Alexandra sind Mädchennamen.*
- Das **Komma steht vor** den Verknüpfungswörtern (Konjunktionen) *aber, jedoch, sondern* und *doch,* z. B.: *Du kannst schwimmen, spielen, arbeiten, **aber** nicht herumsitzen.*

Kommasetzung in Satzreihen

Jugendliche bestimmen in der Politik mit. Sie wählen Vertreter. Die bilden das Jugendparlament.
Jugendliche bestimmen in der Politik mit(,) und sie wählen dazu ihre Vertreter, aber die müssen sich dann auch für ihre Rechte einsetzen.

1 Erklärt euch in Partnerarbeit die Kommasetzung. Nutzt die Information unten.

A Jugendparlamente

In vielen deutschen Städten gibt es Jugendparlamente aber nicht jeder kennt sie. Ihre Vertreter werden in den Schulen gewählt und sie dürfen in der Politik mitbestimmen. Das
5 Jugendparlament hat drei Handlungsmöglichkeiten: Es kann wichtige Themen der Jugendlichen zur Diskussion vorschlagen es kann Forderungen an die Politik stellen und es kann Mitmachprojekte planen und durchführen. Da-
10 bei können die Jugendlichen nicht nur reden sondern auch selbst etwas tun. Die Jugendlichen bleiben nicht unter sich sondern werden auch in den Städten bekannter und als Partner ernst genommen.

B Projekt des Jugendparlamentes

Ein Mitmachprojekt des Jugendparlaments in Gütersloh ist die Aktion „Gütersloh engagiert". Es handelt sich um ein soziales Projekt. Dabei arbeitet das Jugendparlament eng mit anderen Gruppen zusammen. Die Schüler gehen einen 5 Tag nicht in die Schule. Stattdessen arbeiten sie bei Privatpersonen oder Firmen. Sie bekommen dafür einen festen Betrag. Das Geld wird zur Hälfte an die Schulen überwiesen. Dort beschließt die Schülervertretung die Verwendung 10 des Geldes. Über die andere Hälfte bestimmt das Jugendparlament. Es unterstützt Projekte für Kinder und Jugendliche. Die Kinder erwirtschaften viel Geld. Ihre Vertreter setzen es sinnvoll ein.

2 Erklärt: Wie wird das Recht auf Mitbestimmung in Jugendparlamenten umgesetzt?

3 Setzt Kommas. Wählt Aufgabe a/c oder b/c.
- **a** Schreibt Text A ins Heft. Setzt die fehlenden Kommas.
- **b** Text B besteht nur aus Hauptsätzen. Das ist wenig abwechslungsreich.
  Verbindet die Sätze aus Text B sinnvoll. Nutzt Verbindungswörter und setzt die Kommas, z. B.:
  Ein Mitmachprojekt ... ist die Aktion „Gütersloh engagiert", dabei handelt es sich ...
- **c** Erklärt einem Lernpartner, der die jeweils andere Aufgabe gelöst hat, eure Ergebnisse.

Information　**Kommasetzung in Satzreihen** (▶ S. 194)

- Man kann **Hauptsätze** aneinanderreihen. Dann **trennt** man **sie durch Kommas** oder **verbindet** sie durch **Verknüpfungswörter** (Konjunktionen) wie *und, oder* sowie *aber, doch, sondern, ...*
- Vor ***und*** sowie ***oder*** kann ein Komma stehen, muss aber nicht, z. B.:
  Max schießt den Ball aufs Tor(,) ***und*** *Abud hält ihn.*
- Vor ***aber, doch, sondern, denn*** steht **immer ein Komma,** z. B.:
  Max schießt den Ball aufs Tor, ***aber*** *Abud hält ihn.*

Kommasetzung in Satzgefügen

> Arme Kinder müssen oft schon früh arbeiten, damit die Familien überleben können.
> Damit arme Familien überleben können, müssen die Kinder oft schon früh arbeiten.
> Arme Kinder müssen oft, damit die Familien überleben können, schon früh arbeiten.

1 Erklärt euch in Partnerarbeit die Kommasetzung. Nutzt die Information unten.

A Schuhputzer

In Großstädten der Erde muss man sich um das Schuhputzen keine Gedanken machen weil es auf den Straßen überall Schuhputzer gibt. Wenn man also seine Schuhe geputzt haben möchte dann muss man nur seine Füße hinhalten. Viele Schuhputzer haben einen festen Standort. Andere können die Plätze wechseln weil sie nur eine mobile Ausstattung in einem kleinen Holzkasten haben. Da sich aber nur Männer die Schuhe putzen lassen und auch nur Männer die Schuhe putzen können auch kleine Jungen schon früh in diesem Beruf Geld verdienen. Mit sechs oder sieben Jahren arbeiten diese Kinder damit sie ihre Familien unterstützen können.

B Schuhputzerinnen

Die Männer einer Stadt in Äthiopien staunten nicht schlecht. (Eines Morgens mischten sich einige Mädchen unter die Schuhputzer.) Sie hatten einen auffällig gestrichenen Schuhputzerstand gebaut. (Sie wollten wie die Männer Geld verdienen.) Sie verstanden darüber hinaus auch noch ihr Handwerk. (Sie hatten sich gut darauf vorbereitet und putzten professionell.) Die Männer waren erstaunt. (Die Mädchen feilschten nicht um den Preis.) Ein Lehrer hatte die Idee gehabt. (Er wollte Mädchen aus armen Familien die Chance auf Bildung ermöglichen.) Er sammelte einen Teil des verdienten Geldes auf einem Bankkonto. (Die Mädchen konnten nach der Schule studieren.) Die geregelte Arbeit konnte den Mädchen eine Zukunftsperspektive vermitteln. (Sie konnten das Studium aus eigener Tasche finanzieren.)

2 Lest die Texte. Nennt das Kinderrecht, das der Lehrer umsetzen wollte.

3 Setzt die Kommas in den Satzgefügen. Wählt Aufgabe a oder b.
- ●○○ **a** Schreibt Text A richtig ab. Setzt die 5 fehlenden Kommas.
- ●●● **b** Verbindet im Text B je einen Hauptsatz und einen Satz in Klammern zu einem Satzgefüge mit Komma. Nutzt Verknüpfungswörter wie *da, weil, damit, als, …* z. B.:
  Die Männer einer Stadt in Äthiopien staunten nicht schlecht, als sich eines Morgens …

Information	**Kommasetzung in Satzgefügen** (▸ S. 194)

Satzgefüge (mindestens ein **Haupt-** und ein **Nebensatz**) werden **durch Kommas getrennt.**
Der **Nebensatz** kann **vor** oder **nach** dem **Hauptsatz** stehen oder **eingefügt** sein, z. B.:
- **vor:** *Wenn du mit uns laufen willst, brauchst du vor allem Ausdauer.*
- **nach:** *Du brauchst vor allem Ausdauer, wenn du mit uns laufen willst.*
- **eingefügt:** *Du brauchst, wenn du mit uns laufen willst, vor allem Ausdauer.*

Kommasetzung vor *dass*

Ich finde es wichtig, dass ... Sie bedeuten, dass ... Das heißt, dass ... Ich meine, dass ...	Kinder ihre Rechte einfordern können. die Kinderrechte weltweit schneller umgesetzt werden. es Kinderrechte gibt. man das unbedingt unterstützen muss.

1 **a** Fügt die Sätze im Heft sinnvoll zusammen.

b Markiert das Verb, auf das sich *dass* bezieht, sowie das Komma.

Die wichtigsten Kinderrechte ...	... und ihre Bedeutung
A Das Recht auf Gleichbehandlung	**1** Jedes Kind hat das Recht, mit seinen Eltern zu leben, auch wenn diese nicht zusammenwohnen.
B Das Recht auf Gesundheit	**2** Jedes Kind hat das Recht zu spielen und sich zu erholen.
C Das Recht auf Ausbildung	**3** Kein Kind darf wegen seiner Rasse, seines Geschlechtes, seiner Sprache usw. benachteiligt werden.
D Das Recht auf Spiel und Freizeit	
E Das Recht auf freie Meinungsäußerung, Information und Gehör	**4** Jedes Kind hat das Recht auf eine Erziehung ohne Gewalt.
	5 Jedes Kind soll Hilfe erhalten, wenn es krank ist.
F Das Recht auf gewaltfreie Erziehung	**6** Jedes Kind hat das Recht, zur Schule zu gehen.
G Das Recht auf Schutz vor Ausbeutung	**7** Jedes Kind hat das Recht, vor Ausbeutung und schädlicher Arbeit geschützt zu werden.
H Das Recht auf elterliche Fürsorge	**8** Jedes Kind soll bei allen Dingen, die es direkt betreffen, gefragt werden. Alle Kinder haben das Recht, über ihre Rechte informiert zu werden.

2 **a** Ordnet den Kinderrechten A bis H die richtigen Bedeutungen 1 bis 8 zu, z. B.: *A3, ...*

b Begründet, welche Kinderrechte ihr für die wichtigsten haltet.

3 Verbindet mit *dass* die Kinderrechte und ihre Bedeutung. Wählt Aufgabe a oder b.

● ○ ○ **a** Schreibt mindestens 5 Kinderrechte auf.
Nutzt Verben wie: *... bedeutet, heißt, sagt aus, meint, dass ...*

● ● ● **b** Ordnet die Kinderrechte in der Reihenfolge, wie sie euch am wichtigsten erscheinen,
und schreibt sie ins Heft, z. B.: *... bedeutet, heißt, verhindert, meint, dass ...*
Unterstreicht die Verben, auf die sich *dass* bezieht.

Information	Die Konjunktion *dass* im Nebensatz

- Im **Nebensatz** steht *dass* **am Anfang** und **die Personalform des Verbs am Ende**.
- Vor *dass* steht ein **Komma**, wenn der **Nebensatz nach** oder **zwischen** dem **Hauptsatz** steht.
- Das **Verknüpfungswort** (die Konjunktion) *dass* bezieht sich auf **ein Verb** des vorangegangenen Satzes, z. B.: *Ich **weiß**, dass du das verstanden hast.*

Kommasetzung vor *das* und *dass*

> **A** Es sollte überall Gesetz sein, *dass* Kinder vor Ausbeutung geschützt werden müssen.
> **B** Ein Kind, *das* arbeitet, darf nicht Gefahren für die Gesundheit ausgesetzt sein.

1 **a** Bestimmt, welcher der beiden Nebensätze in A oder B der Relativsatz ist.
   b Erklärt die Schreibung mit *dass* oder *das*.

A Kinderarbeit

Es ist auch heute noch in vielen Ländern üblich, dass Kinder den ganzen Tag wie Erwachsene arbeiten müssen. Es ist eigentlich unvorstellbar, dass weltweit 218 Millionen Kinder ausgebeutet werden. Das Steineklopfen in Steinbrüchen,
5 das eine wirklich schwere Arbeit ist, bringt gute Gewinne. Deshalb kommt es oft vor, dass skrupellose Arbeitgeber junge Kinder aus den Familien holen und für sich arbeiten lassen.
10 Ein Kind, das den ganzen Tag arbeiten muss, hat keine Kraft und keine Zeit für den Schulbesuch. Das Geld, das die Kinder für ihre Arbeit bekommen, ist ein Hungerlohn, trotzdem sind die Familien darauf angewiesen. Das Ausmaß
15 der Arbeit, das für Europäer unvorstellbar ist, macht die Kinder krank.

B Kinderarbeit in Indien

Indien ist ein Land, [?] schon 1950 Menschenhandel und Zwangsarbeit verboten hat. Außerdem gibt es ein Gesetz, [?] Kinder unter 14 Jahren in Minen und Fabriken nicht beschäftigt werden dürfen. Leider interessiert es viele Ar-
5 beitgeber nicht, [?] ihr Verhalten verboten ist. Nur so ist zu erklären, [?] 12,5 von 252 Millionen indischen Kindern zwischen fünf und 14 Jahren täglich arbeiten. Das Risiko, [?] der Arbeitgeber dabei eingeht, ist gering, denn die Strafen
10 sind niedrig. Es ist auch üblich, [?] man sich mit einer geringen Summe freikaufen kann. Für viele Behörden und Familien ist ein Kind, [?] man zum Arbeiten weggibt, völlig normal. Die eigentliche Ursache für die Kinderarbeit ist, [?]
15 viele Familien so arm und verschuldet sind, [?] sie ihre Kinder als Schuldsklaven weggeben müssen, um die Schulden zu begleichen.

2 Erläutert mit Hilfe der Texte, warum es immer noch Kinderarbeit in vielen Ländern gibt.

3 Entscheidet: *das* oder *dass*? Wählt Aufgabe a/c oder b/c.
●○○ **a** Schreibt die Sätze des Textes A ins Heft.
●●● **b** Ergänzt Text B richtig im Heft.
   c Unterstreicht das Wort im Hauptsatz, auf das sich *das* oder *dass* bezieht.

Information **Nebensätze mit *das* und *dass* unterscheiden**

Nebensätze, die mit **das** oder **dass** beginnen, werden durch **Komma** abgetrennt.
- **Relativsätze** (▶ S. 197) mit **das** **beziehen** sich auf **ein sächliches Nomen im Hauptsatz,** z. B.:
  *Ein **Kind, das** die Schule besucht, hat bessere Zukunftschancen.*
- ***Dass*** dagegen **bezieht sich auf das Verb des vorangegangenen Satzes,** z. B.:
  *Jeder **weiß, dass** Kinder mit Schulbildung bessere Chancen für die Zukunft haben.*

Teste dich!

Viele Kinder in aller Welt sammeln täglich Lebensmittelreste Papier Metall und andere Dinge.
Wenn die Müllwagen neuen Müll bringen kommen von überall her Kinder angelaufen.
Die Kinder auf den Müllplätzen binden sich Magnete an Stäbe denn dann finden sie oft Metall.
Manche Kinder sammeln brauchbare Teile aus dem Elektroschrott aber die sind oft giftig.

1
a Schreibe die Sätze in dein Heft. Setze die Kommas.
b Ordne den Sätzen die richtige Regel zu. Schreibe ins Heft: *Komma ...*
   A *bei Aufzählungen*   **B** *zwischen Haupt- und Nebensätzen*   **C** *bei Satzreihen*

Djamilia

Djamilia ist ein Mädchen aus Afrika erst zehn Jahre alt aber schon mit vielen Aufgaben betraut. Sie muss täglich Wasser holen ihrer Mutter helfen und für ihre kleinen Geschwister sorgen. Außerdem muss sie die Tiere tränken das Geschirr waschen Feuer machen und den Hof fegen. Sie arbeitet jeden Tag fällt abends müde ins Bett geht nicht zur Schule hat aber einen Traum: Sie will Französisch lernen. Sie selbst spricht in ihrer Familie die Landessprache Hausa aber in den meisten Schulen wird Französisch gesprochen. Wie ihr geht es vielen Kindern: Ihre Familien sprechen Setsuana Tetum Hindi Yolngu und viele Sprachen mehr. Dagegen unterrichten die Schulen Englisch Französisch Spanisch.

2 Ergänze in deinem Heft die fehlenden Kommas. Welcher Kommafehler überwiegt?

> **A** Kinder gehen häufig nicht zur Schule. Sie sprechen die Sprache der Schule nicht.
> **B** Eltern verhindern oft den Schulbesuch. Sie möchten ihre eigene Sprache bewahren.
> **C** Schulen bieten oft zwei Sprachen an. Dann werden mehr Kinder angemeldet.
> **D** In manchen Schulen stehen traditionelles Malen und Tanzen auf dem Stundenplan.
>   Die Geschichte der Kultur bleibt dadurch erhalten.

3
a Verbinde im Heft die Sätze A bis D jeweils zu **Satzreihen.** Setze die richtigen Kommas.
   Tipp: Nutze *und* oder *denn*.
b Verbinde die Sätze A bis D mit *weil* und *da* zu **Satzgefügen.** Setze die richtigen Kommas.

> Es ist ein Kinderrecht, ? Kinder in die Schule gehen dürfen.
> Es gibt viele Gründe dafür, ? viele Kinder der Erde nie die Schule besuchen.
> Es ist empörend, ? Kinder Elektroschrott sortieren müssen.
> Das Gift, ? sie aus dem Müll aufnehmen, gefährdet ihre Gesundheit.
> Jeder Mensch weiß, ? ? eine Katastrophe für die Kinder ist.

4 Setze ein: *dass* oder *das*? Schreibe die Sätze richtig ins Heft.

12.3 Fit in …! – Einen Text überarbeiten

Fehlerschwerpunkte erkennen

Kinder haben das Recht auf Bildung

Menschen, die nicht lesen und schreiben können, heißen Analphabeten. Was das bedeutet, merken wir, wenn wir uns andere Schriften ansehen. Bittet griechische, türkische, chinesi-
5 sche oder japanische Mitschüler, euch etwas in ihrer Sprache und Schrift aufzuschreiben, und ihr werdet nichts lesen können.
Wenn ihr in die Heimatländer dieser Mitschüler reisen würdet, würdet ihr euch wahrschein-
10 lich wie Analphabeten fühlen: Ihr könntet in der Regel keinen Hotelnamen, kein Straßenschild, kein Telefonbuch und keine Zeitung lesen. Und wie solltet ihr Arbeit finden?
Wenn man nicht lesen kann, ist man von
15 vielen Bereichen des Lebens ausgeschlossen. Man kann sich nicht informieren, deshalb kann man keine Entscheidung fällen. Man ist auf das angewiesen, was andere einem sagen. Manche Menschen profitieren davon, dass
20 viele nicht lesen und schreiben können. Sie schreiben für andere, lesen Briefe vor und beantworten sie, weil ihre Kunden dazu nicht in der Lage sind.

Sie können nicht an Behörden schreiben, können sich nicht wehren, können nicht einmal
25 Liebesbriefe schreiben. Sie geben ihre Briefe in Auftrag, bezahlen dafür, können sie aber nicht prüfen. In Ländern, in denen die Zahl der Analphabeten hoch ist, sind diese Briefeschreiber normal. Auch in westlichen Ländern gibt es
30 Analphabeten. Bei uns aber verbergen sie es meistens, weil sie sich schämen.
Man schätzt, dass weltweit mindestens 250 Millionen Kinder nicht lesen und schreiben können.
35 Aber ohne Schulbildung kann man sich nicht aus der Armut befreien, weil man keine gute Arbeit findet. Man kann auch in der Politik nicht mitentscheiden, deshalb ist eine Demokratie in Ländern mit hohem Anteil an An-
40 alphabeten kaum möglich. Nur wenn es in diesen Ländern Schulen gibt, wenn die Kinder eine Grundbildung bekommen und wenn die Schulpflicht ernst genommen wird, kann sich die Situation verbessern.
45

1 Beantwortet mit Hilfe des Textes die folgenden Fragen:
   a Was bedeutet es, nicht lesen und schreiben zu können?
   b Warum ist die Umsetzung der Schulpflicht für Kinder so wichtig?

2 Arbeitet gezielt an eurer Rechtschreibung. Geht so vor:
   a Lasst euch den Text „Kinder haben das Recht auf Bildung" diktieren.
   b Findet die Fehler in eurem Diktat.
      Prüft, zu welcher Strategie oder Regel eure Fehler gehören.
   c Ordnet eure Fehler den Strategien zu.
      Nutzt den Bogen zur Fehleranalyse (▸S. 239).

3 Bei welcher Strategie habt ihr die meisten Fehler gemacht? Arbeitet an den folgenden Stationen (▸S. 240–242) zu euren Fehlerschwerpunkten.

Eine Fehleranalyse durchführen

Strategie	Fehlertyp	Mögliche Fehlerwörter (Beispiele)	Zahl	Geht zu
	Doppelkonsonanten	können, wenn, bitten, könntet, solltet, ausgeschlossen, fällen, dass, schätzt, Millionen, bekommen, genommen, verbessern		Station 1
	ie-Wörter	die, griechische, dieser, wie, informieren, angewiesen, profitieren, viele, sie, Briefe, Liebesbriefe, diese, Demokratie		Station 2
	ß-Wörter	heißen, Straßenschild		Station 2
	Merkwörter, z. B.: – kleine Wörter – Wörter mit *h* – Fremdwörter	was, wenn, etwas, und, man, sie, deshalb, viele, vor, ohne, gibt, ihr, wahrscheinlich, wehren, bezahlen, Zahl, ihren, ihre, Politik, Analphabeten, profitieren, Situation		Seite 216
	Großschreibung	siehe Text		Station 3
	Zusammen-schreibung	Mitschüler, aufzuschreiben, Heimatländer, Hotelnamen, Straßenschild, Telefonbuch, Liebesbriefe, Briefeschreiber, weltweit, Schulbildung, mitentscheiden, Grundbildung		Seite 228
	Getrenntschreibung	schreiben/lesen können, ernst genommen		Seite 229
	Kommas bei Aufzählung von:			Station 5
	– Wörtern	Z. 4 f.: griechische, ...		
	– Wortgruppen	Z. 11 f.: ... keinen Hotelnamen, kein ... Z. 20 f.: Sie schreiben für andere, lesen ... Z. 24 f.: Sie können nicht ..., können sich ...		
	– Nebensätzen	Z. 41 ff.: Nur wenn es ..., wenn ...		
	– Satzreihen	Z. 4 ff.: Bittet ..., und ihr werdet ... Z. 16 f.: Man kann sich nicht ..., deshalb ... Z. 38 ff.: Man kann auch ..., deshalb ...		
	– Satzgefügen	Z. 1 f.: Menschen, die ..., heißen ... Z. 2 f.: ... bedeutet, merken wir, wenn ... Z. 8 ff.: Wenn ihr ... reisen würdet, würdet ... Z. 14 f.: Wenn man nicht lesen kann, ist ... Z. 17 f.: Man ist auf das angewiesen, was ... Z. 22 f.: ..., weil ihre Kunden ... Z. 28 ff.: In Ländern, in denen ... ist, sind ... Z. 31 f.: Bei uns ..., weil ... Z. 33 ff.: Man schätzt, dass ... Z. 36 ff.: Aber ohne ..., weil ...		Station 6
	dass/das	Z. 19 f.: ... profitieren davon, dass ... Z. 33 f.: Man schätzt, dass ...		Station 4

Station 1: Doppelte Konsonanten – Erste Silbe geschlossen oder offen?

Obdachlose Kinder

Südafrika ist nicht nur ein Land des Tourismus, so ? dern *(n)* auch ein Land mit vielen obdachlosen Kindern. Aber nicht alle Kinder, die man auf der Straße antri ? t *(f),* leben dauerha ? t *(f)* auf der Straße. Es gibt auch Kinder, die in den Ferien und in der Freizeit das Einko ? en *(m)* ihrer Familie aufbe ? ern *(s)* wo ? en *(l)* oder mü ? en *(s).* Sie lehnen den Begri ? *(f)* Straßenkind für sich ab, weil sie nicht i ? er *(m)* auf der Straße leben. Im Gegensa ? *(z/tz)* dazu sind Straßenkinder auf sich a ? ein *(l)* geste ? t *(l).*
In Südafrika sind 80 bis 90 Prozent der Straßenkinder mä ? lich *(n).* Ihr durchschni ? liches *(t)* Alter liegt um die 16 Jahre. Doch leben auch jüngere Kinder unter freiem Hi ? el *(m),* manchmal sogar Mü ? er *(t)* zusa ? en *(m)* mit ihren Säuglingen.

1 Entscheidet, ob der in Klammern angegebene Konsonant verdoppelt wird. Arbeitet im Heft.

2 Tragt je 5 Wörter aus dem Text (nicht nur die markierten Wörter) in eine Tabelle wie folgt ein.

erste Silbe offen	erste Silbe geschlossen
zwei gleiche Konsonanten	zwei verschiedene Konsonanten

Station 2: *ie* und *ß* – Achtet auf die erste Silbe

Stra ? enkinder

In Südafrika lebt eine gro ? e Anzahl von Kindern auf der Stra ? e. Die geschätzten Zahlen gehen von 30 000 bis 1,5 Millionen. Die Minenarbeit in den Städten rei ? t die Familien auseinander. Die Männer la ? en oft ihre Frauen zurück, und die zurückgebliebenen Frauen mü ? en ihre Kinder durchbringen. Wenn es keine Gro ? eltern gibt, die helfen können, landen die Kinder oft auf der Stra ? e. Auch der Tod der Eltern kann der Grund dafür sein, dass Kinder drau ? en leben. Oft werden die Kinder von den Familien verla ? en und versto ? en. Die Lehrer wi ? en meistens nicht, wie sie mit der Situation umgehen sollen.

1 Setzt ein: *ß* oder *ss*? Schreibt den Text richtig ins Heft.

2 Entscheidet: *i* oder *ie*? Übertragt die Tabelle ins Heft. Begründet die Schreibweise.

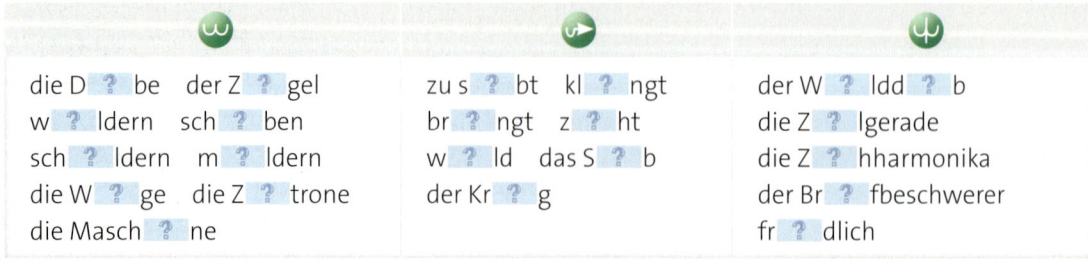

die D ? be   der Z ? gel
w ? ldern   sch ? ben
sch ? ldern   m ? ldern
die W ? ge   die Z ? trone
die Masch ? ne

zu s ? bt   kl ? ngt
br ? ngt   z ? ht
w ? ld   das S ? b
der Kr ? g

der W ? ldd ? b
die Z ? lgerade
die Z ? hharmonika
der Br ? fbeschwerer
fr ? dlich

Station 3: Großschreibung

VORSICHT FEHLER!

Womit straßenkinder ihr geld verdienen

straßenkinder versuchen in der regel, ihren unterhalt durch betteln, autowaschen, schuheputzen, sammeln von wiederverwertbarem müll und anderen tätigkeiten für ihr überleben zu verdienen. Gelingt das nicht, besteht die gefahr, in die kriminalität abzurutschen. Die jüngeren kinder, die auf der straße leben müssen, haben bessere chancen, geld zu erbetteln, aber ältere straßenkinder bekommen immer weniger zusammen. Sie werden auch deswegen weniger unterstützt, weil man verhindern will, dass der strom von kindern, die aus der familie auf die straße flüchten, immer größer wird.

1 **a** Bestimmt im Text alle Nomen. Notiert sie mit ihren Begleitern ins Heft.
b Findet im Text drei nominalisierte Verben. Schreibt sie mit ihren Begleitern heraus.

| nichts etwas viel kein alles |
| beim zum vom durch das |

| schön interessant riskant gefährlich legal |
| betteln überleben helfen unterstützen verhindern |

2 Formt die Adjektive und die Verben rechts zu Nomen um. Bildet im Heft je 5 Sätze, z. B.:
Mir konnte nichts Schöneres passieren.

Station 4: *dass* oder *das*?

denken, dass ...
meinen, dass ...
glauben, ...   hoffen, ...
der Meinung sein, ...
wollen, ...
sicherstellen, ...

Kinderrechte müssen geschützt werden.
Ein Schulbesuch muss für alle Kinder der Welt möglich sein.
Kinderarbeit muss verhindert werden.
Produkte aus Kinderarbeit dürften nicht gehandelt werden.
Nur mit Bildung haben die Kinder die Chance auf eine Zukunft.

1 **a** Bildet mit Hilfe der Wortbausteine Satzgefüge mit *dass*. Schreibt sie ins Heft.
b Unterstreicht im Heft die Nebensätze, z. B.: *Ich denke, dass die Kinderrechte geschützt werden müssen.*

Ein Mädchen, das ...
Das Abkommen, ...
Das Recht auf Lesen und Schreiben, ...

die Kinder schützen soll,
keine Unterstützung hat,
durchgesetzt werden soll,

muss kontrolliert werden.
kann keine Schule besuchen.
scheitert oft an der Armut der Eltern.

2 **a** Bildet im Heft aus den vorgegebenen Bausteinen sinnvolle Relativsätze.
b Unterstreicht das Nomen, auf das sich „das" bezieht, z. B.: *Ein Mädchen, das keine ...*

Station 5: Kommasetzung bei Aufzählungen und in Satzreihen

Scharfes aus Afrika

Das braucht man für Kiliwilli:

2 unreife Bananen 1 Esslöffel Cayenne-Pfeffer oder Paprikapulver 2–3 Esslöffel Maisöl 1 Holzbrettchen 1 Küchenmesser 1 Pfannenheber 1 Bratpfanne 1 kleine Schüssel und Küchenkrepp.

So geht es: Bananen schälen in mundgerechte Stücke schneiden Pfeffer in eine Schüssel geben Bananenstücke darin wenden.

1 Schreibt die Anleitung ins Heft. Setzt die Kommas.

Erhitze das Öl in einer Bratpfanne. Brate die Bananenstücke bei mittlerer Hitze. Lass sie braun und knusprig werden. Nimm die Bananenstücke mit dem Pfannenwender aus der Pfanne. Lege sie beim Abtropfen auf Krepppapier. Lass es dir gut schmecken. Verschluck dich nicht. Die Bananen sind scharf.

2 Diese Anleitung besteht nur aus Hauptsätzen. Verbindet sie im Heft mit *und, aber, denn* zu Satzreihen. Setzt die Kommas, wenn nötig, z. B.: *Verschluck dich nicht, denn ...*

Station 6: Kommas in Satzgefügen

Viele Kinder der Welt sind so arm dass sie keine regelmäßigen Mahlzeiten bekommen.
In vielen Dorfgemeinschaften wird gemeinsam gekocht weil das Energie spart.
Wenn Familien essen wollen beteiligen sie sich auch am gemeinsamen Kochen.

1 a Schreibt die Satzgefüge ins Heft. Setzt in jedem Satz das Komma.
b Unterstreicht den Nebensatz und kreist das Verknüpfungswort (die Konjunktion) ein.

Mangopfannkuchen aus Mali

Mangopfannkuchen kann man leicht zubereiten ...	... nachdem man sie vorher geschält hat.
Sie schmecken himmlisch ...	... wenn man Pfannkuchen für zwei Personen backen möchte.
Man verrührt eine Tasse Mehl, eine Tasse Milch und zwei Eier ...	... wenn die Früchte reif sind.
Man schneidet die Mango in Stücke ...	... sobald man alles verrührt hat.
Man kann in einer Pfanne kleine Teigfladen mit Mangostücken backen ...	... falls man die Zutaten zur Verfügung hat.

2 a Ordnet im Heft den Hauptsätzen die passenden Nebensätze zu.
b Setzt die Kommas.

13 Das habe ich herausgefunden! –
Recherchieren und Präsentieren

1 Das Wort „recherchieren" heißt, dass man Informationen zu einem Thema sucht.
Betrachtet das Bild. Erläutert, ob es zum Wort „recherchieren" passt.

2 **a** Stellt eine Hitliste auf: Wo würdet ihr zuerst nach Informationen recherchieren,
wo zuletzt? Denkt an Bibliotheken, das Internet, Fachlehrer, Fernsehen, ...
b Habt ihr schon einmal zu einem
Thema recherchiert? Berichtet von
euren Erfahrungen.

3 Man kann auch in Gruppen zu einem
Thema recherchieren.
Was sollte man eurer Meinung nach
bei einer Gruppenarbeit beachten,
damit sie gelingt?

In diesem Kapitel ...

– recherchiert ihr gezielt zu einem
  Umweltthema,
– lernt ihr, wie ihr erfolgreich im Team
  arbeitet,
– verfasst ihr Aufrufe und überarbeitet
  sie in einer Schreibkonferenz,
– übt ihr, eure Rechercheergebnisse
  auszuwerten und zu präsentieren.

13.1 Thema „Umweltschutz" – Informationen im Internet recherchieren und auswerten

1 Um im Internet gezielt nach Informationen zu recherchieren, gibt es Suchmaschinen.
Manche Suchmaschinen eignen sich für Kinder und Jugendliche, z. B.: *www.blinde-kuh.de*.
Welche Suchmaschinen habt ihr schon einmal genutzt? Berichtet von euren Erfahrungen.

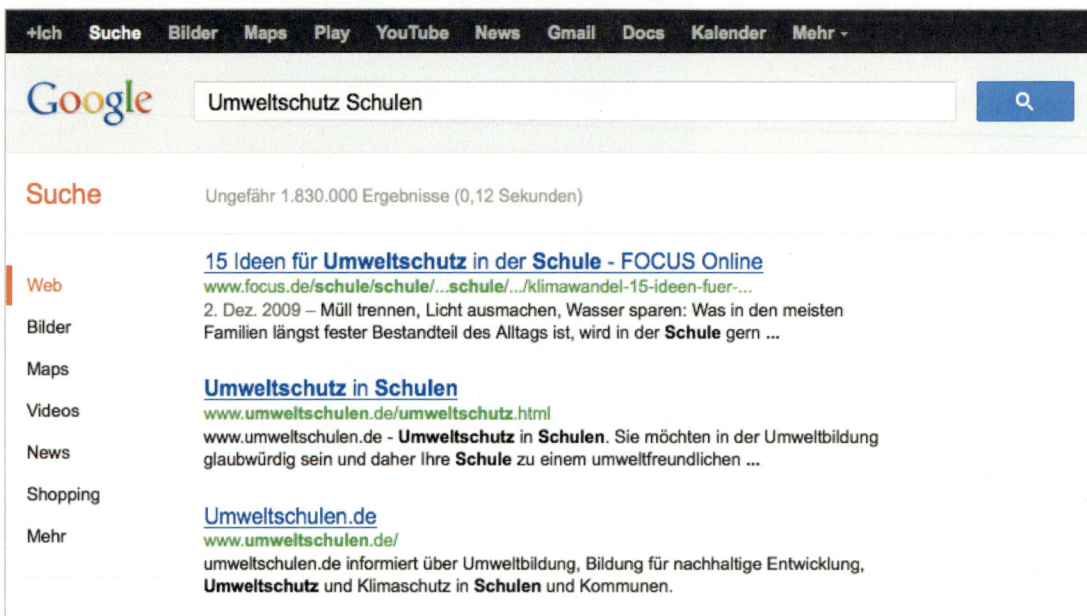

2 Sehr bekannt ist die abgebildete Suchmaschine. Sie ist auf vielen Computern fest eingerichtet.
a Mit welcher Suchmaschine wurde hier recherchiert? Was wisst ihr über sie?
b Beschreibt die Seite mit den Suchergebnissen.
Beantwortet zu zweit die folgenden Fragen:
– An welcher Stelle wurden die Suchbegriffe eingegeben? Wie lautet das Thema?
– Aus welchem Grund wurden zwei Suchbegriffe eingegeben?
– Wie sind die einzelnen Suchergebnisse aufgebaut? Verwendet die folgenden Begriffe:
Titel der Seite (Link), Internetadresse (Quelle), Untertitel/Textauszug aus dem Internetbeitrag.

3 Die Suchmaschine „Ecosia" nennt sich selbst eine „grüne Suchmaschine".
Informiert euch über „Ecosia". Weshalb nennt sie sich „grün"?

Suchbegriffe formulieren, Informationen finden

Viele besitzen heute ein Handy, auch Mobiltelefon genannt. Jedes Jahr kommen neue Modelle hinzu. Was heißt das für unsere Umwelt? Kann man die Bestandteile eines Handys recyceln?

1 Was bedeutet eures Wissens nach das Fremdwort „Recycling"? Wählt Aufgabe a/c oder b/c.

●●● **a** Erläutert das Wort an einem Beispiel, z. B.: *Recycling von Glas, Papier, ...*

●○○ **b** Wählt die Aussage aus, die den Begriff „Recycling" richtig erklärt.

> **A** Mit Recycling wird ein Vorgang bezeichnet, bei dem man gebrauchte oder weggeworfene Produkte wiederverwendet oder daraus neue Dinge herstellt.
>
> **B** Mit dem Begriff Recycling wird die Trennung und fachgerechte Abholung von Abfall wie Glas oder Papier bezeichnet.

c Prüft eure Ergebnisse. Schlagt den Begriff in einem Wörterbuch nach.

2 „Kann man die Bestandteile eines Handys recyceln?"

a Ein Schüler hat zu dieser Frage im Internet den Suchbegriff „Handys" eingegeben und keine sinnvollen Antworten erhalten. Überlegt, warum das so ist.

b Notiert in Partnerarbeit, welche Suchbegriffe ihr verwenden würdet, um zu der Frage oben Informationen zu finden.
Tipp: Ihr könnt zwei oder drei Schlüsselbegriffe zu eurem Thema eingeben.

c Probiert eure Such- bzw. Schlüsselbegriffe mit einer Suchmaschine aus.

d Tauscht euch in der Klasse über eure Ergebnisse aus.

3 **a** Gebt die ganze Frage aus Aufgabe 2 einschließlich der Anführungszeichen in eine Suchmaschine ein. Eine solche Suche nennt man „Phrasensuche".

b Vergleicht: Erhaltet ihr andere Suchergebnisse als in Aufgabe 2?

c Experimentiert mit der Phrasensuche und der Suche mit ein oder zwei Begriffen zu einem Umweltthema eurer Wahl, z. B.: „Was ist Bio?" Welche Suche ist für euch erfolgreicher?

4 Mit Hilfe des Internets kann man auch Fachleute finden. Dann könnt ihr z. B. eine Person, die bei einer Umweltorganisation arbeitet, anrufen. Stellt ihr die Frage aus Aufgabe 2.
Tipp: Fragt zuvor eure Lehrer und Eltern, ob die Organisation vertrauenswürdig ist.

| **Methode** | **Mit Suchbegriffen oder Phrasen recherchieren** |

- Schränkt eure Suche im Internet von Beginn an ein. Nutzt die **Suchbegriffe (Schlüsselbegriffe),** die zuallererst zu eurem Thema gehören, z. B.: *Handys Recycling*.
- Man kann auch mit **ganzen Sätzen** suchen. Setzt sie in **Anführungszeichen.** Diese **„Phrasensuche"** lohnt sich, wenn man z. B. eine bestimmte Aussage oder eine Liedzeile sucht.

Tipp: Weist ein Suchergebnis auf einen Onlineshop hin (z. B. *eBay, Nokia, Apple*), findet ihr in der Regel keine geeigneten Informationen.

Suchergebnisse auswerten, Quellen angeben

Klickt ihr mit der PC-Maus auf ein Suchergebnis, erscheint in der Regel der ganze Artikel. Nun könnt ihr prüfen, ob der Link wirklich so informativ ist, wie ihr vermutet habt. Zu den Suchbegriffen *Handys Recycling* haben Schüler mit der Suchmaschine *fragfinn.de* die folgenden Artikel gefunden:

A Der Naturschutzbund Deutschland (NABU) setzt sich seit 2006 für das Handyrecycling ein. Dazu wurden Sammelstellen eingerichtet. Für jedes abgegebene Alt-Handy erhält der NABU bis zu drei Euro. 2011 sind 13 771 Handys gesammelt worden. Seit Beginn der Aktion sind so fast 69 000 Handys zusammengekommen und 277 000 Euro über das Handyrecycling in das Handy-projekt gegangen.

Hier finden Sie alle Handy-Sammelstellen. Bitte geben Sie Ihre Postleitzahl ein.

http://www.nabu.de/themen/konsumressourcenmuell/waskannichtun/handyrecycling/mitmachen/index.html [24.09.2012]

B In Deutschland gab es Ende 2010 ca. 111 Millionen Mobilfunkanschlüsse. Bei einer Einwohnerzahl von ca. 82 Millionen besitzt jeder Einwohner im Durchschnitt 1,4 SIM-Karten. Viele Menschen haben bereits ihr viertes oder fünftes Mobiltelefon, denn ein Handy hat meist nur eine Lebenszeit von 18 Monaten. Dann verschwindet es in einer Schublade, wird verkauft oder verschenkt oder weggeschmissen. Ungefähr 72 Millionen „Schlafhandys" liegen in deutschen Haushalten ungenutzt herum!

Dass ein Handy nicht im normalen Hausmüll entsorgt werden darf, wissen […] die meisten. Was aber soll man damit tun, wenn man umweltbewusst handeln will? Und was passiert mit den vielen Handys, die jährlich bei den Recycling-Sammelstellen landen? Die ca. 1 Million Handys werden von spezialisierten Recycling-Firmen entweder aufbereitet und wiederverwendet oder entsorgt.

Unter **„Mach dich schlau"** findet ihr verschiedene Fachartikel: Was macht eigentlich eine Umweltabteilung? Wie werden Handys produziert? Wie werden sie recycelt? Warum muss man Handys recyceln? Kann man ein Bio-Handy bauen? All diese interessanten Fragen werden mit ein paar Mausklicks beantwortet.

http://www.handy-trendy.de/Recycling/Ueberblick_R.html [24.09.2012]

 **1** Worum geht es in den beiden Artikeln? Wählt Aufgabe a oder b.

 a Ordnet zu: Welche Überschrift passt am besten zu den Artikeln A und B?

> Handy-Sammelstellen finden • Handys und Recycling •
> Was soll man mit so vielen Handys machen? • Mit Handy-Recycling Sinnvolles tun

 b Formuliert, worin sich die beiden Artikel inhaltlich unterscheiden. Beginnt z. B. so:
Während im Artikel A vor allem gesagt wird, ..., informiert Artikel B zunächst ...

 2 „Kann man die Bestandteile eines Handys recyceln?"

a Begründet, welcher Artikel eher auf diese Frage antwortet.

b Findet ihr auch den anderen Artikel zu dieser Frage lesenswert? Erläutert eure Meinung.

3 Erklärt, was die Hervorhebung „Mach dich schlau" im Text B (▶ S. 246) in einem Internet-Artikel bedeutet. Bearbeitet Aufgabe a oder b.

●○○ **a** Wählt die richtige Antwort aus:

A Die Hervorhebung bedeutet, dass ich durch diesen Artikel schlauer werde. Ich weiß nun, wie viele Handys es 2010 in Deutschland gab.

B Die Hervorhebung bedeutet, dass ich auf sie mit der PC-Maus klicken soll. Dann erscheinen neue Informationen.

C Die Hervorhebung bedeutet nichts. Sie dient einfach dazu, die Seite schöner zu machen.

D Die Hervorhebung bedeutet: Gehe nun in eine Bücherei und mache dich schlau.

●●● **b** Formuliert, was man tun kann, wenn man eine solche Hervorhebung in einem Internet-Artikel sieht. Was passiert? Begründet, welche weiteren Wörter ihr hervorheben würdet.

C Ca. 60 Millionen Handys liegen in deutschen Schränken herum und werden nicht mehr benutzt. Bei vielen Anbietern kann man seine alten Handys zurückgeben und bekommt dafür bis zu fünf Euro. Viele Handys werden z. B. zur Münchener Handyreyclingfirma „Greener Solutions GmbH" geschickt. Bis zu 1 000 Handys werden dort täglich recycelt oder repariert und in südliche

5 Länder weiterverkauft.

Die Mitarbeiter müssen jedes eingeschickte Handy einzeln aus der Verpackung nehmen […] und überprüfen, ob es noch funktionstüchtig ist. Kaputte Akkus[1] werden in eine Sondermülltonne geworfen. Akkus, die noch funktionstüchtig sind, werden mit den Handys weiterverkauft. […] Es wird getrennt: Eisenteile, kleine Teile und große Teile. Diese werden für die Produktion neuer

10 Handys wiederverwendet. Bei den funktionsfähigen Handys werden bei Bedarf die Displays[2] ausgewechselt. Dann werden sie poliert.

http://www.handy-trendy.de/Recycling/JVF_Recycling.html [24.09.2012]

---

1 Akkus (Einzahl: der Akku): wiederaufladbare Batterien   2 Displays (Einzahl: das Display): Anzeige, Bildschirm

---

4 Mit einem Klick auf „Mach dich schlau" (▶ Text B, S. 246) öffnet sich u. a. diese Seite (Text C).

a Bestimmt, auf welche Frage aus Text B dieser Text antwortet.

b Wer findet es zuerst heraus? Eine Information stimmt nicht mit den Angaben in Text B überein.

c Lest Text C mehrmals, schließt das Buch und beantwortet: Wie werden Handys recycelt?

5 Um Aussagen aus dem Internet zu belegen, solltet ihr euch die Quelle notieren.

a Wo stehen die Quellen bei den Texten A, B und C? Woran habt ihr sie erkannt?

b Beim Abschreiben einer Internetquelle kann man leicht Fehler machen.
Kennt ihr einen Trick, wie man die Quelle herauskopieren und ausdrucken kann?

Methode   **Internetquellen angeben**

Die Quelle einer Internetseite steht stets oben im **Browser** ◀ www... ▽ C .
Sie beginnt in der Regel so: *http://www. ...*
Fügt in **Klammern** hinzu, an welchem **Datum** ihr die Seite aufgerufen habt.
Tipp: Mit der Maus könnt ihr die Quelle markieren und mit der rechten Maustaste kopieren.

Im Internet ist *Wikipedia* eines der meistbenutzten Nachschlagewerke.
Wenn ihr unter *www.wikipedia.de* die Suchbegriffe *Handy Recycling* eingebt, werdet ihr in der Regel auf den folgenden Artikelausschnitt zum Thema „Mobiltelefone" weitergeleitet:

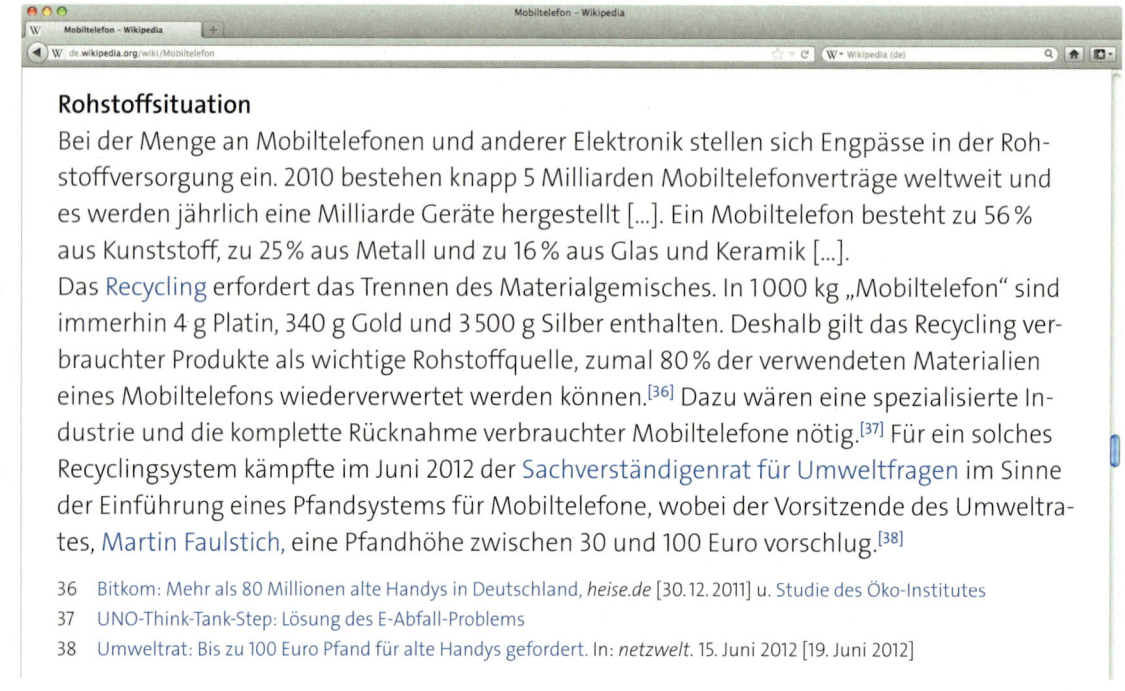

Rohstoffsituation

Bei der Menge an Mobiltelefonen und anderer Elektronik stellen sich Engpässe in der Roh-stoffversorgung ein. 2010 bestehen knapp 5 Milliarden Mobiltelefonverträge weltweit und es werden jährlich eine Milliarde Geräte hergestellt [...]. Ein Mobiltelefon besteht zu 56 % aus Kunststoff, zu 25 % aus Metall und zu 16 % aus Glas und Keramik [...].

5 Das Recycling erfordert das Trennen des Materialgemisches. In 1000 kg „Mobiltelefon" sind immerhin 4 g Platin, 340 g Gold und 3500 g Silber enthalten. Deshalb gilt das Recycling ver-brauchter Produkte als wichtige Rohstoffquelle, zumal 80 % der verwendeten Materialien eines Mobiltelefons wiederverwertet werden können.[36] Dazu wären eine spezialisierte In-dustrie und die komplette Rücknahme verbrauchter Mobiltelefone nötig.[37] Für ein solches 10 Recyclingsystem kämpfte im Juni 2012 der Sachverständigenrat für Umweltfragen im Sinne der Einführung eines Pfandsystems für Mobiltelefone, wobei der Vorsitzende des Umweltra-tes, Martin Faulstich, eine Pfandhöhe zwischen 30 und 100 Euro vorschlug.[38]

36 Bitkom: Mehr als 80 Millionen alte Handys in Deutschland, *heise.de* [30.12.2011] u. Studie des Öko-Institutes
37 UNO-Think-Tank-Step: Lösung des E-Abfall-Problems
38 Umweltrat: Bis zu 100 Euro Pfand für alte Handys gefordert. In: *netzwelt*. 15. Juni 2012 [19. Juni 2012]

1 Stellt fest, welche neuen Informationen dieser Artikel für euch enthält.

2 Untersucht den Artikel in Partnerarbeit. Bearbeitet Aufgabe a/b oder c/d.
● ● ● **a** Vergleicht ihn mit den Texten B und C (▶ S. 246 u. 247): Inwieweit beweisen sie ihre Aussagen?
● ● ● **b** Erläutert, warum es wichtig ist, die Herkunft von Aussagen zu belegen.
● ● ○ **c** Ruft den Wikipedia-Artikel „Mobiltelefone" auf.
Klickt oben auf der Seite auf das Wort „Versionsgeschichte". Beschreibt, was ihr findet.
● ● ○ **d** Begründet, ob ihr der folgenden Aussage zustimmt:
„Würde der Artikel aus dem Jahr 1999 stammen, sollte man woanders weitere Artikel suchen."

3 Ein Schüler ist in eine Bibliothek gegangen. Im Katalog findet er die nachstehenden Medien. Erklärt, welche Medien er sich näher zum Thema „Handys recyceln" anschauen sollte.
– Bell, Markus: Gold aus Handys gewinnen. Sachbuch 2003; Signatur: SB Bu 5–2
– Wich, Henriette: Die drei !!!, Band 19: Teuflisches Handy. Roman 2009; Signatur: Ro Wi 3–3
– Rohstoffe aus Abfall. Produkte für morgen aus Müll. DVD 2011; Signatur: Fil Ra 33–4
– Selge, Cornelia: Alte Handys. Das Elektroschrottproblem. Broschüre 2013; Signatur: B Se 5–3

Methode	Internetseiten speichern – Favoriten/Lesezeichen hinzufügen

Legt zu einer informativen Internetseite ein Lesezeichen an. So findet ihr sie schneller wieder.
Klickt oben im Browser auf „Favoriten" oder „Lesezeichen", dann auf „Favoriten" oder „Lese-zeichen hinzufügen". Es wird ein Seitenname vorgeschlagen. Klickt auf „Hinzufügen".

13.2 Wir rufen auf …! – In Gruppen arbeiten

Die Teamarbeit planen und organisieren

1 Das Thema festlegen, z. B.:
– Ideen sammeln zu „Unser Beitrag zum Umweltschutz"
– Schwerpunkte setzen, z. B.: „Meike, der Sammeldrache", …

2 Die Teamarbeit planen, z. B.:
– Aufgaben verteilen, z. B.: *„Einen Aufruf verfassen"*
– Terminplan erstellen

3 Die Arbeiten durchführen, z. B.:
– Texte, Fotos usw. recherchieren (Internet, Bibliothek, Fachleute)
– Ergebnisse auswerten und aufbereiten

4 Ergebnisse überarbeiten, z. B.:
– eine Schreibkonferenz durchführen
– weitere Recherchen durchführen

5 Ergebnisse präsentieren, z. B.:
– Vorstellung des Aufrufs zu „Meike, der Sammeldrache"
– Kurzvortrag zum Thema „Handys recyceln"

6 Die Teamarbeit bewerten, z. B.:
– Was hat gut funktioniert?
– Was kann verbessert werden?

1 Wahrscheinlich habt ihr schon einmal Aufgaben oder Projekte in einem Team erarbeitet.

a Schaut euch die 6 Stationen zur Teamarbeit an.
Erklärt anhand von Beispielen, wie ihr die Arbeit an den einzelnen Stationen durchgeführt habt.

b Begründet eure Meinung:
– An welchen Stationen arbeitet ihr am besten in einer Gruppe?
– An welchen Stationen arbeitet ihr am besten einzeln?

Methode	Gruppen bilden

Es gibt verschiedene Möglichkeiten, Gruppen zu bilden.
Zuvor sollten **Thema** (z. B. *Umweltschutz*) und **Unterthemen** (z. B. *Aufruf verfassen, Kurzvorträge halten*) **festgelegt** sein.

■ **Interesse:** Jeder nennt zwei Unterthemen, die ihn interessieren. Bildet gleich große Gruppen.
■ **Zufall:** Gebt zu jedem Unterthema ca. 5 Lose aus. Zieht die Lose und bildet die Gruppen.

Einen Aufruf verfassen und überarbeiten

Hey Leute!

Es nervt, dass alle immer nur über Umweltschutz reden. Auch in unserer Schule werden immer noch gebrauchte oder kaputte Sachen einfach in die erstbeste Tonne geworfen. Außerdem bleiben ständig die Fenster offen.
Wenn ihr das auch blöd findet, macht bei unserer Aktion mit. Stichwort: Recycling und so ...

Wer noch Infos braucht, kann sich bei uns melden.
Tom und Tina von der Umwelt-AG

Meike, der Sammeldrache – Macht mit!

Was hast du schon alles in den Müll geworfen?
Vieles davon war sicherlich noch brauchbar.
Wir finden: Das muss nicht sein!

Unser Projekt: Wir machen mit bei der Aktion „Meike, der Sammeldrache".
In jedem Kopierraum soll Meikes grüne Umweltbox stehen.
In die Box gehören leere Tintenpatronen und alte Handys.
Ist die Box voll, holt eine Recyclingfirma alles kostenlos ab.
E-Mail oder Anruf genügt. Es gibt sogar Sammelprämien.

Das könnt ihr tun:
– Helft mit bei unserer Umwelt-AG!
– Sammelt für Meikes grüne Umweltbox!
– Begeistert andere für unser Vorhaben!

Sena Kargün (8 a) und Fabio Wagner (7 c)

Mitmachen lohnt sich!
Schützt die Umwelt!
Wer noch mehr erfahren möchte, kommt einfach montags um 15:00 Uhr in die Aula.
Dort trifft sich jede Woche die Umwelt-AG. Wir freuen uns auf euch!

Mehr zu Meike: www.sammeldrache.de

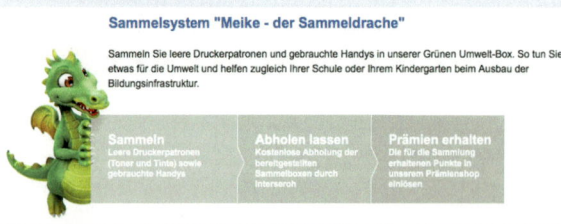

1 Diese Aufrufe sollen als Plakate in der Schule ausgehängt werden.
  a Erläutert, an wen sich die Plakate richten und wozu sie jeweils auffordern.
  b Vergleicht und bewertet Inhalt und Gestaltung der beiden Aufrufe.
   Welcher Aufruf spricht euch mehr an? Welcher enthält mehr Informationen?
  c Bestimmt, welche Satzart im zweiten Aufruf überwiegt: Aufforderungs- oder Fragesatz?
   Tipp: Achtet auf das Ausrufezeichen.

2 In einer ersten Fassung klangen drei Sätze aus dem Meike-Aufruf (▶ S. 250) so:
  – Es wäre schön, wenn ihr bei unserer Umwelt-AG mithelfen würdet.
  – Wollt ihr auch für Meikes grüne Umweltbox sammeln?
  – Wir sind ganz begeistert von dem Vorhaben.
  Vergleicht die Sätze in dieser ersten und der zweiten Fassung.
  Wählt Aufgabe a oder b.

  a Beschreibt die Wirkung der Verbformen zu Beginn der Sätze im Meike-Aufruf.
  Wie wirken die Verbformen in der „Hey Leute"-Fassung auf euch?

  b Wählt zu zweit einen inhaltlich ähnlichen Satz aus beiden Fassungen aus.
  Tragt euch die Sätze gegenseitig vor. Wo liegt die Betonung in der Meike-Fassung?

3 Bildet die folgenden Sätze zu Aufforderungssätzen um. Schreibt in euer Heft, z. B.:
  Ich finde, man sollte weniger Fleisch essen → Esst …!
  Könnt ihr mir helfen, die Batterien zu entsorgen?
  Die Menschen sollten weniger Auto fahren.

4 Gestaltet in Partnerarbeit den ersten Aufruf „Hey Leute!" so um (▶ Seite 250), dass er stärker zum Mitmachen auffordert.
  Tipp: Verwendet den Imperativ (▶ Information).

5 **a** Überarbeitet eure Aufrufe aus Aufgabe 4 in einer **Schreibkonferenz.** Geht so vor:
  b Bildet Gruppen von je 4 bis 6 Schülern.
  c Einer liest den überarbeiteten Aufruf vor (▶ Aufgabe 4). Die anderen hören aufmerksam zu.
  d Gebt den Verfassern Rückmeldung: Betont zunächst, was euch gut gefallen hat, z. B.:
  Ich finde, du hast sehr deutlich gesagt, worum es geht. Ich würde mich bei dir melden …
  e Besprecht den Aufruf Satz für Satz. Notiert, was verbessert werden sollte, z. B.:
  Mehr Beispiele geben, wie man Energie spart; dabei Imperative verwenden, …
  f Korrigiert in Partnerarbeit eure Aufrufe. Beachtet die Tipps aus der Schreibkonferenz.
  Tipp: Achtet besonders auf das Ausrufezeichen bei den Imperativen.

6 Tragt zusammen, was ihr an eurer Schule für den Umweltschutz tun könnt, z. B.:
  Altpapier recyceln, Müll trennen, Schulgarten anlegen, …
  Tipp: Recherchiert auch im Internet, z. B.: *Umweltschutz Schule; Umweltwettbewerb Schule.*

7 **a** Bildet Gruppen und verfasst einen Aufruf zu einem Umweltschutz-Projekt, den ihr in eurer Schule aushängen könnt.
  b Überarbeitet eure Aufrufe in einer Schreibkonferenz.

Information	Der Imperativ – Auffordern, aufrufen oder befehlen

- Die **Aufforderungsform des Verbs ist der Imperativ.** Man nennt ihn auch **Befehlsform.**
  Der Imperativ ist die direkteste Form der sprachlichen Beeinflussung.
  Er kann an einzelne oder mehrere Personen gerichtet sein: Einzahl: *Lies!* Mehrzahl: *Lest!*
- Der Imperativ kommt v. a. in **Aufrufen** (appellativen Texten) vor. Denn durch einen Aufruf
  sollen die Leser dazu aufgefordert werden, etwas zu tun oder zu unterlassen.

13.3 Für Augen und Ohren –
Einen Kurzvortrag anschaulich präsentieren

Folien für eine Präsentation erstellen

Klimawandel und Energieverbrauch

großer **Energieverbrauch** (CO_2-Ausstoß)
in den Industriestaaten
weltweiter Vergleich pro Kopf im Jahr:

Afrika/Indien	ca. 1 000 kg
Deutschland	ca. 10 000 kg
USA	ca. 20 000 kg

⇒ viel **Treibhausgas** (CO_2) wird freigesetzt
⇒ **Klimawandel** als Folge

---

*Wie der **Klimawandel** mit dem **Energieverbrauch** zusammenhängt: Einige Zahlen:*

– Für den Klimawandel ist zum größten Teil der Energieverbrauch (CO_2[1]-Ausstoß) der Menschen verantwortlich, vor allem in den Industriestaaten. Das zeigen ganz klar folgende Zahlen:
– Afrika und Indien: ca. 1 Tonne[2] CO_2-Ausstoß pro Kopf
– Deutschland: ca. 10 Tonnen CO_2-Ausstoß pro Kopf
– USA: ca. 20 Tonnen CO_2-Ausstoß pro Kopf

Durch die Freisetzung des Treibhausgases (CO_2) wird der Klimawandel vorangetrieben.

1 CO_2: Kohlenstoffdioxid
2 Tonne: Maßeinheit = 1000 kg

---

1 Stellt euch vor, ihr bekommt zu einem Kurzvortrag diese beiden Folien an der Wand gezeigt. Begründet, welche Folie ihr für die bessere haltet.
Tipp: Beachtet Schriftgröße, Farben und Textmenge.

2 Habt ihr bereits Texte am Computer gestaltet, z. B. mit Hilfe eines Präsentationsprogramms? Berichtet von euren Erfahrungen: Wie seid ihr z. B. mit Schriftgröße und Farben umgegangen?

3 **a** Im Folgenden findet ihr richtige und falsche Aussagen zum Thema „Vortragsfolien gestalten". Diskutiert, welche Aussagen die richtigen sind.

> A Für einen Vortrag sollte man nur das Wesentliche ganz knapp auf die Folie schreiben.
> B Für einen Vortrag sollte man alles, was man sagt, auf die Folie schreiben.
> C Viele Farben sorgen für gute Laune. Gestaltet eure Vortragsfolien möglichst bunt.
> D Wenige Farben lenken die Aufmerksamkeit auf das Wesentliche. Geht sparsam damit um.
> E Der Text kann durch geeignete Bilder oder Grafiken unterstützt werden. Nutzt sie.
> F Der Text ist das Wichtigste auf der Folie. Bilder und Grafiken lenken die Zuhörer nur ab.

b Formuliert einen eigenen Tipp: Wie gestaltet man gelungene Vortragsfolien?

4 Gestaltet ein Lernplakat mit Tipps zum Thema „Vortragsfolien gestalten".

5 Erstellt in Partnerarbeit eine Präsentation für euren Kurzvortrag z. B. zum Thema „Handys recyceln?" (▶ S. 246–248).

Nutzt die folgende Methode.

Tipps: Nennt auf der ersten Folie nur den Titel eures Vortrags.

Gebt auf der zweiten Folie an, wie viele Folien mit welchen Unterthemen ihr zeigen werdet, z. B.:

1. Handyzahlen in Deutschland,

2. Das Handyrecycling,

3. ...

Methode   Eine Folienpräsentation erstellen

Präsentationsprogramme wie „Impress" oder „PowerPoint" arbeiten mit Folien.

Auf diesen **Arbeitsflächen** könnt ihr euer **Thema** nennen, **wichtige Informationen in Stichpunkten** hinzufügen und **anschauliche Grafiken, Bilder oder Tabellen** zeigen.

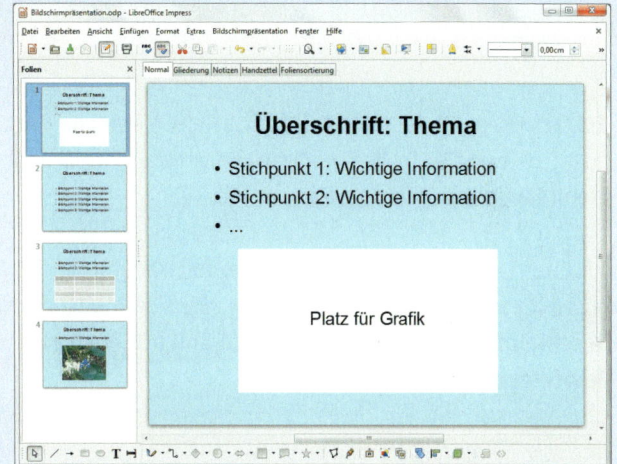

Mit Folien vortragen

Eine Folie dient zur Unterstützung eures Vortrags. Sie hilft, ihn zu gliedern, und ergänzt ihn um anschauliche Inhalte wie Grafiken und Bilder, die man mündlich nicht darstellen kann.

- Nennt auf einer Folie nur das **Thema** und **wenige** knappe **Stichpunkte** (höchstens 5). Randvolle Folien ermüden eure Zuhörer.
- Schreibt alle **weitergehenden Informationen** in der **Notizenansicht** auf die Folie. In dieser Ansicht könnt ihr euren Vortrag am besten einüben.

Tipp: Lest die Folien nicht ab. **Erläutert die Stichpunkte** durch einen ausführlichen Vortrag.

Folien gestalten

Vortragsfolien sollen gut lesbar sein.

- Verzichtet auf ablenkende oder mehrfarbige **Hintergründe.**
- Achtet bei der Wahl der **Textfarbe** darauf, dass sie sich gut vom Hintergrund unterscheidet.
- Nehmt eine klare **Schrift** (z. B. Arial). Die **Schriftgröße** solltet ihr so wählen, dass jeder im Raum die Stichpunkte mühelos lesen kann (mindestens 22 Punkt).
- **Tabellen, Fotos oder gezeichnete Bilder** müssen klar erkennbar bzw. gut lesbar sein.

Tipp: Präsentationsprogramme bieten nur einfache Werkzeuge zur Bildbearbeitung an. Gegebenenfalls müsst ihr euer Bildmaterial vorher in einem Bildbearbeitungsprogramm vorbereiten.

---

6 Präsentiert eure Folien in der Klasse.

Gebt euch ein Feedback darüber, was gut gelungen ist und was ihr noch verbessern könnt.

Einen Kurzvortrag halten

1

a Betrachtet die beiden Vortragssituationen. Welche habt ihr bereits selbst erlebt? Berichtet.

b Listet zu zweit auf: Was machen die Vortragenden richtig? Was machen sie falsch?

c Besprecht eure Ergebnisse in der Klasse.

2 Stellt euch vor, ein Schüler beginnt seinen Vortrag so:

„Hm, ich bin ja so nervös. Was wollte ich sagen? Äh ...: Wir sollten ja über Recycling und so berichten ..."

a Beschreibt: Wie wirkt ein solcher Beginn auf euch als Zuhörer?

b Bewertet den folgenden Beginn:

„Ich habe mich mit dem Thema Energiesparen in der Schule beschäftigt. In den nächsten 5 Minuten will ich euch über Folgendes informieren: 1. ..."

c Schreibt auf eine Karteikarte, wie ihr einen Vortrag zu einem Umweltthema beginnen würdet.

3

a Erstellt mit Hilfe der folgenden Satzangebote A bis F eine Checkliste für einen guten Vortrag. Übertragt nur die Satzmöglichkeit in euer Heft, die ihr sinnvoll findet.

Tipps für einen guten Vortrag

A   Sprecht langsam und deutlich / schnell und leise.

B   Versucht, möglichst alles vom Blatt abzulesen / frei zu sprechen.

C   Schaut die Zuhörer an / nur auf eure Karteikarten.

D   Haltet die festgelegte Vortragszeit ein. / Sprecht so lange, bis ihr wirklich alles gesagt habt.

E   Haltet den Vortrag mehrmals zu Hause / spontan vor der Klasse.

F   Die Zuhörer sollen nur zuhören / erhalten von euch vor dem Vortrag ein Blatt mit Fragen.

---

b Vergleicht eure Tipps in der Klasse. Begründet jeden Tipp, z. B.:

Für mich ist es sinnvoll, die Zuhörer anzuschauen. So sehe ich, ob sie Fragen haben.

Schreibwörter ▶ S. 282

| der Umweltschutz | das Recycling | der Vortrag | das Thema | die Folie |
| der Suchbegriff | recherchieren | präsentieren | organisieren | die Zuhörer |

Orientierungswissen

Sprechen und Zuhören

Gesprächsregeln ▶ S. 29

Gesprächsregeln dienen dazu, dass man sich besser versteht und jeder zu Wort kommen kann.
Die wichtigsten Gesprächsregeln sind:

- Jeder äußert sich nur zu dem Thema, um das es geht.
- Wir melden uns zu Wort, wenn wir etwas sagen wollen.
- Wir lassen andere ausreden.
- Wir hören anderen aufmerksam zu.
- Wir nehmen andere ernst. Niemand wird beleidigt, verspottet oder ausgelacht.
- Wir befolgen die Hinweise der Gesprächsleiterin oder des Gesprächsleiters.
- Wir sagen „Stopp", wenn jemand die Regeln nicht einhält.

Meinungen sachlich begründen und verknüpfen ▶ S. 29, 32, 37, 38, 42

Um andere von der eigenen **Meinung,** einer **Bitte,** einem **Wunsch** oder einer **Forderung** zu überzeugen, braucht man gute **Begründungen.** Der **Fachbegriff** für Begründung ist **Argument** (*das* Argument, *die* Argumente).

- Ein Argument lässt sich z. B. mit folgenden **Verknüpfungen** einleiten:
  weil, da, damit, denn, deshalb, nämlich.
  Neue Sätze kann man so verknüpfen: *Dafür spricht auch ...   Zudem ...   Außerdem ...*
- **Überzeugend argumentiert** man, wenn man seine Meinung sowohl begründet als auch durch ein Beispiel veranschaulicht:

  1. Meinung: *Bei einem persönlichen Gespräch sollte man das Handy ausschalten.*
  2. Argument: *..., weil es unhöflich ist, wenn man sich durch das Handy ablenken lässt.*
  3. Beispiel: *Als zum Beispiel mein Handy neulich kaputt war, konnte ich mich voll und ganz auf meinen Gesprächspartner konzentrieren.*

Man begründet **sachlich,** wenn man
- den Gesprächspartner ernst nimmt,
- nichts Falsches behauptet und
- nur nachvollziehbare Gründe nennt, die genau zur Meinung passen.

Meinungen zustimmen oder widersprechen (Gegenargumente) ▶ S. 31, 32, 42

In einer Diskussion werden verschiedene Meinungen geäußert.
- Formuliert, ob ihr die Meinung unterstützt oder ob ihr widersprecht, z. B.:
  - **Zustimmung:** *Ich bin der gleichen Meinung wie ... Dafür spricht auch ...*
  - **Widerspruch:** *Ich teile deine Meinung nicht, Felix. Du hast zwar Recht, dass ..., aber ...*
- Wenn jemand deine Meinung nicht teilt, nennt er oft Gegenargumente.
  Wenn du überzeugen willst, musst du auf die **Gegenargumente eingehen und sie entkräften:**
  - **eingehen:** Formuliere, was dich überzeugt: *Du hast natürlich Recht, wenn du sagst, dass ...*
  - **entkräften:** Erläutere, was dich nicht überzeugt: *Aber man sollte bedenken, dass ...*

Die Pro-und-Kontra-Diskussion ▶ S. 33

Teilnehmer: 1 Diskussionsleiter, 4 Teilnehmer pro, 4 Teilnehmer kontra, Zuhörer
- **Die „Diskussion führen"**
  1 Der Diskussionsleiter nennt die Diskussionsfrage.
  2 Ein Teilnehmer pro trägt seinen Standpunkt und sein wichtigstes Argument vor.
  3 Ein Teilnehmer kontra nennt seinen Standpunkt und begründet ihn mit einem Argument.
  4 Der Diskussionsleiter nimmt abwechselnd Pro- und Kontra-Teilnehmer dran.
     Tipp: Die Teilnehmer gehen auf das ein, was die Teilnehmer der anderen Seite gesagt haben.
  5 Der Diskussionsleiter beendet nach ca. 10 Minuten die Diskussion.
- **Die „Diskussion beobachten"**
  1 Die Zuhörer beobachten die Pro- und Kontra-Teilnehmer. Sie notieren im Heft:

Teilnehmer: Name	sein Argument	sein Beispiel	auf andere eingegangen
...	...	...	...

  Tipp: Am besten konzentriert sich ein Zuhörer auf je einen Teilnehmer.
  2 Die Zuhörer sagen den Teilnehmern: 1. Das habt ihr gut gemacht, 2. Das könnt ihr verbessern.

Zuhören (Feedback-Bogen) ▶ S. 26, 115, 252

Feedback-Bogen	Das hat geklappt.	Das ist noch zu verbessern.
Wird **deutlich** gesprochen?		
Wird die **Stimmlautstärke** sinnvoll eingesetzt (laut und leise)?		
Passt das **Sprechtempo** zum Inhalt?		
Werden sinnvolle **Sprechpausen** gemacht?		
Passt der **Tonfall** zum Inhalt?		
Passt der **Gesichtsausdruck** (Mimik) zum Inhalt?		
Passt die **Körperhaltung** (Gestik) zum Inhalt?		
Wird möglichst **frei gesprochen?**		

Schreiben

Eine Meinung schriftlich begründen

▶ S. 38–42

Wer seine Meinung schriftlich begründet, verfasst eine **Argumentation,** z. B. für einen **Leserbrief** oder einen **Forumsbeitrag** im Internet.

1 Nennt gleich zu Beginn des Textes eure Meinung.

Ich bin dafür/dagegen, dass ...

2 Begründet eure Meinung:
- Nennt mindestens 2 Argumente (höchstens 3).   *Denn ... oder Dafür spricht ...*
- Nutzt Verknüpfungen.
- Veranschaulicht mindestens ein Argument durch ein Beispiel.   *Ich habe zum Beispiel erlebt, dass ...*
- Geht auf einen anderen Beitrag ein. Ihr könnt diesem z. B. widersprechen.   *... hat Recht, wenn er das sagt, aber ...*

3 Fasst euren Standpunkt am Ende nochmals zusammen oder macht einen anderen Vorschlag (z. B. einen Kompromiss).   *Aus diesen Gründen bin ich ...*

Berichten

Einen Bericht verfassen

▶ S. 45–48

In einem Bericht wird **sachlich, knapp und genau** über ein **vergangenes Ereignis informiert.**

Aufbau
- Der **Ablauf** eines Geschehens wird möglichst **vollständig** dargestellt.
- Nur **Wichtiges** wird aufgenommen. Nebensächliches lässt man weg.
- In der Regel beantwortet ein Bericht folgende **W-Fragen** in dieser **Reihenfolge:**
  - **Beginn: Wo** geschah etwas? **Wann** geschah etwas? **Was** geschah?
  - **Wer** war beteiligt? **Wie** passierte etwas oder wie lief es ab? **Warum** geschah etwas?
  - **Schluss: Welche Folgen** hatte etwas?

Sprache
- Berichtet wird in der Zeitform **Präteritum** (▶ S. 182, 268). Für zukünftige Ereignisse kann das Futur I oder das Präsens verwendet werden (▶ S. 267).
- Die Sprache im Bericht ist **sachlich.** Persönliche Wertungen oder Gefühle werden vermieden.
- Die wörtliche Rede gehört in der Regel nicht in einen Bericht.

Tipp: Überlegt, zu welchem Zweck ihr den Bericht schreibt. Wenn ihr z. B. einen **Unfallbericht** für die Polizei schreibt, beschränkt ihr euch auf die nötigsten Informationen.

Schildern

Eine Situation oder Stimmung schildern ▶ S. 152, 157–162

- Wenn man eine Situation oder Stimmung schildert, versucht man, **mit Worten ein anschauliches und lebendiges Bild** zu malen, z. B. von bestimmten Reiseerlebnissen.
- In Schilderungen äußern sich Beteiligte häufig in direkter Rede (▶ S. 104) persönlich über ihre **Eindrücke und Gefühle.** Die Zeitform ist dabei das Präsens (▶ S. 267).
- Insbesondere **in Reportagen** kommen Schilderungen vor, die sich von knapp informierenden oder sachlich berichtenden Teilen abheben (▶ S. 150, 152).

Informieren mit Hilfe von Materialien

Einen Informationstext verfassen ▶ S. 49–58

Ein Informationstext fasst in **knapper und gut verständlicher Weise das Wichtigste** über **Gegenstände, Personen oder Sachverhalte** zusammen.

Aufbau
- Zu **Beginn** eines Informationstextes wird **das Thema** genannt, z. B.: *„Über Planetarien".*
- Danach werden in einer **sinnvollen Reihenfolge Informationen zu wichtigen W-Fragen** gegeben: Wer? Was? Wann? Wo? Wie? Warum?

Sprache
- Die Sprache eines Informationstextes ist **sachlich.** Persönliche Wertungen oder Gefühle werden vermieden.
- Ein Informationstext wird im Unterschied zu einem Bericht in der Regel im **Präsens** (▶ S. 267) verfasst, z. B.: *Ein Planetarium ist ... Man sitzt im Kuppelraum ...*
- Nutzt **Verknüpfungswörter,** um einen zusammenhängenden Text zu schreiben, z. B.: *Weil ein Planetarium eine große Kuppel besitzt, können auf der Innenfläche wie in einem Kino ...*
- In einem Informationstext kann man jugendliche Leser auch mit „du" oder „ihr" ansprechen.

Beschreiben

Eine Person beschreiben ▶ S. 61–62, 65, 73–74

- **Einleitung:** Nennt zu Beginn den **Anlass und Zweck** der Beschreibung, z. B.: *Wir suchen ...*
- **Hauptteil:** Beschreibt mit treffenden Adjektiven einzelne **Körpermerkmale,** z. B.: *Auffällig sind ihr rundlicher Kopf und ihre längliche Nase. Sie hat kurze, schwarze Haare und ...*
  - Haltet eine bestimmte **Reihenfolge** ein, am besten vom Kopf bis zu den Füßen.
  - Geht auch auf die **Kleidung** ein.
- **Schluss:** Hier könnt ihr schreiben, wie die Person auf euch **wirkt.**
- Eine Personenbeschreibung steht im **Präsens** (▶ S. 267), z. B.: *Sie/Er besitzt, sieht, steht, ...*

Eine literarische Figur beschreiben (charakterisieren) ▶ S. 79–80, 260

Einen Gegenstand beschreiben ▶ S. 63, 69

Damit andere sich eine **genaue Vorstellung** von einem Gegenstand machen können, den man z. B. verloren hat, sollte man ihn in einer sinnvollen **Reihenfolge treffend** beschreiben:

- Beginnt mit der **Art** des Gegenstands (z. B. *Glücksmünzen*), der **Größe,** der **Form,** dem **Hauptmaterial** und der **Hauptfarbe,** z. B.: *Sie bestehen aus Kupfer und sind so groß wie …*
- Beschreibt dann **weitere Einzelheiten** und deren **Farben, Formen** und **Materialien,** z. B.: *Durch die Münzen ist ein roter Faden gezogen worden, der zu einer Schlaufe gebunden ist.*
- Nennt zum Schluss **Besonderheiten** oder den **genauen Zweck,** z. B.: *Sie sollen Glück bringen.*
- Eine Gegenstandsbeschreibung steht im **Präsens** (▶ S. 267), z. B.: *sind, bestehen aus, weisen auf, …*

Einen Vorgang beschreiben ▶ S. 64

- Ein Vorgang ist so zu beschreiben, dass ihn **eine andere Person nachmachen** kann.
- Zuerst werden die **benötigten Materialien**/Gegenstände genannt, z. B.: *zwei Stäbchen, …*
- Danach sind die **Schritte** des Vorgangs sachlich, **genau** und in der **richtigen Reihenfolge** zu beschreiben: *zuerst, dann, anschließend, schließlich, zum Schluss, …*
- Eine Vorgangsbeschreibung steht im **Präsens** (▶ S. 267), z. B.: *man hält fest, klemmt ein, berührt, …*

Texte zusammenfassen

Inhalte eines literarischen Textes zusammenfassen (Inhaltsangabe) ▶ S. 102–110

Mit einer **Inhaltsangabe** fasst man den Inhalt eines Textes **knapp und sachlich** zusammen. Sie **informiert** andere, die den Text nicht kennen, über den **wesentlichen Inhalt und Ablauf.**

Aufbau

- In der **Einleitung** werden die Textsorte (z. B. Kalendergeschichte, Fabel, Sage), der Titel, das Erscheinungsjahr, der Name des Autors/der Autorin und das Thema genannt.
- Im **Hauptteil** werden die **wichtigsten Ereignisse** in der **richtigen Abfolge** kurz dargestellt.
- Im **Schlussteil** wird die **Textabsicht** oder die **Lehre** der Geschichte formuliert.

Sprache

Inhaltsangaben formuliert man **sachlich** und möglichst **mit eigenen Worten.**

- Man vermeidet ausschmückende oder wertende Ausdrücke.
- Inhaltsangaben formuliert man im **Präsens** (▶ S. 267).
- **Äußerungen von Figuren** sollte man in der **indirekten Rede** wiedergeben (▶ S. 104).

Sachtexte zusammenfassen ▶ S. 263

Lesen – Umgang mit Texten und Medien

Erzählende Texte (Roman, Jugendbuch) ▶ S. 75–90

Viele Textsorten zählen zu den **erzählenden Texten** (Epik), z. B.:
Märchen, Fabeln, Sagen, Lügengeschichten, Kalendergeschichten (▶ S. 91–110) und Romane bzw. Jugendromane.
Folgende Elemente sind insbesondere für erzählende Texte kennzeichnend:

Der Ich-Erzähler oder der Er-/Sie-Erzähler

- Wenn ein **Erzähler selbst in das Geschehen verwickelt** ist und die Ereignisse in der **Ich-Form** darstellt, dann spricht man von einem **Ich-Erzähler,** z. B.:
  Ich sah Florian an und hoffte, dass er „Nein" sagen würde ... Ich ergriff Florians Ärmel.
- Wenn ein Erzähler über eine oder mehrere Figuren in der **Er- oder Sie-Form** erzählt und selbst **nicht am Geschehen beteiligt** ist, dann spricht man von einem **Er-/Sie-Erzähler,** z. B.:
  Sie hatte so viel Angst um Florian, dass sie wegsah ...

Die Figuren ▶ S. 76–90, 134–144

Die **Handelnden,** die in einer Geschichte vorkommen, nennt man **Figuren.**
Sie haben ein bestimmtes **Aussehen,** bestimmte **Eigenschaften, Gefühle, Gedanken und Absichten.**
In vielen Geschichten gibt es eine **Hauptfigur,** über die der Leser besonders viel erfährt.
Auch Tiere können handelnde Figuren in Erzähltexten sein, z. B. in Märchen oder Fabeln.

Eine literarische Figur beschreiben (charakterisieren) ▶ S. 79–80

Um eine Geschichte zu verstehen, sollte man ein klares Bild von den einzelnen Figuren haben.
- **Beschreibt man eine** Figur in ihrer Eigenart **näher, dann charakterisiert man sie.**
  Zu einer **Charakteristik** gehören insbesondere folgende Punkte:
  Aussehen, Verhalten/Eigenschaften, Lebensumstände, Verhältnis zu anderen Figuren.
- Charakteristiken verfasst man im **Präsens** (▶ S. 267).

Der Schauplatz und die Atmosphäre ▶ S. 80

Die **Handlung** in einem Roman spielt an bestimmten **Schauplätzen/Orten.**
Diese verraten häufig etwas über die **Atmosphäre,** also die **Stimmung** in dem Roman, z. B.:
Eine heiße und weite Wüste kann beim Leser eine bedrückend-einsame Stimmung hervorrufen.

Einen Tagebucheintrag verfassen ▶ S. 86–88

- In einem Tagebucheintrag verwendet man die **Ich-Form.**
- Im Text gibt man wieder, was man **tagsüber erlebt hat.**
- Man beschreibt seine **Gedanken und Gefühle** zum **Geschehen** oder zu **Personen.**
- Man verwendet **Ausrufe, Fragen, Wiederholungen, umgangssprachliche Ausdrücke.**

Die Kalendergeschichte ▶ S. 91–110

Kalendergeschichten sind **kurze Geschichten,** die **unterhalten und belehren** sollen.
Ihren Namen tragen sie, weil sie zuerst in Jahreskalendern veröffentlicht wurden.
Darin standen neben Wetterregeln, Gesundheitstipps und allgemeinen Lebensweisheiten
Geschichten von Autoren. Solche Kalender gab es bis ins 19. Jahrhundert.
Heute erscheinen Kalendergeschichten nur noch in Buchform.
Berühmte Autoren von Kalendergeschichten sind Johann Peter Hebel (1760–1826) und
Bertolt Brecht (1898–1956).

- Inhalt der Geschichten sind **merkwürdige oder lustige Geschehnisse im Leben meist einfacher Menschen** (z. B. Vater und Sohn auf einem Heimritt, Handwerksbursche auf Wanderschaft).
Sie sollen den Leser **zum Nachdenken anregen,** denn die Geschichten zeigen, welche Stärken und Schwächen Menschen haben können.
- Kalendergeschichten enthalten in der Regel eine **überraschende Wendung** (Pointe).
- Oft wird auch eine **Lehre** formuliert, die dem Leser sagt, wie er die Geschichte auf sein eigenes Leben beziehen kann.

Die Ballade ▶ S. 111–132

Die Ballade ist eine **Mischform aus Gedicht, Erzählung** und **Theaterstück/Drama.**
Eine Ballade sieht aus **wie ein Gedicht.** Sie besteht meist aus Strophen und Versen, die sich reimen (▶ S. 115, 119).
In der Regel wird in einer Ballade auf spannende Weise **eine Geschichte erzählt** (▶ S. 75–90).
Wie in einem **Theaterstück** gibt es in einer Ballade oft auch Dialoge und im Mittelpunkt der Handlung steht ein Konflikt (▶ S. 133–146).

Das Gedicht (Lyrik)

Die äußere Gedichtform   Der Vers, die Strophe, der Reim ▶ S. 115, 119

- Bei einem Gedicht nennt man eine einzelne Zeile **Vers,** z. B.: *Der Himmel ist blau.*
- **Mehrere Verse** zusammen ergeben eine **Strophe.**
- Viele Gedichte haben **Reime.** Wörter reimen sich, wenn der **letzte betonte Vokal** und die **folgenden Buchstaben gleich klingen,** z. B.: *Besen – gewesen.*
Unterscheide:

Paarreim		Kreuzreim		umarmender Reim	
gut	a	platscht	a	Land	a
Mut	a	fein	b	Sonne	b
Haus	b	klatscht	a	Wonne	b
Maus	b	dein	b	Rand	a

Das Versmaß (das Metrum) ▶ S. 115

Wer ein Gedicht einübt (▶ S. 115, 125) und vorträgt, gelangt meist in einen bestimmten Sprechrhythmus. Dieser **Rhythmus** ergibt sich, weil **betonte und unbetonte Silben** wechseln.
Wenn sich aus diesem Wechsel ein **regelmäßiges Muster** ergibt, nennt man dies das **Versmaß (das Metrum).** Verschiedene Versmaße haben verschiedene Namen:

- **Trochäus: betont** – unbetont, z. B.: *Hat-der-al-te-**He**-xen-**meis**-ter* ...
- **Jambus:** unbetont – **betont**, z. B.: *Sie-**schwie**-gen-**lang**-die-**Son**-ne-**glomm*** ...
- **Daktylus: betont** – unbetont – unbetont, z. B.: *Drei **wil**-de-Ge-**sel**-len-vom-**Wet**-ter-ge-**bräunt*** ...

Bildhafte Sprache: Die Personifikation

Wenn Flammen etwas tun, was eigentlich nur eine Person tun kann, z. B. *tanzen,* dann nennt man dieses **sprachliche Bild** eine **Personifikation.** Personifikationen sind z. B.:
die Flammen flüstern, ein Gewitter brüllt, die Sonne lacht, die Kälte beißt usw.

Bildhafte Sprache: Der Vergleich

Vergleiche werden in der Regel **mit *wie* gebildet,** z. B.: *Ein Mann wie ein Löwe.*
Damit ist gemeint, dass der Mann offensichtlich so stark ist wie ein Löwe.
Das Wort *wie* zeigt an, dass hier etwas miteinander verglichen wird.
Ein Vergleich hilft, sich z. B. den Mann **anschaulicher** vorstellen zu können.
Vergleiche sind z. B.: *Er weinte wie ein Kind. Sie ist so groß wie ein Haus* usw.

Der Rap ▶ S. 125

Der Rap ist ein **rhythmischer Sprechgesang.** Er stellt eine Sonderform eines Gedichts (▶ S. 261 f.)
oder eine Liedes/Songs dar. Er entstand Ende der 1960er Jahre in Städten wie z. B. New York. Dort hatten sich die DJs angewöhnt, die Musikstücke, die sie auflegten, mit Sprüchen anzusagen, die bei den Jugendlichen gut ankamen. Sie taten dies immer häufiger in Reimen und im Rhythmus der jeweiligen Musik, die sie auflegten.

Der Sachtext ▶ S. 49–51, 160–162

- Sachtexte sind z. B. Berichte (▶ Kap. 3), Reportagen (▶ Kap. 9), Personen-, Gegenstands- und Vorgangsbeschreibungen (▶ Kap. 4).
  Dazu gehören auch Karten, Schaubilder bzw. Grafiken (▶ S. 52, 56, 153, 154, 160).
- Sachtexte unterscheiden sich von literarischen Texten (z. B. einer Kalendergeschichte oder einem Gedicht) dadurch, dass sie sich vorwiegend mit wirklichen (realen) Ereignissen und Vorgängen beschäftigen und **sachlich informieren wollen.**

Die Fünf-Schritt-Lesemethode

Geht so vor, um einen Sachtext zu erschließen und am Ende **zusammenzufassen:**

1. und 2. Schritt: Worum geht es in dem Sachtext?

Lest den Text zügig durch. Wovon handelt er? Notiert,

- was ihr schon wusstet,
- was für euch neu ist und
- worüber ihr gern noch mehr wissen möchtet.

3. Schritt: Wichtige Wörter verstehen

Lest den Text ein zweites Mal. Klärt unbekannte Wörter und unterstreicht auf einer Kopie die Wörter, die besonders wichtig sind, um den Inhalt des Textes zu verstehen (**Schlüsselwörter**).

4. Schritt: Zwischenüberschriften finden

Fasst die einzelnen Abschnitte des Textes durch eigene Zwischenüberschriften zusammen.

5. Schritt: Den Inhalt wiedergeben

- Gebt mit möglichst **wenigen Sätzen** den Inhalt **mit eigenen Worten** wieder.
  Erzählt nicht mit vielen zusätzlichen Worten nach und fügt kein eigenes Wissen hinzu.
- Schreibt im **Präsens**, z. B.: *Im Text erfährt man … Ein Planetarium ist ein …*
- Beachtet die **Reihenfolge der Aussagen** und **Schlüsselwörter** (meist Nomen).
- Nutzt den typischen **Einleitungssatz**: *In dem Sachtext „…" aus dem Buch „…" geht es um …*
  Tipp: Nennt auch den Autor des Sachtextes, wenn ihr seinen Namen kennt.

Ein Schaubild beschreiben

▶ S. 52, 56, 153, 154, 160

Schaubilder können sein: Diagramme (Balken-, Kreis-, Flussdiagramm), Karten oder auch Tabellen. Mit Hilfe von Schaubildern werden **Informationen übersichtlich veranschaulicht.**

- Formuliert zuerst, **worum es in dem Schaubild geht,** z. B.: *In dem Schaubild geht es um die Beliebtheit bestimmter Programmthemen in Planetarien bei Mädchen und Jungen.*
  Tipp: Nutzt dazu die **Überschrift** des Schaubilds und die **Legende.** In der Legende werden in der Regel bestimmte Farben bestimmten Begriffen oder Maßeinheiten zugeordnet.
- **Vergleicht** die **Zahlenangaben.** Hebt besonders hohe oder niedrige, ähnliche oder abweichende Zahlenwerte hervor, z. B.: *Von 100 Mädchen gehen 50 gern … Bei den Jungen sind es dagegen nur … Auffallend ist, dass kein …*
- Zieht zum **Schluss ein Fazit** mit dem wichtigsten Ergebnis, z. B.: *Das Schaubild zeigt, dass … Aus dem Schaubild geht hervor, dass …*

Die Reportage

▶ S. 147–162

- Anders als ein sachlicher Bericht soll die **Reportage informieren** *und* **unterhalten.**
  Der Leser soll sich das **Ereignis** möglichst **anschaulich und lebendig** vorstellen können.
- Oft sind die **Verfasser** der Reportagen **persönlich dabei** gewesen.
- Eine Reportage enthält in der Regel:
  - viele **Sachinformationen,**
  - **Aussagen** (Fragen, Wertungen, Kommentare) in **direkter Rede** (▶ S. 104) sowie
  - **Gedanken und Gefühle** der Beteiligten.
- Reportagen werden meist zuerst in **Zeitungen und Zeitschriften** veröffentlicht.

Das Theaterstück (Dramatik)
▶ S. 133–146

Texte für das Theater (das Drama, Plural: die Dramen) sind neben den Gedichten (Lyrik) und den erzählenden Texten (Epik) eine der drei Gattungen der Dichtung (Lyrik, Epik, Dramatik).
In einem Theaterstück gibt es Rollen, die von Schauspielerinnen und Schauspielern gespielt werden. Wichtige Theaterbegriffe sind:

- Viele Theaterstücke haben einen für das Publikum interessanten **Handlungsverlauf,** der sich um einen **Konflikt** in Form eines Streits, Kriegs oder um ähnliche Auseinandersetzungen dreht.
- **Rolle** nennt man die Figur, die eine Schauspielerin oder ein Schauspieler in einem Theaterstück verkörpert, z. B. die Rolle des Löwen, die Rolle des Ritters usw.
- Eine **Szene** ist ein kurzer, abgeschlossener Teil eines Theaterstücks. Eine Szene endet, wenn neue Figuren auftreten und/oder Figuren abtreten.
  Meistens erlischt am Ende einer Szene auch die Bühnenbeleuchtung.
- **Regieanweisungen** heißen die Hinweise im Text, die vorgeben, wie die Figuren reden, wie sie sich bewegen und verhalten sollen. Auch Orte können näher beschrieben werden.
  Regieanweisungen stehen meist in Klammern hinter den Rollen oder zwischen zwei Rollen.
- **Dialog:** Gespräch von zwei oder mehr Figuren. Sein Gegensatz ist der Monolog.
- **Monolog:** Selbstgespräch einer Figur (im Gegensatz zum Dialog).

Das Hörspiel
▶ S. 126

Bei einem Hörspiel muss **alles,** was der Zuhörer erfahren soll, **hörbar gemacht werden.**
Die Zuhörer sehen keine Figuren wie bei einem Theaterstück und lesen auch nichts mit.

- Was die **Figuren** sehen, denken und fühlen, lernt man durch deren **Gespräche (Dialoge)** und **Selbstgespräche (Monologe)** kennen.
  Manchmal führt auch ein **Erzähler** durch das Geschehen.
- Das **Hintergrundgeschehen und die Stimmungen** werden insbesondere durch **Geräusche** (z. B. *Donner, Glockenschlagen, Ausrufe* oder *Stimmengewirr*) und **Musik** in Szene gesetzt.

Die Werbung
▶ S. 163–176

Das Ziel von Werbung ist, **Einfluss auf unser Verhalten** zu nehmen.
Man unterscheidet grundsätzlich Produkt-, Image- und Mitmachwerbung:

- **Produktwerbung** wirbt für eine Marke oder einen Gegenstand und fordert dazu auf, diesen zu kaufen.
- **Imagewerbung** verfolgt das Ziel, den **Ruf** (engl. *image*) einer Marke oder eines Unternehmens **zu erhalten oder zu verbessern.**
- **Mitmachwerbung** will die Menschen auffordern, **bei etwas mitzumachen,** z. B.: niemanden auszugrenzen, Müll zu trennen, Blut zu spenden, auf der Straße nicht zu rasen.

Bestandteile ▶ S. 166

Weil Werbung meist nur wenige Sekunden lang wahrgenommen wird, muss sie den Betrachter in kürzester Zeit überzeugen, damit er z. B. das Produkt kauft. Werbeanzeigen enthalten meist:

- eine **Headline:** Überschrift oder Schlagzeile, die Aufmerksamkeit erregen soll,
- **Bilder:** das Produkt und dazu passende Personen, Hintergründe und Gegenstände,
- **Kurzinformationen:** Sätze oder Schlagworte, die das Produkt näher beschreiben,
- einen **Slogan:** Werbespruch, der zu einer Marke oder Firma gehört, z. B.: *Just do it! (Nike)*,
- ein **Logo:** Darstellung des Firmennamens in Bild- bzw. Schriftgestaltung,
- **Farben:** Die Farbe Blau kann z. B. für eine Waschmittelwerbung besonders wirksam sein, da sie für Sauberkeit steht. Grün wird v. a. mit Natürlichkeit verbunden.

Sprachliche Mittel ▶ S. 167

Damit die Werbebotschaft beim Verbraucher in Erinnerung bleibt, ist die **Sprache der Werbung** auffällig und einprägsam. Typische Mittel sind:

- **Fremdwörter:** vor allem aus dem Englischen, z. B.: **Always** *Coca-Cola!*
- **Reime,** z. B.: *Wer Swiffer **benutzt,** hat clever **geputzt.***
- **Alliteration:** Wörter mit gleichem Anfangslaut, z. B.: *Mars **m**acht **m**obil.*
- **Frage/rhetorische Frage** (Scheinfrage), z. B.: *Wohnst du noch oder lebst du schon?*
- **Ellipse** (erwartbare Satzteile fehlen), z. B.: *Nikon Kamera. Automatisch gut. Weil von Nikon.*

Die AIDA-Formel ▶ S. 167

Die sprachlichen Mittel sollen insbesondere nach der so genannten **AIDA-Formel** wirken:

- **Attention** = die Aufmerksamkeit erregen, z. B. durch einen witzigen Slogan,
- **Interest** = das Interesse wecken, z. B. durch interessante Bild-Text-Kombinationen,
- **Desire** = den Wunsch wecken, zu kaufen, z. B. mit Hilfe von Produktinformationen,
- **Action** = den Kauf bewirken, z. B. durch Hinweise auf Sonderaktionen.

Der Werbespot (Film, Fernsehen) ▶ S. 172–176

Ein Werbespot bedient sich der üblichen **filmischen Mittel,** um seine Wirkung zu erzielen:

- **Einstellungsgrößen** für die Kamera; wichtig sind:

Halbnah:
Gegenstände werden aus mittlerer Nähe gezeigt, Figuren ab der Hüfte aufwärts. Man erkennt die unmittelbare Umgebung.

Groß:
Man sieht den Kopf der Figur. Ihr Gesichtsausdruck vermittelt ihre Stimmung.

Weit:
Es wird eine ganze Landschaft oder eine Stadt gezeigt. Man erkennt den Ort der Handlung.

- **Schnitt:** Nach den Dreharbeiten wird das Filmmaterial in einzelne Szenen zerlegt. Die besten Szenen können ausgewählt und überflüssige Szenen können herausgeschnitten werden.
- **Montage:** Einzelne Szenen werden umgestellt und neu zusammengefügt (montiert). Durch **Schnitt und Montage** kann man **Handlungen,** die zeitgleich **an verschiedenen Orten** spielen, verknüpfen, wie: *Ein Dieb bricht ein. (Schnitt) Die Polizei kommt. (Schnitt) Der Dieb …* Es ist auch möglich, in **Rückblenden** Ereignisse aus der Vergangenheit zu zeigen, z. B.: *Eine erwachsene Figur erinnert sich. (Schnitt) Die Kindheit der Figur wird gezeigt.*

Nachdenken über Sprache

Wortarten

Das Nomen und der Kasus (der Fall; Plural: die Kasus)   ▶ S. 178, 224

Mit **Nomen** werden **Dinge, Lebewesen, Gedanken und Ideen** bezeichnet.
Nomen werden **großgeschrieben.**

- **Nomen** (Hauptwörter) kann man mit Hilfe von **Proben** (▶ S. 224) erkennen:
  - **Artikelprobe:**
    Vor Nomen kann man einen Artikel setzen, z. B.: *Das Wasser ist wichtig.*
  - **Zählprobe:**
    Viele Nomen können von Zahlwörtern begleitet werden, z. B.: *das viele Wasser.*
  - **Adjektivprobe:**
    Nomen lassen sich durch Adjektive näher beschreiben, z. B.: *das trübe Wasser.*
- **Nomen** treten **im Satz** in einem von **vier Kasus (Fällen)** auf:
  - **Nominativ (Wer oder was?):**
    Das Wasser ist das wichtigste Element auf der Erde.
  - **Genitiv (Wessen?):**
    Die Bedeutung des Wassers ist in trockenen Gebieten besonders groß.
  - **Dativ (Wem?):**
    Man kann dem Wasser Meersalz entziehen.
  - **Akkusativ (Wen oder was?):**
    Ohne Meersalz können die Menschen das Wasser trinken.

Das Adjektiv (das Eigenschaftswort) und seine Steigerungsstufen   ▶ S. 180

- **Adjektive** (Eigenschaftswörter) sind daran zu erkennen, dass man sie **steigern** kann, z. B.:

schnell	→ *schneller*	→ *am schnellsten*
Grundstufe (Positiv)	Steigerungsstufe (Komparativ)	Höchststufe (Superlativ)

- Im Satz können Adjektive auftreten als:
  1 **Begleiter eines Nomens:** *der feuchte Nebel*
  2 **Ergänzung zum Verb:** *Der Nebel zieht feucht über das Land.*
  3 **Ergänzung zu „sein":** *Der Nebel ist feucht.*
- Als **Begleiter des Nomens** trägt das Adjektiv nach bestimmtem Artikel die **Endung -e** oder **-en.**

■ Nominativ (Wer oder was?):	*der feuchte Nebel*	*die trockene Wüste*	*das große Netz*
■ Genitiv (Wessen?):	*des feuchten Nebels*	*der trockenen Wüste*	*des großen Netzes*
■ Dativ (Wem?):	*dem feuchten Nebel*	*der trockenen Wüste*	*dem großen Netz*
■ Akkusativ (Wen oder was?):	*den feuchten Nebel*	*die trockene Wüste*	*das große Netz*

Das Personal-, das Possessiv- und das Demonstrativpronomen (Fürwörter) ▶ S.179

- **Pronomen** (Fürwörter) stehen **stellvertretend** für Nomen oder **begleiten** Nomen.
- **Personalpronomen** sind: *ich, du, er/sie/es, wir, ihr, sie.*
  Sie treten in verschiedenen Fällen auf, z. B.: *ich* (Nominativ), *mir* (Dativ), *mich* (Akkusativ).
- **Possessivpronomen** sind: *mein, dein, sein/ihr, unser, euer, ihr* usw. Sie zeigen den Besitz an.
  Oft begleiten sie Nomen, z. B.: *mein Gehirn, unser Wasser.*
- **Demonstrativpronomen** sind: *dieser, diese, dieses; jener, jene, jenes; solcher, solche, solches* usw.
  Sie weisen auf etwas hin, z. B. auf eine Person oder Sache:
  *Am Abend traf ich einen **alten Schlittenführer. Dieser** erzählte mir ...*

- Manchmal beziehen sie sich auch **auf ganze Sätze,** z. B.:
  ***Der Leithund ist krank geworden. Das** ist eine böse Überraschung.*

- Nutzt man **dieser** und **jener** gemeinsam, bezieht sich **dieser** auf das **zuletzt genannte Wort,** z. B.:
  *Ein **Forscher** und sein **Helfer** diskutieren. **Dieser** sagt ... **Jener** antwortet ...*

Das Verb (das Tätigkeitswort) ▶ S.182–186

Mit **Verben** gibt man an, **was jemand tut** (z. B. *laufen, reden, lachen*) oder **was geschieht**
(z. B. *regnen, brennen*). Verben werden **kleingeschrieben.**

- In ihrer **Grundform** enden die meisten Verben auf ***-(e)n.*** Diese Grundform heißt **Infinitiv.**
  Oft verändern Verben im Satz ihre Form. Sie richten sich nach dem Wort, auf das sie sich beziehen. Man nennt diese Form **Personalform,** z. B.: ***Die Pferde** wiehern. **Das Pferd** wiehert.*
- **Verben verändern sich im Satz.** Das nennt man **Konjugation** oder **Beugung,** weil sich das Verb im
  Satz nach der Personalform richten muss, z. B. für „reisen":
  ich reise, du reist, er/sie/es reist, wir reisen, ihr reist, sie reisen.

Das Verb und sein Tempus (seine Zeitform)

- Verben kann man **in verschiedenen Zeitformen** (Tempora) verwenden,
  z. B. im **Präsens** (Gegenwartsform) oder im **Präteritum** (einfache Vergangenheitsform).
  Die Zeitformen der Verben sagen uns, **wann** etwas passiert.

Das Präsens (Gegenwartsform)

- Es wird meist verwendet, wenn man sagen will, dass etwas **jetzt geschieht,** z. B.:
  *Er **schreibt gerade** einen Brief.*
- Die Gegenwartsform wird auch benutzt, um **Gewohnheiten** oder **Dauerzustände** zu beschreiben,
  z. B.: *Suppe **isst** man mit dem Löffel.*
- Mit dem Präsens kann man auch ausdrücken, dass etwas in der **Zukunft** liegt, z. B.:
  ***Morgen gehe** ich ins Kino.*

Das Präteritum und das Perfekt (Vergangenheitsformen) ► S. 182
Präteritum und Perfekt sind **Zeitformen der Vergangenheit.**

- Das **Perfekt** verwendet man in der Regel, wenn man **mündlich** erzählt, z. B.:
  *Gestern **bin** ich zum Strand **gegangen**. Dort **habe** ich eine wunderschöne Muschel **gefunden**.*
- Das **Präteritum** verwendet man in der Regel, wenn man **schriftlich** erzählt, z. B.:
  *Gestern **ging** ich zum Strand. Dort **fand** ich eine wunderschöne Muschel.*
- Gebildet wird das Perfekt aus **2 Teilen:**
  Präsensform von *haben* **oder** *sein* **+ Partizip II,** z. B.:
  Wir   haben   gewonnen.
  Du   bist   gelaufen.
  Das **Partizip II** beginnt meist mit der **Vorsilbe** *ge-*, z. B.: *lesen → **ge**lesen.*

Das Plusquamperfekt (die Vorvergangenheit) ► S. 183

- Geschah etwas noch **vor einem vergangenen Ereignis im Präteritum,** wird das **Plusquamperfekt**
  verwendet, z. B.:
  *Bevor er in die Tiefe **tauchte*** (Präteritum), ***hatte** er sich lange **vorbereitet*** (Plusquamperfekt).
- Das Plusquamperfekt wird mit der Personalform von *hatten* oder *waren* + Partizip II gebildet.

Das Futur (Zukunftsform)
Mit der Zeitform **Futur** drückt man Zukünftiges aus, z. B.: *Ich werde für das Teleskop sparen.*

Das Futur wird gebildet aus: *werde*   *sparen*
Personalform von   ***werden***   +   **Infinitiv** (Grundform)

- Mit dem Futur kann man auch eine Vermutung ausdrücken: *Das **wird** schon **klappen**.*

Starke und schwache Verben ► S. 182

Schwache Verben verändern im Präteritum nur die Endung.
Sie verändern sich schwach, z. B.:   *ich spiele → ich spiel**te**   du sagst → du sag**test***
Starke Verben verändern im Präteritum einen ihrer Vokale (Stammvokal).
Sie verändern sich stark, z. B.:   *ich lüge → ich l**o**g   du l**äu**fst → du l**ie**fst*
Die **starken Verben** muss man **auswendig lernen** (► Innenseite des hinteren Buchdeckels).

Verben im Aktiv oder Passiv ► S. 184–186

- Das **Aktiv und das Passiv** drücken eine unterschiedliche Sicht auf ein Geschehen aus:
  - Das **Aktiv betont denjenigen, der** etwas tut oder **handelt,** z. B.: *Das Boot zieht den Skifahrer.*
  - Das **Passiv betont, mit wem oder was etwas geschieht,** z. B.: *Der Skifahrer wird gezogen.*
- Das **Passiv wird gebildet** aus **der Personalform des Hilfsverbs** werden + Partizip II:

	Aktiv	**Passiv**
Präsens:	Halima *lobt*.	Halima *wird gelobt*.
Präteritum:	Halima *lobte*.	Halima *wurde gelobt*.

- Mit dem Passiv kann man den Handelnden (den „Täter") verschweigen.
  So wird ausschließlich betont, mit wem etwas geschieht.
  Dabei wird das Objekt im Aktivsatz zum Subjekt im Passivsatz, z. B.:
  Aktiv (mit „Täter"): *Das Boot zieht den Wasserskifahrer.* (Objekt im Aktivsatz)
  Passiv (ohne „Täter"): *Der Wasserskifahrer wird gezogen.* (Subjekt im Passivsatz)
- Mit *von ...* oder *durch ...* kann man im Passivsatz den „Täter" ergänzen, z. B.:
  Passiv (mit „Täter"): *Der Wasserskifahrer wird von einem Boot gezogen.*

Die Präposition (das Verhältniswort) ▶ S. 181

- **Präpositionen** (Verhältniswörter) sind z. B.: *in, auf, nach, vor, mit.* Sie bezeichnen genauer:

	den Ort	die Zeit	den Grund, Zweck	die Art und Weise
Frage	Wo? Wohin? Woher?	Wann? Wie lange? Seit wann?	Warum? Wozu? Warum nicht?	Wie?
Beispiel	**auf** dem Platz **in** die Schule **vor** die Haustür **aus** der Türkei	**um** 12 Uhr **in** drei Tagen **während** des Spiels **seit** gestern	**wegen** des Regens **aus** Mitleid **für** die Klasse **durch** mich	**mit** viel Ehrgeiz **ohne** mein Wissen **gegen** meinen Willen **in** Eile

- Manche Präpositionen können in unterschiedlicher Weise verwendet werden, z. B.:
  in *München (Ort),* **in** *dieser Woche (Zeit),* **in** *hohem Maße (Art und Weise).*
- Präpositionen können mit dem folgenden Artikel verschmelzen:
  an dem → am; bei dem → beim; in dem → im; auf das → aufs; in das → ins

Das Adverb (das Umstandswort) ▶ S. 199

Mit **Adverbien** macht man **nähere Angaben zu einem Geschehen.**
Adverbien erklären genauer, **wo, wann, wie** oder **warum** etwas geschieht.
Im Unterschied zu Adjektiven (▶ S. 180) kann man Adverbien in der Regel nicht steigern.

Frage	Adverbien	Beispiel
Ort: **Wo?**	*bergauf, dort, oben, links, ...*	*Er klettert* **bergauf.**
Zeit: **Wann?**	*immer, heute, gestern, niemals, jetzt, ...*	**Jetzt** *beginnt der schwierige Teil.*
Art und Weise: **Wie?**	*allerdings, vielleicht, zusammen, gern, ...*	*Sie klettern* **gern.**
Grund: **Warum?**	*demnach, deshalb, darum, daher, ...*	**Daher** *wartet er im Basislager.*

Das Verknüpfungswort (das Bindewort; die Konjunktion) ▶ S. 37, 55

Verknüpfungswörter (Konjunktionen) **verbinden Satzteile oder Teilsätze** miteinander.
Bestimmte Verknüpfungswörter eignen sich besonders gut, um z. B. die eigene Meinung deutlich
zu begründen, z. B.: *Ich bin für die Klassenfahrt,* **weil** *das unsere Klassengemeinschaft stärkt.*
Da *wir bereits gestern Pizza gegessen haben, müssen wir heute nicht schon wieder Pizza essen.*
Wir sollten jetzt ins Kino gehen, **denn** *der Film läuft nur noch heute.*

Der Wortstamm und die Wortfamilie

- In verschiedenen Wörtern können gleiche **Wortbausteine** vorkommen. Der Grundbaustein eines Wortes heißt **Wortstamm.** Wörter mit dem gleichen Wortstamm bilden eine **Wortfamilie:** *finden, erfinden, vorfinden, Erfinder, findig, Erfindung, …*
- Viele Wörter einer Wortfamilie entstehen durch **Vor- oder Nachsilben.**
  Fügt man an den Wortstamm eine Vor- oder eine Nachsilbe an, so nennt man das **Ableitung:**

Vorsilbe +	Stamm	+ Nachsilbe	= abgeleitetes Wort
er	*find*	*en*	= *erfinden (Verb)*
Er	*find*	*ung*	= *Erfindung (Nomen)*
er	*find*	*erisch*	= *erfinderisch (Adjektiv)*

Satzglieder

Die Wortart und das Satzglied

- **Einzelne Wörter** kann man nach ihrer **Wortart** (Nomen, Verb, Adjektiv, Pronomen, …) bestimmen und voneinander unterscheiden.
- **Satzglieder** sind die **Bausteine in einem Satz.** Oft besteht ein Satzglied **aus mehreren Wörtern.** Satzglieder kann man mit der **Umstellprobe** ermitteln.

Satzglieder erkennen – Die Umstellprobe anwenden

- Die Umstellprobe zeigt, dass ein **Satzglied immer eine Einheit** bleibt, z. B.:
  Assistent Help unterstützt Kommissar Finn mit Eifer bei den Ermittlungen.
  Mit Eifer unterstützt Assistent Help Kommissar Finn bei den Ermittlungen.
- In **Aussagesätzen** steht die **Personalform des Verbs** immer an **zweiter Stelle** nach dem ersten Satzglied.

Das Subjekt, das Prädikat, das Objekt

▶ S. 193

- Das **Prädikat** ist ein Verb. Es bildet den Satzkern. Ein Prädikat kann aus einem oder mehreren Teilen bestehen.

  *Der Vogel **folgt** dem Wind.*   *Die Schwimmerin **atmet** die Luft **ein.***

- Vom Prädikat aus kann man das **Subjekt** erfragen. Das Subjekt steht im **Nominativ (Wer oder was?).**

  *Wer oder was folgt? **der Vogel***   *Wer oder was atmet ein? **die Schwimmerin***

- Mit Hilfe des Prädikats kann man auch nach **Objekten** fragen, falls es Objekte im Satz gibt. Objekte stehen meist im **Dativ (Wem?)** oder im **Akkusativ (Wen oder was?)**

  *Wem folgt der Vogel? **dem Wind*** (Dativobjekt)   *Wen oder was atmet die Schwimmerin ein? **die Luft*** (Akkusativobjekt)

Die adverbiale Bestimmung (Angabe zu näheren Umständen) ▶ S.199

Genauere Umstände eines Geschehens werden mit **adverbialen Bestimmungen** angegeben.

adverbiale Bestimmung	Fragen	Beispiel
der Zeit	Wann? Wie lange? Seit wann? ...	*Zuerst* haben wir
des Ortes	Wo? Von wo? Wohin? ...	*auf dem Tisch* alles
der Art und Weise	Wie? Woraus? Womit? ...	*sorgfältig* bereitgelegt und
des Grundes	Warum? Warum nicht? ...	*aus Vorsicht* das Wasser ...

Attribute (Beifügungen) ▶ S.198

- **Attribute beschreiben ein Bezugswort** (meist ein Nomen) **näher.**
- Sie sind **Teil eines Satzglieds** und bleiben bei der Umstellprobe **fest mit dem Bezugswort** verbunden, z. B.: *Die heiße Luft entweicht durch das Ventil unter dem Deckel.* *Durch das Ventil unter dem Deckel entweicht die heiße Luft.*
- Es gibt verschiedene Formen des Attributs, z. B.: **Adjektivattribut:** *die heiße Luft*

  Präpositionalattribut: *das Ventil unter dem Deckel* **Genitivattribut:** *die Abkühlung der Luft*

Sätze

Die Satzreihe, das Satzgefüge ▶ S.194

Satzreihe		Satzgefüge	
Hauptsatz	**Hauptsatz**	**Hauptsatz**	
Wir sehen die Luft nicht **,**	*(aber) wir brauchen sie zum Leben.*	*Wir sehen die Luft nicht* **,**	**Nebensatz**
		Im Nebensatz steht die Personalform des Verbs am Satzende.	*obwohl wir sie zum Leben brauchen.*
Verknüpfungswörter, z. B.: *aber, denn, sondern, und, oder.*		**Verknüpfungswörter**, z. B.: *nachdem, als, wie, weil, wenn, obwohl ...*	

Der Subjektsatz ▶ S.195

Subjektsätze sind Nebensätze (Gliedsätze). **Im Satz** nehmen sie die Rolle des **Subjekts** ein, z. B.:
- Satz mit „einfachem" Subjekt: *Die Luftspiegelung erscheint als Siedlung.*
- Satz mit Subjektsatz: *Was die Luft spiegelt, erscheint als Siedlung.*

Subjektsatz   Ein Komma trennt den Subjektsatz ab.

Der Objektsatz ▶ S. 196

- Objektsätze sind Nebensätze (Gliedsätze).
  Im **Satz** nehmen sie die **Rolle eines Objekts** *(Wen oder was ...?)* ein, z. B.:
  - Satz mit „einfachem" Objekt: *Der Lehrer erklärt **das Funktionieren eines Heißluftballons.***
  - Satz mit Objektsatz: *Der Lehrer erklärt**, wie ein Heißluftballon funktioniert.***

  Der Objektsatz wird durch ein Komma abgetrennt.   Objektsatz

- Objekt- und auch Subjektsätze (▶ S.195) werden **oft als dass-Sätze** gebildet, z. B.:
  - Objektsatz: *Ich weiß, **dass** Heißluftballons nur bei Sonnenschein fliegen sollten.*
  - Subjektsatz: ***Dass** Heißluftballons nur bei Sonnenschein fliegen sollten, war mir bekannt.*

Der Relativsatz ▶ S.197

Relativsätze sind Nebensätze. Sie werden **durch ein Relativpronomen eingeleitet,** das sich auf ein Wort im Hauptsatz bezieht. Sie werden **durch Komma** vom Hauptsatz abgetrennt, z. B.:
*Ich frage meine Freundin**, die** das Experiment verstanden hat.*

*Ich gehe zu meiner Freundin**, mit der** ich das Experiment wiederholen will.*

*Jan und Niklas**, die** ich aus dem Sportverein kenne, führen das Experiment durch.*

Adverbialsätze ▶ S. 200–203

Genauere Umstände eines Geschehens können auch durch **Nebensätze** (Gliedsätze) ausgedrückt werden. Man nennt diese **Adverbialsätze.** Man unterscheidet insbesondere:

Lokalsätze – Adverbialsätze des Ortes ▶ S. 200

Fragen: Wo? Von wo? Wohin? ... z. B.: *Du kannst experimentieren, **wo** du willst.*

Temporalsätze – Adverbialsätze der Zeit ▶ S. 201

Mit **Temporalsätzen** kann man die **zeitliche Reihenfolge** verdeutlichen.
Man nutzt dazu **Verknüpfungswörter** (Konjunktionen) wie *während, bevor, nachdem, sooft, ...*

Temporalsatz	Beispiel	Erläuterung
Vorzeitigkeit	***Nachdem ich alles besorgt hatte,** konnte der Versuch beginnen.*	erstes Geschehen im Nebensatz, folgendes Geschehen im Hauptsatz
Gleichzeitigkeit	***Während ich den Versuch durch-führte,** wurde ich gestört.*	gleichzeitiges Geschehen im Neben- und Hauptsatz
Nachzeitigkeit	***Bevor ich mit dem Versuch fertig war,** klingelte das Telefon.*	erstes Geschehen im Hauptsatz, folgendes im Nebensatz

Kausalsätze – Adverbialsätze des Grundes ► S. 202

Mit **Kausalsätzen** kann man **Gründe und Ursachen einer Handlung oder eines Zustandes** angeben.
Man nutzt dazu v. a. die **Verknüpfungswörter** (Konjunktionen) *da* und *weil*.
Kausalsätze lassen sich durch adverbiale Bestimmungen des Grundes ersetzen – und umgekehrt.

Kausalsatz (Adverbialsatz des Grundes)	Fragen	adverbiale Bestimmung des Grundes
*Das Luftdruckauto gilt als Geniestreich, **da/weil es eine besondere Technik nutzt.***	Warum? Aus welchem Grund? Weshalb?	*Das Druckluftauto gilt **wegen der besonderen Technik** als Geniestreich.*

Modalsätze – Adverbialsätze der Art und Weise ► S. 203

Mit **Modalsätzen** kann man angeben, **auf welche Art und Weise etwas geschieht.**
Man nutzt dazu v. a. die **Verknüpfungswörter** (Konjunktionen) *indem* und *wobei*.
Modalsätze lassen sich durch adverbiale Bestimmungen der Art und Weise ersetzen –
und umgekehrt.

Modalsatz (Adverbialsatz der Art und Weise)	Fragen	adverbiale Bestimmung der Art und Weise
*Er startete das Boot, **indem er den Schlüssel umdrehte.***	Wie? Mit welchen Mitteln? Unter welchen Begleitumständen?	*Er startete das Boot **durch das Umdrehen des Schlüssels.***
*Das Boot fährt, **wobei es das Wasser nicht berührt.***		*Das Boot fährt **ohne Wasserberührung.***

Zeichensetzung

Was Satzzeichen leisten ► S. 231

- **Punkte** beenden einen abgeschlossenen Satz.
- **Ausrufe- und Fragezeichen** zeigen an, wie ein Satz betont wird.
- **Kommas** trennen Aufzählungen sowie Hauptsätze, die inhaltlich zusammengehören, und Nebensätze von Hauptsätzen.
- **Redezeichen** geben an, wer etwas sagt.

Kommasetzung bei Aufzählungen ► S. 232

- **Kommas** stehen zwischen **aufgezählten Wörtern und aufgezählten Gruppen von Wörtern.**
  - → Das **Komma entfällt,** wenn sie durch *und* oder *oder* verbunden sind, z. B.:
    *Isa, Lea **und** Alexandra sind Mädchennamen.*
- Das **Komma steht vor** den Verknüpfungswörtern (Konjunktionen) ***aber, jedoch, sondern*** und ***doch,*** z. B.: *Du kannst schwimmen, spielen, arbeiten, **aber** nicht herumsitzen.*

Kommasetzung in Satzreihen ▶ S. 194, 233

- Man kann **Hauptsätze** aneinanderreihen. Dann **trennt** man **sie durch Kommas** oder **verbindet** sie durch **Verknüpfungswörter** (Konjunktionen) wie *und, oder* sowie *aber, doch, sondern, …*
- Vor *und* sowie *oder* kann ein Komma stehen, muss aber nicht, z. B.: *Max schießt den Ball aufs Tor(,)* **und** *Abud hält ihn.*
- Vor *aber, doch, sondern, denn* steht **immer ein Komma,** z. B.: *Max schießt den Ball aufs Tor,* **aber** *Abud hält ihn.*

Kommasetzung in Satzgefügen ▶ S. 194, 234

Satzgefüge (mindestens ein **Haupt-** und ein **Nebensatz**) werden **durch Kommas getrennt.**
Der **Nebensatz** kann **vor** oder **nach** dem **Hauptsatz** stehen oder **eingefügt** sein, z. B.:
- **vor:** *Wenn du mit uns laufen willst, brauchst du vor allem Ausdauer.*
- **nach:** *Du brauchst vor allem Ausdauer, wenn du mit uns laufen willst.*
- **eingefügt:** *Du brauchst, wenn du mit uns laufen willst, vor allem Ausdauer.*

Kommasetzung bei der Konjunktion *dass* im Nebensatz ▶ S. 235

- Im **Nebensatz** steht *dass* am Anfang und **die Personalform des Verbs am Ende.**
- Vor *dass* steht ein **Komma,** wenn der **Nebensatz nach** oder **zwischen** dem **Hauptsatz** steht.
- Das **Verknüpfungswort** (die Konjunktion) *dass* bezieht sich auf **ein Verb** des vorangegangenen Satzes, z. B.: *Ich weiß, dass du das verstanden hast.*

Zeichensetzung bei der wörtlichen Rede

- Die **wörtliche Rede** steht in **Anführungszeichen,** z. B.: *„Bitte hilf mir!"*
- Bei der wörtlichen Rede kann ein **Redebegleitsatz** stehen. Dieser Redebegleitsatz drückt aus, **wer etwas auf welche Art sagt,** z. B.: *Der Wolf flehte: „…"   Der Reiher forderte: „…"*
- Der **Redebegleitsatz** kann vor, nach oder zwischen der wörtlichen Rede stehen:
  - **vor:** Der Redebegleitsatz wird durch einen **Doppelpunkt** von der wörtlichen Rede abgetrennt, z. B.: *Der Wolf heulte: „Hilf mir! Ich belohne dich auch dafür!"*
    Redebegleitsatz → Doppelpunkt → Anführungszeichen
  - **nach:** Der Redebegleitsatz wird durch ein **Komma** von der wörtlichen Rede abgetrennt, z. B.: *„Was fehlt dir denn?", fragte der Reiher.*
    Anführungszeichen → Komma → Redebegleitsatz
  - **zwischen:** Der Redebegleitsatz wird durch **Kommas** von der wörtlichen Rede abgetrennt, z. B.: *„Bitte", jammerte der Wolf, „ich halte es nicht mehr aus!"*
    Anführungszeichen → Komma → Redebegleitsatz → Komma → Anführungszeichen

Rechtschreibstrategien

▶ S. 213–242

Das Schwingen

▶ S. 214

- **Vor** dem Schreiben: **Sprecht** die Wörter **deutlich in Silben.** Zeichnet Silbenbögen in die Luft.
- **Beim** Schreiben: Sprecht die Silben leise mit. Sprecht nicht schneller, als ihr schreibt.
- **Nach** dem Schreiben: Prüft, ob ihr richtig geschrieben habt. Zeichnet dazu Silbenbögen unter jede Silbe und sprecht dabei leise mit.

Offene und geschlossene Silben

▶ S. 218, 220, 222

- Enden Silben mit einem **Vokal,** nennt man sie offen. Man spricht den Vokal lang, z. B.: *die Blume.*
- Enden Silben mit einem **Konsonanten,** nennt man sie geschlossen.
  Man spricht den Vokal kurz, z. B.: *die Bremse.*

Das Verlängern

▶ S. 214

- Beim Schwingen kann man in der Regel jeden Buchstaben deutlich hören, z. B.: *der Sommer.*

- Bei Einsilbern und am Wortende kann man Buchstaben aber nicht immer sicher zuordnen.
  Dann hilft die Strategie „Verlängern". Das heißt: **Man fügt an das Wortende eine Silbe an,** z. B.:

  der Berg – denn: *die Berge, der Umschlag* – denn: *die Umschläge.*

  - **Nomen** setzt man in die Mehrzahl: *der Stall* – **die** *Ställe*
  - **Verben** setzt man in eine andere Personalform: *schwimmt* – **wir** *schwimmen*
  - **Adjektive** steigert man: *still* – *stiller* **als**

Das Zerlegen, Bausteine abtrennen

▶ S. 215

- Unklare Laute in zusammengesetzten Wörtern findet man, indem man sie **zerlegt,** z. B.:

  das Schwimm|bad – denn: *schwimmen, die Bäder.*

- Auch wenn man **Vor- und Nachsilben abtrennt,** kann man Verlängerungsstellen finden, z. B.:

  endlos – denn: *das Ende   die Kundschaft* – denn: *der Kunde   gepackt* – denn: *packen.*

Das Ableiten

▶ S. 216

Ableiten heißt: **verwandte Wörter mit *a* und *au* finden.**
Wenn es **verwandte Wörter mit *a* oder *au*** gibt, dann schreibt man ***ä* oder *äu*,** z. B.:

die Welt – aber: *er hält,* denn: *halten   die Leute* – aber: *läuten,* denn: *laut*

Nomen erkennen

► S. 224, 226

Nomen schreibt man groß.

Wörter mit den **Endungen** *-heit, -keit, -nis, -schaft, -tum, -ung* sind Nomen.

In Texten erkennt man sie mit Hilfe von drei **Proben.**

- **Artikelprobe:** Vor Nomen kann man einen Artikel setzen, z. B.: *die* Ziege, *der* Zucker.
  Artikel können sich auch „verstecken", z. B.: *zur (= zu der), beim (= bei dem), zum (= zu dem)* usw.
- **Zählprobe:** Nomen kann man zählen, z. B.: *zwei, drei, zehn, viele, einige* Ziegen.
- **Adjektivprobe:** Nomen kann man durch Adjektive näher beschreiben, z. B.: *die* **zickige** *Ziege.*

Die Nominalisierung

- **Verben** können **in ihrer Grundform** wie ein Nomen gebraucht werden.
  Man nennt das Nominalisierung. **Nominalisierte Verben schreibt man groß.**
- Nominalisierte Verben kann man mit Hilfe der **Artikelprobe** und der **Adjektivprobe** erkennen, z. B.:
  das Lachen, **beim** Lachen, **lautes** Lachen, **das laute** Lachen.
- Auch **Adjektive** können wie ein Nomen gebraucht werden.
  Man kann sie durch die **Artikelprobe** erkennen, z. B.: *die* Schöne, *im (in dem)* Besonderen.
- Oft werden nominalisierte Adjektive durch **unbestimmte Zahlwörter** (Numerale) begleitet:
  viel, wenig Schönes, **manches, alles** Schöne.

Im Wörterbuch nachschlagen

- Bei **Nomen** sucht ihr die **Einzahl** (den Singular), z. B.: *die Häuser → das Haus.*
- Bei **Verbformen** sucht ihr die **Grundform** (Infinitiv), z. B.: *bellt → bellen.*
- Bei **Adjektiven** sucht ihr die **Grundform**, z. B.: *kälter → kalt.*

Rechtschreibregeln

► S. 218–229

Doppelte Konsonanten

► S. 218–219

- **Regel: Doppelte Konsonanten** schreibt man **nur,** wenn die **erste Silbe** geschlossen ist.
- Stehen an der **Silbengrenze zwei verschiedene** Konsonanten, **verdoppelt** man in der Regel **nicht,**
  z. B.: *die Wel*ten – aber: *die Wel*len.
- Prüft die Schreibung: **Verlängert** Einsilber und **zerlegt** zusammengesetzte Wörter.

Wörter mit *i* oder *ie*

► S. 220–221

- Die **meisten** Wörter mit i-Laut schreibt man **mit einfachem *i*.**
  Man schreibt **immer *i*,** wenn die **erste Silbe** geschlossen ist, z. B.: *der Win*ter.
- Man schreibt ***ie*,** wenn die **erste Silbe** offen ist, z. B.: *die Bie*ne.
  Diese Regel gilt **nur für zweisilbige deutsche Wörter,** nicht bei Fremdwörtern.
- Prüft die Schreibung: **Verlängert** Einsilber und **zerlegt** zusammengesetzte Wörter.
- Die Personalpronomen *ihr, ihnen, ihm, ihn, ihre* werden mit *ih* geschrieben.

Wörter mit s-Laut: ß – s – ss

► S. 222–223

- Man schreibt **ß**, wenn die **erste Silbe offen** ist und man den **s-Laut zischend** spricht, z. B.: *drau ßen.*
- Man schreibt **s,**
  - wenn die **erste Silbe offen** ist und man den **s-Laut summend** spricht, z. B.: *die Ro se,*
  - wenn die **erste Silbe geschlossen** ist und **zwei verschiedene Konsonanten** an der **Silbengrenze** stehen, z. B.: *die Res te, die Wes pe.*
- Man schreibt **ss,** wenn die **erste Silbe geschlossen** ist, z. B.: *die Ros se.*

Tipp: Um diese Regeln für den s-Laut anzuwenden, braucht man das zweisilbige Wort.

Wörter mit *h*

- Bei einsilbigen Wörtern kann man das *h* nicht hören. **Verlängert** man sie, steht das *h* in der **2. Silbe.** Es **öffnet** die 2. Silbe **hörbar,** z. B.: *ge hen.*
- Steht das *h* in der **1. Silbe,** ist es **nicht hörbar.** Diese Wörter sind **Merkwörter,** z. B.: *woh nen.*

Die Großschreibung und die Kleinschreibung

Satzanfänge, Nomen und **Nominalisierungen** (► S. 226–227) werden großgeschrieben.
Wörter, die auf *-heit, -keit, -nis, -schaft, -tum, -ung* enden, sind immer Nomen.
Klein schreibt man
- alle **Verben,** z. B.: *malen, tanzen, gehen,*
- alle **Adjektive,** z. B.: *freundlich, sonderbar, rostig,*
- alle **Pronomen** (Fürwörter), z. B.: *ich, du, er/sie/es, wir, ihr, sie, mich, dich, mein, dein, ...*
  Tipp: Eine Sonderregelung gibt es bei den **Anredepronomen in Briefen und E-Mails:**
  - Wenn ihr jemanden **siezt,** schreibt ihr die Anredepronomen **groß,** z. B.: *Sie, Ihnen, Ihr.*
  - Die vertraute Anrede **du** kann man **kleinschreiben,** z. B.: *du, dir, dein, euch, euer.*

Die Zusammenschreibung

► S. 228

Zusammen schreibt man folgende **Verbindungen:**
- aus **Nomen und Nomen,** z. B.: *Blumen + Kasten = der Blumenkasten,*
- mit **Adjektiven,** z. B.: *Himmel + blau = himmelblau, hell + blau = hellblau,*
- von **Verben mit unveränderlichen Wörtern,** z. B.: *hin + gehen = hingehen.*

Tipp: Wenn man bei Verben das erste Wort nicht verlängern kann, schreibt man zusammen.

Die Getrenntschreibung

► S. 229

Getrennt schreibt man in der Regel folgende **Verbindungen:**
- von **Nomen und Verben,** z. B.: *Aufgaben machen, Fußball spielen, ...*
- von **Verben und Verben,** z. B.: *einkaufen gehen, arbeiten müssen, ...*
- alle **Zusammenstellungen mit „sein",** z. B.: *da sein, weg sein, erfreut sein, ...*

Arbeitstechniken und Methoden

Arbeit im Team organisieren

Arbeitsgruppen bilden   ▶ S. 249

Es gibt verschiedene Möglichkeiten, Gruppen zu bilden.
Zuvor sollten Thema (z. B. *Umweltschutz*) und Unterthemen (z. B. *Aufruf verfassen, Kurzvorträge halten*) festgelegt sein.

- Interesse: Jeder nennt zwei Unterthemen, die ihn interessieren. Bildet gleich große Gruppen.
- Zufall: Gebt zu jedem Unterthema ca. 5 Lose aus. Zieht die Lose und bildet die Gruppen.

Eine Schreibkonferenz durchführen   ▶ S. 251

- Setzt euch in kleinen Gruppen zusammen.
- Einer von euch liest seinen Text vor. Die anderen hören aufmerksam zu.
- Die Zuhörer sagen, was ihnen gefallen hat. Danach machen sie Verbesserungsvorschläge wie: *Du musst für einen Aufruf auch den Imperativ verwenden.*
- Anschließend besprecht ihr den nächsten Text.
- Am Ende der Schreibkonferenz verbessern die Verfasser mit Hilfe der Vorschläge ihre Texte.

Informationen beschaffen und ordnen

Ein Portfolio anlegen   ▶ S. 60

- Legt euch ein Portfolio an, wenn ihr **Materialien zu einem Thema sammeln** und eure **Arbeitsfortschritte festhalten** wollt:
- Gestaltet ein Deckblatt, das zum Thema passt.
- Führt ein Inhaltsverzeichnis mit einer sinnvollen Reihenfolge.
  Nummeriert eure Materialien wie im Inhaltsverzeichnis von Seite 1 bis Seite ...
- Sammelt selbst geschriebene Texte zum Thema.
- Sucht nach passenden Bildern und Fotos und klebt sie ein.
- Fügt Empfehlungen zu Büchern, Musik, ... ein.
- Notiert informative Internetadressen (▶ S. 247, 248).

Die Fünf-Schritt-Lesemethode   ▶ S. 263

Eine Mind-Map anlegen (Informationen ordnen) ▶ S. 51

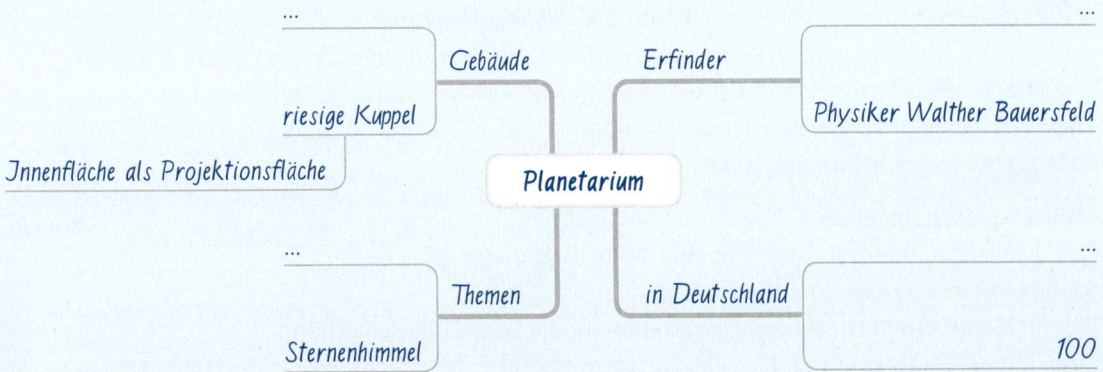

Mit einer **Mind-Map** können **Informationen** aus einem Text **übersichtlich geordnet** werden.

- Schreibt das **Thema** des Textes in die Mitte eines großen Blattes Papier.
  Ihr könnt auch euer Heft quer legen. Umrahmt das Thema.
- Ordnet um das Thema **die wichtigsten Schlüsselwörter** des Textes.
  Verbindet Thema und wichtige Schlüsselwörter durch dicke Äste.
- Schreibt zu den Schlüsselwörtern die **dazugehörigen Informationen** aus dem Text.
  Zeichnet dazu dünnere Äste.

Ein Flussdiagramm anfertigen ▶ S. 103

Mit Hilfe eines **Flussdiagramms** kann man insbesondere den **Handlungsverlauf** einer Geschichte übersichtlich veranschaulichen. Lest die Geschichte Schritt für Schritt und notiert knapp untereinander, was geschieht:

- Tragt wichtige Informationen oder Zusammen-hänge in das Flussdiagramm ein.
- Notiert nur Stichworte und umrahmt sie.
- Achtet auf eine sinnvolle Reihenfolge eurer Stichworte.
- Zeichnet Pfeile von Rahmen zu Rahmen.

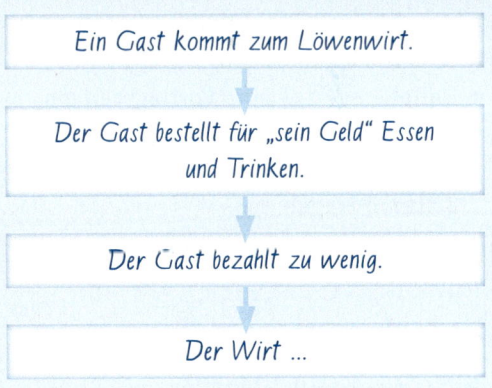

Im Internet recherchieren ▶ S. 243–248

Suchmaschinen für Kinder und Jugendliche nutzen, z. B.:
www.fragfinn.de, www.helles-koepfchen.de, www.kindernetz.de, www.kidsundco.de.

Mit Suchbegriffen oder Phrasen recherchieren ▶ S. 244

- Schränkt eure Suche im Internet von Beginn an ein. Nutzt die **Suchbegriffe (Schlüsselbegriffe)**, die zuallererst zu eurem Thema gehören, z. B.: *Handys Recycling*.
- Man kann auch mit **ganzen Sätzen** suchen. Setzt sie in **Anführungszeichen**. Diese „**Phrasensuche**" lohnt sich, wenn man z. B. eine bestimmte Aussage oder eine Liedzeile sucht.

Tipp: Weist ein Suchergebnis auf einen Onlineshop hin (z. B. *eBay, Nokia, Apple*), findet ihr dort in der Regel keine geeigneten Informationen.

Internetquellen angeben ▶ S. 247

Die Quelle einer Internetseite steht stets oben im **Browser** .
Sie beginnt in der Regel so: *http://www. ...*
Fügt in **Klammern** hinzu, an welchem **Datum** ihr die Seite aufgerufen habt.

Tipp: Mit der Maus könnt ihr die Quelle markieren und mit der rechten Maustaste kopieren.

Internetseiten speichern – Favoriten/Lesezeichen hinzufügen ▶ S. 248

Legt zu einer informativen Internetseite ein Lesezeichen an. So findet ihr sie schneller wieder.
Klickt oben im Browser auf „Favoriten" oder „Lesezeichen", dann auf „Favoriten" oder „Lesezeichen hinzufügen". Es wird ein Seitenname vorgeschlagen. Klickt auf „Hinzufügen".

Informationen und Arbeitsergebnisse präsentieren

Einen Kurzvortrag halten ▶ S. 254

- Sprecht **langsam und deutlich.**
- Versucht, möglichst **frei** zu sprechen.
- **Schaut** die **Zuhörer** an.
- **Haltet** die festgelegte **Vortragszeit ein.**
- **Übt den Vortrag** mehrmals zu Hause.
- Die Zuhörer erhalten von euch vor dem Vortrag ein **Blatt mit Fragen.**

Ein Buch vorstellen ▶ S. 82

Der **Vortrag** (die **Präsentation**) sollte nicht länger als 10 Minuten dauern.
Arbeitet am besten mit **Karteikarten,** auf denen ihr wichtige Stichworte notiert:

- Gebt **Informationen** zu Titel, Buch (Textsorte, Verlag, Erscheinungsjahr, Seitenzahl, Preis, Auszeichnungen, ...), Autor/-in, anderen Büchern der Autorin/des Autors, ...
- Nennt das **Thema** und fasst die **Handlung** mit den wichtigsten **Figuren** zusammen.
  Tipp: Überlegt, ob ihr das Ende erzählen oder die Spannung erhalten wollt.
- Lest eine **Lieblingsstelle** vor. Das kann eine spannende, lustige oder traurige Stelle sein.
  Tipp: Die Stelle sollte nicht länger als eine Seite sein. Übt den Lesevortrag (▶ S. 115).
- Begründet eure **Meinung** zu dem Buch: Was gefällt euch an ihm, was weniger?
- Findet **Bilder** oder **Gegenstände,** die zum Buch passen. Das macht den Vortrag anschaulicher.

Eine Folienpräsentation erstellen ▶ S. 253

Präsentationsprogramme wie „Impress" oder „PowerPoint" arbeiten mit Folien.
Auf diesen **Arbeitsflächen** könnt ihr euer **Thema** nennen, **wichtige Informationen** in **Stichpunkten** hinzufügen und **anschauliche Grafiken, Bilder oder Tabellen** zeigen.

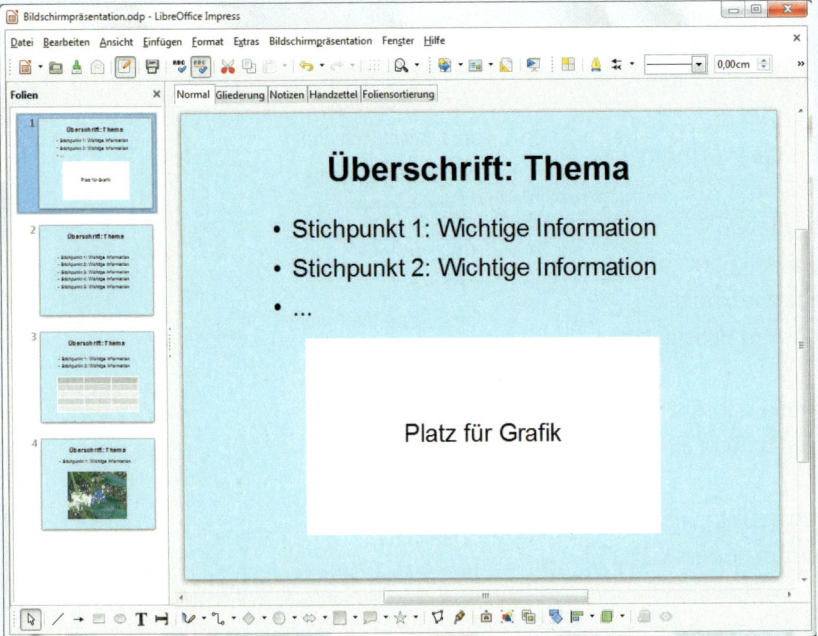

Mit Folien vortragen

Eine Folie dient zur Unterstützung eures Vortrags. Sie hilft, ihn zu gliedern, und ergänzt ihn um anschauliche Inhalte wie Grafiken und Bilder, die man mündlich nicht darstellen kann.

- Nennt auf einer Folie nur das **Thema** und **wenige** knappe **Stichpunkte** (höchstens 5).
  Randvolle Folien ermüden eure Zuhörer.
- Schreibt alle **weitergehenden Informationen** in der **Notizenansicht** auf die Folie.
  In dieser Ansicht könnt ihr euren Vortrag am besten einüben.

Tipp: Lest die Folien nicht ab. **Erläutert die Stichpunkte** durch einen ausführlichen Vortrag.

Folien gestalten

Vortragsfolien sollen gut lesbar sein.

- Verzichtet auf ablenkende oder mehrfarbige **Hintergründe.**
- Achtet bei der Wahl der **Textfarbe** darauf, dass sie sich gut vom Hintergrund unterscheidet.
- Nehmt eine klare **Schrift** (z. B. Arial). Die **Schriftgröße** solltet ihr so wählen, dass jeder im Raum die Stichpunkte mühelos lesen kann (mindestens 22 Punkt).
- **Tabellen, Fotos oder gezeichnete Bilder** müssen klar erkennbar bzw. gut lesbar sein.

Tipp: Präsentationsprogramme bieten nur einfache Werkzeuge zur Bildbearbeitung an. Gegebenenfalls müsst ihr euer Bildmaterial vorher in einem Bildbearbeitungsprogramm vorbereiten.

Mit den „Schreibwörtern" üben

Im „Deutschbuch" findet ihr am Ende der meisten Kapitel „Schreibwörter".
Die Schreibung dieser Wörter könnt ihr mit Hilfe der Strategien einüben.

- Faltet ein Blatt der Länge nach zweimal, sodass vier Spalten entstehen.
- Schreibt die Wörter, die ihr üben möchtet, untereinander in die 1. Spalte.
- Prägt euch drei Wörter ein, klappt die 1. Spalte um und schreibt die Wörter in die 3. Spalte.
- Deckt auf und vergleicht die Wörter.
- Richtig geschriebene Wörter könnt ihr abhaken. Falsch geschriebene Wörter müsst ihr durchstreichen und richtig in die 2. Spalte schreiben.
- Übt, die Wörter aus Spalte 2 richtig zu schreiben. Tragt sie in die Spalte 4 ein. Wendet die Strategien an.
- Lest die Wörter eurer Liste laut in Silben. **Tipp:** Achtet darauf, wo man anders schreibt, als man spricht.

der Schlapphut
schlängeln
der Schlangenbiss
der Schlauberger
das Schlaraffenland
die Schlagermusik
schlagfertig
das Säckchen
schläft
das Schlaginstrument
schaurig
schlägt
der Sauerampfer
schickt
das Schinkenbrot
schreibfaul
das Schaukelpferd

- Legt in eurem Heft 4 Spalten mit diesen 4 Strategiezeichen an: . Tragt eure Problemwörter in die Spalte ein, mit der man die Schreibung beweisen kann. **Tipp:** Manche Wörter muss man in mehrere Spalten einordnen.
- Schreibt Beweiswörter zu den Wörtern, die man verlängern, zerlegen oder ableiten muss, z.B.:

er schlägt – denn: schlagen   die Schlag|sahne – denn: schlagen.
- Ordnet die Wörter in der 4. Spalte eures Faltblatts nach dem Alphabet.
- Bei falsch geschriebenen Wörtern könnt ihr die richtige Schreibweise auch wie folgt üben:
  - Bildet bei Nomen die Mehrzahl, z.B.: *die Wand – die Wände.*
  - Bildet bei Verben die Grundform, z.B: *er bellt – bellen.*
  - Markiert Stellen, die man mit keiner Strategie erklären kann.
  - Bildet Wortfamilien (▶ S. 270), z.B: *sauer, der Sauerteig, die Sauermilch, der Sauerstoff, ...*
  - Sucht Reimwörter, z.B.: *sauer – der Bauer – genauer – die Trauer – ...*
  - Bildet mit den Wörtern vollständige Sätze.

Textartenverzeichnis

Autoren- und Quellenverzeichnis

AHRENS, THOMAS (*1952);
LUDWIG, VOLKER (*1937)
134 Rosinen im Kopf
aus: Verlag Autorenagentur,
Berlin 2009

AUER, MARTIN (*1951)
100 Herr Balaban und seine Tochter
Selda – Geschichte Nr. 196
106 Herr Balaban und seine Tochter
Selda – Geschichte Nr. 10
aus: Herr Balaban und seine Tochter
Selda. 222 Geschichten. Beltz &
Gelberg, Weinheim/Basel 2002,
S. 12 u. 145 f.

BLACKER, TERENCE (*1948)
 14 boy2girl
aus: boy2girl. Aus dem Englischen von
Heike Brandt. Beltz & Gelberg, Wein-
heim/Basel 2006, S. 22–23, 45–46,
60–62

BRECHT, BERTOLT (1898–1956)
 99 Der hilflose Knabe
aus: Gesammelte Werke Bd. 12. Prosa 2.
Suhrkamp, Frankfurt a. M. 1967, S. 381

FONTANE, THEODOR (1819–1898)
122 John Maynard
aus: Sämtliche Werke. Abt. Romane,
Erzählungen, Gedichte, Bd. 6. Hrsg.
von Walter Keitel, Hanser, München
1964, S. 287–289

GEIBEL, EMANUEL (1815–1884)
112 Die Goldgräber
aus: Gesammelte Werke in 8 Bden.,
Bd. 4. Cotta, Stuttgart ³1893, S. 114–116

GOETHE, JOHANN WOLFGANG
(1749–1832)
120 Erlkönig
129 Der Zauberlehrling
aus: Goethes Werke. Hrsg. im Auftrag
der Großherzogin Sophie von Sach-
sen. Abt. 1, Bd. 1. Böhlau, Weimar 1887,
S. 167 f., 215 ff.

HEBEL, JOHANN PETER (1760–1826)
 92 Seltsamer Spazierritt
 93 Kannitverstan
 97 Der Barbierjunge von Segringen
102 Das wohlfeile Mittagessen
108 Das Mittagessen im Hof
aus: Werke 1. Erzählungen des Rheinländischen Hausfreundes. Insel
Verlag, Frankfurt a. M. 1968, S. 23–24,
51–55, 60–61, 204, 224

PHILIPPS, CAROLIN (*1954)
 68 Weiße Blüten im Gelben Fluss
aus: Weiße Blüten im Gelben Fluss.
Ueberreuter, Wien 2004, S. 7–12, 41–45

PU YI (1906–1967)
 66 Ich war Kaiser von China
nach: Ich war Kaiser von China. Vom
Himmelssohn zum Neuen Menschen.
Die Autobiografie des letzten chinesischen Kaisers. Übersetzt von Richard
von Schirach und Mulan Lehner. dtv,
München 2009, S. 35–37

SACHAR, LOUIS (*1954)
 76 Löcher
aus: Löcher. Die Geheimnisse von
Green Lake. Aus dem amerikanischen
Englisch von Birgitt Kollmann. Beltz &
Gelberg, Weinheim/Basel (1999)
2002, S. 17–21, 23–27, 69–70, 86–92,
116–117, 174–177

SCHILLER, FRIEDRICH (1759–1805)
116 Die Bürgschaft
aus: Sämtliche Werke. Auf Grund der
Originaldrucke. Hrsg. von Gerhard
Fricke und Herbert G. Göpfert. Bd. 1:
Gedichte/Dramen I. Hanser, München
1958, S. 352–356

SCHÖNE, GERHARD (*1952)
127 Die Liebe des Fischers
aus: Balladen. Kopiervorlagen und
Materialien. Hrsg. von Roland Bauer.
Cornelsen/Scriptor, Berlin 2010.
Musik und Text: Gerhard Schöne.
© Gerhard Schöne/BuschFunk
Musikverlag GmbH, Berlin

SCHUBIGER, JÜRG (*1936)
101 Das Ausland
aus: Das Ausland. Peter Hammer,
Wuppertal 2003, o. S.

WÖLFEL, URSULA (*1922)
 30 Lügen
aus: Du wärst der Pienek. Spielge-
schichten. Spielentwürfe. Spielideen.
Anrich, München 1973, S. 132–134

**Unbekannte/ungenannte Autorinnen
und Autoren**
 35 Busfahrer fesselt Jungen an Sitz
aus: www.spiegel.de [25. 05. 2010]
247 Ca. 60 Millionen Handys …
aus: www.handy-trendy.de/Recycling/
JVF_Recycling.html [24. 09. 2012]
246 Der Naturschutzbund Deutschland …
nach: www.nabu.de/themen/
konsumressourcenmuell/
waskannichtun/handyrecycling/
mitmachen/index.html [24. 09. 2012]
232 Die Comicfigur Meena
nach: Sabine Christiansen und
Janosch: Gibt es hitzefrei in Afrika?
cbj, München 2008, S. 177 ff.
148 Die letzte Nacht auf der Titanic
nach: www.geo.de/GEOlino/
mensch/1702.html?t=print
[07. 03. 2013]

235 Die wichtigsten Kinderrechte …
nach: www.unicef.ch [07. 03. 2013]
237 Djamilia
nach: www.unicef.ch [07. 03. 2013]
169 Ferrero: Goldener Windbeutel für
„dreisteste Werbelüge"
aus: www.focus.de/finanzen/news/
ferrero-goldener-windbeutel-fuer-
dreiste-werbeluegen_aid_637703.
html [07. 03. 2013]
221 Gesundheitsvorsorge als
Schulfach
frei nach: Sabine Christiansen und
Janosch: Gibt es hitzefrei in Afrika?
cbj, München 2008, S. 242
 40 Immer die Wahrheit sagen?
frei nach: Dein Spiegel 5/2011
246 In Deutschland gab es …
aus: www.handy-trendy.de/Recycling/
Ueberblick_R.html [24. 09. 2012]
238 Kinder haben das Recht auf
Bildung
nach Sabine Christiansen und
Janosch: Gibt es hitzefrei in Afrika?
cbj, München 2008, S. 167 f.
153 Laura Dekkers Törn um die Welt
für dieses Schülerbuch neu verfasst;
Auszug aus dem Internet-Blog:
aus: http://zeilmeisje-lauradekker.
blogspot.com/p/lauras-weblog-
deutsche-ubersetzung.html
[31. 08. 2012]
151 Mit Thomas Reiter im All
frei nach: www.helles-koepfchen.de/
esa/astrolab_thomas_reiter/index.
html [07. 03. 2013]
219 Niger
nach: www.schulenfuerafrika.de/
projekte/projektlaender/niger
[06. 02. 2012]
248 Rohstoffsituation
aus: de.wikipedia.org/wiki/
Mobiltelefon#Rohstoffsituation
[07. 03. 2013]
234 Schuhputzer
nach: Sabine Christiansen und
Janosch: Gibt es hitzefrei in Afrika?
cbj, München 2008, S. 202 f.
 36 Schüler schützen Schüler im Bus
aus: Der Tagesspiegel v. 10. 06. 2004

Sachregister

Knifflige Verben im Überblick

Infinitiv	Präsens	Präteritum	Perfekt
befehlen	du befiehlst	er befahl	er hat befohlen
beginnen	du beginnst	sie begann	sie hat begonnen
beißen	du beißt	er biss	er hat gebissen
bieten	du bietest	er bot	er hat geboten
bitten	du bittest	sie bat	sie hat gebeten
blasen	du bläst	er blies	er hat geblasen
bleiben	du bleibst	sie blieb	sie ist geblieben
brechen	du brichst	sie brach	sie hat gebrochen
brennen	es brennt	es brannte	es hat gebrannt
bringen	du bringst	sie brachte	sie hat gebracht
dürfen	du darfst	er durfte	er hat gedurft
einladen	du lädst ein	sie lud ein	sie hat eingeladen
erschrecken	du erschrickst	er erschrak	er ist erschrocken
essen	du isst	er aß	er hat gegessen
fahren	du fährst	sie fuhr	sie ist gefahren
fallen	du fällst	er fiel	er ist gefallen
fangen	du fängst	sie fing	sie hat gefangen
fliehen	du fliehst	er floh	er ist geflohen
fließen	es fließt	es floss	es ist geflossen
frieren	du frierst	er fror	er hat gefroren
gelingen	es gelingt	es gelang	es ist gelungen
genießen	du genießt	sie genoss	sie hat genossen
geschehen	es geschieht	es geschah	es ist geschehen
greifen	du greifst	sie griff	sie hat gegriffen
halten	du hältst	sie hielt	sie hat gehalten
heben	du hebst	er hob	er hat gehoben
heißen	du heißt	sie hieß	sie hat geheißen
helfen	du hilfst	er half	er hat geholfen
kennen	du kennst	sie kannte	sie hat gekannt
kommen	du kommst	sie kam	sie ist gekommen
können	du kannst	er konnte	er hat gekonnt
lassen	du lässt	sie ließ	sie hat gelassen
laufen	du läufst	er lief	er ist gelaufen
leiden	du leidest	sie litt	sie hat gelitten
lesen	du liest	er las	er hat gelesen